Bibliografische Information der Deutschen Nationalbibliothek
Die Deutsche Nationalbibliothek verzeichnet diese Publikation
in der Deutschen Nationalbibliografie; detaillierte
bibliografische Daten sind im Internet über
http://dnb.ddb.de abrufbar.

Uwe Krüger
Meinungsmacht.
Der Einfluss von Eliten auf Leitmedien und
Alpha-Journalisten – eine kritische Netzwerkanalyse
Reihe des Europäischen Instituts für Journalismus-
und Kommunikationsforschung (EIJK), 9
Köln: Halem, 2019

2., überarbeitete und erweiterte Auflage

Die *Reihe des Europäischen Instituts für Journalismus- und*
Kommunikationsforschung (EIJK) wurde begründet als *Reihe des Instituts*
für Praktische Journalismus- und Kommunikationsforschung (IPJ). Die
Umbenennung der Reihe erfolgte analog zur Umbenennung des Instituts.
Sie wird herausgegeben von Prof. (em.) Dr. Michael Haller (Leipzig).

Das Europäische Institut für Journalismus- und Kommunikationsforschung
widmet sich dem Forschungsfeld »Medien und Journalismus in Europa«.
Theorieorientierte und empirische Studien sollen zur Aufklärung medialer
Kommunikationsprobleme in Europa beitragen. Das EIJK wird durch die
Medienstiftung der Sparkasse Leipzig unterstützt.

Alle Rechte, insbesondere das Recht der Vervielfältigung und Verbreitung sowie
der Übersetzung, vorbehalten. Kein Teil des Werkes darf in irgendeiner Form
(durch Fotokopie, Mikrofilm oder ein anderes Verfahren) ohne schriftliche
Genehmigung des Verlages reproduziert oder unter Verwendung elektronischer
Systeme (inkl. Online-Netzwerken) gespeichert, verarbeitet, vervielfältigt
oder verbreitet werden.

© 2019 by Herbert von Halem Verlag, Köln

ISBN (Buch) 978-3-86962-459-4
ISBN (ePDF) 978-3-86962-460-0
ISSN 2629-2602

Den Herbert von Halem Verlag erreichen Sie auch im
Internet unter http://www.halem-verlag.de
E-Mail: info@halem-verlag.de

SATZ: Herbert von Halem Verlag
DRUCK: docupoint GmbH, Magdeburg
GESTALTUNG: Claudia Ott Grafischer Entwurf, Düsseldorf
Copyright Lexicon ©1992 by The Enschedé Font Foundry.
Lexicon® is a Registered Trademark of The Enschedé Font Foundry.

REIHE DES EUROPÄISCHEN INSTITUTS
FÜR JOURNALISMUS- UND
KOMMUNIKATIONSFORSCHUNG (EIJK)

Uwe Krüger

Meinungsmacht

Der Einfluss von Eliten auf Leitmedien und
Alpha-Journalisten –
eine kritische Netzwerkanalyse

2., überarbeitete und erweiterte Auflage

HERBERT VON HALEM VERLAG

Je länger und enger ich in Bonn das politische Geschehen und dessen journalistische Verarbeitung miterlebte, desto unbehaglicher fühlte ich mich als Teil einer professionell betriebenen Verschwörung zur Unterdrückung von Wirklichkeit. (Jürgen Leinemann, Reporter des *Spiegel*)

Wenn Kollegen sich brüsten, sie seien nie in ihrem Schreiben beschränkt worden, nie würde ihnen ein Gedanke gestrichen, so ist das nur ein Beweis dafür, dass sie sich von selbst innerhalb der Zensurgrenzen bewegen, ihre Denkweise nirgends über die Hürden der vorgeschriebenen Ideologie hinausstrebt. (Egon Erwin Kisch, Reporter)

Dank

Das vorliegende Buch ist die überarbeitete Version meiner Dissertation, die im Oktober 2011 von der Fakultät für Sozialwissenschaften und Philosophie der Universität Leipzig angenommen wurde. Sie berücksichtigt den Forschungsstand bis Mai 2011.

Die Arbeit entstand während meiner Zeit als wissenschaftlicher Mitarbeiter am Institut für Praktische Journalismus- und Kommunikationsforschung (IPJ) in Leipzig. Dessen wissenschaftlicher Direktor Prof. Dr. Michael Haller hat als Betreuer die Arbeit von Beginn an unterstützt, den Fortgang kritisch verfolgt und mir zahlreiche wichtige Hinweise gegeben. Zudem hat er mir während meiner parallelen Redakteurstätigkeit für das von ihm herausgegebene Journalismus-Fachmagazin *message* viel Freiraum gelassen, meine dissertationsbezogenen Interessen auch mit medienjournalistischen Mitteln zu verfolgen. PD Dr. habil. Lutz Hachmeister (Berlin/Dortmund) danke ich, dass er sich kurzfristig bereit erklärt hat, das Zweitgutachten zu übernehmen.

Mein besonderer Dank gilt der Medienstiftung der Sparkasse Leipzig, die mich mit einem großzügigen Forschungsstipendium über mehrere Jahre hinweg gefördert hat und zum Schluss auch den Druckkostenzuschuss für dieses Buch geleistet hat.

Bei der Sozialen Netzwerkanalyse hat mich Haiko Lietz (Bonn) sehr unterstützt. Er hat mir in mehreren Crashkursen das Softwareprogramm Pajek nahegebracht und auch am Design der Netzwerkanalyse mitgetüftelt. Prof. Dr. Silke Adam (Bern) half mir bei der statistischen Auswertung der Netzwerke auf die Sprünge; und meine Leipziger IPJ-Kollegin Anja Katzbeck war eine geduldige Nachhilfelehrerin in Sachen SPSS.

Ein wichtiger Impuls kam von der Politologin Prof. emerit. Dr. Mária Huber (Leipzig): Ihr gehören die Urheberrechte an der Idee, den erweiterten Sicherheitsbegriff in die Untersuchung einzubeziehen, und sie hat mein politikwissenschaftliches Exposé zum Kapitel ausführlich mit mir diskutiert, bevor sie der medienwissenschaftlichen Untersuchung ihren weiteren Lauf ließ. Ein großes Dankeschön für diese Hilfe!

Verbunden bin ich weiterhin dem damaligen IPJ-Kollegen Dr. Sebastian Feuß (heute München) und den Journalistenfreunden Tore Harmening (Celle) und Robin Jantos (Hannover) dafür, dass sie viele Stunden für das Korrekturlesen des Manuskripts geopfert haben. Weitere Hinweise und Inspiration empfing ich von Prof. Dr. Christoph Fasel (Calw), Dr. Dieter Plehwe und seinen Mitstreitern vom Wissenschaftszentrum Berlin für Sozialforschung, Dr. Manuel Thomä (Stuttgart), Eike Mark Rinke (Mannheim), Florian Zollmann (Lincoln/UK), Marcus Klöckner (Kaiserslautern), Frauke Distelrath (Frankfurt/Main) und Rafael Barth (Dresden). Nicht zu vergessen die damaligen Leipziger Journalistik-Studenten Pia Volk, Juliane Streich, Nilofar Elhami, Julia Böhme, Robert Rist, Folko Damm und Thomas Reinhold – mit ihnen konnte ich in einem Forschungsseminar nicht nur Gedanken und Thesen dieser Arbeit diskutieren, sondern sie tippten auch unzählige Namen in eine Excel-Tabelle ein und erledigten damit einen Teil des ›Schwarzbrotes‹ der Sozialen Netzwerkanalyse.

Für Support bei der Bildbearbeitung danke ich außerdem Ralf Lindemann (Bergen auf Rügen). Schließlich half mir, als ich eine unveröffentlichte Studie der Friedrich-Naumann-Stiftung suchte, das stiftungseigene Archiv des Liberalismus (Gummersbach) – in Gestalt von Anne Bernard-Suchannek – mit einer raschen und kostenfreien Zusendung.

Von unschätzbarem Wert war natürlich der familiäre Rückhalt; ihn genoss ich sowohl von meinen Eltern Rolf und Irmhild Krüger als auch von meiner Lebensgefährtin Kirstin Bloch. Unser Nachwuchs schließlich erinnerte mich zum Glück immer daran, dass es noch Wichtigeres gibt als Netzwerke, Eliten und Journalismus – ein Dankeschön also auch an Moritz und Marie!

Uwe Krüger, im November 2012

Inhaltsverzeichnis

Vom Kampf um die ›Meinungsmacht‹ – Vorwort zur 2. Auflage   I

Vorwort des Herausgebers   15

EINLEITUNG   19

1.1   Hinführung zum Thema   19
1.2   Ziel und Aufbau der Arbeit   28

2.   FORSCHUNGSSTAND   30

2.1   Informelle Kommunikation mit Politik- und Wirtschaftseliten   30
2.2   Elitenorientierung von Leitmedien   37

3.   THEORIEN UND KONZEPTE   46

3.1   Indexing-Hypothese   47
    3.1.1   *Kernthesen*   47
    3.1.2   *Kritik und empirische Überprüfung*   49
    3.1.3   *Indexing – Problem oder Segen für die Demokratie?*   52
3.2   Propagandamodell   55
    3.2.1   *Kernthesen*   55
    3.2.2   *Kritik*   60
    3.2.3   *Empirische Überprüfung*   65
3.3   Guard Dog Perspective   68
3.4   Soziale Kontrolle und das Protestparadigma   70
3.5   Vergleich der Konzepte   71
3.6   Anwendbarkeit auf deutsche Verhältnisse   72
3.7   Theoriebausteine zur Elitenorientierung deutscher Leitmedien   84

4. DEFINITIONEN 88

4.1 Eliten und Elitenintegration 88
4.2 Soziale Netzwerke und soziales Kapital 90
4.3 Schweigespiraleffekte 92
4.4 Leitmedien und Elitemedien 96

5. NETZWERKANALYSE 105

5.1 Methode 105
5.2 Untersuchungsdesign 107
    5.2.1 *Auswahl der Journalismuseliten* 107
    5.2.2 *Auswahl der Verbindungen* 111
    5.2.3 *Quellenlage* 114
    5.2.4 *Aussagekraft der Daten* 116
5.3 Ergebnisse 117
    5.3.1 *Gesamtnetzwerk* 117
    5.3.2 *Ego-Netzwerke* 126
        5.3.2.1 Markus Schächter (ZDF) 128
        5.3.2.2 Klaus-Dieter Frankenberger (FAZ) 131
        5.3.2.3 Stefan Kornelius (SZ) 133
        5.3.2.4 Michael Stürmer (Welt) 136
        5.3.2.5 Josef Joffe (Zeit) 137
        5.3.2.6 Die US-affinen Journalisten und soziale Homophilie 139
5.4 Die Verbindungen aus journalismusethischer Sicht 145
5.5 Zwischenfazit 149

6. DIE AUSWEITUNG DER KAMPFZONE DURCH ELITEN UND LEITMEDIEN 151

6.1 Sicherheit, Verteidigung und Auslandseinsätze der Bundeswehr 152
    6.1.1 *Die Kluft zwischen Elite und Bevölkerung* 152
    6.1.2 *Der erweiterte Sicherheitsbegriff* 155
    6.1.3 *Konsequenzen und Kritik der Begriffserweiterung* 159

6.2	Untersuchungsdesign	163
	6.2.1 *Hypothesen*	164
	6.2.2 *Definition von Frame und Frame-Element*	167
	6.2.3 *Vorgehensweise und Methode*	169
6.3	Ergebnisse	172
	6.3.1 *Frame-Elemente zur allgemeinen Bedrohungslage*	175
	6.3.2 *Frame-Elemente zur Bundeswehr und zum Verhältnis Regierung – Wahlvolk*	182
	6.3.3 *Frame-Elemente zum Verhältnis Deutschland – Nato/USA*	192
	6.3.4 *Vergleich der Argumentationsmuster*	198
	6.3.4.1 *Stefan Kornelius (SZ)*	198
	6.3.4.2 *Klaus-Dieter Frankenberger (FAZ)*	202
	6.3.4.3 *Michael Stürmer (Welt)*	204
	6.3.4.4 *Josef Joffe (Zeit)*	205
	6.3.4.5 *Resümee des Vergleichs*	207
	6.3.5 *Auswertung der Hypothesen*	207
	6.3.6 *Elemente von Propaganda*	211
	6.3.7 *Das fehlende Gegengewicht in FR und taz*	216
6.4	Zwischenfazit	220

7. DIE MÜNCHNER SICHERHEITSKONFERENZ UND IHRE GEGNER IN DEN LEITMEDIEN   222

7.1	Hinführung	222
	7.1.1 *Die Münchner Sicherheitskonferenz*	222
	7.1.2 *Verbindungen deutscher Medien zur MSC*	225
	7.1.3 *Kritik an der MSC*	226
	7.1.4 *Protestaktionen und die Münchner Friedenskonferenz*	228
7.2	Hypothesen	231
7.3	Design der Inhaltsanalyse	232
	7.3.1 *Untersuchungszeitraum und Auswahl der Beiträge*	232
	7.3.2 *Kategoriensystem*	233
7.4	Ergebnisse der Inhaltsanalyse	236
	7.4.1 *Umfang der Berichterstattung über die MSC und die Proteste*	236
	7.4.2 *Bewertungen der MSC und der Proteste*	246
	7.4.2.1 *Welt*	247
	7.4.2.2 *FAZ*	248

	7.4.2.3 *SZ*	249
	7.4.2.4 *FR*	252
	7.4.2.5 *taz*	252
7.5	Zwischenfazit	253

8. FAZIT 255

8.1	Zusammenfassung	255
8.2	Diskussion und Forschungsdesiderata	258
8.3	Folgerungen für die journalistische Ethik	262

LITERATUR 265

ANHANG 292

A.1	Grundgesamtheit der Journalismuseliten 2007-2009	292
A.2	Definition der Politik- und Wirtschaftseliten	297
A.3	Verbindungen von Journalisten zu Organisationen	299
A.4	Funktionen aller Personen aus den Netzwerkgrafiken	367

Abbildungsverzeichnis

Abb. 1	Die »Erklärung von Mumbai« der Atlantik-Brücke ohne und mit Bild-Chefredakteur Kai Diekmann	20
Abb. 2	Pressure Groups für ein Leitmedium und ihre Überschneidungen	87
Abb. 3	Mediennutzung deutscher Journalisten 2005 und 1993	100
Abb. 4	Von tagesaktuell arbeitenden Journalisten genutzte journalistische Web-Angebote	101
Abb. 5	Mediennutzung von Bundestagsabgeordneten 1998 und 1988	102
Abb. 6	Mediennutzung von Beamten, leitenden Angestellten, Selbständigen und Freien Berufen	103
Abb. 7	Gesamtnetzwerk aus Medien und Organisationen	118
Abb. 8	Ego-Netzwerk von ZDF-Intendant Schächter (Organisationen)	129
Abb. 9	Ego-Netzwerk von ZDF-Intendant Schächter (Personen 2+)	130
Abb. 10	Ego-Netzwerk von ZDF-Intendant Schächter (Personen 3+)	130
Abb. 11	Ego-Netzwerk von FAZ-Ressortleiter Frankenberger (Organisationen)	132
Abb. 12	Ego-Netzwerk von FAZ-Ressortleiter Frankenberger (Personen 2+)	132
Abb. 13	Ego-Netzwerk von FAZ-Ressortleiter Frankenberger (Personen 3+)	133
Abb. 14	Ego-Netzwerk von SZ-Ressortleiter Kornelius (Organisationen)	134
Abb. 15	Ego-Netzwerk von SZ-Ressortleiter Kornelius (Personen 2+)	135

Abb. 16	Ego-Netzwerk von SZ-Ressortleiter Kornelius (Personen 3+)	135
Abb. 17	Ego-Netzwerk von *Welt*-Chefkorrespondent Stürmer (Organisationen)	136
Abb. 18	Ego-Netzwerk von *Welt*-Chefkorrespondent Stürmer (Personen 2+)	137
Abb. 19	Ego-Netzwerk von *Zeit*-Mitherausgeber Joffe (Organisationen)	138
Abb. 20	Ego-Netzwerk von *Zeit*-Mitherausgeber Joffe (Personen 3+)	139
Abb. 21	Ego-Netzwerk von *Zeit*-Mitherausgeber Joffe (Personen 4+)	140
Abb. 22	Dimensionen des erweiterten Sicherheitsbegriffs	161
Abb. 23	Verteilung der Frame-Elemente auf die Journalisten	173
Abb. 24	Frame-Elemente in den Artikeln von SZ-Ressortleiter Kornelius	199
Abb. 25	Frame-Elemente in den Artikeln von FAZ-Ressortleiter Frankenberger	202
Abb. 26	Frame-Elemente in den Artikeln von *Welt*-Chefkorrespondent Stürmer	204
Abb. 27	Frame-Elemente in den Artikeln von *Zeit*-Mitherausgeber Joffe	206
Abb. 28	Umfang der Textberichterstattung über die MSC und die Proteste	238
Abb. 29	Perspektiven der Zeitungen auf das Geschehen im Vergleich	239
Abb. 30	Bildmotive in den fünf Zeitungen im Vergleich	240

Tabellenverzeichnis

Tab. 1	Von Journalisten betriebene Hintergrundkreise in Berlin zwischen 2006 und 2008	34
Tab. 2	Strukturbedingungen der politischen Kommunikation in den USA und Deutschland	77
Tab. 3	Die werbestärksten Unternehmen in Deutschland	81
Tab. 4	Alle Verbindungen aus dem Gesamtnetzwerk (Untersuchungszeitraum 2002 - 2009)	119
Tab. 5	Strukturelle Äquivalenz der Mediennetzwerke im Paarvergleich	125
Tab. 6	Die 15 meistvernetzten Journalisten in der Rangfolge ihres Outdegrees	126
Tab. 7	Schnittmengen an Organisationen in den Ego-Netzwerken der 15 meistvernetzten Journalisten	128
Tab. 8	Erteilung der Artikel nach Journalisten und Darstellungsformen	173
Tab. 9	Verteilung der Frame-Elemente auf die Journalisten	174
Tab. 10	Häufigkeit des gemeinsamen Auftretens von Frame-Elementen in Artikeln von SZ-Ressortleiter Kornelius	200
Tab. 11	Häufigkeit des gemeinsamen Auftretens von Frame-Elementen in Artikeln von FAZ-Ressortleiter Frankenberger	203
Tab. 12	Häufigkeit des gemeinsamen Auftretens von Frame-Elementen in Artikeln von *Welt*-Chefkorrespondent Stürmer	205
Tab. 13	Häufigkeit des gemeinsamen Auftretens von Frame-Elementen in Artikeln von *Zeit*-Mitherausgeber Joffe	206

Tab. 14 Darstellungsformen und Anzahl der Beiträge
         in den fünf Zeitungen   237
Tab. 15 Umfang der Perspektiven in der
         Textberichterstattung in den fünf Zeitungen   238
Tab. 16 Anzahl der Bildmotive in den fünf Zeitungen   241
Tab. 17 Positive und negative Bewertungen der MSC und
         der Proteste   247

Vom Kampf um die ›Meinungsmacht‹ – Vorwort zur 2. Auflage

CLAUS VON WAGNER (hat die Erklärtafel hereingerollt und zeigt auf eine Reihe von Logos): »Kennen Sie folgende Organisationen? Münchner Sicherheitskonferenz zum Beispiel, oder Trilaterale Kommission, The German Marshall Fund of the United States, Atlantische Initiative, Bundesakademie für Sicherheitspolitik, Atlantik-Brücke – oder das Aspen Institute? [...] All diese Organisationen haben auf sicherheitspolitische Fragen immer dieselben Antworten: mehr Rüstung. Das sind sozusagen NATO-Versteher. In diesen Vereinigungen treffen sich Militärs, Wirtschaftsbosse und Politiker in diskreter Atmosphäre.«

MAX UTHOFF (freudig erregt): »Oh, transatlantische Swinger-Clubs! Toll! Kann ich da mitmachen?«

CLAUS VON WAGNER: »Nein, die nehmen nur einflussreiche Eliten.«

MAX UTHOFF: »Ich hab 'ne Fernsehsendung, reicht das nicht?«

CLAUS VON WAGNER: »Nur, wenn Sie das *heute-journal* moderieren würden.«

MAX UTHOFF (zeigt auf Porträtfotos auf der Tafel): »Moment mal, der Kornelius von der *Süddeutschen*, Joffe, der Herausgeber der *Zeit*, und der Nonnenmacher von der FAZ und der Auslandschef der FAZ, der Frankenberger? Das sind doch alles völlig unabhängige Geister! Ich sehe da überhaupt keine Verbindungen.«

CLAUS VON WAGNER: »Ich hab da mal was für Sie vorbereitet.« (Er zieht von der Tafel ein dunkles Klebeband zwischen den Organisationen oben und den Journalisten unten ab und macht so die darunterliegenden Verbindungslinien sichtbar.)

MAX UTHOFF: »Uiuiui, das ist ja ein ganz schön dichtes Netzwerk. Und jede dieser Linien steht also für die Verbindung eines Journalisten zu einem dieser Lobbyorganisationen? – Na gut, die sind ja nur da, um zu recherchieren!«

CLAUS VON WAGNER: »Nein, die recherchieren da nicht, die sind da Mitglieder, Beiräte, Vorstände.«

(Nun werden Details über Josef Joffe und Jochen Bittner von der *Zeit*, Stefan Kornelius und Klaus-Dieter Frankenberger, *Bild*-Chefredakteur Kai Diekmann und die US-freundlichen Unternehmensgrundsätze des Axel Springer Verlags ausgebreitet. Schließlich ist Uthoff überzeugt:)

MAX UTHOFF: »Aber dann sind ja alle diese Zeitungen nur so etwas wie die Lokalausgaben der NATO-Pressestelle!«

CLAUS VON WAGNER: »Das haben jetzt Sie gesagt. Aber Sie haben es schön gesagt.«

***

Man kann die Rezeption der vorliegenden Dissertation, die im Februar 2013 im Herbert von Halem Verlag erschien, grosso modo in zwei Kapitel teilen: Das erste spielt vor dieser Tafelnummer aus der ZDF-Satiresendung *Die Anstalt* vom 29. April 2014 (vgl. DIE ANSTALT 2014), die sich auf die Netzwerkanalyse aus diesem Buch stützte, und das zweite danach. Vor dem Sketch, der an jenem Abend mehr als zwei Millionen Fernsehzuschauer erreichte und anschließend viral durch die sozialen Netzwerke ging, hatten die kritisierten Journalisten das Buch noch ignoriert, nach dem Sketch konnten sie es nicht mehr. Vor dem Sketch wurde die Studie in der kommunikationswissenschaftlichen Community neutral bis wohlwollend aufgenommen, nach dem Sketch zog sie massive Kritik vor allem von konservativen Schwergewichten des Fachs auf sich. Mit Pierre Bourdieus wissenschaftssoziologischen Begriffen (vgl. WIEDEMANN/MEYEN 2013) könnte man die Diskussion über *Meinungsmacht* unter WissenschaftlerInnen auch so umreißen: Anfangs rezipierten Akteure an den Rändern oder außerhalb des kommunikationswissenschaftlichen Feldes (WissenschaftlerInnen mit geringem symbolischen Kapital und/oder aus Nachbardisziplinen) die Arbeit fast durchweg positiv. Als die Arbeit aber im öffentlichen Diskurs wirkmächtig geworden war und die 2014 startende Lügenpresse- und Mainstreammedien-Debatte befeuerte, wurde sie von Akteuren mit hohem symbolischen Kapital aus dem Zentrum des Feldes bekämpft. Nach der *Anstalt* ging es um etwas.

Beginnen wir mit der Rezeption des Buches in den Massenmedien und in der Journalistenbranche. Gleich nach Erscheinen brachte ein Interview im Online-Magazin *Telepolis* dem Buch einige Aufmerksamkeit und mir eine Reihe von Vortragsanfragen, Einladungen zu Podiumsdiskussionen und Interviews in öffentlich-rechtlichen Radiosendern (DEUTSCHLANDFUNK, WDR, RBB). In der Schweiz kürte der Radiosender SRF 2 KULTUR die Dissertation zum Sachbuch des Monats März 2013, und bis Jahresende erschienen Besprechungen in vier deutschen Tageszeitungen: der *taz*, der *jungen Welt*, der *Frankfurter Allgemeinen Zeitung* und der *Süddeutschen Zeitung* (Quellenangaben in KRÜGER 2019). Sogar die letzten beiden durchaus freundlich und sichtlich nicht von Interessen der jeweiligen Außenpolitik-Redaktion gelenkt. Die kritisierten Journalisten hielten sich in Phase 1 zunächst bedeckt. In Phase 2, nach der *Anstalt*, stieg das Erregungslevel sowohl bei den kritisierten Journalisten als auch in der Öffentlichkeit stark an: Josef Joffe und Jochen Bittner von der *Zeit* gingen gerichtlich gegen die *Anstalt* vor (und verloren am Ende vor dem Bundesgerichtshof), Stefan Kornelius von der *Süddeutschen* wehrte sich gegen die Vorwürfe im NDR-Medienmagazin *Zapp*. Indes sprach sich der Bundesvorsitzende des Deutschen Journalisten-Verbandes gegen Lobby-Verbindungen von Journalisten aus, und selbst der Vize-Chefredakteur der *Zeit* forderte in einer Streitschrift, dass sich Journalisten aus transatlantischen Organisationen verabschieden sollten, weil die außenpolitische Debatte in Deutschland einen merkwürdigen amerikanischen Akzent habe (Näheres in KRÜGER 2019; KRÜGER 2016: 96-101).

Die zwei Phasen sind auch in der wissenschaftlichen Diskussion um die Doktorarbeit zu erkennen. In der ersten Zeit nach Erscheinen wurde die Arbeit zunächst von Wissenschaftlern benachbarter Disziplinen besprochen: aus der Politikwissenschaft, der Soziologie und der (Friedens-)Psychologie. Auf dem Portal für Politikwissenschaft rezensierte Nils Hesse, promovierter Politologe, Volks- und Betriebswirt und damals Referent im Bundesministerium für Wirtschaft und Technologie:

> »Anschaulich verdeutlicht er [Krüger], wie sich die Argumentationsmuster innerhalb des Elitemilieus zu außen- und sicherheitspolitischen Themen ähneln. Die Ergebnisse deuten darauf hin, dass nicht nur einzelne Journalisten, sondern die Leitmedien als Ganzes zumindest im untersuchten Themenfeld dazu neigen, Elitendiskurse lediglich abzubilden und abweichende Argumente zu ignorieren oder zu delegitimieren. Dieser beobachtete fragwürdige Umgang mit der Meinungsmacht ist zu selten Gegenstand methodisch fundierter, wissenschaftlicher Analysen. Umso bemerkenswerter ist diese Arbeit. Sie ist ein wichtiger Beitrag zu einer offenen und sachlichen Diskussion über die Unabhängigkeit in deutschen Redaktionen jenseits von Verschwörungstheorien« (HESSE 2013).

Mit ähnlichem Zungenschlag wob Thomas Meyer, emeritierter Professor für Politikwissenschaft an der TU Dortmund und SPD-naher Chefredakteur der politisch-kulturellen Zeitschrift *Neue Gesellschaft/Frankfurter Hefte*, Ergebnisse der Studie in sein medienkritisches Buch *Die Unbelangbaren* ein. Er lobte, der Autor lege »auf der Grundlage akribischer Kleinarbeit offen, wie eng maßgebliche Vertreter von Leitmedien [...] auf dem Feld der Außen- und Sicherheitspolitik im Rahmen von Denkfabriken, Akademien und Diskussionsforen mit Politikberatern und amtierenden oder ehemaligen Spitzenpolitikern verbandelt sind« (MEYER 2015: 108f.). Im politisch ähnlich zu verortenden *Forschungsjournal Soziale Bewegungen* würdigte die promovierte Zeithistorikerin Karin Urich, Redakteurin des *Mannheimer Morgen*, die Dissertation mit einer ausführlichen Inhaltsbeschreibung und konstatierte, dass der Autor »vorsichtig« vorgegangen sei (URICH 2013: 129, 132).

In der interdisziplinären Vierteljahreszeitschrift *Wissenschaft & Frieden*, die sich der Friedensforschung, Friedensbewegung und Friedenspolitik widmet, wurde das Buch von Gert Sommer besprochen, einem emeritierten Professor für Psychologie an der Universität Marburg und langjährigen Vorsitzenden des Vereins Forum Friedenspsychologie. Nach einer ausführlichen Darlegung des Inhalts urteilte er:

> »Für den kritischen Medienkonsumenten sind Krügers Ergebnisse kaum erstaunlich. Friedensbewegte und Friedenswissenschaftler wissen, dass es alternative Informationsmöglichkeiten gibt (u. a. ialana.de, imi.de, friedenskooperative.de, ag-friedensforschung.de, ippnw.org). Das Buch belegt aber empirisch fundiert, dass die hoch gelobten Qualitätsmedien auch in westlichen Demokratien ihrer Aufgabe, kritisch und neutral zu

berichten, nicht oder äußerst begrenzt nachkommen. [...] Krügers Buch ist sehr zu empfehlen« (SOMMER 2014: 64).

Ebenfalls nicht überrascht angesichts der Ergebnisse – allerdings von einer weniger friedensbewegten und linken Position aus – zeigte sich Boris Holzer, Professor für Allgemeine Soziologie und Makrosoziologie an der Universität Konstanz, in der *Frankfurter Allgemeinen Zeitung*. Er vollzog den Gedankengang der Arbeit nach und monierte dann zwei Punkte: Erstens bleibe offen, ob zwischen persönlichem Netzwerk und persönlicher Meinung eine Kausalität besteht (was im Buch auf S. 220f. und S. 258 auch gesagt wird). Zweitens seien die Erwartungen an den Journalismus

»teilweise etwas hochgesteckt und von daher vielleicht besonders enttäuschungsanfällig. Wenn man dem Journalisten die ›Berufsrolle des neutralen Beobachters‹ zuweist, von der Berichterstattung grundsätzlich mehr erwartet, als die Meinungsvielfalt der politischen Eliten abzubilden, und dies von einer ›funktional höheren Warte‹ aus, so ist die Enttäuschung im Grunde programmiert. [...] In diesem Fall könnte man deshalb vermuten, dass die genannten normativen Ansprüche keine gute sozialwissenschaftliche Theorie sind« (HOLZER 2013).

Ansprüche wie »Pluralität oder gar Neutralität« würden

»nicht durch den einzelnen Journalisten oder sogar den einzelnen Bericht eingelöst [...], sondern – wenn überhaupt – durch das System der Massenmedien als Ganzes. Ungeachtet der im Detail aufschlussreichen Ergebnisse von Krügers Studie muss man deshalb die Befürchtung nicht unbedingt teilen, dass die öffentliche Meinung insgesamt durch politische und wirtschaftliche Eliten kontrolliert würde« (ebd.).

Interessant ist, dass Holzer als ausgewiesener Netzwerkforscher keine Methodenkritik übte – die kam später, nach der *Anstalt*, aus der Kommunikationswissenschaft.

Doch zunächst waren auch die (veröffentlichten) Resonanzen aus dem eigenen Fach positiv bis ambivalent. Im August 2013 referierte ein Blogeintrag im *European Journalism Observatory* den Inhalt der Arbeit zusammen mit dem einer anderen Studie (vgl. GRASS 2013). Anfang 2014 erschien in *Medien & Kommunikationswissenschaft*, neben der *Publizistik* das wichtigste Organ der deutschsprachigen Kommunikationswissenschaft, eine Rezension von Christian Nuernbergk, damals wissenschaftlicher Mitarbeiter (Post-Doc) am Lehrstuhl von Christoph Neuberger an der LMU München und Akademischer Rat auf Zeit. Der Rezensent meinte: »Das Vorgehen ist insgesamt nachvollziehbar beschrieben. Die Diskussion der vielfältigen Ergebnisse, die eine einseitige Berichterstattung der vier im Detail untersuchten Journalisten nahelegen, wird von verschiedenen Seiten geführt« (NUERNBERGK 2014: 108). Im Hinblick auf die aus den USA importierten Theorieansätze hieß es: »Diese kritische Weitung macht das Buch spannend« (ebd.). Zwar hätte es »weitere Anknüpfungspunkte« in Sachen Theorieansätze und Forschungsstand gegeben, doch zusammenfassend urteilte Nuernbergk (ebd.): »Mit Blick auf den hier untersuchten (Elite-)Diskurs liefert Uwe Krügers Arbeit insgesamt einen kritischen Ankerpunkt, der für Journalisten, Studierende und Wissenschaftler gleichermaßen empfehlenswert ist.«

Wenig später erschien eine weitere Rezension in *Communicatio Socialis – Zeitschrift für Medienethik und Kommunikation in Kirche und Gesellschaft*. Petra Hemmelmann, damals Lehrkraft für besondere Aufgaben am Lehrstuhl Journalistik der Katholischen Universität Eichstätt-Ingolstadt, schrieb:

> »Insgesamt betrachtet liefert Krüger fleißig recherchierte, detailliert aufbereitete und nützliche Informationen zur Verflechtung von Alphajournalisten mit politischen und wirtschaftlichen Netzwerken. Dass aber durch diese Journalisten eine Meinungsmacht im Sinne eines Meinungsmonopols entsteht, ist nicht zu befürchten – und das kann Krüger in dieser Arbeit auch nicht belegen« (HEMMELMANN 2014: 500).

Ansonsten kritisierte sie vor allem Punkte, die schon Boris Holzer in der FAZ ausgeführt hatte, und das mit verblüffend ähnlicher Wortwahl.

Mittlerweile erschütterten die Ausläufer des *Anstalt*-Sketches die Journalistenbranche und größere Teile des Publikums, und im September 2014 erschien im Kopp-Verlag das Buch *Gekaufte Journalisten – Wie Politiker, Geheimdienste und Hochfinanz Deutschlands Massenmedien lenken* des ehemaligen FAZ-Redakteurs Udo Ulfkotte (2014). Ulfkotte berief sich darin an vielen Stellen auf *Meinungsmacht*, wobei er dessen Befunde zuspitzte und pauschalisierte. Sein Buch, das der Medienkritiker Stefan Niggemeier nach einem Faktencheck als »voller Übertreibungen, Verdrehungen und Unwahrheiten« (NIGGEMEIER 2014) bezeichnete, erschien bald auf der *Spiegel*-Bestsellerliste und verkaufte sich allein in den ersten sechs Monaten nach Veröffentlichung 120.000-mal (vgl. FLEISCHHAUER 2015: 98). Es inspirierte vor allem rechtspopulistische Kreise; Ulfkotte trat auch bei PEGIDA und der AfD als Redner auf.

In diesem Zusammenhang der anschwellenden Medienkritik und des zunehmend öffentlich geäußerten Verschwörungsverdachts publizierte die Branchenzeitschrift *Medium Magazin* im November 2014 eine Titelstrecke zum Thema »Ihr lügt doch alle! – Medien in der Glaubwürdigkeitsfalle«. Darin fanden sich Statements und Interviews mit Reportern und hochrangigen Redakteuren zum Thema ›Vertrauenskrise‹ sowie eine *Meinungsmacht*-Rezension von Christoph Neuberger, Professor für Kommunikationswissenschaft und Direktor des Instituts für Kommunikationswissenschaft und Medienforschung an der LMU München. Mit Bezug auf *Die Anstalt* und Ulfkottes Buch leitete Neuberger ein, die Dissertation sei »zum Dreh- und Angelpunkt des Streits« (NEUBERGER 2014a: 24) geworden. Dann führte er eine Reihe von Kritikpunkten am methodischen Design, an zugrunde gelegten Prämissen bzw. Vermutungen sowie an von mir vertretenen Interpretationen, Meinungen und Forderungen an. Die Punkte zu referieren würde den Rahmen dieses Vorworts sprengen; sie und meine Antworten darauf sind in einer Replik auf dem *European Journalism Observatory* nachzulesen (vgl. KRÜGER 2014). Die Debatte setzte sich mit einer langen Duplik von Neuberger (2014b) fort, in der neue Kritikpunkte ins Feld geführt wurden; betont wurde darin, dass die »Durchsicht der Dissertation [...] eine Vielzahl von Mängeln ergeben« habe und angesichts der öffentlichen Aufmerksamkeit, die sie bekommen habe, eine »wissenschaftliche Diskussion darüber dringend geboten« sei. Auf die Duplik antwortete anschließend mein Doktorvater Michael Haller, emeritierter Professor für Journalistik an der Universität Leipzig und wissenschaftlicher Direktor des Europäischen Instituts für Journalismus- und Kommunikationsforschung (zuvor Institut für Praktische Journalismus- und Kommunikationsforschung) in Leipzig. Viele von Neuberger aufgelistete Methodenmängel seien »insofern spitzfindig, als sie die erwähnte Validität der Befunde nicht oder nicht nennenswert einschränken«. Es werde »ein klug forschender Nachwuchswissenschaftler gezielt diskreditiert«, schrieb Haller, und Neubergers Kritik verfolge »nicht Aufklärung, sondern das Ziel, den Diskurs über das politische ›Embedded‹ sogenannter Alpha-Journalisten abzubiegen: Indem Krügers Studie schlechtgemacht wird, werden die Alpha-Journalisten [...] vom Verdacht der Eliten-Kohäsion quasi reingewaschen« (HALLER 2015). Schließlich fasste Stephan Ruß-Mohl, (inzwischen emeritierter) Professor für Kommunikationswissenschaft an der Universität Lugano, in der *Neuen Zürcher Zeitung* die Debatte kritisch zusammen: »Der harsche Verriss geht an den tastenden, behutsamen Versuchen Krügers, der Meinungsmacht der Leitmedien und den Verflechtungen der Alpha-Journalisten mit den herrschenden Eliten auf die Spur zu kommen, schlichtweg vorbei« (RUSS-MOHL 2015). Quasi nebenbei kam in jener Debatte auch heraus, dass Neuberger zusammen mit dem Auslands-Ressortleiter der *Süddeutschen Zeitung*, Stefan Kornelius, im Beirat der sz-Studienstiftung sitzt, von diesem auf das Buch aufmerksam gemacht wurde und dass Neubergers Kritik ausgerechnet in jener Zeitschrift erschien, deren erster Chefredakteur Kornelius einmal gewesen war (HERKEL 2014; NEUBERGER 2014b; HALLER 2015). Dies entwertet nicht per se die Argumente Neubergers, zeigt aber, dass das Grundthema der Dissertation, nämlich die persönlichen Netzwerke von Sprechern in der öffentlichen Arena, für die Analyse und Einordnung medienvermittelter Kommunikate durchaus relevant ist.

Im Herbst 2015 veröffentlichte dann Hans Mathias Kepplinger, emeritierter Professor für Empirische Kommunikationsforschung an der Johannes-Gutenberg-Universität Mainz, in der *Publizistik* eine weitere harsche Kritik an *Meinungsmacht*. Zwar sei manches »gut begründet« (die Auswahl der Organisationen für die Netzwerkanalyse), »formal eindrucksvoll« (die grafischen Darstellungen der Ego-Netzwerke) und »sorgfältig« (die Frame-Analyse zum erweiterten Sicherheitsbegriff) (KEPPLINGER 2015: 363), zugleich »inhaltlich aber aus theoretischen und methodischen Gründen fragwürdig« (die oben genannte Frame-Analyse) oder nur »schmückendes Beiwerk« (die Netzwerkgrafiken) (ebd.). Einen »grob irreführenden Eindruck« bekomme der Leser »von den theoretischen und methodischen Innovationen u.a. zur Definition und Identifikation von Leitmedien und zur Ko-Orientierung von Journalisten. Geradezu grotesk sind die Ausführungen zu Noelle-Neumanns Theorie der öffentlichen Meinung [...]« (ebd.: 362). Kepplinger vermisste eine »demokratietheoretische Fundierung – etwa anhand der klassischen Texte der Federalists, von Toqueville [sic!] oder von Lippmann« und ebenso »die grundlegenden Ausführungen Fraenkels zur Interessenvertretung und Willensbildung in pluralistischen Gesellschaften« (ebd.). In der Frame-Analyse würden »zwei Variablen vermischt« (ebd.: 363), nämlich »(a) die Zugehörigkeit der Journalisten zu den Netzwerken mit (b) den redaktionellen Linien ihrer eigenen und der anderen Medien« – eine Kritik, auf die ich in einem Interview mit Michael Walter (2015) auf dem sozialwissenschaftlichen Internetportal *Soziopolis* geantwortet habe. Kepplinger konstatierte Unkenntnis und Unterlassung in weiteren Punkten: »Den theoretischen Hintergrund der Erforschung des Links-Rechts-Spektrums [...] kennt er aber nicht« (ebd.: 364). »Auch die Notwendigkeit und Legitimität solcher Verbindungen [der Journalisten zu den Organisationen] erörtert er nicht. Stattdessen diskreditiert er sie ohne konkrete Belege für seine weitreichenden Urteile als kaum vereinbar mit u. a. dem Pressekodex« (ebd.: 363). »Diese Mängel sind deshalb gravierend, weil der Verfasser seine unzureichend reflektierten Daten zu schwerwiegenden pauschalen, empirisch aber nicht belegten Verdächtigungen gegen Politik und Medien nutzt« (ebd.: 364).

Während Michael Meyen, Professor für Kommunikationswissenschaft an der LMU München, in der (positiven) Besprechung eines linken Interview-Bandes zur Medienkritik konstatierte, dass »Uwe Krüger [...] einer der wichtigsten Fixpunkte für die Medienkritik in Deutschland zu werden scheint« (MEYEN 2017), wollten die wissenschaftlichen Schwergewichte Neuberger und Kepplinger gerade dies offensichtlich verhindern. Ihre Veto-Voten sind unmissverständlich: »Transparenz, Systematik und Vollständigkeit sind wichtige Prinzipien der empirischen Forschung. Sie wurden an mehreren Stellen der Arbeit missachtet«, schrieb Neuberger (2014a: 24), »[w]as Krüger als Frame-Analyse bezeichnet, wird dem Anspruch an eine solche Untersuchung in keiner Weise gerecht« (ebd.: 25) und »[i]n der Dissertation von Krüger wird das Verhältnis zwischen Journalismus, Eliten und Bevölkerung als ein Geflecht aus Macht- und Manipulationsbeziehungen dargestellt. Es fehlt ein tieferes Verständnis dafür, wie Öffentlichkeit in einer Demokratie funktionieren sollte und auch – trotz einiger Abstriche – funktioniert (ebd.)«. Kepplinger (2015: 364) urteilte in seiner Rezension ähnlich vernichtend über die kognitiven Fähigkeiten des Autors:

> »Aus den genannten Gründen liefert das Buch – trotz einer Reihe von bemerkenswerten empirischen Befunden, deren theoretische und praktische Bedeutung der Verfasser jedoch z. T. nicht erkennt, z. T. nicht versteht und z. T. überinterpretiert – keine wissenschaftlich fundierte und praktisch relevante Analyse der Machtverhältnisse zwischen den politischen und medialen Eliten.«

Im Klartext: *Meinungsmacht* ist keine Wissenschaft, und Minderbemittelte sollten besser draußen bleiben – vor allem, wenn sie auf einem politischen Kreuzzug sind:

> »Die Bedingungen, Möglichkeiten, Notwendigkeiten und Arten der Beziehungen zwischen Politikern und Journalisten werden nicht einmal annähernd reflektiert. Stattdessen enthält das Buch politische Polemiken gegen u. a. die affirmative Berichterstattung wichtiger Medien über eine sicherheitspolitische Konzeption. Die kann man samt der Berichterstattung darüber falsch oder richtig finden, was jedoch nicht auf wissenschaftlichen Erkenntnissen beruht, sondern auf politischen Einstellungen« (KEPPLINGER 2015: 364).

Dasselbe Argument der angeblichen politischen Befangenheit führte Neuberger (2014a: 25) an:

> »Öffentliche Äußerungen Krügers zur Debatte über die Sicherheitspolitik in Deutschland [gemeint sind wahrscheinlich Erinnerungen an die Friedensnorm im Grundgesetz – UK] bekräftigen, dass er nicht in der Rolle des neutralen, unvoreingenommenen Wissenschaftlers ist, sondern in der Sache selbst Position bezieht. Das erhärtet den Verdacht, dass er auch mit seiner Dissertation vor allem eines wollte: Meinung machen.«

***

Auch wenn eine historisierende Analyse in eigener Sache schwierig ist: Meines Erachtens ist die polarisierte und in scharfem Ton geführte Debatte um *Meinungsmacht*, also um die Qualität der Arbeit und die Gültigkeit und Reichweite ihrer Ergebnisse, auch als ein Kampf um die Meinungsmacht im größeren gesellschaftlichen Rahmen (Wie unabhängig und glaubwürdig sind die Medien?) und nicht zuletzt auch im kleineren Rahmen der deutschsprachigen Kommunikationswissenschaft zu verstehen, und zwar in einer politisch aufgeheizten Zeit.

> »Folgt man Bourdieu [...], dann ist das wissenschaftliche Feld eine soziale Welt mit Hierarchien und Zwängen, strukturiert durch den prinzipiellen Gegensatz zwischen herrschenden und beherrschten Akteuren. [...] Dem Machtpol des Feldes kommt dabei nach Bourdieu sowohl auf inhaltlicher als auch auf institutioneller Ebene eine besondere Rolle zu, denn er legt den Habitus und das Kapital für eine erfolgreiche Positionierung im Feld fest. Am Machtpol des wissenschaftlichen Feldes wird also definiert, welche Fragestellungen, Theorieansätze und Methoden als legitim gelten [...] oder welche Forschungsgebiete, welche Netzwerke und welche Veröffentlichungsorte sich für die Karriere bezahlt machen« (WIEDEMANN/MEYEN 2016: 6).

Der Kampf um die ›Meinungsmacht‹ drehte sich auch darum, wie medienkritisch und fundamental-oppositionell Kommunikationswissenschaft sein darf. Darf sie mit politischer Ökonomie á la Herman und Chomsky (2002) als Grundlage operieren oder ›Power Structure Research‹ in der Tradition von C. Wright Mills (1956) betreiben? Darf sie einzelne Alpha-Journalisten angreifen und der Propaganda bezichtigen? Darf sie Eliten per se unter den Verdacht einer zu starken horizontalen Eliteintegration stellen und darf sie fragen, ob die real existierende liberal-demokratische Öffentlichkeit überhaupt funktioniert?

Holger Böning, als Medienhistoriker und Professor für Neuere Deutsche Literatur und Geschichte der deutschen Presse am Institut für Deutsche Presseforschung der Universität Bremen ebenfalls ein Kommunikationswissenschaftler am Rand des Feldes, sagte jüngst in einem Interview, bezogen auf eine eigene wohlwollende Sammelrezension u. a. zu *Meinungsmacht*:

> »Ich würde keinem jungen Wissenschaftler empfehlen, so einen Literaturbericht zu veröffentlichen, wie ich das gerade zu Fake News und Lügenpresse gemacht habe (vgl. BÖNING 2018). Wenn du das mit diesem Tenor machst, dann wird es schwer. Ich beobachte zum Beispiel Uwe Krüger ganz genau. Was wird aus ihm nach diesen Büchern (vgl. KRÜGER 2013, 2016)?« (MEYEN 2019).

Auffällig ist jedenfalls, dass diese Bücher – *Meinungsmacht* und der populärwissenschaftliche Nachfolger *Mainstream* aus dem Verlag C.H. Beck (vgl. KRÜGER 2016) – so gut wie keinen Niederschlag im laufenden Fachdiskurs finden. Bezeichnenderweise werden sie nicht einmal in Ausführungen über die Lügenpresse-Debatte und Aufzählungen wichtiger Bücher aus der Debatte erwähnt (vgl. BLÖBAUM 2018: 607). Dem Verkaufserfolg – *Meinungsmacht* hat sich für eine Dissertation mit über 7.000 Exemplaren sehr gut verkauft, *Mainstream* in derselben Größenordnung – und der Wahrnehmung in der medienkritischen Öffentlichkeit steht die Nichtwahrnehmung vonseiten des Fachs gegenüber: Der Machtpol des Feldes will die in *Meinungsmacht* aufgeworfenen Fragen nicht weiterverfolgen; er nimmt den hier aufgespannten Diskurs-Rahmen, dessen Problemdefinitionen und Perspektiven nicht an.

So ist die Frage nicht nur, was im Zuge der feldinternen Kämpfe um Themensetzungen und Deutungen aus dem Autor dieser Zeilen wird, sondern auch aus jenen Fragestellungen, Theorieansätzen und Methoden, die gerade nicht wissenschaftlicher Mainstream sind. Diesbezüglich zeigt die Gründung des Netzwerks Kritische Kommunikationswissenschaft im Jahr 2017 unter Beteiligung des Autors und vieler anderer NachwuchswissenschaftlerInnen an, dass die Kämpfe im Feld noch lange nicht vorbei sind.

Uwe Krüger
Leipzig, im April 2019

Literatur

BLÖBAUM, BERND: Bezugspunkte von Medienvertrauen. Ergebnisse einer explorativen Studie. In: *Media Perspektiven*, 12, 2018, S. 601-607. https://www.ard-werbung.de/fileadmin/user_upload/media-perspektiven/pdf/2018/1218_Bloebaum_2019-01-08.pdf [3.4.2019]

BÖNING, HOLGER: ›Lügenpresse‹, ›Fake-News‹ und ›Medien-Mainstream‹. Gedanken zu einigen Neuerscheinungen zum Thema und zum Zustand der gegenwärtigen Presseberichterstattung. In: BELLINGRADT, DANIEL; BÖNING, HOLGER; MERZIGER, PATRICK; STÖBER, RUDOLF (Hrsg.): *Jahrbuch für Kommunikationsgeschichte*, Band 20. Stuttgart [Franz Steiner] 2018, S. 121-155

DIE ANSTALT: Qualitätsjournalismus. Auszug aus *Die Anstalt* (ZDF) vom 29.4.2014, 23.05 Uhr. https://www.youtube.com/watch?v=SASZZBnwePM [3.4.2019]

FLEISCHHAUER, JAN: Im Wald. In: *Der Spiegel*, Nr. 11 vom 7.3.2015, S. 98-100. http://www.spiegel.de/spiegel/print/d-132212276.html [3.4.2019]

GRASS, KAREN: Die Stimme des Volkes erstirbt. Literaturbericht über Uwe Krüger: Meinungsmacht und Morten Skovsgaard; Arjen van Dalen: The Fading Public Voice: The polarizing effect of commercialization on political and other beats and its democratic consequences. In: *European Journalism Observatory* am 27.8.2013. https://de.ejo-online.eu/qualitaet-ethik/die-stimme-des-volkes-erstirbt [3.4.2019]

HALLER, MICHAEL: Meinungsmacht-Debatte: Die Sicht des Gutachters. In: *European Journalism Observatory* am 12.1.2015. https://de.ejo-online.eu/qualitaet-ethik/meinungsmacht-debatte-die-sicht-des-gutachters [3.4.2019]

HEMMELMANN, PETRA: Rezension von Uwe Krüger: Meinungsmacht. In: *Communicatio Socialis*, 46(4), 2014, S. 498-500

HERKEL, GÜNTER: Seltsame Netzwerke. Interessenverquickung und Unabhängigkeit im Ausschlussverfahren. In: *M – Menschen Machen Medien*, Heft 8/2014, S. 6. https://mmm.verdi.de/beruf/seltsame-netzwerke-2581 [3.4.2019]

HESSE, NILS: Rezension von Uwe Krüger: *Meinungsmacht. Portal für Politikwissenschaft*, 5.6.2013. https://www.pw-portal.de/rezension/14566-meinungsmacht_43900 [3.4.2019]

HOLZER, BORIS: Wie kommt die Meinung in die Welt? In: *Frankfurter Allgemeine Zeitung* vom 9.9.2013, S. 28. https://www.faz.net/aktuell/feuilleton/buecher/rezensionen/sachbuch/uwe-krueger-meinungsmacht-wie-kommt-die-meinung-in-die-welt-12564777.html [3.4.2019]

KEPPLINGER, HANS MATHIAS: Rezension von Uwe Krüger: Meinungsmacht. In: *Publizistik*, 60(3), 2015, S. 362-364

KRÜGER, UWE: *Mainstream. Warum wir den Medien nicht mehr trauen.* 2., durchgesehene und aktualisierte Auflage. München [C.H.Beck] 2016

KRÜGER, UWE: Replik zur Rezension ›Meinungsmache statt Macht‹ von Prof. Dr. Christoph Neuberger im Medium Magazin. In: *European Journalism Observatory* am 24.11.2014. https://de.ejo-online.eu/qualitaet-ethik/13256 [3.4.2019]

KRÜGER, UWE: Die Anstalt sticht ins Wespennest: Journalisten und ihre transatlantischen Netzwerke. In: KRAUSS, DIETRICH (Hrsg.): *Die Rache des Mainstreams an sich selbst. 5 Jahre Die Anstalt.* Frankfurt/M. [Westend] 2019, S. 112-120

MEYEN, MICHAEL: Auf zu den Wurzeln der Lügenpresse. Rezension von Jens Wernicke: Lügen die Medien? In: MEYEN, MICHAEL (Hrsg.): *Medienrealität*, Eintrag vom 16.10.2017. https://medienblog.hypotheses.org/626 [3.4.2019]

MEYEN, MICHAEL: »Es ist ein Kunstfehler, wenn die Historiker die Medien übersehen«. Interview mit Holger Böning. In: *Biografisches Lexikon der Kommunikationswissenschaft (Blexkom)* 21.2.2019. http://blexkom.halemverlag.de/boening-interview/ [3.4.2019]

MEYER, THOMAS: *Die Unbelangbaren. Wie politische Journalisten mitregieren.* Frankfurt/M. [Suhrkamp] 2015

NEUBERGER, CHRISTOPH: Meinungsmache statt Macht. In: *Medium Magazin*, Heft 11/2014a, S. 24-25. https://de.ejo-online.eu/qualitaet-ethik/meinungsmache-statt-macht [3.4.2019]

NEUBERGER, CHRISTOPH: Erwiderung zu Uwe Krügers Replik auf meine Rezension. In: *European Journalism Observatory* am 18.12.2014b. https://de.ejo-online.eu/qualitaet-ethik/erwiderung-zu-dr-uwe-kruegers-replik-auf-meine-rezension [3.4.2019]

NIGGEMEIER, STEFAN: Die Wahrheit über die Lügen der Journalisten. In: *Krautreporter.de* vom 24.10.2014. https://krautreporter.de/46--die-wahrheit-uber-die-lugen-der-journalisten [3.4.2019]

NUERNBERGK, CHRISTIAN: Rezension von Uwe Krüger: Meinungsmacht. In: *Medien & Kommunikationswissenschaft*, 62(1), 2014, S. 107-108

RUSS-MOHL, STEPHAN: Wenn Wachhunde zahm werden. Die heikle Nähe tonangebender Journalisten zur Machtelite. In: *Neue Zürcher Zeitung* vom 24.2.2015, S. 36. https://www.nzz.ch/feuilleton/medien/die-heikle-naehe-von-leitmedien-zur-elite-1.18489317 [3.4.2019], veröffentlicht unter dem Titel »Journalisten und Machteliten auf Kuschelkurs« auf European Journalism Observatory am 25.2.2015. https://de.ejo-online.eu/qualitaet-ethik/meinungsmachtdebatte-russ-mohl#more-13821 [3.4.2019]

SOMMER, GERT: Rezension von Uwe Krüger: Meinungsmacht. In: *Wissenschaft & Frieden*, 32(2), 2014, S. 63-64. http://www.ialana.de/files/pdf/ver%C3%B6ffentlichungen/ver%C3%B6ff%202014/Meinungsmacht_Uwe_Krger.pdf [3.4.2019]

ULFKOTTE, UDO: *Gekaufte Journalisten – Wie Politiker, Geheimdienste und Hochfinanz Deutschlands Massenmedien lenken*. Rottenburg am Neckar [Kopp] 2014

URICH, KARIN: Wer jagt wen? – Vom Verhältnis zwischen Politik und Medien. Sammelrezension von Uwe Krüger: Meinungsmacht und Bernhard Pörksen; Wolfgang Krischke: Die gehetzte Politik. In: *Forschungsjournal Soziale Bewegungen*, 26(3), 2013, S. 128-133

WALTER, MICHAEL: Die prekäre journalistische Nähe zur Macht. Interview mit Uwe Krüger. In: *Soziopolis* vom 8.2.2016. http://www.soziopolis.de/verstehen/was-tut-die-wissenschaft/artikel/die-prekaere-journalistische-naehe-zur-macht/ [3.4.2019]

WIEDEMANN, THOMAS; MICHAEL MEYEN (Hrsg.): *Pierre Bourdieu und die Kommunikationswissenschaft. Internationale Perspektiven*. Köln [Herbert von Halem] 2013

WIEDEMANN, THOMAS; MICHAEL MEYEN: Amerikanisierung durch Internationalisierung: Die Expansion der International Communication Association (ICA). In: *Global Media Journal* (German Edition), 6(2), 2016, S. 1-23. https://www.db-thueringen.de/servlets/MCRFileNodeServlet/dbt_derivate_00037168/GMJ12_Wiedemann_Meyen_final.pdf [3.4.2019]

Vorwort des Herausgebers

Die hier vorzustellende Arbeit gibt eine unerwartete, in ihrem analytischen Gehalt tiefenscharfe und in politischer Hinsicht alarmierende Antwort auf die Frage, wie Meinungsbildungsprozesse in der journalistischen Elite ablaufen und als publizistische Macht ihre Wirkungsstärke entfalten. Damit betritt diese Arbeit ein bislang von der Medienwissenschaft ausgespartes Terrain.

Gewiss, über Medienmacht wurde seit Jahrzehnten viel geforscht und diskutiert. Doch wussten wir, warum die Medien vom Geschehen in der Welt just dieses und nicht jenes Bild zeichnen? Handelt es sich um mutwillige Entscheidungen journalistischer Subjekte – oder um doch eher hintergründige Einflussgrößen, die eine Rolle spielen, wenn die Journalisten dieses Ereignisthema in den schönsten Farben groß aufmachen, jenes indessen übergehen und ein drittes negativ bewerten? Wir meinen hier nicht Ereignisse, deren Beurteilung auf der Hand liegt, etwa Verbrechen oder Umweltverschmutzung. Wir denken vielmehr an Vorgänge in der Politik, der Wirtschaft und Kultur, dort also, wo Entscheidungen, ihre Gründe und ihre Folgen im Mittelpunkt stehen. Auch sprechen wir in diesem Zusammenhang nicht von der regionalen Presse, die mangels Fachkompetenz oft genug den Leitmedien hinterherläuft, sondern von den Meinungsführern selbst: Wie rechtfertigt sich deren für die öffentliche Meinungsbildung wirkmächtige Sicht der Dinge?

Die empirische Medienwissenschaft hat sich erst vergleichsweise spät für solche Fragen zu interessieren begonnen, vielleicht weil sie anfangs der (naiven) Auffassung war, die Medieninhalte seien gewissermaßen objektiv gegeben, es gehe nur darum herauszufinden, wie diese auf das Denken und Meinen des Publikums einwirken und eine öffentliche Meinung erzeugen. Damals hatten die Sozialwissenschaften noch das Bild einer eher reaktiven Massengesellschaft vor Augen. Die in den 1920er-Jahren des vorigen Jahrhunderts erblühende Medienforschung wollte denn auch die mutmaßliche ›Medienwirkung‹ im Kontext von Wahlkämpfen und politischen Kampagnen ermitteln. Entsprechend mehrdeutig blieben ihre Befunde.

Anfangs waren es nur ein paar kluge Köpfe, die den Objektivitätsglauben in Frage stellten und sich für die Bedingungen der ›Aussagenproduktion‹ in den Zeitungsredaktionen interessierten; bereits 1919 schrieb der Reporter und Essayist Upton Sinclair, der Journalismus »is a class institution, serving the rich and spurning the poor« (2003: 147). 1922 publizierte Walter Lippmann seine Studie über die Macht der »news values«. In den folgenden Jahrzehnten erwuchs daraus die Nachrichtenwerttheorie. Sie nahm an, dass bestimmte Eigenschaften der den Redaktionen gemeldeten Nachrichten ausschlaggebend seien, ob die News publiziert würden oder nicht (wie: Nähe, Prominenz, Überraschung, Konflikt). Doch auch dieser Ansatz erwies sich als wenig realistisch. Erst in den 1970er-Jahren des vorigen Jahrhunderts vollzog dann die Medienwissenschaft den überfälligen Perspektivenwechsel, indem sie die Faktoren, nach denen Nachrichten selektiert werden, nicht den Nachrichten, sondern den Redaktionen zuschrieb: In den Köpfen der Journalisten existieren »Hypothesen von Realität«, wie es Winfried Schulz 1976 nannte. Endlich stand das redaktionelle Handeln selbst im Mittelpunkt der Forschung.

Diese Abkehr vom naiven Objektivismus blieb indessen der Prämisse treu, dass es um Nachrichten, also um den Umgang mit Fakten gehe – und nicht um deren Deutung. Diese Prämisse gehört zur Tradition des angloamerikanischen Journalismus, für den die vom Publizisten C. P. Scott geprägte Formel als Leitbild gilt: »news are sacret, comment is free«: Über Tatsachen soll sachrichtig (›objektiv‹) berichtet werden. Davon abgekoppelt, gleichsam in einer anderen Sphäre, dürfen die Journalisten ihre subjektiven Deutungen und Meinungen nach Gusto publizieren.

Auch wenn diesem Leitbild unter demokratietheoretischem Blickwinkel hohe Geltung zukommt, so weicht der real existierende Journalismus weit davon ab. Die journalistischen Aussagen werden von vielfältigen Einflussgrößen determiniert, zu denen systemische Funktionsbedingungen und medienökonomische Zwänge ebenso gehören wie redaktionelle Milieus mit ihren Traditionen und, nicht zuletzt, die journalistischen Individuen mit ihren Interessen, Auffassungen und Vorurteilen.

Ob und wie diese Einflussgrößen zusammenspielen, wie groß und prägend einzelne Faktoren tatsächlich sind, haben Forschungen zu erhellen versucht. Es blieben meist abstrakte Analysen, weil sie dem Akteur – dem handelnden Journalisten – gleichsam aus dem Weg gingen. Nicht zuletzt die in den vergangenen Jahrzehnten tonangebende systemtheoretische Sicht klammerte die Akteure vollständig aus und verstand die Redaktion als ›System‹. Entsprechend realitätsfern fielen ihre Befunde aus.

Eine andere Perspektive gewann in den vergangenen Jahrzehnten indessen an Bedeutung: Die normativ zu verstehende Funktionszuschreibung an den Journalismus. Damit sind vor allem die für Demokratien funktionsnotwendigen Aufgaben gemeint, die das Mediensystem im Allgemeinen und der Journalismus im Besonderen zu erfüllen haben. Sie lassen sich am einfachsten mit der Hauptaufgabe umschreiben, dass sie die Mitglieder der Gesellschaft über das aktuelle Geschehen sinnorientiert ins Bild zu setzen und, soweit es um Politik geht, ihnen auch die Möglichkeit der sachgestützten Meinungsbildung zu verschaffen haben. Aus dieser Formel folgt der lange Kanon an Erfordernissen, die von der informatorischen Grundversorgung über die Sicherung publizistischer Vielfalt bis zu den journalistisch-handwerklichen Regeln reicht, die einzuhalten sind, damit so etwas wie Orientierung zustande kommt.

Diese normativ begründete Perspektive erlaubt es, einen zeitgemäßen Qualitätsbegriff zu entwickeln, der die Erfordernisse an die Medien operationalisiert und als Bemessungsgrundlage an den real existierenden Journalismus anlegt – nicht, um Medienschelte zu betreiben, sondern mit dem dezidierten Ziel der Qualitätssicherung. Denn diese normativ begründete Medienforschung analysiert Dysfunktionen, um Gründe und Umstände aufzuzeigen, warum Medien ihre Reichweiten und ihre Geltung verlieren, warum Desinformation zunimmt und Verständigungsprozesse abbrechen. Zu diesem normativen Verständnis zählt im Übrigen auch die Überzeugung, dass ›funktionierender‹ – sagen wir vereinfacht: guter – Journalismus sein Publikum findet, weil das Publikum ihn braucht. Damit ist auch angedeutet, dass guter Journalismus mit seinem Publikum eine kommunikative Beziehung eingeht: Die Bürger wollen auch als Mediennutzer ernst genommen werden.

Die am Institut für Praktische Journalismus- und Kommunikationsforschung (IPJ), einem Gemeinschaftsprojekt von Universität Leipzig, Handelshochschule Leipzig und Medienstiftung der Sparkasse Leipzig, seit einem Jahrzehnt unternommenen Forschungsprogramme und -projekte folgen diesem Verständnis von Qualität. Sie untersuchen auf verschiedenen Ebenen, woran es liegt, wenn die Reichweite schwindet, mithin die Interaktion mit Teilen des Publikums abbricht.

Auch die Arbeit von Uwe Krüger folgt diesem Qualitätsverständnis, doch steckt sie den Rahmen noch weiter aus. Sie greift die einleitend skizzierten Dilemmata bei der Beschreibung der Wirkungsmacht der Medien auf und entwickelt ein sinnfälliges Konzept zur Analyse der Meinungsmacht führender Journalisten. Sie fragt, ob es einen dysfunktionalen Wirkungszusammenhang gibt zwischen politischen Eliten und der Journalistenelite, dergestalt, dass politisch erwünschte Denkweisen medial durchsetzt werden; wie es kommt, dass die öffentliche Aufgabe, Kritik und Kontrolle zu üben, schwindet und der beabsichtigte Gleichklang zunimmt. Seine Arbeit, schreibt Uwe Krüger, werde von »der Annahme geleitet, dass eine konsensuell geeinte Elite in wichtigen Fragen (Krieg und Frieden, makroökonomische Ordnung) gegen die Interessen eines Großteils der Bevölkerung regieren kann und dass journalistische Eliten zu stark in das Elitenmilieu eingebunden sein könnten, um noch als Anwälte des öffentlichen Interesses kritisch-kontrollierend zu wirken« (S. 90).

Die methodisch gut fundierte, mit aufschlussreichen Fallstudien bestückte Untersuchung, die Uwe Krüger zur Beantwortung seiner Forschungsfragen unternommen hat, stützt sich auf aktuelle US-amerikanische Funktionstheorien und stellt einen schlüssig belegten Zusammenhang her zwischen den Positionen der politischen Eliten und jenen der Medien, indem sie nachweist, wie sich Journalisten in die Elitenzirkel haben einbinden lassen. Seine hierzu durchgeführte Netzwerkanalyse hat für die akteurszentrierte Journalismusforschung in Deutschland Pilotcharakter. Und seine Vorschläge zur Sicherung redaktioneller Unabhängigkeit (auch: Unvoreingenommenheit) sollten von den Meinungsmachern ernst genommen werden. Es sei denn, es geht ihnen weniger um guten Journalismus, als vielmehr um das Spiel mit ihrer Medienmacht.

Leipzig und Hamburg, im November 2012
Michael Haller

1. EINLEITUNG

1.1 Hinführung zum Thema

Am Abend des 5. Juni 2008 moderierte Maybrit Illner im ZDF eine Talkrunde zur Spitzel-Affäre der Deutschen Telekom AG. Wenige Tage zuvor war ans Licht gekommen, dass die Unternehmensspitze der Telekom in den Jahren 2005 und 2006 illegal Telefonverbindungsdaten von Aufsichtsräten und Journalisten abgeglichen hatte, um herauszubekommen, wer Interna aus den Sitzungen des Aufsichtsrates an die Medien weitergegeben hatte. Unter dem Titel »Deutschland einig Spitzelland – Wer stoppt die Datendiebe?« debattierten nun der Telekom-Aufsichtsratsvize Lothar Schröder, der CDU-Innenpolitiker Wolfgang Bosbach, Hans Leyendecker von der *Süddeutschen Zeitung*, die frühere (und spätere) Bundesjustizministerin Sabine Leutheusser-Schnarrenberger und der Geschäftsführer des Bundesverbandes Deutscher Detektive, wie es um den Datenschutz in Deutschland und speziell bei der Telekom bestellt ist. Obwohl es auch um Versäumnisse des aktuellen Vorstandsvorsitzenden René Obermann ging (die Bespitzelungen gingen auf das Konto seines Vorgängers), fiel sein Name kein einziges Mal. Die Diskutanten schlichen mit den Bezeichnungen »aktueller Vorstand« und »neuer Vorstand« um das Wort »Obermann« herum (KAZIM 2008). Warum? Weil die Moderatorin und der Vorstandsvorsitzende privat ein Paar waren.

Auf einer sehr offensichtlichen Ebene demonstriert dies, wie persönliche Bande von Journalisten zu einem Tabu im journalistischen Inhalt führen können. Hier war der blinde Fleck in der Berichterstattung nur ein Name, und der Grund war jedem bekannt, der die Boulevard-Berichterstattung über die Liebesbeziehung der beiden attraktiven und erfolgreichen Mittvierziger verfolgt hatte. Nicht immer ist die Sache so augenfällig.

EINLEITUNG

Am 27. Februar 2009 meldete die *Bild*-Zeitung auf ihrer Politikseite, dass der Verein Atlantik-Brücke in einem Hotel im indischen Mumbai getagt habe, ein »Internationales Beratergremium« in Leben gerufen sowie die »Erklärung von Mumbai« verabschiedet habe: »Eine Aufforderung an den Westen, trotz Wirtschaftskrise für offene Märkte einzustehen.« Darüber ein Foto mit Granden der Atlantik-Brücke wie Airbus-Chef Thomas Enders und Unternehmensberater Roland Berger (Abb. 1). Wer auf die Website des Vereins schaute, sah dort dasselbe Foto, allerdings mit einem weiter gefassten Ausschnitt: Zu sehen ist zusätzlich etwas architektonisches Flair des Taj Mahal Palace Hotels – und Kai Diekmann, der Chefredakteur der *Bild*-Zeitung. Er war nicht als Berichterstatter zugegen gewesen, sondern hatte als Vorstandsmitglied der Atlantik-Brücke einen gleichberechtigten Platz in der Runde gehabt. Dass er auf dem Foto in der *Bild*-Zeitung abgeschnitten war, dürfte nicht nur auf Platzgründe zurückzuführen sein. Sicher spielte das Kalkül eine Rolle, dass manche Leser die Involviertheit des Chefredakteurs nicht goutieren würden, soll er ihnen doch eigentlich als möglichst neutraler, unbeteiligter Beobachter die Ereignisse in der Welt nahebringen.

ABBILDUNG 1
Die »Erklärung von Mumbai« der Atlantik-Brücke ohne und mit *Bild*-Chefredakteur Kai Diekmann

Links die *Bild*-Zeitung vom 27.2.2009 (S. 2), rechts die Website www.atlantik-bruecke.org, abgerufen am 9.4.2009 (Diekmann steht ganz links)

Beispiel 3: Im Januar 2001 debattierten die deutschen Medien erregt über den Einsatz von Uranmunition durch Nato-Truppen auf dem Balkan. Der *Spiegel* erklärte ausführlich die »geheimen Gefahren« der schwach radioaktiven Geschosse, die mit Leichtigkeit Panzerhüllen und Gebäude durchschlagen, und den »tödlichen Staub«, der das Kriegsgebiet kontaminiere und auch die eigenen Soldaten schädige (ILSEMANN 2001a, 2001b; FLOTTAU 2001); alle Tageszeitungen und TV-Nachrichtensendungen berichteten ebenfalls über die ›Uran-Affäre‹. Verteidigungsminister Rudolf Scharping stand unter massivem Druck, und so setzte er eine Kommission ein, die die Gefährdungslage untersuchen sollte. Sie wurde geleitet vom ehemaligen Chefredakteur der Wochenzeitung *Die Zeit*, Theo Sommer, der einschlägige Verbindungen zum Ministerium aufwies: 30 Jahre zuvor hatte er dort als Leiter des Planungsstabs gedient und war außerdem Mitglied der Wehrstrukturkommission der Bundesregierung gewesen. Weiterhin in der Kommission dabei war ein Redakteur der *Frankfurter Allgemeinen Zeitung*, ein Vertreter der regierungsnahen Deutschen Gesellschaft für Auswärtige Politik und eine Reihe Militärs (ARBEITSSTAB DR. SOMMER 2001: 127). Die Kommission sichtete Literatur und interviewte Experten; im Juni 2001 gab sie Entwarnung. »Die Blamage der Alarmisten« titelte die *Zeit* (RANDOW 2001b), die bereits im Januar Uranmunition als unbedenklich bezeichnet und die »kollektive Hysterie« der Journalistenkollegen gegeißelt hatte (RANDOW 2001a). Theo Sommer bekam wenig später von Minister Scharping das Ehrenkreuz der Bundeswehr in Gold überreicht, und während in den folgenden Kriegen in Afghanistan und Irak weiter Uranmunition verschossen wurde, herrschte an der Medienfront weitgehend Ruhe (SCHIFFER 2008). Im DEUTSCHLANDFUNK wurde zudem im Jahr 2004 ein Beitrag über Uranmunition verhindert, und zwar von einem Abteilungsleiter, der nebenbei im Beirat für Fragen der Inneren Führung im Bundesverteidigungsministerium tätig war und später auch als Chefredakteur der Zeitschrift des Reservistenverbandes (KRÜGER 2008, KAPPES 2006). Alles Zufall? Der *taz*-Redakteur Andreas Zumach, der zum Thema gearbeitet hat, sagt:

> »Es gibt Stellen, die das Thema nicht wollen. [...] Industrie, Regierungen, Militärs. Und es geht vor allem darum, horrenden Schadensersatzforderungen von den bislang – möglicherweise mehreren Hunderttausend – Geschädigten zu entgehen. Aber auch die für die Aufklärung von Gesundheitsschäden zuständige Weltgesundheitsorganisation in Genf hält sich zurück wegen politischen Drucks aus Washington, Berlin und anderen Hauptstädten« (zitiert nach SCHIFFER 2008: 56).

Wäre es nicht die Aufgabe des Journalismus, solche Schweigekartelle zu durchbrechen? Der *Spiegel*-Redakteur Siegesmund von Ilsemann, der 2001 zu Uranmunition recherchiert hatte, hält dagegen: »Medien, sofern sie keinen Kampagnenjournalismus betreiben, sind nur in begrenztem Umfang in der Lage, ein Thema kontinuierlich zu verfolgen. Wenn die Wissenschaft keine neuen Erkenntnisse liefert oder keine neuartigen Fälle auftauchen, fehlt der Aufhänger für weitere Berichte« (ILSEMANN 2008).

Diese zunächst sehr unterschiedlichen Beispiele umreißen das Thema: Es geht erstens um die Nähe von Journalisten zur Macht, es geht zweitens um Leerstellen und Tabus in der Berichterstattung, um Konformität der journalistischen Inhalte mit der Eliten-Diskussion. Es geht um das, was der Journalismusforscher Siegfried Weischenberg einmal »strukturelle Korruption« nannte: »Korruption liegt im Journalismus dann vor, wenn Medienschaffende nicht das drucken oder senden, was sie wissen. Oder wenn sie loben, weil sie – im weitesten Sinne – bestochen worden sind« (WEISCHENBERG 2002: 12). Es geht darum, welchen Anteil die Journalisten und ihre Kontakte zu den Eliten bei der Geburt oder der Verhinderung von Medienthemen haben, denn im »Anfangsstadium können Themen noch zensiert, gesperrt oder auf Seitengeleise unpolitischer Angelegenheiten abgeschoben werden; die Mächtigen haben noch die Möglichkeit, zum Thema selbst ja oder nein zu sagen« (LUHMANN 1979: 41f.). Es geht damit auch um das »autoritäre Potenzial« (HABERMAS 1988: 573), das Massenmedien neben ihrem »emanzipatorischen Potenzial« haben, denn sie entschränken nicht nur den Horizont möglicher Kommunikationen, sondern hierarchisieren und kanalisieren zugleich Kommunikationsflüsse und können damit »die Wirksamkeit sozialer Kontrollen erheblich verstärken« (ebd.).

Der Zusammenhang zwischen der Nähe und den Auffälligkeiten in der Berichterstattung, der Schluss vom einen auf das andere kann nur plausibel sein, nicht zwingend; stets kann eine persönliche Nähe folgenlos bleiben und eine vermeintliche Leerstelle oder Auffälligkeit im journalistischen Output eine andere Ursache haben, und stets werden die Akteure, wenn man sie dazu befragt, darauf abheben. Es wird also nicht um Beweise gehen (können), sondern um Indizien. Eine solche Indiziensammlung, wissenschaftlich fundiert, erscheint jedoch notwendig, um einem Qualitätsproblem auf die Spur zu kommen, das bereits von einer Vielzahl von Medienkritikern, Medienwissenschaftlern und Journalisten andeutungsweise beschrieben wurde und das die weithin anerkannten journalistischen Qualitätskriterien ›Unabhängigkeit‹, ›Kritik‹ und ›Ausgewogenheit‹ (ARNOLD 2009: 162-196) betrifft. Einige Beispiele seien genannt.

»Embedded in Berlin« nannte Hans-Ulrich Jörges vom Magazin *Stern* einen Vortrag, den er 2003 über das Zusammenspiel von Hauptstadtjournalisten und Politik hielt. Politiker trachteten danach, Journalisten in »Gefolgschaften« einzubinden, in »Sprachregelungen und Netzwerke«. Um sich greife »die persönliche Versippung mit der Politik«, das Duzen, das wechselseitige Einladen zu Geburtstagen und Hochzeiten, das Schreiben von Gefälligkeitsbiografien und sogar die Beratung von Politikern durch Journalisten im Wahlkampf. Die Berichterstattung der entsprechenden Kollegen sei dann nur noch für Insider wirklich interessant:

> »Wer das System kennt, [...] der kann genau Journalisten zu Politikern zuordnen, der weiß dann auch, dass diese Kollegen in Wahrheit zu Medienreferenten geworden sind, die die Lesarten über ihre Blätter transportieren. [...] Das hat, wenn man es zu lesen versteht, einen hohen Informationswert, weil man natürlich feststellt, welches die genehme Lesart ist, wann sich Positionen verändern und wann der Minenhund vorangeschickt wird, um das anzudeuten. [...] [A]ber der normale Zeitungsleser kann damit natürlich gar nichts anfangen, er hält es für bare Münze, er kann es nicht interpretieren, das können nur Journalisten, die Herren und Knechte kennen« (JÖRGES 2003).

Der Rechercheur Hans Leyendecker von der *Süddeutschen Zeitung* konstatiert, es gebe »immer öfter komplizenhafte Verstrickungen zwischen Wirtschaftsführern, Politikern, Werbeindustrie und Journalisten« (LEYENDECKER 2004: 172). Medienwissenschaftler Lutz Hachmeister kommt zu der Schlussfolgerung, dass sich eine »geschlossene Gesellschaft« herausgebildet habe (HACHMEISTER 2007: 87); die Journalisten großer Medien

> »gehören heute mehr denn je einer verblüffend homogenen politisch-kulturellen Führungsschicht an, sind also Teilhaber eines dichten Kommunikationsnetzwerks von Entscheidern aus Politik, Wirtschaft und Kultur. Dieses Gewebe ist bei allen unterschiedlichen beruflichen Sektoren und Aufgaben als *spätbürgerliches Establishment* zu klassifizieren – durch einen aufeinander abgestimmten Habitus, gemeinsam geteilte kulturelle Orte und konkrete Kommunikationsbeziehungen« (HACHMEISTER 2002: 17; Hervorhebung im Original).

Zu einer »nüchternen Bestandsaufnahme der gesellschaftlichen Realität« seien die Journalisten immer weniger in der Lage; »fraglich ist auch, ob der wohlig im spätbürgerlichen Zentrismus eingerichtete Prestige-Journalismus die Entfremdung breiter Bevölkerungsschichten von den formaldemokratischen Ritualen überhaupt mitbekommt« (ebd.: 33).

EINLEITUNG

Dass viele Journalisten »von Kontrolleuren zu Helfern der einflussreichen Kreise geworden« sind, bemängelt Albrecht Müller (2009: 360), der in den 1970er-Jahren den Planungsstab im Bundeskanzleramt geleitet hat und seit 2003 Mitbetreiber des medienkritischen Weblogs nachdenkseiten.de ist. Dessen Stoßrichtung lautet: Der Medien-Mainstream ist wirtschaftsnah und neoliberal und

> »transportiert in etwa folgende Botschaft: Die Deutschen müssen sich an mehr Ungleichheit gewöhnen; die Risiken des Lebens müssen privatisiert werden; Unternehmer und Eliten müssen durch niedrige Steuern im Land gehalten werden; die wahren Ausbeuter sitzen in der Unterschicht; ›Chancengerechtigkeit‹ ersetzt eine gerechtere Verteilung von Einkommen und Vermögen; die Deutschen müssen in der Welt größere Verantwortung übernehmen und dazu auch Kampfeinsätze durchführen. Wir haben keinen kritischen Journalismus, wir haben Kampagnenjournalismus« (MÜLLER 2009: 364).

Man muss mit der oft polemischen Art der Website nicht einverstanden sein – aber sie trifft offenbar einen Nerv, ein weitverbreitetes Gefühl im Medienpublikum. Sie gehört zu den erfolgreichsten deutschen Polit-Blogs: 2008 wurde sie täglich von bis zu 25.000 Besuchern angesurft (BRAUCK et al. 2008: 96), Ende 2011 waren es schon 60.000 Besucher.[1]

Eine ähnliche neoliberal-konformistische Grundfärbung sieht der Medienkritiker Walter von Rossum und bemängelt eine fehlende Eigenständigkeit der Journalisten in der Beobachtung und Analyse des Geschehens: »Es scheint, dass der Blick, den der gegenwärtige Journalismus auf die Welt riskiert, stets parlamentarischer Deckung bedarf. Hätte es im Parlament eine nennenswerte Opposition gegen die Agenda 2010 gegeben, dann hätte es auch nicht dieses flächendeckende mediale Einverständnis mit den neoliberalen Reformen gegeben« (ROSSUM 2009).

Fast flächendeckend war auch das mediale Einvernehmen mit den Fehlentwicklungen im Finanzsektor, die zum Crash im Jahr 2008 führten. »Wer die gesamte bisherige Berichterstattung über die Finanzkrise Revue passieren lässt, der bekommt den Eindruck: Viele Medien haben die Deutungshoheit der Politik überlassen« (KÖHLER 2009: 16). Diesen Eindruck teilen sogar führende deutsche Wirtschaftsjournalisten: Claus Hulver-

---

1   Auskunft von Website-Mitherausgeber Wolfgang Lieb auf Anfrage des Verfassers (per E-Mail am 21.12.2011).

scheidt von der *Süddeutschen Zeitung* urteilt über die Berichterstattung vor und während der Finanzkrise: »Viele Journalisten sind der Themenkonjunktur und den Beschwichtigungen von Seiten der Politiker und Banker zu lange gefolgt« (O. A. 2009: 9). Der Chefredakteur der *Wirtschaftswoche*, Roland Tichy, glaubt, dass »sich die meisten [Journalisten] vom Urteil der großen Wirtschaftsinstitute, der Volkswirte und der Bundesregierung sehr stark abhängig fühlen« (ebd.: 8). Und der *Zeit*-Redakteur Marc Brost erzählt von einer Reise des Bundesfinanzministers Peer Steinbrück nach Washington im Februar 2007, bei der auch Journalisten dabei waren und bei der bereits über die berüchtigten Subprime-Kredite gesprochen wurde, die später die Krise auslösten:

> »Warum begannen nicht wenigstens die Medien im Frühjahr 2007, diese Blase näher zu untersuchen? Weil auch viele Journalisten Risikominimierer sind. [...] Auch für die Masse der Journalisten war es einfacher, immer neue Jubelartikel über den fortwährenden Boom zu schreiben, als auch einmal auf die Gefahren der Blase hinzuweisen. Die Wirtschaft brummte, und wer zu früh warnte, war der Depp« (BROST 2010).

Dass es bei der Krise davor ähnlich lief, legt eine Erzählung des US-Journalisten Danny Schechter von mediachannel.org nahe, der im Januar 2000 am Jahrestreffen des Weltwirtschaftsforums in Davos teilgenommen hatte, kurz vor dem Platzen der Dotcom-Blase:

> »Wir waren die Auserwählten, die sich als ›embedded journalists‹ unter die Besten der Besten der internationalen Unternehmenskultur mischen durften. Es herrschte eine verführerische, einnehmende Atmosphäre von Wohlstand und elitärem Denken. Viele Medienvertreter waren völlig begeistert über die ›Masters of the Universe‹ – die Superhelden, die ›Davos Men‹. [...] In jenem Jahr wurden die Verheißungen der Globalisierung und eines kapitalistischen Systems gepriesen, das nichts verkehrt machen konnte. Eine kritische Einstellung zur Wirtschaftslage war damals verpönt« (SCHECHTER 2009: 18).

Von der Wirtschaft zur Politik: Dass das öffentlich-rechtliche Fernsehen und die deutschen Parteien recht eng verflochten sind, zeigt nicht nur die Zusammensetzung der Aufsichtsgremien, sondern auch das öffentliche Gezerre um ZDF-Chefredakteur Nikolaus Brender im Jahr 2009, gegen dessen Vertragsverlängerung der hessische CDU-Ministerpräsident Roland Koch öffentlich votierte. Das ZDF sei »im Griff der Parteien«, urteilt Medienjournalist Stefan Niggemeier (2009), und wenn die SPD den Chefredakteur Brender gegen Koch in Schutz nehme, »darf man das nicht mit einem Unabhängigkeitskampf verwechseln. Die SPD muss die Pläne der Union auch deshalb so massiv abwehren, weil die Besetzung des Chefredakteurspostens beim ZDF traditionell den Sozialdemokraten zusteht. Die politische Geschäftsgrundlage sieht vor, dass die Union Intendant und Programmdirektor bestimmt, die SPD Verwaltungsdirektor und Chefredakteur« (ebd.). Zwar sind im 77-köpfigen Fernsehrat des ZDF die Vertreter der Parteien in der Minderheit, »faktisch beherrschen sie über die ›Freundeskreise‹ das Gremium parteipolitisch« (GÄBLER/HUBER 2009).

Altgediente Journalisten öffentlich-rechtlicher Sender berichten von einem zunehmenden Einfluss der Politik auf das Programm: So bemängelt Christoph Maria Fröhder, der für die ARD u. a. in Krisenregionen wie dem Irak gearbeitet hat, es werde »Zurückhaltung verordnet, bis hin zu einem klaren Veto« (zitiert nach O. A. 2008a). Die Sender würden viele gesellschaftlich relevante Themen gar nicht mehr aufgreifen; »große Diskussionen, mit denen wir uns früher an einem gesellschaftlichen Diskurs beteiligt haben, werden vom öffentlich-rechtlichen Rundfunk nicht mehr gewünscht« (ebd.). Massive politische Einflussnahme habe »eine neue, glatte Generation von Führungskräften« hervorgebracht, für die »der Friede mit der Politik wichtiger als die brisante Enthüllung« sei (FRÖHDER 2011: 11). Auch Ulrich Tilgner, bis 2008 Nahost-Korrespondent des ZDF, fühlte sich in seiner Arbeit zunehmend beschnitten, »gerade auch was die Berichterstattung aus Afghanistan angeht, jetzt, wo dort deutsche Soldaten sterben«; es gebe Bündnisrücksichten, die sich in der redaktionellen Unabhängigkeit der Sender widerspiegelten (O. A. 2008b). Es würden sogar »bestimmte Journalisten für die jeweiligen Auslandseinsätze ausgewählt und angefordert [...]. Wie von Geisterhand gesteuert, berichten Medienvertreter aus fernen Ländern genau dann über die Notwendigkeit zusätzlicher Soldaten, wenn Politiker in der Heimat entsprechende Initiativen ankündigen« (TILGNER 2009: 40).

Im Bereich Außenpolitik gibt es weitere Auffälligkeiten: Als in der Ukraine im Jahr 2004 die ›Orangene Revolution‹ ausbrach, verfielen die deutschen Medien in einen Demokratie-Taumel und sahen nicht, dass die ukrainischen Revolutionäre massive Hilfe von amerikanischen Stiftungen bekamen, die wiederum personell und finanziell mit US-Regierung, US-Militär und CIA verflochten waren (HUBER 2005). Abweichungen von diesem Schwarz-Weiß-Bild ›Guter pro-westlicher Kandidat gegen bösen pro-russischen Kandidaten‹ gab es in den Leitmedien nur vereinzelt, sie kamen relativ spät und hatten keine Wirkung auf die Folgeberichterstattung (so Huber in KRÜGER 2005). Als endlich der *Spiegel* im November 2005 in einer aufwendig recherchierten Titelgeschichte die Hilfe für die Revolutionäre thematisierte, tat er dies nach dem unkritischen Erzählmuster, dass selbstlose US-Organisationen den unterdrückten Völkern Osteuropas die »Fackeln der Freiheit« (FLOTTAU et al. 2005: 180) brächten, und blendete die geostrategischen Interessen Amerikas in dieser Region völlig aus (HUBER 2007).

Als letzter Punkt sei die Tätigkeit der Initiative Nachrichtenaufklärung (INA) angeführt: Im Jahr 1997 an der Universität Siegen gegründet, kürt sie jedes Jahr zehn Themen von öffentlichem Interesse, die in den Medien ihrer Ansicht nach nicht genügend berücksichtigt wurden. Darunter sind durchaus brisante Themen: mangelnde Kontrolle deutscher Rüstungsexporte (2009); die bereits erwähnten Gefahren der Uran-Munition in Kriegsgebieten (2008); irakische Bauern müssen nach der US-Invasion Saatgut-Gebühren an internationale Konzerne zahlen (2005); Geheimdienste überwachen unkontrolliert die digitale Kommunikation in Europa (2005); deutsche Konzerne bestechen Auftraggeber im Ausland (2003). Obwohl sich die INA weniger politisch gibt als ihr US-Vorbild ›Project Censored‹ an der Sonoma University in Kalifornien – sie spricht nicht von ›zensierten‹, sondern von ›vernachlässigten‹ Themen –, machen die in ihr engagierten Hochschullehrer Horst Pöttker und Peter Ludes auch Machtverhältnisse für die Vernachlässigung verantwortlich. So vermutet Horst Pöttker als einen von vier Gründen

> »die Macht von Personen, vor allem aber Institutionen, über die zu berichten ist und die aufgrund partikularer, meist eigener Interessen für sie problematische Sachverhalte nicht öffentlich werden lassen möchten. [...] Sie alle setzen diverse Kombinationen ihnen zu Gebote stehender Mittel ein, um diese Ziele zu erreichen: formelle und informelle Vertraulichkeitsbindungen, Geld, ›Öffentlichkeitsarbeit‹ zur Ablenkung der öffentlichen Aufmerksamkeit auf andere Themen usw.« (PÖTTKER 1999: 163).

Peter Ludes ergänzt,

> »dass in der Bundesrepublik einige JournalistInnen Mitwissende wichtiger (v. a. politischer) Entscheidungsvorbereitungen und Entscheidungen sind, die aufgrund dieser Teilnahme an ›halbgeheimen Informations- und Gesprächszirkeln‹ keine Nachrichten über entsprechende Entwicklungen weitergeben. Sie wollen ihr exklusives Informations›recht‹ nicht gefährden – auf Kosten allgemeiner öffentlicher Information. [...] [Darüber] hinaus führen ähnliche Lebensstile und zum Teil auch gemeinsame Essen und Reisen von Journalisten mit den von ihnen zu beobachtenden Personen dazu, dass eine gewisse Kameraderie entsteht. Die persönlich bekannten

und teilweise privat geschätzten Entscheidungsträger werden so nicht mehr kritisch beobachtet und kommentiert« (LUDES 1999: 185f.).

1.2 Ziel und Aufbau der Arbeit

Wer von einem grundsätzlich gesunden liberal-pluralistischen Mediensystem in Deutschland ausgeht, wird die beschriebenen Sachverhalte vielleicht als Einzelfälle ansehen, als Auswüchse oder als zu verurteilende Verstöße gegen die journalistische Ethik, die doch das Leitbild des neutralen Beobachters hat (so skizziert bei HALLER 2004). Marxisten mögen andersherum die Fälle als eine Bestätigung dafür ansehen, dass die großen Medien eben Teil jener Kultur- bzw. Bewusstseinsindustrie sind, die naturgemäß die Bürger im Einvernehmen mit dem Großkapital und der Politik manipuliert (vgl. den Überblick über die Kritischen Medientheorien bei SCHICHA 2003). Diese Arbeit will einen Mittelweg gehen und mit einer kritischen Grundhaltung nach Zusammenhängen zwischen den Einzelfällen und eventuell dahinter liegenden Gesetzmäßigkeiten suchen, ohne marxistische Axiome zugrunde zu legen, durch die die Medien von vornherein als Instanzen des Massenbetrugs gelten und die den Journalisten jegliche Autonomie absprechen.

Das Erkenntnisinteresse dieser Arbeit liegt erstens darin herauszufinden, wie massiv die führenden deutschen Journalisten in vertraulichem, informellem Austausch mit Politik- und Wirtschaftseliten stehen, und zweitens, inwieweit in ihren Medien eine inhaltliche Elitenorientierung zu finden ist, d. h. eine Vorliebe für die Sichtweise und die Argumente von Eliten (im Gegensatz etwa zur Sichtweise der Bevölkerungsmehrheit, von kritischen Wissenschaftlern, von Demonstranten und Aktivisten o. Ä.). Entsprechend kommen als empirische Methoden die Soziale Netzwerkanalyse und die Frame- bzw. Inhaltsanalyse zur Anwendung.

Die Arbeit gliedert sich wie folgt: In Kapitel 2 wird der Forschungsstand zur informellen Kommunikation zwischen Journalisten und Politik- bzw. Wirtschaftseliten in Deutschland und zu Auffälligkeiten in der Berichterstattung deutscher Leitmedien im Sinne einer Elitenorientierung referiert. Kapitel 3 stellt vier kritische Theorieansätze aus den USA vor, die eine Elitenorientierung der US-Leitmedien postulieren und begründen: die ›Indexing-Hypothese‹, das ›Propaganda-Modell‹, die ›Guard Dog Perspective‹ sowie das ›Protest Paradigm‹. Es werden Schnittmengen der Konzepte herausgearbeitet und nach deren Übertragbarkeit auf Deutschland gefragt; schließlich wird daraus eine Theorie des deutschen Elitejournalismus abgeleitet. Kapitel 4 definiert einige für den Fortgang der Untersuchung wichtige Begriffe: Was sind Eliten? Was sind Netzwerke und in welchem Zusammenhang stehen sie mit sozialem Kapital von Akteuren? Wie können in Netzwerken Schweigespiraleffekte entstehen? Wann ist ein Medium ein Leit- bzw. ein Elitemedium, und welche sind es aktuell in Deutschland?

Die Netzwerkanalyse in Kapitel 5 zeigt auf, welche führenden Journalisten deutscher Leitmedien in den Jahren 2002 bis 2009 in Organisationen involviert waren, in denen Kontaktpotenzial mit Politik und Wirtschaftseliten bestand. Es wird sowohl ein Gesamtbild aller Verbindungen entworfen als auch die persönlichen Netzwerke einiger Journalisten gezeigt und die Frage diskutiert, welche Verbindungen als journalismusethisch problematisch einzustufen sind.

Auf Grundlage von den Ergebnissen der Netzwerkanalyse wird in Kapitel 6 der journalistische Output von vier Journalisten, bei denen eine Vernetzung im US- und Nato-affinen Milieu festgestellt wurde, näher untersucht, und zwar daraufhin, ob er beim Themenfeld ›Sicherheit, Verteidigung und Auslandseinsätze der Bundeswehr‹ auf US- bzw. Nato-Linie liegt. Nach dieser Fokussierung auf die Arbeit von vier einzelnen Journalisten verbreitet Kapitel 7 die Datenbasis, indem die Berichterstattung über die Münchner Sicherheitskonferenz und deren Gegner unter die Lupe genommen wird, mit der Grundfrage, ob sich die Leitmedien damit begnügen, den auf der Sicherheitskonferenz laufenden Diskurs der außenpolitischen Eliten abzubilden oder ob sie auch den vorhandenen Alternativen Raum geben, namentlich den Argumenten der Protestierenden und dem Diskurs auf der Gegenveranstaltung, der Münchner Friedenskonferenz. Schließlich wird in Kapitel 8 ein Fazit gezogen, auf Forschungsdesiderate hingewiesen und es werden journalismusethische Empfehlungen für den Umgang mit Politik- und Wirtschaftseliten gegeben.

Nota bene: Da im Verlauf der Untersuchung die Netzwerke und der Output von vier individuellen Journalisten fokussiert wurden (Klaus-Dieter Frankenberger von der *Frankfurter Allgemeinen Zeitung*, Stefan Kornelius von der *Süddeutschen Zeitung*, Michael Stürmer von der *Welt* und Josef Joffe von der *Zeit*), hat der Autor ihnen diese Arbeit vor der Veröffentlichung zur Kenntnis gegeben. Damit verbunden war die Anfrage, ihre Sicht auf das Thema, die Methoden und die Ergebnisse der Arbeit in separaten Beiträgen darzustellen, die ungekürzt im Anhang des Buches hätten abgedruckt werden sollen. Leider haben alle vier Journalisten diese Anfrage abgelehnt.

2. FORSCHUNGSSTAND

Da das Erkenntnisinteresse dieser Arbeit sowohl die Nähe von Journalisten zu Eliten aus Politik und Wirtschaft betrifft als auch die daraus resultierenden Auffälligkeiten, Leerstellen und Tabus in der Berichterstattung, sind im Folgenden zwei Forschungsstände getrennt aufgeführt. Unter ›Nähe‹ soll hier informelle Kommunikation abseits journalistischer Kerntätigkeiten wie Recherchegespräche oder Interviews verstanden werden. Für das zweite Thema wird der Oberbegriff ›Elitenorientierung‹ verwendet. Anstelle von ›Elitenorientierung‹ wäre auch der Begriff ›Eliten-Bias‹ denkbar, da ›Bias‹ im Englischen Hang, Vorliebe, Neigung oder Tendenz bedeutet. Jedoch würde dieser Begriff eine nicht vorhandene Verbundenheit mit der ›News Bias‹-Forschung implizieren. Diese in den 1950er-Jahren in den USA entstandene Forschungsrichtung hat zwar auch das Ziel, »Unausgewogenheiten, Einseitigkeiten und politische Tendenzen in der Medienberichterstattung zu messen sowie Aufschluss über deren Ursachen zu erlangen« (STAAB 1990: 27). Aber speziell mit den deutschen News-Bias-Studien, die sich vor allem mit dem Einfluss der politischen Einstellung der Journalisten beschäftigt haben (ebd.: 36ff.), sieht sich die vorliegende Arbeit nicht in einer Entwicklungslinie. Sie stellt Medieninhalte auf eine fundamentalere Art in Frage und orientiert sich entsprechend an Theorien, die auch die politische Ökonomie der Medien berücksichtigen (vgl. Kap. 3).

2.1 Informelle Kommunikation mit Politik- und Wirtschaftseliten

Über die Nähe von Journalisten zu Eliten aus der Wirtschaft gibt es bislang keine empirischen Untersuchungen. Dagegen ist das Zusammenspiel von

Journalisten und Politik-Eliten in der Hauptstadt recht gut erforscht; vor allem im vergangenen Jahrzehnt gab es eine Reihe von Forschern, die die Akteure zum Thema ›Informelle Kommunikation‹ befragt haben. Chronologische Auflistungen dieser Studien finden sich bei Wenzler (2009: 28ff.) und Lesmeister (2008: 49ff.).

Diese Arbeiten wurden durchgängig vor systemtheoretischem Hintergrund durchgeführt, d. h., das Erkenntnisinteresse lag primär darin, die Interpenetrationszone der gesellschaftlichen Teilsysteme Politik und Journalismus zu beschreiben, die Strukturbedingungen, Normen und Rollen in der informellen Kommunikation zu eruieren sowie den Grad von Autonomie und Interdependenz der Akteure im täglichen Tauschgeschäft ›Information gegen Publizität‹ zu bestimmen. Die befragten Eliten aus Politik und Wirtschaft wurden dabei vor allem als »Experten aufgefasst, die ein besonderes Wissen über soziale Sachverhalte besitzen« und deren Perspektive möglichst unverfälscht zum Ausdruck kommen sollte (etwa: LESMEISTER 2008: 85); sie wurden stets anonymisiert. Die vorliegende Arbeit sieht sich hingegen als Beitrag zu einer »konkreten Kommunikationsforschung«, wie Hachmeister (2002: 28f.) sie gefordert hat[2] und die »die Akteure, ihre Institutionen und ihr kommunikatives Handeln im historischen Prozess möglichst dicht beschreibt, gleichsam mit Namen und Adressen«. Daher sollen im Folgenden nicht die für Systemtheoretiker spannenden Ergebnisse referiert werden, sondern nur jene, die im Sinne einer Name- und Adresse-Forschung als hinreichend konkret erscheinen.

In Berlin (und vor dem Regierungsumzug 1999 auch in Bonn) gibt es abseits der offiziellen Zusammentreffen von Journalisten und Politikern bei der Bundespressekonferenz, anderen Pressekonferenzen und Interviews verschiedene Formen von informeller, vertraulicher Kommunikation zwischen Journalisten und Politikern. Diese informelle Kommunikation ist

---

2 Hachmeister (2002: 28f.) kritisiert die »übersteigerte Anwendung der soziologischen Systemtheorie« in der Journalismusforschung. Während »ein deprimierender terminologischer Nebel um ewig gleiche Zentralbegriffe wie ›System‹, ›strukturelle Kopplung‹, ›Inklusion‹ oder ›Autopoiesis‹« die Studien durchziehe, »tauchen Publizisten noch am ehesten als chaplineske Figuren im Räderwerk zermalmender Systemkonstellationen auf«; mit dem »sterilen systemtheoretischen Begriffsmulm« würden sich »die formal prosperierenden Medienwissenschaften gesellschaftlich selbst marginalisieren«. Die Adaption der Systemtheorie habe zudem »in den letzten beiden Jahrzehnten keine brauchbaren Erkenntnisse zur ›neuen Elite‹ im Journalismus, ihren Mentalitäten, Weltbildern und Verflechtungen mit anderen gesellschaftlichen Elitegruppen« gebracht (HACHMEISTER 2008: 487).

offenbar weniger wichtig für die TV-Journalisten, die sehr aktuell und mit Bildern arbeiten, als für Printjournalisten, die auf Hintergrundberichterstattung und Exklusivinformationen setzen (müssen), am allerwichtigsten für die Journalisten der Magazine, die nur einmal pro Woche erscheinen (LESMEISTER 2008: 146). Diese informellen Treffen »sind nicht nur das Salz in der Suppe«, so ein befragter Printjournalist, »sondern das ist die Suppe. Also darum geht es. Darum geht es« (ebd.: 145).

Lesmeister (2008: 142) unterteilt die Formen der informellen Kommunikation nach dem Grad der Informalität: Hintergrundkreise als am wenigsten informell, dann exklusive (kleine) Hintergrundkreise und schließlich intendierte Vier-Augen-Gespräche.

1.) Hintergrundkreise

Hintergrundkreise sind üblicherweise Zusammenschlüsse von Journalisten, die regelmäßig einen Politiker zu sich einladen, um mit ihm ›unter drei‹[3] zu sprechen. Die Mitgliederzahl der Kreise variiert zwischen 10 und 40 Journalisten, manchmal mehr. Zusammengesetzt sind die Mitglieder nach verschiedenen Kriterien: entweder nach parteipolitischer oder ideologischer Präferenz (die ›Gelbe Karte‹ versammelt links-liberale bzw. rot-grün-nahe Journalisten; der Ruderklub konservative), nach dem zu besprechenden Themengebiet (Verteidigungspolitik, Sozialpolitik) oder nach Mediengattung (etwa Zusammenschlüsse von Regionalzeitungskorrespondenten).

Hinter der Idee von Journalistenkreisen steht das Kalkül, dass es für mehrere Journalisten leichter ist, einen Politiker für ein Hintergrund- oder Kennenlerngespräch zu bekommen, als für einen einzelnen Journalisten; der Politiker wiederum erreicht an einem Abend eine größere Anzahl von Journalisten für seine Botschaften. Allerdings haben die Treffen vor allem größerer Journalistenkreise damit fast schon einen »offiziösen Charakter« (LESMEISTER 2008: 132), weil sich die Politiker nicht sicher sein können, dass tatsächlich alles vertraulich bleibt. Treffpunkte

---

3 ›Unter drei‹ bedeutet vertraulich, d. h. ›nur für den Hinterkopf‹. Informationen ›unter zwei‹ können verwendet werden, allerdings ohne Nennung der Quelle. Informationen ›unter eins‹ sind zur beliebigen Verwendung freigegeben. Diese Regelung ist in der Satzung der Bundespressekonferenz (Abschnitt D, § 16) niedergeschrieben, ist aber auch allgemein verbindlich im Umgang zwischen Politikern und Journalisten (FEUSS 2008: 16).

der Hintergrundkreise sind Restaurants, Hotels, Cafés oder Kneipen im Berliner Regierungsviertel, jeweils freilich im abgetrennten Bereich des Etablissements (ebd.: 134). Ausnahme: Der ›Wohnzimmerkreis‹ trifft den jeweiligen Politiker in der Wohnung eines der zehn teilnehmenden Journalisten. Die Themen, die besprochen werden, betreffen meistens Hintergründe von Entscheidungen, innerparteiliche Konflikte oder politische Zukunftspläne des Gastes (HOFFMANN 2003: 264). Manche Kreise treffen sich wöchentlich, andere seltener oder unregelmäßig.

Tabelle 1 zeigt eine Liste von 25 Berliner Journalistenkreisen, die durch verschiedene Studien und Medienberichte bekannt geworden sind, und die zu ihnen verfügbaren Informationen (wobei weder sicher ist, ob es sich um eine vollständige Auflistung handelt, noch, ob die Kreise weiter bestehen).

Es gibt allerdings auch Hintergrundkreise, die von Politikern organisiert werden. In den Studien identifiziert wurden die ›Scholzrunde‹, die der damalige parlamentarische Geschäftsführer der SPD-Fraktion, Olaf Scholz, betrieb (KRAMP/WEICHERT 2008: 61), der ›Büroleiterkreis‹, der 50 bis 70 Journalisten im Kanzleramt versammelte (ebd.), und der »Weiß-blaue Stammtisch«: Der jeweilige Vorsitzende der CSU-Landesgruppe im Bundestag lädt in jeder Sitzungswoche am Dienstagmorgen 60 bis 70 Journalisten ein und informiert »über die bayerische Sicht der Dinge. Dazu wird Weißwurst gereicht, Weizenbier gibt es auf Bestellung« (FEUSS 2008: 12).

Gerhard Schröder lud die Büroleiter der großen Printmedien und Sendeanstalten zum Gespräch ins Kanzleramt (ANDA 2003: 22). Auch Angela Merkel tut dies und betreibt daneben die ›Chefredakteursrunde‹, über deren Details aber weder das Kanzleramt noch beteiligte Journalisten etwas verraten (FEUSS 2008: 12).

2.) Exklusive Hintergrundkreise

Zu den exklusiveren Kreisen zählen manche Journalistenkreise wie der ›Wohnzimmerkreis‹ mit seiner intimen Atmosphäre und den maximal zehn Journalisten, vor allem aber jene Kreise, zu denen Spitzenpolitiker wie Parteichefs, Fraktionsvorsitzende, Minister oder Kanzler/Kanzlerin ad hoc ausgewählte Journalisten bitten. Eingeladen werden zu Frühstück oder Abendessen einerseits Journalisten, zu denen der Politiker Vertrauen hat, anderseits höherrangige Journalisten wie Büroleiter und Chefredakteure.

TABELLE 1
Von Journalisten betriebene Hintergrundkreise in Berlin zwischen 2006 und 2008

Name	Mitglieder; Gründungsjahr; Themen; Besonderheiten
Adlerkreis/Vier-Sterne-Kreis	Militär-Fachjournalisten
Ampel	
Antenne	Rundfunkjournalisten
Außenverteidiger	Journalisten mit Schwerpunkt Verteidigungspolitik
Berliner Presse Club	rund 130 Mitglieder, gegründet 1952 in West-Berlin, mit Deutschem Presse Club zerstritten (Fusionsverhandlungen nach Regierungsumzug gescheitert)
Berliner Zimmer	
Betonköpfe	sozialpolitische Themen wie Tarifpolitik, Rente und Krankenversicherung
Brückenkreis	konservative Journalisten, CDU/FDP-nah
Das Kartell	Wirtschaftsjournalisten
Das Ohr	etwa 20 Mitglieder; diskutieren v. a. über Außenpolitik; benannt nach den markanten Ohren des früheren Außenministers Genscher
Deutscher Presse Club	knapp 250 Mitglieder, gegründet 1952 in Bonn
Dresslerkreis	benannt nach dem Lokal Dressler in der Straße Unter den Linden
Enklave	
Gelbe Karte	rund 30 SPD- bzw. rot-grün-nahe Journalisten, gegründet 1971
KoKo	Abkürzung für Korrespondentenkollektiv
Millionäre	Korrespondenten der auflagenstarken Regionalzeitungen
Provinzkreis	25 bis 30 Korrespondenten von Regionalzeitungen, gegründet Anfang der 1980er-Jahre, benannt nach dem Bonner Lokal ›Provinz‹
Rotes Tuch (oder: Rosa Tuch)	Journalistinnen, die v. a. politisch über Frauenthemen schreiben
Ruderklub	konservative Büroleiter und Chefredakteure
Salon Wissen	
Sozialpolitischer Hintergrundkreis	rund 20 überwiegend junge Journalisten mit zwei Politikern (Horst Seehofer und Karl Lauterbach) und zwei Experten; mit dem Weggang von Seehofer aus Berlin 2008 geschlossen
Tacheles	Korrespondenten von Regionalmedien
U30	junge Journalisten unter 30 Jahren
Unter 3 zehn	13 journalistisch arbeitende Ex-Stipendiaten der Konrad-Adenauer-Stiftung, 2005 gegründet
Vino Rosso	39 deutsche und ausländische Korrespondenten; gegründet 2002; legt Wert auf guten Rotwein
Wohnzimmerkreis	10 Journalisten, SPD-nah, Treffpunkt ist die Wohnung eines der Journalisten

Quellen: Feuss 2008: 16; Fischer 2007: 202f.; Kramp/Weichert 2008a: 61; Kramp/Weichert 2008b; Kramp/Weichert 2010: 171f.; Leif/Salden 2006; Lesmeister 2008: 135 sowie http://www.deutscherpresseclub.de (Stand: 30.7.2010)

3.) Vier-Augen-Gespräche

Eine noch stärker informelle Form der Kommunikation sind Einzelgespräche zwischen Politikern und hochrangigen Journalisten. Dies können Telefongespräche sein, das kann aber auch bei einem gemeinsamen Frühstück, Mittagessen, Kaffeetrinken oder Abendessen sein. Die Initiative kann dabei entweder vom Politiker oder vom Journalisten ausgehen (LESMEISTER 2008: 140). Wer beim Vier-Augen-Gespräch beobachtet werden möchte, geht in ein einschlägiges, auf der zentralen Prachtstraße Unter den Linden gelegenes Edel-Lokal wie das Café Einstein oder das Restaurant Borchardts, wie es der damalige Berliner Büroleiter des ZDF, Peter Frey, zu tun pflegte (KRAMP/WEICHERT 2008: 66); wer es intimer mag, wählt einen Italiener im Prenzlauer Berg oder das eigene Büro als Treffpunkt (LESMEISTER 2008: 141).

Daneben gibt es noch zufällige Vier-Augen-Gespräche am Rande von Veranstaltungen, Gartenpartys und Sommerfesten, wo meist über Tagesaktuelles geplaudert wird, aber auch Verabredungen zu intensiveren Gesprächen getroffen werden (ebd.: 143). Eine weitere Gelegenheit zu informellem Umgang ist das gemeinsame Reisen. Meist lassen sich Politiker bei ihren Auslandstouren von einem Tross ausgewählter Journalisten begleiten (RINKE et al. 2006: 125f.).

Was den Elitegrad der Journalisten angeht, so stellt Lesmeister (2008: 136) fest, dass ›einfache‹ Korrespondenten eher in den größeren Hintergrundkreisen zu finden sind, während Büroleiter und Chefredakteure Zugang zu den exklusiveren Kreisen, den Kanzleramtsrunden und Vier-Augen-Gesprächen haben. Neben dem Rang des Journalisten in seiner Redaktion spielt aber auch der Rang und Einfluss des Mediums eine Rolle.

Wie verbreitet der informelle Umgang mit Politikern unter Journalisten allgemein ist, ist quantitativ nur ansatzweise zu erfassen. Eine ältere, unveröffentlichte Umfrage unter 272 Korrespondenten in Bonn ergab, »dass die inoffizielle Informationsgewinnung für Bonner Korrespondenten von weit größerer Bedeutung als die offizielle ist. Nur drei Prozent der Bonner Journalisten nehmen eine Einladung zu Hintergrundgesprächen nicht an, obwohl die Journalisten davon ausgehen, dass die Politiker dadurch Einfluss auf die Berichterstattung nehmen wollen« (PISCHKE 1989, nach LESMEISTER 2008: 50).

Rinke et al. (2006) befragten 32 Journalisten, die im September 2004 zum Thema Hartz IV gearbeitet hatten, zu ihren Informationsquellen und dem Umgang mit ihnen. Aufgrund der Befragung nahmen sie eine Typologisierung der Journalisten vor. Die größte Gruppe, nämlich neun der 32 Journalisten, wurde als ›Networker‹ charakterisiert. Der Networker »setzt in seinen Informantenbeziehungen auf ›professionelle Nähe‹ und einen hohen Anteil an informellen Kontakten zu Politikern aus der zweiten Reihe« (aber eben weniger zu Spitzenpolitikern).»Die Kontaktpflege bei informellen Treffen und bei geselligen Anlässen hat in diesen Beziehungen einen hohen Stellenwert, wobei die Trennung von Beruflichem und Privatem nicht immer strikt eingehalten wird« (ebd.: 94). Die zweitgrößte Gruppe, nämlich sieben der 32 Journalisten, ließ sich dem Typus ›Distanzwahrer‹ zuordnen. Dieser Typus betreibt keine aktive Kontaktpflege und ist darauf bedacht, ein Privatleben oder eine sonstige Sphäre außerhalb der Politik zu haben, um vom Politikbetrieb nicht vereinnahmt zu werden (ebd.: 97ff.).[4]

Treffen unter vier Augen haben allerdings für den Journalisten nicht nur den Zweck, Hintergrundinformationen für den Hinterkopf zu bekommen, sondern auch Informationen ›unter zwei‹, die also ohne Quellenangabe veröffentlicht werden können und aus Sicht des Politikers auch sollen. Hoffmann (2003: 268) nennt sie »Indiskretionen«. Im Gegensatz zu Hintergrundinformationen verweisen sie nicht auf generelle Strategien oder politische Zukunftspläne, sondern sind kleinteilige, situationsgebundene, meist gegen einen politischen Konkurrenten gerichtete Informationen, die durch die Veröffentlichung als Sensations- oder Skandalmeldung eine spezifische und unmittelbare Wirkung entfalten sollen. Mit einem solchen ›Spiel über Bande‹ (der Politiker spielt die informatorische Billardkugel an die Bande Journalist, um jemand anderen zu treffen) instrumentalisiert der Politiker den Journalisten, und dieser lässt sich instrumentalisieren, wenn er es aufgrund der Brisanz der Informationen oder aus Kontaktpflegegründen für angezeigt hält. Das Spiel von Durchstechen und Veröffentlichen solcher Interna sieht mancher Journalist als »gehobene Form der Korruption« (so ein Büroleiter im Interview, nach LESMEISTER 2008: 174). Da bei einer solchen Veröffentlichung der Quellenschutz für den Politiker äußerst wichtig ist, kommen als Adressaten solcher Indiskretionen nur Journalisten infrage, die er gut kennt und denen er vertraut. Hoffmann (2003: 270) nennt sie nicht »Hofjournalisten« (weil ein Top-Journalist

---

4 Die restlichen Journalisten wurden Typen zugeordnet, deren charakteristisches Merkmal nichts mit dem Grad ihrer Nähe zu Eliten zu tun hatte: den ›Heimatbezogenen‹, den ›Politikfolgenorientierten‹ und den ›Statusorientierten/Konservativen‹.

vermutlich mehrere Informanten unter Spitzenpolitikern hat, sodass verschiedene Loyalitäten jede einzelne relativieren dürften), aber »Vertrauensjournalisten«. Jeder Spitzenpolitiker verfügt nach Einschätzung von Akteuren über zwei bis sieben Vertrauensjournalisten. Diese Journalisten sind auch zum umgekehrten Informationsfluss geeignet; sie können einen Politiker mit Informationen versorgen, etwa um ihn zu warnen, und sogar Beraterfunktionen übernehmen, wie in Kap. 1.1 von Jörges (2003) ausführlich beschrieben.

Zusammenfassend kann die Beziehung zwischen Journalisten und Politikern als Symbiose charakterisiert werden. Politiker sind in einer Mediendemokratie auf Publizität angewiesen, Journalisten leben von Themen und Informationen aus dem politischen System. Wer innerhalb dieser symbiotischen Beziehung Parasit und wer Wirt ist, kann allerdings von Fall zu Fall variieren (LESMEISTER 2008: 108) – mal gibt die Politik mit ihren Entscheidungen den Takt vor, mal treiben die Medien die Politik vor sich her, bis hin zur ›Hinrichtung‹ einzelner Akteure. Jedenfalls werden die normativen Vorstellungen über Journalisten als unabhängige und distanzierte Beobachter der Politik-Akteure zunächst einmal vom Arbeitsalltag konterkariert, der mit hoher Kontaktfrequenz, den Regeln des informellen Umgangs und dem Anspruch des Quellenschutzes fast zwangsläufig eine gewisse Nähe mit sich bringt.

2.2 Elitenorientierung von Leitmedien

Über Tabus und Verzerrungen in der Berichterstattung von Leitmedien, die mutmaßlich von einer Orientierung an Eliten herrühren, gibt es in der Literatur eine Vielzahl an Thesen, Behauptungen und Einzelbeispielen, vorgebracht von Wissenschaftlern und Journalisten, sowie auch einige Selbstbezichtigungen von Journalisten.[5] Im Folgenden werden nur

---

5   Einige der ernstzunehmenderen Beispiele: Die Deutsche Journalisten-Union versuchte 1971, auf einem Kongress den »Tabus der bundesdeutschen Presse« auf die Schliche zu kommen. So werde die Arbeitswelt, die »das Leben jedes einzelnen zu 80 Prozent ausmacht, [...] nur aus der Perspektive der Besitzenden und Verfügenden, der ›Steuermänner‹« beleuchtet (MÜLLER 1971: 12) – eine Kritik, die auch vorher schon Glotz/Langenbucher (1969: 65ff.) und später Holzberger (1991: 123ff.) vorbrachten. In der Auslandsberichterstattung wimmele es von Tabus und Verzerrungen, die in Rücksichtnahmen auf das eigene Außenministerium oder Partnerstaaten sowie in historischen Dankbarkeitsgefühlen gründeten (SKRIVER 1971: 115; dazu auch LUDWIG

Studien referiert, die systematisch mit der Methode der Inhaltsanalyse eine Elitenorientierung oder etwas Ähnliches (wie die Vernachlässigung von Kritik an Eliten) in deutschen Medien nachzuweisen versucht oder unabsichtlich nachgewiesen haben, vor den verschiedensten theoretischen Hintergründen.

Im Jahr 1962 attackierte der junge, damals als ›Sprecher der Linken‹ geltende Hans Magnus Enzensberger die *Frankfurter Allgemeine* mit der Streitschrift *Journalismus als Eiertanz*, in der er die Ergebnisse einer vergleichenden Inhaltsanalyse beschrieb. Er hatte das Nachrichtenangebot der FAZ zwischen dem 7. und 16. Dezember 1961 abgeglichen mit dem anderer großer Tageszeitungen: *Die Welt, Süddeutsche Zeitung, Times, Guardian, Neue Zürcher Zeitung, Le Monde, New York Times, New York Herald Tribune, Berlingske Tidende, Politiken* und *Dagens Nyheter*. Er fand heraus, dass die fünf dominierenden weltpolitischen Ereignisse des Zeitraums – der Kongo-Krieg und seine politischen Folgen, der Bruch zwischen der Sowjetunion und Albanien, das Urteil im Eichmann-Prozess, der Goa-Konflikt und Kennedys Plan einer engeren Zusammenarbeit zwischen den USA und dem Gemeinsamen Markt – nie in der Titelaufmachung der FAZ erschienen (ENZENSBERGER 1967: 30). Stattdessen sei zum Beispiel in vielen Abwandlungen wiederholt worden, dass die Bundesrepublik und ihre Verbündeten an der Freiheit Berlins festhalte (ebd.: 32). Außerdem erkannte Enzensberger u. a. eine Reihe von Unterlassungen und Unwahrheiten zugunsten des Verteidigungsministers Franz-Josef Strauß, die sich »zu einem propagandistischen Muster« zusammenfügten (ebd.: 54), und eine Reihe von verschwiegenen Nachrichten über den Kongo-Krieg, womit die FAZ offensichtlich die Interessen einer Konfliktpartei und deren europäischer Hintermänner geschützt habe (ebd.: 61ff.). Sein Fazit: Das renommierte Blatt unterdrücke, verzögere, verstümmele und retouchiere Nachrichten, die für Deutschland und die Welt von Bedeutung sind; der Leser sei gezwungen, »sich Tag für Tag durch einen grauen Berg von Zweideutigkeiten und Suggestion zu lü-

---

1992 und GLOTZ/LANGENBUCHER 1969: 47ff.). 1976 brachte der junge und damals noch linke Henryk M. Broder einen engagierten Sammelband namens *Die Schere im Kopf* heraus, in dem Journalisten wie Ulrich Wickert und Ralph Giordano von Vorfällen berichteten, bei denen sie an die Grenzen des Erlaubten gestoßen waren und Sanktionen erlebten, die Wirkungen auf ihre folgende Arbeit hatten. Broders Fazit: Ein Journalist passe sich in einem »Prozess der ›Professionalisierung‹« allmählich an die »Realitäten des Marktes« an, vermeide schließlich »Reizworte [...] wie Klassengesellschaft, Ausbeutung, Profit, Unternehmerstaat, freie Sexualität« und mache einen Bogen »um Stoffe, mit denen er anecken könnte« (BRODER 1976: 200).

ckenhaften Informationen durchzubeißen« (ebd.: 73). Interpretiert wird dies im Lichte einer Dichotomie von Elite – Masse bzw. Herrscher – Beherrschte: Die FAZ spreche »eine Sprache der Herrschaft«; sie diene »der Verständigung, zuweilen auch der Auseinandersetzung zwischen denen, die im Lande die politische und ökonomische Macht ausüben« (ebd.: 71). Da jedoch die Herrschenden die Zustimmung der Beherrschten suchen müssten, sei letztlich die FAZ unter Zensur geschrieben – der Zensur der Öffentlichkeit.[6] »Wollte sich, was an der Herrschaft ist, unverhüllt äußern, so wäre mit ihrer Zustimmung nicht zu rechnen; Klartext, Fraktur, kann nicht, oder noch nicht, gesprochen werden« (ebd.: 72).

Die Kommentarlage in deutschen Leitmedien zum Kosovo-Krieg untersuchten Christiane Eilders und Albrecht Lüter (2002) im Hinblick darauf, wie breit das mediale Meinungsspektrum angesichts der hoch konsensuellen parlamentarischen Debatte war (CDU und FDP unterstützten damals die Regierungsparteien SPD und Grüne, nur die PDS bezog Stellung gegen den Krieg). Die Forscher werteten alle Leitartikel der fünf Zeitungen *Welt*, *FAZ*, *SZ*, *FR* und *taz* zwischen dem 25.3.1999 (Beginn der Bombardierungen) und dem 20.6.1999 (Ende der Bombardierungen) aus. Fazit:

> »Die [...] Einhelligkeit in der parlamentarischen Entscheidung über den Kriegseintritt spiegelte sich im Mediendiskurs fast identisch wider. Trotz des Zäsurcharakters in der deutschen Nachkriegsgeschichte fanden wir über das gesamte Zeitungsspektrum einschließlich der *taz* ein hohes Maß an Konsens über die grundsätzliche Legitimität einer deutschen Beteiligung am Kosovokrieg« (EILDERS/LÜTER 2002: 111).

Über die Hälfte der 190 Leitartikel zum Krieg war allgemein unterstützend, etwa ein Viertel äußerte sich kritisch, jedoch fast nur zu taktisch-prozeduralen Aspekten. Die Forscher fanden außerdem einige signifikante Leerstellen, zum Beispiel die Nichtthematisierung der fehlenden

---

6 Pierre Bourdieu (1998: 33f.) erklärte später den Gleichklang der großen französischen Medien mit einer ähnlichen Art von Zensur, die »wirksamer noch, weil unauffälliger« sei als zentrale staatliche Zensur und die von »einer Geschlossenheit des Milieus« der Journalisten und anderer Eliten herrühre. Leidinger (2003: 75) spricht von »marktstrukturell vermittelter Zensur«, die von den »Strukturen des Medienmarktes sowie des journalistischen Arbeitsmarktes« ausgeht. Die Journalisten seien eingebunden in Konzentrationsprozesse und Konkurrenz- und Profitdynamiken; bei Nicht-Wohlverhalten drohe »der Entzug beruflicher Anerkennung, der Ausschluss aus oder die Marginalisierung innerhalb wichtiger beruflicher Netzwerke, [...] Kündigung oder [...] Verschlechterung der Arbeitsbedingungen« (ebd.: 90).

völkerrechtlichen Deckung des Angriffs in den Leitartikeln (ebd.: 114). Sie schließen,

»dass es den Kritikern der Nato-Intervention in Deutschland kaum gelungen ist, sich auf der massenmedialen Ebene Gehör zu verschaffen. Die Konsensbestände im Mediendiskurs bezüglich der Legitimität und Zweckmäßigkeit des Krieges waren auch angesichts der aufgeworfenen rechtlichen und normativen Fragen außerordentlich weitreichend« (ebd.: 118).

Analog zu dieser Kosovo-Studie beleuchtete Adrian Pohr (2005) das mediale Spektrum der Meinungen zum Afghanistan-Krieg. Im Bundestag lag ein ähnlicher Konsens vor wie im Fall Kosovo (die rot-grüne Regierungspolitik wurde von Union und FDP mitgetragen, allein die PDS lehnte den Krieg ab); dagegen war laut Meinungsumfragen über ein Drittel der Bevölkerung gegen den Krieg. Pohr untersuchte alle Kommentare in den fünf Zeitungen *Welt*, *FAZ*, *SZ*, *FR* und *taz* im Zeitraum 12. September bis 9. Dezember 2001 und fand 519 Beiträge mit insgesamt 1.011 wertenden Aussagen zum Krieg. Von diesen Aussagen waren fast zwei Drittel kriegsunterstützend und ein Drittel kritisch (POHR 2005: 269). Dabei gab es graduelle Unterschiede entlang der Links-rechts-Achse, auf der die Zeitungen politisch verortet werden: Am kritischsten war die *taz* (52 % ihrer Aussagen waren kritisch), am unkritischsten die *Welt* (81 % waren kriegsunterstützend). Pohr unterschied weiterhin, ob die wertenden Aussagen eine grundsätzliche Haltung zum Krieg betrafen (ob der Krieg richtig ist und warum, ob es Alternativen gibt) oder ob sie lediglich taktisch-performatorische Fragen behandelten (militärische Einsatzplanung, Verwendung bestimmter Bombentypen, Gefährdung der Zivilbevölkerung usw.). Laut den Daten war die grundsätzliche Debatte zur Legitimität deutlich unkritischer als die taktisch-performatorische: Wenn es um das ›Ob‹ oder ›Warum‹ des Krieges ging, waren drei Viertel aller Aussagen kriegsunterstützend, wenn es um das ›Wie‹ ging, war fast die Hälfte kritisch (ebd.: 270).

Über die deutsche Fernsehberichterstattung zum Irak-Krieg 2003 forschten Torsten Maurer et al. (2008) unter der Fragestellung, ob die damals öffentlich geäußerten Vorwürfe an die deutschen Medien gerechtfertigt waren, sie hätten einseitig US-kritisch berichtet und anti-amerikanische Stimmungen in der Bevölkerung bedient. Die Forscher untersuchten die Nachrichten- und Sondersendungen von ARD, ZDF, RTL, SAT.1, N-TV und N24, die in den ersten beiden Wochen des Krieges (20. März bis 2. April 2003) zwischen 17 und 1 Uhr ausgestrahlt wurden, auf ihre manifeste und latente Tendenz, d. h. auf die darin vorkommenden Meinungen von Journalisten und die Meinungen Dritter, über die berichtet wurde. Journalisten äußerten höchst selten direkt ihre Meinung, jedoch enthielten knapp 40 Prozent der Beiträge Meinungen Dritter zum Krieg. Der Löwenanteil dieser Meinungen betraf die Legitimität des Krieges und war sehr negativ (MAURER et al. 2008: 150ff.); sie bezogen sich vor allem auf die weltweiten zivilgesellschaftlichen Proteste und auf die diplomatischen und politischen Auseinandersetzungen. Die Meinungsberichterstattung war hoch konsonant und betraf alle Sender; die Autoren fassen zusammen, »dass das deutsche Fernsehen seinen Zuschauern viele Meinungen zum Irak-Krieg und zur Kriegspolitik der USA präsentierte, jedoch *keine Meinungsvielfalt*« (ebd.: 154, Hervorhebung im Original). Um die Frage zu klären, ob dies am Anti-Amerikanismus der Journalisten lag oder an etwas anderem, zogen sie zum Vergleich Daten zur Berichterstattung von ARD, ZDF, RTL und SAT.1 über den Kosovo- und Afghanistan-Krieg heran. Fazit: »Die Bewertung der Kriege sowie der [...] Kriegspolitik der USA und ihrer Unterstützer ist im Fall des Kosovo-Kriegs leicht positiv, fast ausgewogen, im Fall des Afghanistan-Kriegs leicht und im Fall des Irak-Kriegs stark negativ« (ebd.: 157). Die US-kritische Perspektive aus dem Fall Irak-Krieg war nicht zu verallgemeinern. Vielmehr schlussfolgern die Autoren, dass die Berichterstattung »stets die Positionen der jeweiligen *nationalen Regierungspolitik* zu diesen Krisen oder Kriegen reflektiert« (ebd.: 161, Hervorhebung im Original); die Meinungstendenzen ließen sich am besten »im Rückgriff auf die deutsche Innenpolitik – genauer: durch die jeweilige Konstellation der politischen Positionierung von Bundesregierung, Regierungskoalition, Opposition und Bevölkerung [...] – erklären« (ebd.: 162).

In einer themenübergreifenden Studie wertete Barbara Pfetsch (2004) knapp 9.000 Kommentare der fünf Tageszeitungen *Welt*, FAZ, SZ, FR und *taz* aus den Jahren 1994 bis 1998 unter der Fragestellung aus, welche Akteure in diesen Meinungsbeiträgen erwähnt und wie sie bewertet werden. Ziel war es herauszufinden, wie offen oder durchlässig der Kreis der auftauchenden Akteure ist bzw. wie ›vermachtet‹ die Akteursensembles in den einzelnen Themenfeldern sind – schließlich sollten nach dem Habermas'schen Modell der deliberativen Öffentlichkeit nicht nur Akteure des politischen Entscheidungszentrums an der öffentlichen Kommunikation teilnehmen, sondern auch Akteure der zivilgesellschaftlichen Peripherie (PFETSCH 2004: 76). Pfetsch fand heraus, dass bei Themen, die politische Strukturen und Prozesse betreffen (›polity‹ und ›politics‹), fast nur Zentrumsakteure erwähnt wurden. Bei Sachfragen bzw. inhaltlichen Politikfeldern (›policy‹) betrug das Verhältnis von Zentrums- zu Peripherieakteuren 60 zu 40. Schlüsselte man die Zentrumsvertreter nach Parteien auf, zeigte sich, dass die politischen Lager in den Kommentaren »fast proporzmäßig« nach den aktuellen Mehrheitsverhältnissen vertreten waren, »obwohl die Themenkontexte stark variieren« (ebd.: 87). Vielsagend ist eine Aufschlüsselung der vorgekommenen Peripherieakteure: Vertreter der Wirtschaft spielten die weitaus größte Rolle, während Gewerkschaften, soziale Bewegungen, Verbände und Hilfsorganisationen, Kirchen oder Experten nur sehr selten erwähnt wurden (ebd.: 82ff.). Überdies waren nicht in allen Policy-Feldern Peripherieakteure in nennenswertem Umfang präsent: Die Themen deutsche Einheit, Steuerpolitik und innere Sicherheit waren stark von Zentrumsakteuren geprägt (88,0 %, 85,8 % bzw. 77,4 %). Hier kann also »mitnichten von der Inklusion von Peripherieakteuren gesprochen werden« (ebd.: 89), wobei freilich offenbleiben muss, ob die Medien hier Peripherieakteure nicht für relevant hielten oder ob zivilgesellschaftliche Akteure gar kein Interesse an einer Mitsprache hatten. Im Gegensatz dazu prägten Peripherieakteure die Themen Lohnpolitik (84,9 % sind Peripherieakteure, v. a. von Wirtschaftsverbänden und Gewerkschaften) und Arbeitslosigkeit (58,1 %).

Die bereits erwähnte Studie von Rinke et al. (2006), die mittels einer Befragung von 32 Hauptstadtkorrespondenten deren Informantennetzwerke zum Thema Hartz IV rekonstruierte, untersuchte auch deren Zeitungsberichte zu Hartz IV unter der Fragestellung, ob die Journalisten von ihren Quellen aus der politischen Elite ›kognitiv vereinnahmt‹[7] waren. Von den 81 untersuchten Artikeln aus dem September 2004 ließen sich für 37 eine wertende Tendenz bezüglich Hartz IV nachweisen; bei der Richtung der Tendenz überwog die negative leicht (27 % gegenüber 19 % mit positiver Tendenz). Betrachtete man nur die Kommentare, so waren 60 Prozent neutral (seltsamerweise!) und je 20 Prozent fielen positiv bzw. negativ aus. Es fand also mitnichten eine Jubelberichterstattung im Sinne der Bundesregierung statt; allerdings fiel die Kritik sehr gemäßigt aus, oft betraf sie nur Details zur Durchführung der Reform, etwa Probleme mit der Software zur Bearbeitung der ALG-II-Anträge (RINKE et al. 2006: 130). Schlüsselte man die Tendenzartikel nach Journalistentypen wie ›Distanzwahrer‹ und

---

[7] ›Kognitive Vereinnahmung‹ definieren die Autoren als »Übernahme des politischen Blickwinkels bestimmter Informanten durch langen, intensiven Umgang und große Vertrautheit mit ihnen« (RINKE et al. 2006: 91).

›Networker‹ (s. Kap. 2.1) auf, so zeigte sich, dass die Distanzwahrer (die nach eigener Aussage auf enge Beziehungen und Informationsgeschäfte mit Politikern verzichten) fast durchweg Artikel mit einer Tendenz ›Kontra Hartz‹ geschrieben hatten. Bei den ›Networkern‹ fand sich eine etwas positivere Tendenz, jedoch keine so starke, dass die Autoren die Annahme einer ›kognitiven Vereinnahmung‹ eindeutig bestätigt sahen (ebd.: 132f.). Leider schürfte die Artikelanalyse nicht besonders tief; zum Beispiel wurde nicht untersucht, wie viele Journalisten euphemistische Sprachregelungen der Bundesregierung übernommen hatten wie jene, die Kürzung der Arbeitslosenhilfe auf Sozialhilfeniveau sei die »Zusammenlegung« von Arbeitslosenhilfe und Sozialhilfe.

Die Diskussion zur EU-Osterweiterung in Deutschland und Frankreich untersuchte Silke Adam (2008a) unter der Fragestellung, inwieweit die Medien, wenn sie in Kommentaren ihre eigene Stimme erheben, die Stimme ›ihrer‹ nationalen Politikeliten verstärken oder ob sie ihre eigene Agenda setzen. In beiden Ländern gab es bei diesem Thema eine Kluft zwischen Elite und Bevölkerung: Die Erweiterung der EU wurde sowohl von der deutschen als auch der französischen Elite konsensuell unterstützt (mit Ausnahme der Frage nach der Aufnahme der Türkei); dem gegenüber stand eine gespaltene Bevölkerung in Deutschland und eine einhellig ablehnende in Frankreich. Adam ging angesichts dessen davon aus, dass nationale Politikakteure versuchen werden, eine innenpolitische Debatte zu vermeiden und Verantwortlichkeiten, wenn möglich, nach außen zu weisen. Die Frage war, ob die Medien die Verantwortung für das unliebsame Thema in den Nationalstaat zurückholen, d. h. die nationalen Akteure zur Verantwortung ziehen. Für beide Länder wurde eine konservative und eine links-liberale Qualitätszeitung ausgewählt – für Frankreich *Le Figaro* und *Le Monde*, für Deutschland *Frankfurter Allgemeine* und *Süddeutsche Zeitung* – und von allen Ausgaben aus den Jahren 2000 bis 2002 eine Stichprobe von 156 Ausgaben pro Zeitung gezogen. Es zeigte sich, »dass die politisch Verantwortlichen im Nationalstaat in beiden Ländern Verantwortlichkeit stärker nach außen weisen als nach innen« und »dass Medien in ihrer Sprecherrolle sich noch stärker als die nationalen politischen Akteure mit der transnationalen Ebene beschäftigen«, d. h., »dass sie bezüglich der Externalisierung den Eliten folgen« (ADAM 2008a: 131). Adam untersuchte weiterhin, von welchen Akteuren wie viele Kritik- und Unterstützungsbezüge ausgehen. Bei den deutschen Medien fand sie lediglich ein mittleres Kritikniveau, stärker zwar als bei den deutschen Regierungsakteuren, schwächer aber als bei der

Opposition. Auffällig war hierbei, dass die Brüssel-Korrespondenten der Zeitungen ein weitaus kritischeres Bild zeichneten als die Heimatredaktionen. »Damit zeigt sich eine Parallelität der Korrespondenten mit der nationalen Opposition; die Heimatredaktionen entsprechen vom Kritikniveau her eher der nationalen Regierung« (ebd.: 135). Adam schließt: »Die untersuchten Medien scheinen eher Agenturen als Herausforderer der nationalen Eliten zu sein, folgen sie doch in weiten Teilen dem Agenda-Setting und dem Framing der nationalen Eliten« (ebd.: 138).

Wie der Wirtschaftsjournalismus das Thema Finanzmarktpolitik vor und während der Finanzkrise darstellte, untersuchten Hans-Jürgen Arlt und Wolfgang Storz (2010). Rund um einschlägige Ereignisse im Zeitraum 1999-2009 werteten sie im Auftrag der gewerkschaftsnahen Otto-Brenner-Stiftung die Berichterstattung der Tageszeitungen *Frankfurter Allgemeine*, *Süddeutsche Zeitung*, *Financial Times Deutschland*, *Handelsblatt* und *taz*, der ARD-Nachrichtensendungen *Tagesschau* und *Tagesthemen* sowie der Nachrichtenagentur dpa aus. Hauptfrage war, ab wann und inwieweit über die Entwicklung auf den Finanzmärkten, die Risiken und die krisenhaften Symptome berichtet und wie mit kritischem Wissen abseits des Mainstreams umgegangen wurde. Auch wenn diese Studie in methodischer Hinsicht einige Unkorrektheiten aufweist, seien hier die Ergebnisse skizziert. Als der »massivste Befund« gilt den Autoren »die Blauäugigkeit, mit der die Finanzmarktentwicklung beschrieben wurde«, und »wie sehr die Risiken des Finanzmarktes ausgeblendet wurden« (ARLT/STORZ 2010: 105), sowie das weitgehende Ignorieren von Warnern und Kritikern während der Boomjahre 2001-2008. Für *FAZ*, *SZ* und *Handelsblatt* konstatieren sie im Verlauf der Finanzkrise einen Umschwung von einer marktliberalen Haltung hin zu Forderungen nach besserer Kontrolle und strengeren Regeln für den Finanzmarkt, was die Autoren mit einem Hang zur Konformität erklären: »Sie bewegen sich vorher im Rahmen des vorherrschenden Deutungsmusters und jetzt auch. Sie vollziehen einen gesellschaftlichen Sinneswandel nach und bestätigen ihn damit. Sie machen mit, wie sie vorher mitgemacht haben« (ebd.: 104). Den Nachrichten-Flaggschiffen der ARD bescheinigen sie, ihr journalistisches Verhalten »gegenüber der regierenden Politik und gegenüber Vertretern der Wirtschaft« sei »devot« (ebd.: 133); es würden »die Themen behandelt, welche die Regierung behandelt«, und »es werden die Positionen der Regierung kommentarlos transportiert. Wenn sie in Anmerkungen und Kommentaren zusätzlich beurteilt werden, dann werden sie goutiert [...]« (ebd.: 134).

Die acht referierten Studien[8] zeigen, dass das Thema Elitenorientierung der deutschen Leitmedien durchaus schon bearbeitet wurde, jedoch ohne einheitlichen theoretischen Hintergrund. Am häufigsten rekurriert wird auf die Indexing-Hypothese von Bennett: Pohr (2005) verwendet sie explizit als theoretische Grundlage; Eilders/Lüter (2002), Adam (2008a) und Maurer et al. (2008) erwähnen sie bzw. bestätigen sie praktisch nebenbei. Im Folgenden wird die Indexing-Hypothese als Grundstein verwendet, um dem Desiderat einer »noch zu entwickelnde[n] Theorie des Elite-Journalismus« (WEICHERT/ZABEL 2007: 38) näherzukommen.

---

8   Es gibt weitere zwei Arbeiten zu der Frage, inwieweit zivilgesellschaftliche Proteste medial abgebildet werden (EILDERS 2001 und HOCKE 2002). Jedoch sind sie durch die jeweilige Untersuchungsanlage nur sehr eingeschränkt für diese Arbeit relevant. Hocke untersuchte die mediale Resonanz von Protestereignissen in Freiburg/Breisgau in den 1980er-Jahren in der lokalen *Badischen Zeitung* und den zwei überregionalen Zeitungen SZ und FR. Ein Befund lautete, dass die SZ weniger umfangreich als die FR berichtete und weniger wohlwollend, sondern eher staats- und ordnungsfixiert (HOCKE 2002: 215f.).

3. THEORIEN UND KONZEPTE

In der Forschung zum Verhältnis von Medien und Politik konkurrieren laut Schulz (2008: 52) zwei unterschiedliche Erklärungslogiken, die als ›funktionaler Ansatz‹ und ›kausaler Ansatz‹ bezeichnet werden können. Der funktionale Ansatz, der im deutschsprachigen Raum bislang dominiert, bedient sich (verschiedener) Systemtheorien als Bezugsrahmen und fragt vor allem: »Wie sind in einem sozialen System grundlegende Probleme gelöst und welchen Lösungsbeitrag leisten bestimmte soziale Strukturen oder Teilsysteme?« (ebd.) Politik und Medien werden als gesellschaftliche Teilsysteme der ausdifferenzierten modernen Gesellschaft angesehen, die sich an einer bestimmten Stelle – in der Interpenetrationszone – gegenseitig durchdringen und Leistungen austauschen, um ein gemeinsames Ziel zu erreichen. Da Systemtheorien auf einer Makro-Ebene operieren und gegen empirische Überprüfung weitgehend immun sind, wurden sie von vielen Autoren (etwa JARREN/DONGES 2006; HOFFMANN 2003; LESMEISTER 2008; WENZLER 2009) mit handlungstheoretischen Elementen verknüpft; in den Blick kommen dadurch auch die Akteure in den Systemen, insbesondere ihre Rollen, Ressourcen und Ziele. Das Handeln von Politikern und Journalisten in der politisch-medialen Interpenetrationszone stellt sich somit als ein Tausch von Information gegen Publizität (SARCINELLI 1994: 39) dar, in dem alle Akteure mit möglichst geringem Ressourcenaufwand innerhalb ihrer ›constraints‹ (also der ihr Handeln ermöglichenden und zugleich beschränkenden Strukturen) ihre Ziele zu erreichen suchen. Innerhalb dieses Paradigmas gehen die Vorstellungen vom Verhältnis von Medien und Politik weit auseinander: von Autonomie der Systeme über eine Übermacht der Medien oder eine Übermacht der Politik bis hin zur Verschmelzung beider Systeme zu einem Supersystem (SCHULZ 2008: 46-49; SARCINELLI 2011: 122-124; JARREN/DONGES 2006: 24-26). Mittlerweile dominiert die Ansicht, »zwischen dem Mediensystem und dem politischen System bestehe eine komplexe Interaktion, ein Interpenetrationsverhältnis mit wechselseitigen Abhängigkeiten und Anpassungszonen« (JARREN/DONGES 2006: 25).

Der funktionalen Analyse, die im Grunde »eine Technik zur Entdeckung schon gelöster Probleme« (LUHMANN 1975, zit. nach SCHULZ 2008: 52) ist und die mehr beschreibt als erklärt (GERHARDS 1994: 79), steht der kausale Erklärungsansatz gegenüber. Sein Ziel ist es, »Ursache-Wirkungs-Beziehungen zu erkennen und Hypothesen zu formulieren bzw. zu testen, die Wenn-Dann-Aussagen machen« (SCHULZ 2008: 53). Die vorliegende Arbeit, die an Abhängigkeiten und möglichen Zusammenhängen zwischen Eliten-Netzwerken von Journalisten und dem Medieninhalt interessiert ist und damit an der klassischen publizistikwissenschaftlichen Fragestellung ›Warum ist der Medieninhalt so, wie er ist?‹, steht der kausalen Erklärungslogik näher.

Da die deutsche Theorielandschaft im Forschungsfeld ›Politik und Medien‹ bzw. ›politische Kommunikation‹ aktuell keine entsprechenden Ansätze bietet, muss in die USA ausgewichen werden; dort finden sich vier Konzepte, bei denen es um inhaltliche Elitenorientierung von Leitmedien und/oder ihre Verflechtungen mit Politik und Wirtschaft geht. Nachfolgend werden sie vorgestellt, verglichen und gefragt, inwieweit sie sich auf Deutschland übertragen lassen.

3.1 Indexing-Hypothese

3.1.1 *Kernthesen*

Die Indexing-Hypothese von Bennett besagt, dass kritische Medienberichterstattung keine konstante Eigenleistung des Journalismus ist, sondern abhängt von Konfliktkonstellationen und Kritik innerhalb von Parlament und Regierung. Die Leitmedien – laut Bennett (1990: 106) »the prestige national newspapers, wire services, television networks, and the ›big three‹ news magazines« – orientieren sich an den vorhandenen Meinungsverschiedenheiten innerhalb des politischen Establishments und reflektieren in der Regel lediglich die Debatte im politischen Entscheidungszentrum:

»Mass media news professionals, from the boardroom to the beat[9], tend to ›index‹ the range of voices and viewpoints in both news and editorials according to the range of views expressed in mainstream government debate about a given topic« (ebd.).

Besteht über ein Thema Konsens in der politischen Elite, so die Annahme, unterstützen die Medien in der Regel die Regierungslinie kritiklos oder schweigend; sie äußern dann keine grundsätzliche Kritik an einem Vorhaben, sondern arbeiten sich allenfalls an taktisch-performatorischen Details ab, üben Kritik also auf einer weiter unten liegenden Ebene.[10]

Bemerkenswert ist vor allem, dass die Abbildung der politischen Diskussion laut Bennett nicht nur in den ›news‹, also auf den Nachrichtenseiten, stattfindet, sondern sich im Kommentarteil fortsetzt – in der Regel vertreten also Journalisten keine Meinungen, die nicht auch in der politischen Elite kursieren: »Political options that have not already been articulated at the very heart of political power are not included in the debate« (EILDERS/LÜTER 2000: 426). ›Non-official voices‹ oder ›social voices‹ schaffen es nur dann in die Leitmedien, wenn sie Meinungen und Ideen artikulieren, die ohnehin schon in ›official circles‹ kursieren (z. B. wenn sich noch kein Angehöriger der politischen Elite traut, sie offen auszusprechen), oder in einem negativen, delegitimierenden Kontext (also in Berichten über zivilen Ungehorsam, Protesten, Gesetzesbrüchen und Gewalt).

›Indexing‹ stellt laut Bennett eine Norm dar, eine Daumenregel, die von Journalisten größtenteils unbewusst verfolgt wird. Selten bis nie wird die Norm direkt artikuliert und bewusst gemacht. Sie ist kein absolutes, mechanisches Gesetz, sondern eine Verhaltenstendenz, von der es Abweichungen geben kann (BENNETT 1990: 106). Dies ist auch abhängig von der Art des Themas: Es gibt Themen, die ein breiteres Meinungsspektrum zu-

---

9   »From the boardroom to the beat« lautet übersetzt etwa: vom Sitzungssaal (Redaktionskonferenz) bis hin zum Ort des Geschehens (Korrespondentenstandort). Beat bzw. Newsbeat bezeichnet im Amerikanischen den institutionellen Ursprungsort eines Berichts (HILS 2002: 77), also in der Außenpolitik-Berichterstattung v. a. das Weiße Haus, das State Department und das Pentagon.
10 Mermin beschreibt dies für die USA so: »[...] when there is no policy debate in Washington, journalists find ›conflicting possibilities‹ not in the wisdom and justification of U.S. policy itself, but in the *execution* and *outcome* of U.S. policy, and the possibility for political triumph or disaster for the president. When there is no policy debate in Washington, reporters offer critical analysis *inside the terms of the Washington consensus*, finding a critical angle in the possibility that existing policy, on its own terms, might not work« (MERMIN 1999: 9, Hervorhebung im Original).

lassen; je wichtiger jedoch das Thema für die bestehende politische und wirtschaftliche Ordnung ist, desto stärker greift die Norm:

> »On some issues that are of little consequence for the corporate economic order, normative vigilance may be relaxed to allow a greater range of voices to enter the news. [...] Among the issue areas in which indexing might be expected to operate most consistently are military decisions, foreign affairs, trade, and macroeconomic policy – areas of great importance not only to corporate economic interests but to the advancement of state power as well« (ebd.: 122).

Als Gründe dafür, dass die Indexing-Norm in der Regel greift, erwähnt Bennett, dass Journalisten auf diese Art Druck und Kritik vermeiden und ihre Berichterstattung legitimieren können, z. B. gegenüber »uneasy corporate managers and concerned citizens« (ebd.: 109). Außerdem spart Indexing eine Menge Zeit, Geld und Arbeit. Schließlich stehen Journalisten vor der schweren Aufgabe, politisch relevante Prozesse in der Gesellschaft abzubilden. Wenn die Leitfrage der täglichen Arbeit nicht ›Was geschieht gerade politisch Relevantes im Lande?‹ lautet, sondern ›Worüber redet der Kongress?‹, wird die Komplexität der Aufgabe enorm reduziert – und auch beim Storytelling bzw. beim ›Aufziehen der Geschichte‹ ist Indexing entlastend: »In everyday news production, indexing greatly simplifies otherwise difficult decisions about how to cover almost any story« (ebd.: 123).

3.1.2 Kritik und empirische Überprüfung

In Bennetts Formulierung, die Spanne der Ansichten in Nachrichten und Kommentaren entspreche der Spanne der Ansichten »expressed in mainstream government debate« (BENNETT 1990: 106), haben Althaus et al. (1996) eine wichtige Unschärfe lokalisiert. Sie sehen mindestens drei mögliche Lesarten dieser Vorhersage:

1. Die Debatte in der politischen Elite setzt die *Parameter* der Mediendebatte fest, also die Grenzen oder die Agenda der öffentlichen Diskussion. Demnach sind alle Problemdefinitionen und Politikoptionen, die in den Medien diskutiert werden, vorher von Politikern ausgesprochen worden; die Breite der medialen Debatte ist also »less than or equal to, but never greater than, the official debate« (ALTHAUS et al. 1996: 408).

2. Die *Proportionen* der medial abgebildeten Meinungen pro und kontra Regierung entsprechen der Verteilung der von Politikern geäußerten Pro- und Kontra-Meinungen.
3. Es handelt sich um eine Mischung aus den ersten beiden Interpretationen.

Schließlich hat Althaus eine zeitlich-dynamische Komponente der Indexing-Norm herausgestellt und erläutert, dass es in dem Zeitfenster zwischen der Meinungsbildung bzw. -äußerung der Elite und der Wahrnehmung dieser Meinungen durch die Journalisten zu breiterer medialer Kritik kommen kann:

> »Indexing should usually result from a dynamic, adaptive process that is only loosely and informally coordinated among individuals in an organization. As with any dynamic process, there is likely to be a time lag before journalists ›just know‹ what the range of official viewpoints is for any given controversy, and the pace of an unfolding policy crisis or controversy may generate enough uncertainty to obscure the range of official views at least temporarily« (ALTHAUS 2003: 384).

Was die empirische Überprüfung betrifft, so hat Bennett selbst seine Hypothese in mehreren Fallstudien bestätigt gefunden. So untersuchte er das Thema ›verdeckte CIA-Unterstützung der Contras in Nicaragua 1983-1986‹ in der *New York Times*; dieser Fall schien ihm ideal, da es zunächst vonseiten des Kongresses massive Kritik an dieser von Präsident Reagan gebilligten Politik gab, dann aber die Reagan-Administration mit Hilfe z. T. zweifelhafter Methoden (wie Kampagnen gegen einzelne zur Wiederwahl stehende Abgeordnete, sie seien dem Kommunismus zugeneigt) den Kongress auf seine Seite ziehen konnte. Wirklich unabhängige Medien, so Bennett, hätten die Regierung weiter kritisiert, auch nachdem der Kongress durch eine Korrumpierung des politischen Prozesses zum Schweigen gebracht wurde. Die Kritik der *New York Times* erstreckte sich jedoch zu jeder Zeit in den Grenzen der institutionellen Debatte, obwohl die Bevölkerung in Meinungsumfragen mehrheitlich und dauerhaft gegen die Unterstützung der Contras war: »A citizen seeking an impression of public opinion on Nicaragua policy might have concluded from the press coverage by the summer of 1986 that Contra funding had legitimate public support« (BENNETT 1990: 121f.). Weitere Bestätigungen der These finden sich bei Livingston/Bennett (2003) und Bennett et al. (2006). Für den Vietnam-Krieg stellte Hallin (1994: 40-57) fest, dass trotz einer großen Friedensbewegung im Land die Leitmedien erst dann kritische Töne anschlugen, als sich führende Politiker gegen den Krieg aussprachen.

Mermin (1999) belegte die Gültigkeit der Indexing-Norm für acht militärische Interventionen der USA nach Vietnam und fand nur einen abweichenden Fall.

Althaus hingegen wies darauf hin, dass das Konzept der ›official debate‹, die bei Bennett nur die nationale Politikelite meint, um Eliten anderer Staaten ergänzt werden muss. In einer Fallstudie zur USA-Libyen-Krise 1985/86 verglich er die Bewertungen und das Spektrum der diskutierten Optionen in der *New York Times* und in der Zeitung des US-Kongresses, *Congressional Record*, der als Indikator der Debatte innerhalb der politischen Elite benutzt wurde. Die Inhaltsanalyse ergab eine teilweise Bestätigung der Indexing-These, nämlich dass »the administration [...] exerted considerable control over news coverage of the Libya crisis, most importantly over the timing and focus of policy debate« (ALTHAUS et al. 1996: 411). Allerdings marginalisierte die *New York Times* zeitweise den Dissens, der im Kongress über die militärische Vorgehensweise der Administration herrschte; zeitweise hob sie Dissens hervor, der in den Regierungen verbündeter Staaten herrschte. Dies widerspricht Bennetts These, US-Medien würden in etwa die Meinungsverteilung innerhalb der einheimischen politischen Elite spiegeln. Althaus et al. erklären dies damit, dass der Dissens im Kongress in diesem außenpolitischen Fall viel weniger Einfluss auf die Administration hatte als die negative Reaktion von befreundeten Staaten. Die Autoren folgern: »the media calibrate the prominence they give to policy views by judging the likely power of the actor to affect policy outcomes« (ebd.: 412). Anders gesagt: Die Eliten mit dem jeweils größeren Einfluss auf die Politik haben auch mehr Einfluss auf die Nachrichten, und die Medien spielen immer den aktuell mächtigsten Akteuren in die Hände – nicht notwendigerweise der nationalen Politikelite.

In eine ähnliche Richtung differenzierten Zaller/Chiu (2000) das Indexing-Konzept. Sie untersuchten die Berichterstattung über 42 außenpolitische Krisen zwischen 1945 und 1999 in den Nachrichtenmagazinen *Time Magazine* und *Newsweek* sowie im *Congressional Record* (der wieder als Indikator für den Elitendiskurs herangezogen wurde). Grundsätzlich folgten die Medien den Vorgaben der Spitzenpolitik, was die Tendenz zur Falken- oder Tauben-Politik (militärische oder diplomatische Lösung) betraf, jedoch stellten die Autoren drei Varianten von Indexing fest:

- ›Source Indexing‹: Reporter machen die Runde bei allen mit dem Thema beschäftigen Akteuren und schreiben auf, was die ihnen erzählt haben.
- ›Power Indexing‹: Journalisten heben jene Akteure und Informationen hervor, die die mutmaßlich größte Wirkung auf künftige Er-

eignisse haben, und ignorieren tendenziell Informationen, die die handelnden Politiker selbst als irrelevant einstufen (eben dies war bei der oben beschriebenen Studie von Althaus et al. 1996 der Fall).
- ›Political Indexing‹: Reporter schreiben aus Angst oder Unsicherheit einfach die Story, die die politischen Autoritäten haben wollen.

Die letzte Form machten die Autoren vor allem in der Ära des Kalten Krieges aus. »Now that the Cold War is ended, some combination of source and power indexing [...] probably structures the process by which reporters choose among sources within the mainstream« (ZALLER/CHIU 2000: 83).

3.1.3 Indexing – Problem oder Segen für die Demokratie?

Die »Gleichschaltung der medialen Debattenstruktur mit dem Diskurs der politischen Elite« (POHR 2005: 262), wie sie die Indexing-Hypothese nahelegt, ist nicht für alle Beobachter ein Problem. Manche Medienbeobachter in den USA finden, dass sich Journalisten ruhig noch stärker am Diskurs der – schließlich vom Volk legitimierten – Parlamentarier und Regierungsmitglieder – orientieren sollten, so würde ihr ›liberal bias‹[11] wenigstens neutralisiert (EFRON 1971 und LICHTER/ROTHMAN/LICHTER 1986, nach BENNETT 1990: 103). Althaus ist der Meinung, dass man sich kaum eine funktionierende Presse vorstellen kann, die nicht wie ein Schatten den Regierungsaktivitäten folgt, denn »governmental institutions provide the most efficient, reliable, and legitimate means for registering socially important obtrusions« (ALTHAUS 2003: 381).[12] Überdies sieht Althaus in zu großer Medien-Unabhängigkeit eine Gefahr für die politische Diskussions-

---

11 Mit ›liberal bias‹ ist der in den USA oft geäußerte Vorwurf gemeint, die tonangebenden Medien wie *New York Times*, *Washington Post* oder die TV-Networks neigten prinzipiell eher den Demokraten als den Republikanern zu (herausragend hier LICHTER/ROTHMAN/LICHTER 1986).
12 Er rekurriert damit auf den liberalen Theoretiker Walter Lippmann, der im Jahr 1922 schrieb: »News is not a mirror of social conditions, but the report of an aspect that has obtruded itself« – dt.: »In erster Linie sind die Nachrichten daher nicht der Spiegel gesellschaftlicher Zustände, sondern der Bericht von Aspekten, die sich selbst aufgedrängt haben« (LIPPMANN 1990: 232). Lippmann warf auch der Demokratietheorie Blauäugigkeit vor, was ihr Menschenbild und ihre Vorstellung von der Leistungsfähigkeit der Medien angeht: »Wenn man also den Zeitungen die Verpflichtung aufbürdet, das ganze öffentliche Leben der Menschheit umzusetzen, so dass jeder Erwachsene zu einer Meinung über jedes strittige Thema kommen kann, so versagen sie, müssen sie zwangsläufig versagen, ja, werden sie in jeder vorstellbaren Zukunft weiter darin versagen« (ebd.: 246).

kultur: »Moreover, autonomous media coverage that moves outside elite discoursive bounds could in theory confuse or distract the public rather than enhance rational deliberation« (ALTHAUS et al. 1996: 419).

Es ist sicher richtig, dass die Gefahr einer ausfransenden und letztlich wirkungslosen öffentlichen Diskussion, die sich vor lauter Themenvielfalt nicht auf Probleme konzentrieren und diese nicht bearbeiten und lösen kann, potenziell gegeben ist. Richtig ist auch, dass Regierungsinstitutionen sachkompetente Quellen sind. Allerdings haben Akteure im politischen Entscheidungszentrum neben ihrem hohen Grad an Experten- und Insiderwissen auch spezifische Interessen und Agenden, d. h., sie sind sachkompetente, aber involvierte Quellen (HALLER 2008: 58ff.). Wenn in dieser Arbeit Kritik am Elitendiskurs eingefordert wird, so ist kein simples ›Dagegen‹ gemeint, nicht das Ablehnen und Verwerfen aller dort kursierenden Argumente, sondern ein *Transzendieren* des Elitendiskurses: Journalismus soll über den offiziellen Diskurs *hinausgehen* und ihn dabei *umfassen*, also die in ihm enthaltenen Wahrheiten achten, aber gleichzeitig die blinden Flecken der Akteure, die aufgrund ihrer Position im gesellschaftlichen Geflecht und ihrer Interessen zwangsläufig vorhanden sind, mithilfe anderer Sichtweisen ausleuchten und auf diese Weise ein Korrektiv darstellen. Journalismus als Selbstbeobachtungsinstanz der Gesellschaft ist zu einer eigenständigen Beobachtung der Realität angehalten, um das politische Entscheidungszentrum auf neue, zu bearbeitende Probleme aufmerksam zu machen; und er muss in der Lage sein, Politikoptionen zu artikulieren, die vom Entscheidungszentrum nicht gesehen oder nicht gewünscht werden.[13] Eine Presse, wie sie die Indexing-Hypothese zeichnet, ist eher passiv (BENNETT 1990: 109) und vermittelt im Unterton ihrer Berichterstattung immer die Botschaft »The system works« (ebd.: 123) – damit kann der Journalismus seine Frühwarnfunktion dann nicht erfüllen, wenn es wie im Fall der Finanzkrise um Systemfehler geht und die Träger des Systems kein Interesse daran haben, die aufziehenden Probleme wahrzunehmen.

---

13 Dieser Auffassung ist auch Rinke (2008), der Indexing-Phänomene folgendermaßen bewertet: »Der Rahmen dessen, was denkbar ist, wird vorgegeben durch das, was in den politischen Spitzen kursiert. [...] Das stabilisiert die veröffentlichte Meinung, beschädigt aber auch die politische Öffentlichkeit. Denn die kann ihre legitimatorische Funktion nur soweit wahrnehmen, wie sie in der Lage ist, die Mächtigen durch das Formulieren politischer Alternativen unter Druck zu setzen.«

Genau genommen, und das gibt auch Bennett zu, ist die Indexing-Norm so lange unproblematisch, wie der Elitendiskurs alle wichtigen Informationen, Argumente und Perspektiven einschließt:

> »[I]t is generally reasonable for journalists to grant government officials a privileged voice in the news, unless the range of official debate on a given topic excludes or ›marginalizes‹ stable majority opinion in society, and unless official actions raise doubts about political propriety. In these ›exceptional‹ circumstances, it is reasonable for the press to foreground other social voices (polls, opposition groups, academics, political analysts) in news stories and editorials as checks against unrepresentative or otherwise irresponsible governments« (BENNETT 1990: 104).

Sobald es eine Kluft gibt zwischen Elite und Bevölkerung (einen *elite-mass gap*) oder die Eliten relevante Argumente ausblenden, ist von den Medien eine aktivere Rolle zu verlangen als die des Elitendiskurschronisten: nämlich abweichende Meinungen oder verschwiegene Informationen zu popularisieren. Wie reines Indexing in den verschiedenen Konstellationen zwischen Elite und Bevölkerung aussähe, hat Adam (2007: 118ff.) aufgeschlüsselt. Folgende fünf Fälle sind denkbar:

- In einem Themenfeld gibt es einen Elitenkonsens, der von der Bevölkerung mitgetragen wird (›Fit‹). Folge: Es liegt im Interesse der Elite, das Thema auf die Agenda zu bringen, um mit öffentlicher Zustimmung ihre Politik zu legitimieren.
- Die Elite vertritt geschlossen eine andere Position als die Mehrheit der Bevölkerung (›Misfit‹). Folge: Die Elite wird Dethematisierung betreiben (Verschweigen).
- Ein Teil der Bevölkerung stimmt mit der Elite und ihrem Konsens überein (›abgeschwächter Misfit‹). Folge: Die Eliten können durch Thematisierung versuchen, ihre Anhänger zu halten und evtl. Teile der Gegenseite zu überzeugen. Sie kann aber auch Dethematisierung betreiben.
- Es gibt einen Streit innerhalb der politischen Elite, der die unterschiedlichen Bevölkerungsvorstellungen anzeigt (›Lagerkonflikt‹). Folge: Es werden sowohl die Regierung als auch die Opposition Thematisierung betreiben, um für ihre Standpunkte zu werben. Die Medien berichten ausführlich.
- Eine gespaltene Elite steht einem Bevölkerungskonsens gegenüber (›Stärkung des Pro-/Kontra-Lagers‹). Folge: Das von der Bevölkerung unterstützte Lager wird eine starke Thematisierung betreiben,

wohingegen das Lager ohne Rückhalt versuchen wird, das Thema von der Agenda fernzuhalten. Die Medien berichten ausführlich.

Dass bei einem Medienverhalten, das an die Redebereitschaft von Eliten gekoppelt ist, schwerwiegende blinde Flecken und dysfunktionale Gewichtungen entstehen, liegt damit auf der Hand. Auch Pöttker fordert, dass es sich beim Mediendiskurs um einen vom Elitendiskurs grundlegend verschiedenen Diskurs handeln sollte, denn in der Politik gehe es »um Macht und deren Stabilisierung, im Journalismus geht es um Wahrheit und Öffentlichkeit« (PÖTTKER 2003: 150f.). Macht – auch demokratisch legitimierte – und Wahrheit seien »unversöhnliche Ziele, die zu verfolgen grundsätzlich verschiedene Diskursformen und Mentalitäten erfordert«; »der öffentliche Wahrheitsdiskurs [sollte] permanent auf das Entlarven falscher Ansprüche und anderer Fehlleistungen des Herrschaftsdiskurses aus« sein (ebd.). Ein Journalismus, der »sich darauf konzentriert, die gegenseitige Kritik der großen Parteien darzustellen oder zu imitieren«, mag zwar den Eindruck wachsamer Kontrolle erwecken; er verletzt jedoch seine »Pflicht zu umfassender Berichterstattung«, weil er »über Fehlleistungen und Missstände schweigt, die konkurrierende politische Parteien sich gegenseitig *nicht* vorwerfen« (ebd.: 162f., Hervorhebung im Original).

Betreibt der Journalismus also reines Indexing, befinden wir uns mit den Worten von Bennett in »a political world that is, culturally speaking, upside-down. It is a world in which governments are able to define their own publics and where ›democracy‹ becomes whatever the government ends up doing« (BENNETT 1990: 125).

3.2 Propagandamodell

3.2.1 *Kernthesen*

Ähnlich wie die Indexing-Hypothese geht das Propagandamodell von Herman/Chomsky (2002) davon aus, dass die US-amerikanischen Leitmedien nicht die ganze vorhandene Bandbreite an Argumenten und Informationen wiedergeben, sondern nur jene, die in Elitekreisen kursieren; Dissens werde marginalisiert. Während Indexing-Forscher die Ursache aber in einer unbewusst und freiwillig verfolgten Daumenregel der Profession vermuten, die bei entsprechender Bewusstheit ohne Weiteres abgeändert werden könnte (so explizit in BENNETT et al. 2007: 179), sucht das Propagandamodell die Gründe in der politischen Ökonomie der Medien, d. h. in den Tiefenstrukturen, in die der Elite-Journalismus eingebettet ist, und den damit einhergehenden Zwängen. Es greift den liberal-pluralistischen Ansatz an, der von einem funktionierenden ›Marktplatz der Ideen‹ ausgeht, und reiht sich damit ein in die Tradition der marxistisch-grundierten Ansätze der Medienforschung (MULLEN 2010: 208f.), was sich unter anderem in Begrifflichkeiten wie ›Klasseninteresse‹ und ›Propaganda‹ niederschlägt. Allerdings stimmt Chomskys Sicht auf den Staat und die menschliche Natur nicht mit marxistischen Grundannahmen überein, sondern ist eher libertär-sozialistisch bzw. anarchistisch gefärbt (EDGLEY 2009); daher stellt auch das Propagandamodell keine Fortsetzung älterer marxistischer Medientheorien dar.[14]

Laut Herman/Chomsky dienen die großen Medien nicht der Kontrolle der Eliten im Sinne der Bevölkerung, sondern betreiben Propaganda[15] für die Sichtweisen der Eliten, da der Journalismus durch die gesellschaftlichen Steuerungsmedien Geld und administrative Macht geformt ist. Das Propagandamodell »traces the routes by which money and power are able to filter out the news fit to print, marginalize dissent, and allow the government and dominant private interests to get their messages across to the public« (HERMAN/CHOMSKY 2002: 2). Es wird postuliert, dass eine Nachricht fünf Filter passieren muss, bevor sie veröffentlicht wird, und zwar die folgenden:

> »(1) the size, concentrated ownership, owner wealth, and profit orientation of the dominant mass-media firms; (2) advertising as the primary income

---

14   Einen Überblick zur Kritischen Medientheorie mit den Hauptvertretern Max Horkheimer, Theodor Adorno, Leo Löwenthal, Walter Benjamin und Herbert Marcuse bieten Schicha (2003) und Weischenberg (1998: 77-85); der Weg dieses Ansatzes in die Marginalisierung innerhalb der deutschen Kommunikationswissenschaft wird beschrieben von Scheu (2012), Löblich/ Scheu (2011: 11-15) und Scheu/Wiedemann (2008).

15   ›Propaganda‹ wird von Herman/Chomsky nicht definiert, aber sie verwenden den Terminus offensichtlich nicht im Sinn einer zentral gesteuerten Kampagne zur Meinungsmanipulation, sondern meinen eine dezentral und oft unbewusst betriebene Form von Persuasion, für die der französische Sozialphilosoph Jacques Ellul den Begriff ›soziologische Propaganda‹ geprägt hat: »Sociological propaganda springs up spontaneously; it is not the result of deliberate propaganda action. No propagandists deliberately use this method, though many practice it unwittingly, and tend in this direction without realizing it. For example, when an american producer makes a film, he has certain definite ideas he wants to express, which are not intended to be propaganda. Rather, the propaganda element is in the American way of life with which he is permeated and which he expresses in his film without realizing it« (ELLUL 1973: 64). Eine solche Ideologiediffusion, die von den Gesellschaftsmitgliedern selbst ausgeht, ist laut Ellul ein Merkmal vitaler Gesellschaften; sie sorgt für Integration und soziale Kohärenz.

source of the mass media; (3) the reliance of the media on information provided by government, business, and ›experts‹ funded and approved by these primary sources and agents of power; (4) ›flak‹ as a means of disciplining the media; and (5) ›anticommunism‹ as a national religion and control mechanism« (ebd.: 2).

Der erste Filter stellt auf die Interessen des Medieneigentümers ab: Die dominanten Medienunternehmen werden kontrolliert »by very wealthy people or by managers who are subject to sharp constraints by owners and other market-profit-oriented forces; and they are closely interlocked, and have important common interests, with other major corporations, banks, and government« (ebd.: 14). Der Eigentümer legt die publizistische Linie seines Mediums fest und sucht das Führungspersonal aus; zu leitenden Redakteuren wird nur »right-thinking personell« (ebd.: xi) berufen, das die Ansichten und Werte des Eigentümers teilt[16]; damit sind Interventionen des Eigentümers selten nötig.

Filter 2 stellt die Interessen der Werbekunden dar. Die Existenz von privatwirtschaftlich organisierten Medien hängt davon ab, ob Firmen sich entscheiden, Werbung in ihnen zu platzieren. Die Werbekunden sind selbst profitorientiert (genauso wie der Medieneigentümer), und sie möchten, dass ihre Werbung in einem konsumfördernden Umfeld erscheint. Darüber hinaus wird ein Medium umso mehr Werbeeinnahmen haben, je wohlhabender und kaufkräftiger das Publikum ist. »Es kann insofern nicht überraschen, wenn das von ihnen präsentierte Bild der Welt die Sichtweisen und Interessen der an diesem Handel Beteiligten widerspiegelt« (CHOMSKY 2003: 63).

Filter 3 geht auf die Interessen der regelmäßig auftauchenden Quellen ein. Journalismus ist auf einen ununterbrochenen und verlässlichen Fluss an Informationen angewiesen, er kann aber aus ökonomischen Gründen nicht überall, wo etwas geschehen könnte, Reporter und Kameras haben. Deshalb sind sie gezwungen, »a symbiotic relationship with powerful sources of information« (HERMAN/CHOMSKY 2002: 18f.) einzugehen. Sol-

---

16 An anderer Stelle sagt Chomsky (2000: 130), dass leitende Redakteure sich in ihrer Meinungsäußerung frei fühlen mögen, jedoch »ihre Position gar nicht inne hätten, wenn sie nicht schon vorher unter Beweis gestellt hätten, dass niemand ihnen sagen muss, was sie schreiben sollen. [...] Wenn sie sich als angehende Reporter für die verkehrte Art von Geschichten interessiert hätten, hätten sie es nie zu Positionen gebracht, in denen sie sagen können, was sie wollen. [...] Sie haben eine erfolgreiche Sozialisation hinter sich«.

che Quellen sind zum Beispiel das Weiße Haus, das Pentagon, das State Department; auf lokaler Ebene das Rathaus oder die Polizeidirektion. Auch Konzerne und Handelsgruppen sind wichtige Quellen. »These bureaucracies turn out a large volume of material that meets the demands of news organizations for reliable, scheduled flows« (ebd.: 19). Neben der kostenlosen Bereitstellung von Informationen bieten Regierung und Konzerne den Vorteil, dass sie aufgrund ihres Status und Prestiges wiedererkennbar und als per se glaubwürdig gelten; aufwendige Überprüfungsrecherchen sind daher vermeintlich nicht nötig.

Herman und Chomsky gehen davon aus, dass in diesem symbiotischen Näheverhältnis die Eliten aus Politik und Wirtschaft am längeren Hebel sitzen, ungestraft lügen können und die Verwendung unliebsamer Alternativquellen oft unterbinden:

> »It is very difficult to call authorities on whom one depends for daily news liars, even if they tell whoppers. Critical sources may be avoided not only because of their lesser availability and higher costs of establishing credibility, but also because the primary sources may be offended and may even threaten the media using them« (ebd.: 22).

Beliebt als Quellen sind unabhängige Experten, wobei aus der Sicht von Herman und Chomsky viele dieser Experten finanziell von Staat oder Konzernen abhängen und entsprechende Standpunkte vertreten.

Der vierte Filter mit dem Namen ›Flakfeuer‹ meint negative Reaktionen auf unliebsame Medienaussagen, in Form von Briefen, Telegrammen, Telefonanrufen, Petitionen, Gerichtsklagen, Reden und Gesetzesanträgen im Parlament, und weitere Formen von Beschwerde, Drohung und Bestrafung. »It may be organized centrally or locally, or it may consist of the entirely independent actions of individuals« (ebd.: 26). In der Regel bleibt Flakfeuer der Öffentlichkeit verborgen, denn meist haben weder die Medienunternehmen noch die Flakschützen ein Interesse an der Diskussion dieses Themas. Flakfeuer kann jedoch dem Medienunternehmen hohe Kosten verursachen, etwa bei teuren Gerichtsprozessen oder beim Entzug von Anzeigen. Dabei gilt wieder: Je mächtiger ein Akteur, desto größer sind seine Chancen, durch Flakfeuer auf Medien einzuwirken; so habe die US-Geschäftswelt spezielle Organisationen und Think Tanks gegründet oder gefördert, die systematisch Medienkritik aus konservativer Perspektive produzieren (ebd.: 27).

Der fünfte Filter heißt ›Antikommunismus als Kontrollmechanismus‹, hier verkürzt zu ›Ideologie‹. Zum Zeitpunkt der Erstveröffentlichung der

Theorie 1988 war Gegnerschaft zum Kommunismus ein Grundprinzip in der US-Politik, welches das Potenzial hatte, auch auf Medien soziale Kontrolle auszuüben. »This ideology helps mobilize the populace against an enemy, and because the concept is fuzzy it can be used against anybody advocating policies that threaten property interests or support accommodiation with Communist states and radicalism« (ebd.: 29). Bei jedem Streitpunkt kann das Schema einer zweigeteilten Welt bemüht bzw. der Diskurs auf zwei Optionen verengt werden; jede Kritik an Antikommunisten kann so als prokommunistisch denunziert werden (›für uns oder gegen uns‹). Griff die USA während des Kalten Krieges einen Kleinstaat an, den sie als kommunistisch deklarierte, war es für Medien schwer, gegen die Intervention zu argumentieren (HERMAN 2000: 102). Nach dem Zusammenbruch der Sowjetunion ist die Antikommunismusideologie zwar geschwächt, aber laut Herman/Chomsky (2009: 15) ist die Antithese zum Kommunismus, der ›freie Markt‹, zu einem höheren Status als dominante Ideologie aufgestiegen, außerdem wurde der ›War on Terror‹ zu einem nützlichen Ersatz für die sowjetische Bedrohung.

Die fünf Filter existieren nicht isoliert voneinander, sondern sind gekoppelt, interagieren und verstärken sich gegenseitig. Dieselbe ›corporate community‹, die die Medien durch ihre Macht als Eigentümer, Werbetreibende und regelmäßige Nachrichtenquelle beeinflusst, unterstützt bestimmte konservativ ausgerichtete Think Tanks bei Angriffen gegen die Medien und beim Bereitstellen von bestimmten Experten als Nachrichtenquellen (HERMAN 2000: 108). So bewirken die Filter eine Verengung des Diskurses in den großen Medien; diskutiert wird nicht über die große Strategie, sondern nur über die Taktik innerhalb der vorgegebenen Strategie:

> »Where the powerful are in disagreement, there will be a certain diversity of tactical judgements on how to attain generally stared aims, reflected in media debate. But views that challenge fundamental premises or suggest that the observed modes of exercise of state power are based on systemic factors will be excluded from the mass media even when elite controversy over tactics rages fiercely« (HERMAN/CHOMSKY 2002: IX).

Dissens über taktische Fragen wird sogar ermutigt, um die Illusion einer genuinen Debatte zu nähren: »The more vigorous the debate, the better the system of propaganda is served, since the tacit, unspoken assumption are more forcefully implanted« (CHOMSKY, nach KLAEHN 2002: 172). Herman und Chomsky betonen allerdings, dass das Mediensystem nicht monolithisch ist. »These structural factors that dominate media operations are not all-controlling and do not always produce simple and homogeneous results« (HERMAN/CHOMSKY 2002: xii). Die einzelnen Teile der Medienunternehmen haben durchaus eine gewisse, begrenzte Autonomie, und durch individuelles Engagement kommen zuweilen Dissens und unbequeme Fakten ans Licht.

> »The beauty of the system, however, is that such dissent and inconvenient information are kept within bounds and at the margins, so that while their presence shows that the system is not monolithic, they are not large enough to interfere unduly with the domination of the official agenda« (ebd.).

3.2.2 Kritik

In der deutschsprachigen Fachöffentlichkeit wurde das Modell im Zusammenhang mit Journalismusforschung und -kritik bislang kaum wahrgenommen. Lediglich im Rahmen der PR-Forschung und PR-Kritik wird es vereinzelt diskutiert oder erwähnt (KUNCZIK 2010: 419-427; WESTERBARKEY 2008: 182). Bussemer verwendet in seiner breiten Untersuchung der Propagandakonzepte und -theorien des 20. Jahrhunderts gerade einmal fünf Zeilen auf Herman und Chomsky und lässt dabei ihr Modell unerwähnt (BUSSEMER 2008: 379); Peter Glotz wirft im Vorwort Chomsky eine »vermeintlich ideologiekritische, in Wahrheit aber hochideologische Richtung« (ebd.: 10) vor, ohne dies zu begründen. In dieser Arbeit jedoch wird die Auffassung vertreten, dass eine Verbindung zu einer Ideologie das Propagandamodell keineswegs von vornherein entwertet und die Forschergemeinde nicht von der Aufgabe entbindet, sich mit dem Modell auseinanderzusetzen. So sehen das auch die Chomsky-Kritiker Kurt und Gladys Engel Lang:

> »Social science inquiry generally and the study of mass communication, in particular, have often been driven by meliorative impulses. [...] Chomsky's model, like any model, still has to be judged not just [...] on its suitability as a club for beating up on the media but rather on its theoretical adequacy, which is to say, on how closely it approximates how they actually function« (LANG/LANG 2004: 93).

In den USA wurde das Modell immerhin von einigen liberalen und linken Forschern rezipiert und teilweise scharf angegriffen. Manche Punkte sind von Herman und Chomsky überzeugend ausgeräumt worden. So kritisieren Holsti/Rosenau, das Propagandamodell sei »an almost conspiratorial view of the media« (nach KLAEHN 2002: 148), da es eine Gleichschaltung der Medien in einer freien Gesellschaft postuliert (ähnlich ENTMAN 1990: 126).[17] Lang/Lang (2004: 93) bemängeln, dass das Modell – Chomskys anarchistischen Überzeugungen entsprechend – staatlicher Autorität per se keinerlei Legitimation zugesteht, dasselbe gelte für Gewalt, selbst wenn sie ausgeübt wird, um weitaus Schlimmeres zu verhindern.[18] Kritisiert wird weiterhin, dass Herman und Chomsky von einer vereinten herrschenden Klasse (bzw. Elite) und einheitlichen Interessen derselben ausgehen, während das Massenpublikum als atomisiert und individualisiert dargestellt wird (nach KLAEHN 2002: 154).[19]

Die aus Sicht des Verfassers überzeugendsten Kritikpunkte stammen aus der Feder von Kurt und Gladys Engel Lang. Sie wundern sich, warum Herman und Chomsky als empirische Belege nur Beispiele aus der Auslandsberichterstattung anführen, und vermuten, dass die Regierungsabhängigkeit der Medien hier höher ist als bei Inlandsberichten:

> »When something happens in some faraway place, there is often no one with the requisite area knowledge, language skills, or even contacts to get an accurate sense of the situation. This deficiency increases the dependence of journalists on embassy personell and on other experts, many of whom have connections, past or present, to the government. These constraints,

---

17 Herman und Chomsky streiten dies ab: Ihr Modell postuliere keine Verschwörung, d. h. keine geheimen Instanzen, die außerhalb normaler institutioneller Kanäle operieren, sondern lediglich institutionelle Imperative, unter denen die Medien arbeiten: »In fact, our treatment is much closer to a ›free market‹ analysis, with the results largely an outcome of the workings of market forces. Most biased choices in the media arise from the preselection of right-thinking people, internalized preconceptions, and the adaption of personnel to the constraints of ownership, organization, market, and political power« (HERMAN/CHOMSKY 2002: IX). Laut Herman (2000: 102) wirken die Filter hauptsächlich »by the independent action of many individuals and organizations; and these frequently, but not always, have a common view of issues as well as similar interests«; institutionelle Faktoren können auch formal freie Medien veranlassen, sich wie Lemminge zu verhalten (ebd.: 104).
18 Herman und Chomsky (2004: 103) entgegnen trocken: »[T]here is absolutely nothing in the model or the way the authors have used it that has the slightest implication about the legitimacy of state authority or the merits or demerits of violence.«
19 Die Autoren streiten dies nicht ab; Herman unterstreicht sogar diese Sicht: »The power of the US propaganda system lies in its ability to mobilize an elite consensus, to give the appearance of democratic consent and to create enough confusion, misunderstanding and apathy in the general population to allow elite programs to go forward« (HERMAN 2000: 103). Allerdings sagt Herman auch, dass Existenz und Stärke eines Elitenkonsens vom Thema abhängig ist: Bei Welthandel, Steuern oder Wirtschaftspolitik ist der Konsens stark, bei Themen wie Waffenkontrolle, Schulgebeten oder Abtreibungsrecht liegt die Chance für einen offeneren Diskurs höher, abhängig auch davon, inwieweit Bürger ihre Interessen erkennen und sich zusammenschließen, um dafür zu kämpfen (ebd.).

> consistent with the propaganda model, would be less limiting when it comes to covering events at home« (LANG/LANG 2004: 97).

Zu Recht stellen sie weiterhin fest, dass dem Propagandamodell die Vorstellungen zugrunde liegen, der Nachrichtenfluss sei eine Einbahnstraße von den Quellen zu den Medien, und die Nachrichten (›raw material of news‹) seien fertige Produkte, die von Journalisten nur noch veröffentlicht oder aussortiert werden:

> »The concept underlying the model is of a *one-way* flow of content filtered by gate-keepers in control of what ultimately gets through. [...] He [Chomsky] does not inquire into how events become news, preferring to work with the alternate assumption that the information screened out of the system already exists in a transmittable format [...]« (ebd.: 95, Kursivierung im Original).

Dagegen stellen sie eine interaktivere Vorstellung, dass eine Nachricht das Produkt eines Aushandlungsprozesses zwischen Journalisten und ihren Quellen sei: »Providers [Quellen – UK] and conveyors [Journalisten – UK] do indeed cooperate but only to the extent that they need one another. When their interests diverge, the relationship becomes adversarial to the extent that neither the one nor the other is in full control of the product« (ebd.: 96). Doch nicht nur das Verhältnis der Journalisten zu ihren Quellen (Filter 3), sondern auch ihr Verhältnis zum Medieneigentümer sei keine klare Unterordnung:

> »Farther up the line, reporters may have to negotiate for approval from editors (or producers), editors from publishers (or executives), and publishers from their board. In the event of an open clash, the decision rests with the owners and their representatives, but even here the final outcome is by no means preordained. Some owners possessed of a social conscience are prepared to take on acceptable financial risks, while other media personell have sometimes been able to use the leeway, autonomy, prestige, and authority they enjoy to get their version of a major news event out to the public, thereby pressuring political leaders to confront a problem they preferred to ignore. There is a lot of interaction, much of it openly or tacitly collaborative but also with distinct elements of confrontation« (ebd.).

Schließlich sind die Langs auch nicht einverstanden damit, dass Herman und Chomsky die gesellschaftliche Funktion der Medien auf die Propagandafunktion reduzieren: »The propaganda model assigns to the media system just one major function to which everything else is subordinate. That function is the ›manufacture of consent‹ for government policies that advance the goals for corporations and preserve the capitalist system« (ebd.: 94). Es möge ja sein, dass viele wichtige Fakten nicht an die Öffentlichkeit kommen und andere Nachrichten einen Spin zugunsten bestimmter Partikularinteressen aufweisen.

> »But there are limits, some of them embedded in the institutional role of the press as an informational medium and some in the professional norm of journalists that obliges them to be more than just a platform for the actors and institutions they are assigned to cover« (ebd.: 96).

Auch Hallin hatte bereits kritisiert, dass das Propagandamodell die Normen des professionellen Journalismus ignoriert: »[P]rofessionalism is surely part of the answer« (HALLIN 1994: 13).[20]

Weiterhin muss an der Logik und Trennschärfe des Fünf-Filter-Systems Kritik geübt werden. So stellen der erste Filter (Eigentümer), der zweite (Werbekunden), der dritte (Quellen) jeweils Pressure Groups dar, also Akteure, deren Interessen und Reaktionen die Leistung des Journalismus potenziell beeinflussen. Der vierte Filter (Flakfeuer) beschreibt negative Reaktionen, die großenteils aus den drei Pressure Groups kommen dürften, und der fünfte beschreibt die Ideologie, die die meisten Personen aus den drei Gruppen teilen – Flakfeuer ist also eine Handlung, Ideologie ein Merkmal der drei Pressure Groups. Dagegen haben Herman/Chomsky eine wichtige Pressure Group vergessen: die Rezipienten. Dies erstaunt umso mehr, als Chomsky an anderer Stelle provokativ formuliert hat, dass das Hauptprodukt der Journalisten nicht der Medieninhalt ist, sondern ihr Publikum, das an die Werbekunden verkauft wird (CHOMSKY 2003: 62).[21]

---

20 Herman erwidert, dass die Professionalisierung gerade in jenen Jahren stattfand, als das Zeitungsgeschäft weniger wettbewerbsintensiv und mehr vom Anzeigengeschäft abhängig wurde, also keine emanzipatorische Bewegung der Journalisten gegen die Medieneigentümer darstellte. In bestimmten Situationen verleihe Professionalität zwar eine gewisse Autonomie, »but professionalism has also internalized some of the commercial values that media owners hold most dear, like relying on inexpensive official sources as the credible news source« (HERMAN 2000: 106, Hervorhebung im Original). Professionalität und Objektivitätsnormen seien überdies unscharfe und flexible Konzepte, die im Zweifelsfall die tiefer liegenden Machtverhältnisse nicht überwinden können (ebd.). Zu einem ähnlichen Schluss kommt Zollmann (2009: 109f.): »[C]orporate control and professional journalism are not antagonistic moments; they can rather be seen as two sides of the same coin.«

21 Chomsky ist freilich nicht der Einzige, der dies so formuliert hat. Der Zeitungswissenschaftler Karl Bücher schrieb bereits in den 1920ern: »Geschäftlich [...] ist die Zeitung ein Erwerbsunternehmen, das Annoncenraum herstellt und verkauft, der nur durch einen redaktionellen Teil absetzbar gemacht werden kann« (BÜCHER 1926: 397). Und weiter: »Der redaktionelle Teil ist bloßes Mittel zum Zweck. Dieser besteht allein in dem Verkauf von Anzeigenraum; nur um für dieses Geschäft möglichst viele Abnehmer zu gewinnen, wendet der Verleger

Um also den Interessen der Werbekunden dienen zu können, wie Filter 2 behauptet, muss es ein Publikum geben. Die angebotenen Informationen müssen sich also auch am Rezipienten orientieren – an ihm vorbei bzw. gegen seine grundlegenden Überzeugungen lässt sich kein wirtschaftlich erfolgreiches Medium betreiben. Das wiederum entkräftet die Vorhersagen des Propagandamodells keineswegs: Qualitätsmedien wie die *New York Times* oder die *Washington Post* werden schließlich unter anderem von Politik- und Wirtschaftseliten gelesen (die wiederum auch potenzielle Quellen und/oder Werbekunden der Zeitung sind[22]); diese nutzen jene Zeitungen ja unter anderem, um über die Diskussion im Milieu der Eliten und Entscheider auf dem Laufenden zu bleiben – hier ist es also nur folgerichtig, dass die Zeitung vorrangig den Elitendiskurs abbildet und keinen anderen Diskurs rechts oder links davon führt.

Ein logisch konsistentes Propagandamodell könnte als Filter die Interessen der vier Pressure Groups Eigentümer, Werbekunden, Quellen und Rezipienten anführen und dabei im Hinterkopf bedenken, dass diese Personen negativ auf bestimmte Informationen oder Meinungen reagieren können (Flakfeuer) und dass sie mehrheitlich eine dominante Ideologie teilen, die im Zeitverlauf auch wechseln kann; Flakfeuer und Ideologie dürften jedoch nicht als eigenständige Filter vorkommen (vgl. Kap. 3.7).

Schließlich darf bei der weiteren Verwendung des Gedankengutes von Herman/Chomsky eines nicht übernommen werden: eine modellimmanente Immunisierung gegen Kritik. Das Propagandamodell trifft neben den Vorhersagen ›erster Ordnung‹ (die im letzten Unterkapitel hinrei-

---

auch dem redaktionellen Teile seine Aufmerksamkeit zu und sucht durch Ausgaben für ihn seine Beliebtheit zu vergrößern. Denn je mehr Abonnenten, umso mehr Inserenten« (ebd.: 405). Ähnlich der PR-Praktiker Klaus Kocks (in SCHNEDLER 2006: 44): »Redaktion ist eine notwendige Beigabe in der holzverarbeitenden Industrie, die Anzeigenraum verkaufbar macht.« Und die Finanzanalysten an der Wall Street pflegen die Redensart, dass Medienunternehmen ›eyeballs‹ verkaufen, also die Augäpfel ihrer Rezipienten (RUSS-MOHL 2009: 201).

22 Schon der liberale Theoretiker Walter Lippmann wies darauf hin, dass die wichtigsten Leser einer Zeitung jene mit Kaufkraft sind und jene, die selbst Anzeigen schalten; diese »kaufende Öffentlichkeit setzt sich aus Mitgliedern von Familien zusammen, die ihr Einkommen hauptsächlich aus Handelsgeschäften oder der Leitung von Fabriken und des Finanzwesens beziehen« (LIPPMANN 1990: 222f.). Wenn infolgedessen der Inhalt der Zeitungen lediglich die Meinungsverschiedenheiten zwischen den Fraktionen des Kapitals wiedergibt, ist das für Lippmann – anders als für Herman/Chomsky – kein Problem: »Zum Glück hat diese Öffentlichkeit keine einmütigen Anschauungen. Sie kann ›kapitalistisch‹ sein, aber ihre Meinungen darüber, was Kapitalismus ist und wie man ihn anwenden soll, gehen auseinander. Außer in Gefahrenzeiten ist diese achtenswerte Auffassung hinreichend geteilt, um beträchtliche Unterschiede in der Politik zu erlauben« (ebd.: 223).

chend beschrieben worden sind) auch Vorhersagen ›zweiter‹ und ›dritter Ordnung‹. Die Vorhersage zweiter Ordnung lautet, dass die Diskussion über die Medien dieselben Grenzen beachtet wie die Berichterstattung der Medien, sprich dass der Konsens der Eliten nicht angetastet wird. Wenn jedoch einmal eine Studie diese Grenze überschreitet, so die Voraussage dritter Ordnung, wird sie »ignoriert oder verurteilt werden« (CHOMSKY 2003: 202), und zwar,

> »weil es eine Annahme bezweifelt, die den Interessen der etablierten Mächte dienlich ist. Es geht um die These, dass die Medien regierungskritisch und aufsässig sind. Wie gut bestätigt das Propaganda-Modell auch sein mag, so bleibt es doch nach Möglichkeit außerhalb des Spektrums der Mediendiskussion. Auch diese Folgerung ist empirisch gut bestätigt. Klarerweise ist es entweder gültig oder nicht gültig. Wenn es ungültig ist, kann man es unberücksichtigt lassen; wenn es gültig ist, wird man es unberücksichtigt lassen« (ebd.: 66f.).

Wenn sein Modell also im öffentlichen Diskurs wenig beachtet wird, interpretiert dies Chomsky als einen Beleg für dessen Gültigkeit. Dies jedoch muss mit den Worten des kritischen Rationalisten Karl Popper (2003: 252) als »doppelt verschanzter Dogmatismus« (im Original: »reinforced dogmatism«) qualifiziert werden. Vertreter einer kritischen Theorie dürfen sich selbst nicht der Kritik entziehen, indem sie jedes Gegenargument in eine Bestätigung der Theorie umdeuten. Das Schweigen über das ›Propagandamodell‹ kann durchaus andere Gründe haben als jene, dass die schweigenden Wissenschaftler als Angestellte einer »ideologischen Institution« wie einer Universität (CHOMSKY 2003: 202) die Grenzen der intellektuellen Debatte überwachen und als Teil des Systems ein persönliches Interesse daran haben, Kritik vom System fernzuhalten.

3.2.3 *Empirische Überprüfung*

Herman und Chomsky leiten aus ihrem Modell eine Reihe von Vorhersagen über Muster des Medienverhaltens ab. Die wichtigste These lautet, dass die Medien nicht alle Opfer von staatlicher Repression und Gewalt gleich behandeln, sondern zwischen ›wertvollen‹ und ›wertlosen‹ Opfern unterscheiden – je nachdem, ob die Gewalt von den USA, Kanada, anderen kapitalistischen Demokratien oder befreundeter Regime ausgeht oder aber von offiziellen Feindstaaten der USA. Herman und Chomsky erwarten gravierende Unterschiede im Umfang der Berichterstattung sowie in deren Qualität:

> »That is, we would expect official sources of the United States and its client regimes to be used heavily – and uncritically – in connection with one's own abuses and those of friendly governments, while refugees and other dissident sources will be used in dealing with enemies. We would anticipate the uncritical acceptance of certain premises in dealing with self and friends – such as that one's own state and leaders seek peace and democracy, oppose terrorism, and tell the truth – premises which will not be applied in treating enemy states« (HERMAN/CHOMSKY 2002: 34f.).

Bei Gewalt in Feindstaaten würden die US-Medien großen Aufklärungseifer an den Tag legen und die Schuld auf höchster Ebene suchen, während bei den eigenen Verbrechen »die Schuld niederrangigen Chargen angelastet oder verwirrenden Begleitumständen zugeschrieben« wird (CHOMSKY 2003: 191).

Daneben gebe es weitere qualitative Unterschiede in Platzierung, Überschriftengebung und Wortgebrauch. Üblicherweise werde über ›wertvolle Opfer‹ an prominenter Stelle und dramatisch berichtet, mit vielen menschlichen Attributen und in der Art, dass Details und Kontext die Sympathie und das Mitleid der Leser hervorriefen; hingegen erführen ›wertlose Opfer‹ nur wenig Detailbeschreibung, minimale Vermenschlichung und wenig Kontext (HERMAN/CHOMSKY 2002: 35). Chomsky schlägt denn auch vor, das Modell durch den Vergleich von Beispielpaaren zu testen, d. h. ähnlicher historischer Ereignisse, die sich etwa zur selben Zeit zugetragen haben. Würden ähnliche Ereignisse in beschriebener Weise ungleich behandelt, bestätige dies das Modell. Eine zweite Methode zur Überprüfung ist die Untersuchung der Spanne ›erlaubter‹ Meinungen über Schlüsselthemen: »According to the propaganda model, one would expect the spectrum to be bounded by the consensus of powerful elites while encouraging tactical debate within it« (Chomsky, nach KLAEHN 2002: 168).

Herman und Chomsky haben ihre Vorhersagen in verschiedenen Fallstudien zu außenpolitischen Themen bestätigt gefunden: über Wahlen in den Drittwelt-Ländern El Salvador, Guatemala und Nicaragua, denen je nach US-Linie Legitimität zugeschrieben oder abgesprochen wurde; über die Morde an über 100 religiösen Persönlichkeiten in Zentralamerika (wertlose Opfer) gegenüber einem getöteten Priester in Polen (wertvolles Opfer), über die Indochina-Kriege (Vietnam, Laos, Kambodscha, und wie Mainstream-Medien die Phrase ›Invasion von Südvietnam‹ vermieden), über unterschiedliche Berichterstattung zu den Genoziden in Osttimor (wertlose Opfer) und Kambodscha (wertvolle Opfer) (HERMAN/CHOMSKY 2002: xxivff.). Weitere bestätigende Fallstudien zu US-Medien finden sich bei Kennis (2009: 392) und zu kanadischen Medien bei Klaehn (2005). Chomsky hält sogar die Watergate-Affäre – das populärste Beispiel von regierungskritischem Journalismus – für eine Bestätigung des Propagandamodells: Beim Watergate-Skandal ging es darum, dass die Republikanische Partei eine relativ unprofessionelle Truppe beauftragt hatte, in das Hauptquartier der Demokratischen Partei einzubrechen. Laut Chomsky sei ein ähnlicher, aber weitaus schwerer wiegender Sachverhalt zeitgleich unter den Teppich gekehrt worden, weil er ein ›wertloses Opfer‹ betraf:

> »Zeitgleich mit den Anhörungen zu Watergate wurde im Zuge diverser Gerichtsverfahren und durch Berufung auf das ›Freedom of Information Act‹ enthüllt, dass das FBI bereits seit 12 oder 13 Jahren regelmäßig Einbrüche in Büros der Socialist Workers Party – einer legalen politischen Partei – verübt hatte. Ziel war es, die Parteiaktivitäten zu stören und vor allem die Mitgliederlisten zu entwenden; mit diesen konnte man dann die Neueingetretenen einschüchtern, sie um ihre Arbeitsplätze bringen usw. Dies war eine viel ernstere Sache; schließlich war hier nicht ein Grüppchen kleiner Gauner am Werk gewesen, sondern die politische Polizei der Nation. [...] Wo liegt der Unterschied? Einfach darin: Die Demokratische Partei ist – im Gegensatz zur Socialist Workers Party – eine Repräsentantin der Macht« (CHOMSKY, nach ACHBAR 1996: 169).

Allerdings ist das Propagandamodell mit seinen fünf Filtern eher ein heuristisches Paradigma als eine Hypothese, die im Sinne des kritischen Rationalismus zu bestätigen oder zu widerlegen wäre. Lediglich die These über die wertvollen/wertlosen Opfer ist falsifizierbar. Sie stellt laut Kennis (2009: 387) zwar »the crux of the propaganda model and the consequential expression of the five filters« dar, doch eben keine direkte Operationalisierung des Modells; findet sich ein von der Opferthese vorhergesagter Bias, ist der Rückschluss auf einen oder einige konkrete Filter nicht zwingend. Daher wird das Propagandamodell hier weniger als eine Theorie betrachtet, mit der Wenn-dann-Vorhersagen getroffen werden können, sondern als »a framework for analyzing and comprehending the inner-workings, behaviour and performance of the American mainstream media« (SCATAMBURLO-D'ANNIBALE 2005: 21) – ein Analyserahmen, der Einflussfaktoren, Machtverhältnisse und Zwänge der Journalismusproduktion versammelt und in eine plausible Beziehung zueinander setzt.

3.3 Guard Dog Perspective

Die liberal-pluralistische Annahme, dass die Medien ihrer Kritik- und Kontrollfunktion weitgehend unabhängig von den Zentren politischer und wirtschaftlicher Macht nachkommen können, haben bereits die Indexing-These und das Propagandamodell in Zweifel gezogen; nun geben Donohue, Tichenor und Olien (1995) dieser anderen Sicht einen Namen. Sie sehen die US-Medien nicht in der Rolle des Wachhundes (›watchdog‹), der mit Biss das öffentliche Interesse verteidigt, aber auch nicht in der Rolle eines bloßen Schoßhundes (›lapdog‹), der sich politischer und wirtschaftlicher Macht unterwirft. Aus ihrer Sicht sind die Medien vielmehr »part of a power oligarchy in the system« und erfüllen die Funktion eines Schutzhundes (›guard dog‹).

> »The guard dog metaphor suggests that media perform as a sentry not for the community as a whole, but for those particular groups who have the power and influence to create and control their own security systems. The guard dog media are conditioned to be suspicious of all potential intruders, and they occasionally sound the alarm for reasons that individuals in the master household, that is, the authority structure, can neither understand nor prevent. These occasions occur primarily when authority within the structure is divided« (DONOHUE et al. 1995: 116).

Die Medien reflektieren die Interessen dominanter Gruppen und haben weder die Neigung noch die Macht dazu, diese Gruppen herauszufordern, wenn diese nicht schon von anderen Kräften herausgefordert werden (ebd.: 118f.). Über Konflikte wird berichtet, »but in a constrained way and only on certain issues and under certain structural conditions« (ebd.: 116). Dabei berichtet der Journalismus eher über Angriffe auf Individuen als über Angriffe auf Strukturen. Er ist auf »Great Persons in the system« fokussiert und huldigt ihnen, wenn sie auf einer Welle von Zustimmung und Konsens reiten, greift sie jedoch an, wenn die Machtstruktur sich aufsplittet. Die Konzentration auf die Person schützt dabei stets die Legitimität des Status quo: »If the general welfare of the system is threatened, the welfare of the individual is at risk and there is little question that in that case the individual will be sacrificed« (ebd.: 126).

Während Indexing und Propagandamodell das Verhalten der großen nationalen US-Medien erklären wollen, haben Donohue et al. auch lokale und regionale Medien im Blick: Der Grad der Abhängigkeit hängt denn auch ab vom Wesen der Gemeinschaftsstruktur und von der Machtkonzentration in der weiteren Gesellschaft (ebd.: 120).

Donohue et al. gestehen den Medien innerhalb der ›power oligarchy‹ eine gewisse Autonomie zu. Als Basisannahmen ihres Modells bezeichnen sie

> »(a) media integration into the power structure, but on a more or less equal basis with other powers, and (b) regular interactions that allow the powerful media either to directly oppose other powers in the political and economic realms or to team up with them to attain certain ends« (ebd.: 121).

Dennoch seien die Medien keine den anderen Eliten gleichwertigen Akteure, sondern abhängig von den dominanten Gruppen: »Media do not have the capacity to innovate in devising social policy or political action, but must necessarily deal with ideas and actions generated among the powerful groups« (ebd.: 119). Was wie hartes Nachfragen bei hohen Regierungsbeamten aussieht, sei lediglich »role playing determined by the circumstances« (ebd.); was wie Tauziehen um Informationen mit den Mächtigen wirke, sei »primarily a result of reporting and reflecting the conflicting views among divided political or economic bodies« (ebd.: 122). »When political and economic powers do act in concert, they are fully capable of bringing the guard dog media under control« (ebd.: 123).

Auch wenn die Guard-Dog-Perspektive die Abhängigkeit der Medien von den Eliten thematisiert, grenzen Donohue et al. sie von der Lapdog-Perspektive ab. In letzterer sei die einzige Rolle der Medien in Konflikten die Verteidigung der Mächtigen gegen Eindringlinge von außen (etwa soziale Bewegungen oder andere Aspiranten auf Machtpositionen), in ihrer Sicht hingegen spielen die Medien auch eine Rolle bei Konflikten zwischen etablierten Fraktionen der Macht: »Even in the guard dog role, the media are important to the system. In the competition for resources, media serving as guard dogs for various interests are a functional part of the balance among the powers that exist [...]« (ebd.: 128). Die Kraft zu eigenständiger Themensetzung haben Medien nicht: »Issues are determined not by the media but by those who, by virtue of having attained a position of influence in both public or private sectors, have the capacity to provide informed leadership and establishing social agendas« (ebd.).

Aus ihrer Perspektive leiten Donohue et al. fünf Hypothesen ab (ebd.: 125ff.), die Ähnlichkeit mit den Vorhersagen der Indexing-Hypothese haben, aber weniger konkret sind; daher sollen sie hier nicht referiert werden. Der Wert der Schutzhund-Perspektive liegt für diese Arbeit in dem Entwurf des Bildes, dass Medien in bestimmten Machtstrukturen bzw. Elite-Fraktionen eingebettet sein und für diese bestimmte Funktionen erfüllen können – was schon das Zitat von Hans-Ulrich Jörges über die Berliner Seilschaften in Kap. 1.1 nahelegte.

3.4 Soziale Kontrolle und das Protestparadigma

McLeod und Hertog sehen die US-Mainstream-Medien im Zusammenhang mit dem Konzept der sozialen Kontrolle: Als ein integraler Bestandteil des Systems (mit Verbindungen zu politischen, wirtschaftlichen, Bildungs- und religiösen Institutionen) werden sie selbst von systemischer Kontrolle geformt und spielen eine wichtige Rolle als Instrumente der sozialen Kontrolle (MCLEOD/HERTOG 1999: 305). Mit sozialer Kontrolle meinen McLeod und Hertog

> »communicative actions, intentional or unintentional, that comment in some way on the appropriateness or value of the behaviors (including actions, expressed believes and appearances) of some group or individual. Such normative commentary reinforces conformity and punishes deviance to the norms of some group or society as a whole« (ebd.: 308).

Diese Rolle als Agenten sozialer Kontrolle tritt besonders dann hervor, wenn es um die Behandlung von Protestgruppen geht. Protestgruppen sind wichtig für die Gesellschaft – sie indizieren Konfliktpotenziale und Problemlagen, die vom politischen System nicht angemessen bearbeitet werden (vgl. hierzu auch EILDERS 2001: 275), und bereichern das Angebot auf dem ›Marktplatz der Ideen‹ – dennoch: »When protesters challenge the system, they often get a hostile response from authorities, the public and the mass media« (MCLEOD/HERTOG 1999: 309). Die Medien zeigen die Grenzen dieses ›Marktplatzes der Ideen‹ auf und reagieren auf Protestgruppen nach dem Muster des ›Protestparadigma‹, das erstmals bei Chan/Lee (1984) erwähnt wurde und nach McLeod/Hertog (1999: 312ff.) aus folgenden Elementen besteht bzw. bestehen kann:

- Narrative Struktur bzw. Story-Framing: Es wird einseitig berichtet über Gewalt oder Sachbeschädigung, die von den Protestgruppen ausgeht (›Violent Crime Story Frame‹ oder ›Property Crime Story Frame‹), oder über Aussehen und Theatralik der Demonstranten (›Carnival Frame‹ oder ›Freak Show‹) und dabei deren Anliegen verschwiegen.
- Journalisten verlassen sich auf Aussagen staatlicher bzw. offizieller Quellen, um der Story mehr Prestige zu verleihen, um die Nach-

richtenproduktion effizienter zu gestalten und um die Illusion von Objektivität aufrechtzuerhalten.
- Die Anrufung der öffentlichen Meinung: Es werden Meinungsumfragen zitiert, die zeigen, dass die Protestierenden in der Bevölkerung allein dastehen, oder auch Äußerungen von kopfschüttelnden Außenstehenden und Passanten.
- Andere Techniken der Delegitimation, Marginalisierung und Dämonisierung: Begrifflichkeiten der Protestierenden werden in Gänsefüßchen gesetzt, die Wirkung des Protests wird heruntergespielt, die Gefährlichkeit der Gruppe wird übertrieben.
- Es kommt zu einer Nichtberichterstattung.

Je radikaler die Protestgruppen in der Wahrnehmung der Journalisten seien, desto enger halten Letztere sich an das Protestparadigma, so McLeod/Hertog (ebd.: 311).

Elemente des Protestparadigmas sind in einer Reihe von Inhaltsanalysen vor allem in den USA gefunden worden (ebd.; MCLEOD/DETENBER 1999; MCLEOD/HERTOG 1995), aber auch in Deutschland (EILDERS 2001; HOCKE 2002); dies soll hier jedoch nicht referiert werden.

3.5 Vergleich der Konzepte

Die vier Konstrukte, welche die Berichterstattungsmuster und Schwächen des Mainstream-Journalismus in den USA und deren Ursachen beschreiben, weisen eine große Schnittmenge und einige wichtige Unterschiede auf. Dass die Medien hauptsächlich die Diskussion innerhalb der Eliten abbilden und Dissens marginalisieren, behaupten drei der vier Konzepte (Indexing, Propagandamodell, ansatzweise Guard Dog Perspective). Ebenfalls drei (Indexing, Propagandamodell, Protestparadigma) erklären die Dominanz offizieller Quellen zu einer wichtigen, wenn nicht der wichtigsten (Indexing) Ursache. Dass darüber hinaus die Verflechungen der großen Medien mit Institutionen von Staat und Wirtschaft eine Rolle spielen, betonen Propagandamodell, Guard Dog Perspective und Protestparadigma. Von solchen Tiefenstrukturen will allein die Indexing-Hypothese nichts wissen und erklärt die Eliten-Hörigkeit beim ›Sourcing‹, wie bereits erwähnt, zu einer fast durchweg freiwilligen Angelegenheit der Journalisten; ihre Lösungsvorschläge sind damit allein auf die Professionalität der Journalisten und die Soziologie des Newsrooms fokussiert. Dies übersieht, so

Kennis (2009: 390), »key power differences between journalists and editors, editors and publishers and lastly, between publishers and advertisers« und die entsprechend dieser Hierarchieleiter zunehmende Internalisierung der Werte und Interessen der Medieneigentümer und der ›Sponsoren‹ ihrer kommerziellen Unternehmung. Entsprechend dieser Blindheit auf dem ökonomischen Auge[23] sehen Indexing-Forscher die Medien eher als Diener der politischen Elite und nicht der ökonomischen (ZOLLMANN 2009: 102), während das Propagandamodell die Interessen einer gemeinsamen politisch-ökonomischen Führungsschicht befördert sieht – denn »Chomsky observed that the capitalist system and the state system are inextricably linked and co-dependent« (MULLEN 2009: 7).

Das Indexing-Konzept ist andererseits besser geeignet, um Nuancen und wechselnden Umfang von Berichterstattung über ein Thema im Zeitverlauf zu erklären, indem es die Quellenlage in der Elite und den Umfang der Berichterstattung miteinander koppelt (das eher statisch daherkommende Propagandamodell macht hierzu keine Aussage): Der Umfang der Berichterstattung und das Spektrum der Meinungen zu einem Thema wachsen und schrumpfen in dem Ausmaß, in dem Eliten von Exekutive und/oder Legislative in Washington über ein Thema uneins sind.

In gewisser Weise kann man sagen, dass sich die Indexing-Hypothese auf den Filter 3 (›Quellen‹) des Propagandamodells konzentriert, oder andersherum: Das Propagandamodell flankiert die Abhängigkeit von den Quellen gemäß Indexing mit weiteren tiefenstrukturellen Eliten-Verflechtungen der Medien.

3.6 Anwendbarkeit auf deutsche Verhältnisse

Ist ein Import dieser US-Konzepte nach Deutschland möglich, und was ist dabei zu beachten? Eine versteckte Indexing-Norm auch im deutschen Journalismus zu vermuten, liegt angesichts der bereits erwähnten Studien

---

23 Zumindest oberflächlich betrachtet scheint die Indexing-Hypothese ökonomisch blind zu sein. Zwischen den Zeilen schwingt auch (politische) Ökonomie mit und damit eine beachtliche Nähe zum Propagandamodell, etwa wenn Bennett die unbewusste Beachtung der Indexing-Norm damit erklärt, dass die Journalisten damit Druck und Kritik vermeiden (also Kosten sparen) können: »It is a rule of thumb that can be defended against questions from uneasy corporate managers and concerned citizens alike« (BENNETT 1990: 108f.).

von Eilders/Lüter (2002), Pohr (2005), Adam (2008) und Maurer et al. (2008) nahe (vgl. Kap. 2.2).

Jedoch scheint das Ausmaß, in dem sich Journalisten auf Regierungsquellen verlassen, in verschiedenen Ländern zu variieren. Eine vergleichende Untersuchung von Leitmedien in den USA und Schweden ergab, dass der Anteil von ›official sources‹ bei drei verschiedenen Ereignisthemen in der US-Elitepresse höher war als in ihren schwedischen Pendants (DIMITROVA/STRÖMBÄCK 2009). Hils (2002: 79) behauptet, die Indexing-Norm greife in den USA stärker als in Frankreich: »Französische Journalisten orientieren sich z. B. in der Auslandsberichterstattung eher an internationalen Akteuren und den politischen Parteien im Land, was den medialen Diskurs schneller zugunsten einer größeren Anzahl von Stimmen und einem breiteren Spektrum von Standpunkten öffnet[...].« Dies mag auch für Deutschland gelten, wo die politischen Parteien eine ähnliche Bedeutung wie in Frankreich haben und wo Journalisten außenpolitisch wohl eher über den nationalen Tellerrand blicken als in den USA, bedingt auch durch den weltpolitischen Status (Mittelmächte Deutschland und Frankreich vs. Supermacht USA). Für deutsche Leitmedien ist daher anzunehmen, dass sie nicht im Sinn des ursprünglich von Bennett postulierten Indexing (Konzentration auf die nationale Elite) arbeiten, sondern elitenorientiert sind im Sinne des ›Power Indexing‹ (vgl. Kap. 3.1.2) – dass sie also neben den nationalen auch auf ausländische oder internationale Machthaber blicken, also jeweils auf die, die mutmaßlich den größten Einfluss auf den unmittelbaren Fortgang des Geschehens haben – und nicht wesentlich aufgeschlossener gegenüber Dissens von außerhalb des Elitenmilieus bzw. gegenüber zivilgesellschaftlichem Protest sind.

Bei seiner Adaption der Indexing-These auf Deutschland weist Pohr auf drei weitere Punkte hin: auf Unterschiede im journalistischen Rollenverständnis, im Grad der ökonomischen Abhängigkeit der Redaktionen und in der Breite des medialen Meinungsspektrums. Die Punkte erscheinen unterschiedlich triftig und werden im Folgenden diskutiert:

- In der Kommunikationswissenschaft gehe man übereinstimmend davon aus, »dass deutsche Journalisten ein grundsätzlich kritischeres Selbstverständnis aufweisen als ihre amerikanischen Kollegen« (POHR 2005: 264). Pohr bezieht sich vor allem auf eine vergleichende Befragung von Donsbach (1993: 289ff.), laut der sich US-Journalisten weniger in einem antagonistischen Verhältnis zur Politik sehen. Daraus folgt laut Donsbach »jedoch noch kein Gefälligkeits-Journalismus«, vielmehr sei das Verhältnis von Journalisten und Politikern in den USA ein professionelles und »nicht von ideologischen Grundpositionen bestimmt, sondern von der Überzeugung [...], dass die unabhängige Recherche von Informationen absolute Priorität [...] hat und dass es *auch* Aufgabe der Medien ist, die Positionen von Politikern in fairer Weise an die Bevölkerung zu vermitteln« (ebd.: 289, Hervorhebung im Original). Der amerikanische Journalismus sei weit mehr als der deutsche ein Recherchejournalismus und Politiker zählten nun einmal zu den wichtigsten Quellen für politische Informationen. Daher ist die Schlussfolgerung von Pohr (2005: 264), dass »mehr Kritik in deutschen Medien erwartet werden [kann], auch wenn sich in der politischen Elite ein Konsens bildet«, so nicht nachvollziehbar. Die Meinungsfreude von Überzeugungs- bzw. Gesinnungsjournalisten kann genauso gut ein Ende haben, sobald es die Gefahr gibt, sich damit im politisch-medialen Milieu zu isolieren und Quellen und politische Freunde zu verlieren (Anhaltspunkte hierfür liefert die Schweigespiral-Forschung, vgl. Kap. 4.3); außerdem lässt sich Kritik immer leicht von einer grundsätzlich-legitimatorischen Ebene auf eine niedrigere, taktisch-performatorische Ebene innerhalb des Elitenkonsens verlagern (vgl. Kap. 3.1.1), auf der sie weniger kostspielig ist.

- Das deutsche Mediensystem biete eine breitere Vielfalt von politischen Orientierungen als das US-amerikanische. Die überregionalen Abonnementszeitungen *taz*, FR, SZ, FAZ und *Welt* »bilden von links nach rechts ein breit gefächertes politisches Spektrum von Meinungen ab, das in zahlreichen empirischen Studien nachgewiesen wurde [...]. Sämtliche US-amerikanischen Massenmedien lassen sich dagegen auf dieser Links-Rechts-Achse im zentralen Bereich verorten [...]« (POHR 2005: 264). Mit diesem ›zentralen Bereich‹ meint Pohr offensichtlich die Bandbreite zwischen konservativen Medien mit Nähe zu den Republikanern (*Wall Street Journal*, *Fox News*) und liberal-progressiven Medien mit Nähe zu den Demokraten (*New York Times*, *Newsweek*, CNN). Dies ist somit kein Beleg gegen eine Indexing-Norm, denn während im US-Kongress nur zwei politische Kräfte vertreten sind, gibt es im deutschen Bundestag auch mehr Parteien. Dass die Vielfaltsspanne der Presse meist mit der der maßgeblichen Parteien bzw. der großen gesellschaftspolitischen *cleavages* korreliert, meinen auch Jarren/Vogel (2009: 87) und führen dafür ökonomische Gründe

an: Die »bestehenden Gesinnungsgemeinschaften« könnten »als Märkte erschlossen (und der Werbung angeboten) werden« (ebd.).
- »Das amerikanische Mediensystem zeichnet sich [...] durch eine stärker marktwirtschaftliche Orientierung der Nachrichtengebung aus, die in Verbindung mit einer stark wachsenden Pressekonzentration [...] zu einer Einschränkung der Vielfalt der publizierten Meinungen führt.« Weil der deutsche Medienmarkt »nicht die extremen Entwicklungen des US-Marktes aufweist«, hätten deutsche Journalisten »die Möglichkeit zu einer etwas unabhängigeren Berichterstattung« (POHR 2005: 264). Hier ist Pohr Recht zu geben. In den USA gehören die meisten Medien Investoren, die vor allem auf hohe Gewinne spekulieren (bzw. bis zur großen Werbeträgerkrise von 2007/2008 spekulierten), während deutsche Zeitungen und Nachrichtenmagazine überwiegend in der Hand von Familienunternehmen und Verlagskonsortien sind, die – wenngleich sehr viel abgeschwächter als noch vor 20 Jahren – einen publizistischen Anspruch verfolgen; für die öffentlich-rechtlichen Sender gilt dies ebenso.

Ein systematischer Vergleich der Strukturbedingungen der politischen Kommunikation in den USA und Deutschland findet sich bei Pfetsch (2003: 66-101); zwar liegt diesem ein Fokus auf die Regierungssprecher beider Länder zugrunde, aber auch Überlegungen zur Indexing-Norm können davon profitieren. Tab. 2 zeigt den Vergleich im Überblick. Pfetsch konstatiert für das politische System der USA, dass es eine präsidentielle Demokratie darstelle, in der also die Exekutive und die Legislative strikt getrennt sind. Die Macht des Präsidenten ist durch eine Reihe von Sicherungen und Gegenkräften begrenzt, auch hat er nicht das Recht zur Gesetzgebungsinitiative im Kongress. Ihm und seiner Administration steht ein mit vielen Befugnissen ausgestatteter Kongress gegenüber, der mehrheitlich auch politisch gänzlich anders gefärbt sein kann, aber weniger von Partei- und Fraktionsdisziplin geprägt ist. Das hat Auswirkungen auf die Rolle der Medien: Wenn sich Präsident und Kongress weitgehend konfrontativ gegenüberstehen und die Parteibindung der Abgeordneten eher locker ist, muss sich der Präsident für jede Einzelentscheidung jeweils Mehrheiten im Parlament suchen. »Da die Abgeordneten in erster Linie den Interessen ihrer lokalen Wählerschaft verpflichtet sind, muss ein Präsident daran interessiert sein, für seine Initiativen zunächst beim breiten politischen Publikum (bis auf die Ebene des einzelnen Wahldistriktes) Unterstützung zu finden« (ebd.: 70). Außerdem ist der Willensbildungsprozess durch das US-System der Interessengruppen und Lobbys stark fragmentiert; die Administration ist also politischem Druck von vielen Seiten ausgesetzt und muss sich gegenüber einer Vielzahl von Interessen verantworten. Die logische Kommunikationsstrategie der Administration ist ›going public‹, das Werben um die Zustimmung der Öffentlichkeit vor allem über die Massenmedien. »Dies bedeutet nicht nur, dass die Kommunikation zwischen dem Präsidenten und dem Kongress weitgehend in und über die Medien verläuft. Vielmehr transzendiert der gesamte politische Prozess zur Auseinandersetzung um die Beeinflussung der öffentlichen Meinung in der Medienarena« (ebd.: 71).

Die Bundesrepublik mit ihrem parlamentarischen Regierungssystem weist dagegen eine weitgehende Gewaltenverschränkung zwischen dem Parlament und der Regierung auf. Kanzler und Kabinett gehen aus der Bundestagsmehrheit hervor; dies stärkt die Handlungsfähigkeit der Regierung. Als Gegenkraft ist lediglich die Opposition vorgesehen, die aber in den vertraulichen Bundestagsausschüssen häufig bei der Gesetzesarbeit mitregiert. Der Kanzler ist in einer stärkeren Position als der US-Präsident, er setzt die politische Agenda; und die überwiegende Zahl der Gesetzesinitiativen kommt aus der Regierung. Die Parteien sind gut organisiert und die Fraktionen diszipliniert (ebd.: 72f.). Statt der stark fragmentierten Interessenvermittlung in den USA konstatiert Pfetsch eine »quasi korporatistische Interessendurchsetzung«.[24] Für die Kommunikationsarbeit der Regierung bedeutet dies, dass sie mehr auf Konsens denn auf Konfrontation setzt und dass sie partei- und koalitionspolitische Motive und Großwetterlagen berücksichtigt. Statt eines aggressiven Werbens um öffentliche Zustimmung hat die Regierungs-PR »die Funktion, die Verhandlungsprozesse innerhalb des Regierungssystems symbolisch zu flankieren. Dies bedeutet, dass die Medien – aus Sicht der politischen Akteure – durch die Verlautbarung der im politischen Prozess ausgehandelten Problemlösungsvorschläge diesen öffentlich Geltung verschaffen und damit symbolisch legitimieren« (ebd.:

---

24 Diese Feststellung betrifft jedoch eher die alte ›Deutschland AG‹ und wird zunehmend von der aktuellen Entwicklung überholt. Angetrieben durch Globalisierungsprozesse und verschärfte Interessengegensätze setzen deutsche Unternehmen und Verbände zunehmend auf Investitionen in Public Relations, Government Relations und Public Affairs, um ihren Zielen Gehör zu verschaffen. Speth (2006) spricht von Lobbyismus als neuem Mittel zur Eliteintegration, das alte korporatistische Strukturen und Prozesse ersetzt.

75). Genauso gut ist es aber möglich, dass während politischer Verhandlungen Medienberichterstattung eine entscheidende politische Ressource darstellt und zu Positionsveränderungen der Beteiligten führt (ebd.).

Im Hinblick auf eine Indexing-Norm kann die amerikanische Konstruktion der Gewaltentrennung und des Dauerkonflikts zwischen Regierung und Parlament dazu führen, dass Journalisten sich auf diesen »institutionalisierten Dissens« (HILS 2002: 76) verlassen, nach dem Motto: Die Streithähne werden schon alles Wichtige behandeln. Indexing kann aber genauso gut bei den deutschen Kollegen die Regel sein, wenn sie die parlamentarische Opposition als Dauerkritiker zur Verfügung haben und wenn die Hauptstadtkorrespondenten möglicherweise in die vertraulichen Verhandlungen eingeweiht sind und diese selbst nicht gefährden wollen, um ihre Quellen nicht zu verlieren.

TABELLE 2
Strukturbedingungen der politischen Kommunikation in den USA und Deutschland

	USA	Deutschland
Politisches System	präsidentielles Regierungssystem	parlamentarisches Regierungssystem
	schwache Parteien	starke Parteien
	fragmentierte Interessenvermittlung	quasi korporatistische Interessendurchsetzung
Mediensystem	kommerzielles Mediensystem	gemischtes Mediensystem
	politisch nicht profilierte Presse	politisch profilierte Qualitätspresse
Kommunikationsziel der Regierung	Going Public	symbolische Legitimation

Quelle: Pfetsch 2001: 14

Für die Mediensysteme konstatiert Pfetsch (2003: 84ff.) in den USA eine im höchsten Maße kommerzielle Orientierung und damit einhergehend eine starke Ausrichtung auf die Bedürfnisse des Publikums (was unter anderem dazu führt, dass der Raum für politische Inhalte knapp und die Formate der Politikberichterstattung massenattraktiv sein müssen); für Deutschland gilt die Marktorientierung abgeschwächt. Vor allem in den öffentlich-rechtlichen Anstalten sei weniger die Publikumsrelevanz die zentrale Größe für Auswahl und Verarbeitung politischer Botschaften, mehr dafür die »Elitenrelevanz, im Sinne eines umfassenden Informationsanspruches der Wählers [sic!] über das Handeln der politischen Akteure« (ebd.: 83). Pfetsch leitet die Dichotomie von Publikums- vs. Elitenrelevanz auch für die Zeitungen in den USA und Deutschland ab: »Die Elitenorientierung erscheint vor allem in solchen Printmediensystemen ausgeprägt, die sich durch ein parteipolitisch profiliertes Spektrum an Zeitungen und Zeitschriften auszeichnen« (ebd.: 83f.). Dies sei in Deutschland der Fall – Pfetsch folgend wäre also Indexing anzunehmen.

Im Folgenden soll die deutsche (Leit-)Medienlandschaft noch auf die Filter des Propagandamodells geprüft werden. In dieser Arbeit gelten 14 Medien als Leitmedien: *Süddeutsche Zeitung*, *Frankfurter Allgemeine Zeitung*, *Welt*, *Frankfurter Rundschau*, *taz*, *Financial Times Deutschland*, *Bild*, *Spiegel*, *Focus*, *Stern*, *Zeit* sowie Nachrichtensendungen von ARD, ZDF und N-TV (vgl. Kap. 4.4). Davon gehören 9 vollständig oder mehrheitlich zu großen, gewinnorientierten Medienhäusern, die fast durchweg auch internationale Interessen haben:

- *Bild* und *Welt* erscheinen im Verlag Axel Springer AG, einem von Europas größten Verlagshäusern. Der Konzern erwirtschaftete 2009 laut Geschäftsbericht einen Umsatz von 2,6 Milliarden Euro und ist in 36 Ländern aktiv. Mit einer Reihe weiterer Konzerne verlinkt ist er über seine Aufsichtsräte und über den Vorstandschef Mathias Döpfner, der in anderen Aufsichtsräten sitzt.
- Der *Stern* und die *Financial Times Deutschland* erscheinen im Verlag Gruner + Jahr AG & Co. KG, Europas größtem Druck- und Verlagshaus (Umsatz 2009: 2,5 Milliarden Euro). G + J gehört wiederum zu 74,9 Prozent der Bertelsmann AG, einem der weltgrößten Medienkonzerne. Auch der Nachrichtensender N-TV gehört über die RTL Group in Luxemburg (Umsatz 2010: 5,6 Milliarden Euro) zur Bertelsmann AG. Diese ist über ihre Aufsichtsräte und über eigene Vorstandsmitglieder in anderen Aufsichtsräten mit einer Vielzahl weiterer Konzerne verbunden.
- Die *Zeit* gehört zur Verlagsgruppe Georg von Holtzbrinck, einer GmbH, die einen Umsatz von 2,6 Milliarden Euro erwirtschaftet (2008) und in mehr als 80 Ländern tätig ist.
- Der *Focus* gehört zur Hubert Burda Medien Holding GmbH & Co. KG., einem von Deutschlands größten Verlagen mit internationaler Präsenz (Umsatz 2009: 2,3 Milliarden Euro).

- Die *Frankfurter Rundschau* gehört zu 50 Prozent plus einer Aktie zum Kölner Verlagshaus M. DuMont Schauberg, das einen Gesamtumsatz von 692 Millionen Euro (2008) aufweist und hauptsächlich im deutschen Mediengeschäft tätig ist, plus eine Beteiligung am israelischen Medienunternehmen Haaretz (Stand vor der Insolvenzanmeldung im Herbst 2012).
- Die *Süddeutsche Zeitung* gehört seit 2008 mehrheitlich zur Südwestdeutschen Medien Holding GmbH, einer der drei größten Tageszeitungsgruppen in Deutschland.

Bei den restlichen fünf Leitmedien bietet sich ein differenzierteres Bild mit abgeschwächten oder keinen Gewinninteressen:
- Am *Spiegel* hält der Großverlag Gruner + Jahr 25 Prozent der Anteile, während die Mehrheit seinen Mitarbeitern selbst gehört (50,5 %).
- Die FAZ gehört mehrheitlich der FAZIT-Stiftung Gemeinnützige Verlagsgesellschaft mbH, die 1959 von den ursprünglichen Geldgebern der FAZ gegründet wurde, um die Unabhängigkeit der Zeitung zu sichern. Allerdings ergibt sich daraus keinesfalls eine Ferne zur Wirtschaft, denn die FAZ war 1949 mit Geld von Industriellen gegründet worden, um als ›Sprachrohr der Wirtschaft‹ ein Gegengewicht zu SPD- und gewerkschaftsnahen Blättern zu bilden (SCHULZ 1986: 142ff.).
- ARD und ZDF sind als Anstalten öffentlichen Rechts keine gewinnorientierten Unternehmen. Allerdings spielen staatliche und parteipolitische Interessen über die Kontrollgremien hinein; zudem wird die Höhe der Gebühren vom politischen System festgelegt.
- Die *taz* ist eine Genossenschaft und gehört knapp 10.000 Lesern, Mitarbeitern und Freunden, die ein Genossenschaftskapital von rund 9 Millionen Euro halten. Damit ist sie von allen Leitmedien am wenigsten in den Zusammenhang Wirtschaft/Staat eingebunden.

Filter 1 des Propagandamodells (Eigentümerinteressen) mag also für die USA eine starke Wirkung haben, für deutsche Leitmedien ist eine bedeutend schwächere anzunehmen.[25]

---

[25] Das Bild der Eigentümerkonzentration bei den Leitmedien wirkt recht beruhigend; gleichwohl weist der deutsche Medienmarkt insgesamt bereits eine hohe Konzentration auf: Im Tageszeitungsbereich erreichen die fünf größten Verlagsgruppen einen Anteil von rund 44 Prozent an der gesamten verkauften Auflage, nämlich Axel Springer, Südwestdeutsche Medien Holding, WAZ, DuMont Schauberg und Ippen (RÖPER 2010). Bei den Publikumszeitschriften kommen die fünf größten Verlage – Bauer, Burda, Springer, Gruner + Jahr, WAZ – auf 65 Prozent (VOGEL 2010).

Ähnliches gilt für Filter 2: Die Abhängigkeit der Medien von der Werbung ist in den USA höher als in Deutschland. Zeitungen in den USA finanzierten sich vor der Krise im letzten Jahrzehnt zu 80-90 Prozent von Werbung, weshalb sie der Einbruch der Anzeigenerlöse so empfindlich traf.[26] Deutsche Tageszeitungen erzielten ihre Erlöse traditionell zu zwei Dritteln aus Anzeigen und zu einem Drittel aus dem Vertrieb; mittlerweile ist das Verhältnis 50:50 (BUNDESVERBAND DEUTSCHER ZEITUNGSVERLEGER 2010: 84), wobei die Erlöse aus dem Abonnement (in den USA weitgehend unbekannt) ein mehr oder weniger stabiles Rückgrat bilden. Gleichwohl: Wenn die Existenz des eigenen Unternehmens und damit die Personalausstattung der Redaktion auch nur zur Hälfte von Werbeerlösen abhängt, ist es zumal in Krisenzeiten unwahrscheinlich, dass dies an der Redaktion – sei es auch nur unbewusst – spurlos vorbeigeht. Zudem ist es dann eine relevante Frage, wer diese Werbekunden sind.

Dies kann hier nur in Ansätzen beantwortet werden, weil genaue Daten nicht frei zugänglich sind.[27] Die deutsche Wirtschaft gab 2009 für Werbung insgesamt 18,3 Milliarden Euro aus (in den Vorjahren geringfügig mehr); auf Tageszeitungen und das Fernsehen entfielen dabei jeweils 20 Prozent, auf Publikumszeitschriften 8 Prozent, auf den Hörfunk und Online-Angebote jeweils 4 Prozent und auf Wochen- und Sonntagszeitungen 1 Prozent (ZENTRALVERBAND DER DEUTSCHEN WERBEWIRTSCHAFT 2010: 15ff.). In den Top-50 der Unternehmen, die in den vergangenen Jahren das meiste Geld für Werbung ausgegeben haben, finden sich vor allem große Einzelhandelsketten, Autohersteller, Nahrungs- und Genussmittelhersteller, Kosmetikproduzenten und Mobilfunkanbieter (Tab. 3). Sofern diese Firmen nicht überproportional viel Geld für Außenwerbung, Kinowerbung oder Werbung per Post ausgegeben haben, handelt es sich bei ihnen also um die wichtigsten Sponsoren des deutschen Journalismus; ohne deren ›Subventionen‹ würden journalistische Produkte für den Rezipienten um ein Vielfaches teurer sein. Ein Einfluss von einzelnen Unternehmen und Branchen entsprechend der Platzierung in der Tabelle auf die Gesamtheit der

---

26 Die Zahlen für die Werbe- und Vertriebserlöse im Zeitverlauf finden sich bei der Newspaper Association of America unter http://www.naa.org/TrendsandNumbers/Advertising-Expenditures.aspx und http://www.naa.org/TrendsandNumbers/Circulation-Expenditures.aspx [30.5.2011].

27 Nielsen Media Research erhebt zwar die geschaltete Werbung pro Medium, stellt die Daten aber nur zahlenden Kunden zur Verfügung.

Leitmedien kann aus der Tabelle freilich nicht abgeleitet werden, denn die Anzeigen dürften sich auf die Medien sehr unterschiedlich verteilen: Discounter wie Aldi und Lidl werben nicht in der distinguierten FAZ, sondern finden ihre Klientel über die *Bild*-Zeitung und über Regionalzeitungen; Hersteller teurer Uhren schalten keine breitenwirksamen Fernsehspots in ARD und ZDF, sondern erreichen ihre Kunden via *Spiegel* oder *Zeit*. Gemeinsam dürfte den Leitmedien jedoch sein, dass sie kein Interesse daran haben, der Gesamtheit der gewinnorientierten Wirtschaft zu schaden, indem sie etwa das Konsumklima im Land nachhaltig beeinträchtigen.[28] Eine Ausnahme bildet wiederum die *taz*, die kaum Anzeigen aufweist.

Filter 3, die Abhängigkeit von den hauptsächlichen Quellen, dürfte bei den deutschen Medien eine ähnlich große Rolle spielen wie bei den amerikanischen. Zwar ist bislang nicht erforscht, wie viel Prozent aller Quellen in der Gesamtberichterstattung der politischen und wirtschaftlichen Elite zuzurechnen sind, jedoch stützt sich ein Großteil der journalistischen Inhalte in deutschen Medien nachweislich auf Public Relations, d. h. auf von interessengeleiteten Organisationen vorgefertigen Informationen. Verschiedene Studien haben bei überregionalen Medien Determinations- bzw. Induktionsquoten (d. h. der Prozentsatz der Berichterstattung, der auf PR-Quellen beruht) von bis zu 84 Prozent ermittelt (RAUPP 2008: 204; vgl. auch HALLER 2005 und MACHILL et al. 2006); zudem wird die PR statushoher Akteure tendenziell stärker berücksichtigt als die von Minderheiten, Randgruppen oder gesellschaftlich niederrangiger positionierten Akteuren (RIESMEYER 2007: 165; SAFFARNIA 1993: 421).

TABELLE 3
Die werbestärksten Unternehmen in Deutschland

2009	2008	2007	Unternehmen	Ausgaben für Werbung 2009, in Mio. Euro
1	1	1	Media-Markt/Saturn	482
2	2	2	Procter + Gamble	472
3	3	3	Aldi	398

---

28 Beispielsweise dürften werbefinanzierte Medien in Jahren des Handy-Booms nicht die Speerspitze der Mobilfunkstrahlung-Kritik sein. Zu ebendiesem Thema sind zahlreiche Unregelmäßigkeiten in den Redaktionen – wie umgeschriebene Artikel, Sendeterminverschiebungen und gekippte Enthüllungsgeschichten – dokumentiert (KRÜGER 2007a).

2009	2008	2007	Unternehmen	Ausgaben für Werbung 2009, in Mio. Euro
4	6	9	Lidl	346
5	4	5	Ferrero	335
6	5	7	L'Oréal	317
7	8	4	Unilever	299
8	7	6	Axel Springer AG	276
9	10	8	Edeka	219
10	11	11	Danone	207
11	9	10	Volkswagen	199
12	18	27	Renault	166
13	12	12	Reckitt Benckiser	158
14	40	36	Sky (Premiere)	149
15	13	16	McDonald's	141
16	44	46	Penny	140
17	17	21	Beiersdorf	134
18	34	44	Schwarzkopf + Henkel	132
19	–	47	Henkel Wasch- und Reinigungsmittel	126
20	20	20	Deutscher Sparkassen- und Giroverband	126
21	14	15	T-Home	119
22	24	25	Ford	109
23	29	28	Coca-Cola	106
24	22	17	Gruner + Jahr	106
25	19	23	Audi	105
26	16	19	Daimler	105
27	15	14	Opel	105
28	32	34	Peugeot	102
29	35	33	Citroën	100
30	25	18	C&A	100
31	26	29	O2	99
32	27	38	Dr. Oetker	98
33	23	13	Toyota	95
34	50	–	MCM Klosterfrau	87
35	42	42	BMW	86
36	21	32	Vodafone	86
37	33	39	Rewe	86
38	36	49	Müller Molkerei	82
39	41	37	Kraft Foods	80
40	31	22	T-Mobile	79
41	–	–	Ikea	76

2009	2008	2007	Unternehmen	Ausgaben für Werbung 2009, in Mio. Euro
42	45	–	Fiat	74
43	39	–	RTL	73
44	38	45	Bauer	72
45	28	–	Fox Mobile	70
46	30	24	Schlecker	69
47	37	35	Deutsche Bahn	68
48	47	–	Krombacher Brauerei	67
49	43	41	Glaxo Smith Kline	67
50	–	50	Bild Digital (Bild.T-Online.de)	64

Quellen: Zentralverband der deutschen Werbewirtschaft 2010: 178f.; Zentralverband der deutschen Werbewirtschaft 2009: 172f.; Zentralverband der deutschen Werbewirtschaft 2008: 148f.

Auch Flakfeuer (Filter 4) ist hierzulande ein Thema: Man denke nur an die Anzeigenboykotte der Telekom Ende der 1990er-Jahre (THOMS 2001) oder den Ärger der *Süddeutschen Zeitung* mit der Lufthansa, nachdem 2001 eine kritische Artikelserie zu den Pilotenstreiks erschienen war (MEIER/ NIGGESCHMIDT 2005).

Sucht man nach Ideologien analog zum amerikanischen ›Antikommunismus‹ bzw. ›Freien Markt‹ (Filter 5), so ist in Deutschland eine abgeschwächte Variante derselben Ideologie anzunehmen, die aus der Westintegration der Bundesrepublik und den Amerikanisierungstendenzen nach dem Zweiten Weltkrieg folgen dürfte. Dabei hat sich die politischkulturelle Hegemonie von Ideen im Laufe der letzten Jahrzehnte deutlich gewandelt von einem ›sozialdemokratischen Konsensus‹ mit dem Höhepunkt um das Jahr 1970 hin zu einem neoliberalen Paradigma mit dem Höhepunkt um 2000 (VOLKMANN 2006), welches im Zuge der Finanzkrise von 2008/09 wieder deutlich an Rang verloren hat. Wie sehr journalistische Deutungs- und Argumentationsmuster von der Hegemonie einer Idee abhängig sind, zeigt eine Untersuchung von Kommentaren zu sozialen Ungleichheiten in der arbeitgebernahen FAZ und der arbeitnehmernahen FR aus den Jahrgängen 1970 und 2000. Die Studie ergab, »dass die politisch-kulturelle Hegemonie die Wahl des Kommunikationsmusters entscheidend beeinflusst [...]. Bei Dissonanz zwischen redaktioneller Linie und hegemonialen Deutungsmustern argumentieren Kommentare defensiver als bei Konsonanz« (ebd.: 261).

3.7 Theoriebausteine zur Elitenorientierung deutscher Leitmedien

Aus den bisherigen Überlegungen leiten sich folgende Hypothesen über die Muster der Berichterstattung deutscher Leitmedien ab sowie über deren Ursachen:

- Deutsche Leitmedien bilden hauptsächlich die Diskussion innerhalb der politischen und wirtschaftlichen Eliten ab; sie sind eingebettet in den aktuell laufenden Elitendiskurs und hinterfragen dessen Prämissen in der Regel nicht. Die meiste Aufmerksamkeit ist stets jenen Akteuren gewidmet, die das gegenwärtige Geschehen unmittelbar am stärksten beeinflussen; das müssen nicht nationale Eliten sein, sondern können je nach Thema auch ausländische oder internationale Eliten sein. Gesellschaftliche Stimmen finden nur dann Eingang in die mediale Diskussion, wenn sie die Prämissen des Elitendiskurses nicht infrage stellen; Herausforderer und Kritiker der Eliten sowie systemverändernde Ideen werden in der Berichterstattung ignoriert, marginalisiert oder durch den Kontext delegitimiert.
- Kritik in Leitmedien spiegelt in der Regel nur Meinungen und Argumente wider, die in den Kreisen politischer und wirtschaftlicher Eliten kursieren; dies gilt auch für kommentierende Darstellungsformen. Die Kritik ist somit tendenziell konservativ. Wenn in einer Krise systemkritische Fragen aufkommen, präsentieren die Medien überwiegend solche Meinungen und Argumente, die für die Aufrechterhaltung des Status quo sprechen – solange, bis die Macht- und Meinungsverhältnisse im Elitenmilieu kippen.
- Die ausführlichste und kritischste Berichterstattung mit dem breitesten Spektrum an Meinungen ist zu erwarten, wenn es bei einem Thema einen Streit innerhalb der politischen und/oder wirtschaftlichen Elite gibt. Besteht zu einem Thema Konsens unter den Eliten, gibt es drei Möglichkeiten: 1.) Wird der Elitenkonsens von der Bevölkerung mitgetragen, ist unkritische Berichterstattung zu erwarten, weil die Eliten ein Interesse haben, mit öffentlicher Zustimmung ihre Politik zu legitimieren. 2.) Steht dem Elitenkonsens eine geschlossen ablehnende Bevölkerung gegenüber, ist keine oder wenig Berichterstattung zum Thema zu erwarten, da die Eliten kein Interesse an einer Diskussion des unpopulären Themas haben. 3.) Steht dem Elitenkonsens eine gespaltene Bevölkerung gegenüber, ist

entweder unkritisch-persuasive Berichterstattung oder Nichtberichterstattung zu erwarten, je nachdem, ob die Eliten den zustimmenden Teil der Bevölkerung mobilisieren und den ablehnenden überzeugen wollen oder ob sie dieses Risiko nicht eingehen wollen.
- Von diesem Muster sind Abweichungen zu erwarten, denn das System ist keinesfalls monolithisch wie in totalitären oder autoritären Regimen. Aber diese Abweichungen vom Mainstream, der mit dem Elitendiskurs konform geht, sind stets mit besonderen Kosten im Vorfeld (Zeit, investigative Recherche, intellektuelle Anstrengung) und im Nachhinein (Kritik, Druck, Anzeigenentzug) verbunden und bleiben somit Ausnahmen, die zudem wenig Wirkung auf die Folgeberichterstattung in der Gesamtheit der Leitmedien zeitigen.
- Diese Vorhersagen gelten umso mehr, je existenzieller das zu diskutierende Thema ist, d. h., sie gelten am stärksten für Fragen von Krieg und Frieden, Militäreinsätzen eigener Soldaten oder verbündeter Staaten, Sicherheitspolitik (auch innere Sicherheit) sowie für Fragen der makroökonomischen Ordnung und der Besitzverhältnisse.
- Die Vorhersagen gelten umso mehr, je stärker das Medium mit Eliten aus Politik und Wirtschaft verflochten ist. Das meint 1.), ob es in puncto Eigentümerschaft in staatliche oder Konzernstrukturen eingebunden ist, 2.) ob es überwiegend von Konzernen als Werbekunden abhängig ist, 3.) ob es den Anspruch hat, das Geschehen in den Zentren der politischen und/oder wirtschaftlichen Macht detailliert und aktuell darzustellen und damit auf Quellen in der Elite angewiesen ist und 4.) ob es auf ein Elitenpublikum zielt bzw. von dort einen Großteil seiner Vertriebseinnahmen generiert. Sie gelten also sehr viel mehr für die *Welt*, die FAZ, die SZ, den *Spiegel* und die *Zeit* als für die *taz*, da bei dieser zumindest in den Punkten 1, 2 und 4 keine bis wenig Abhängigkeiten vorliegen.

Dabei sind die Machtverhältnisse zwischen dem Medium und seinen Rezipienten, Quellen, Eigentümern und Werbekunden nicht starr festgeschrieben, sondern hängen von den jeweils vorhandenen Ressourcen und Zielen der Akteure ab und können sich somit im Zeitverlauf ändern. Etwa haben Werbekunden potenziell mehr Einfluss auf den redaktionellen Inhalt, wenn es wenige von ihnen gibt und die Medien stark auf die Einnahmen angewiesen sind; sie haben weniger bis keinen Einfluss in Zeiten eines Werbebooms, in denen die Kunden bei der Anzeigenabteilung des Verlags Schlange stehen. Quellen aus der Elite haben umso größeren Einfluss, umso mehr Medien um exklusive Aussagen statushoher Akteure konkurrieren, denn die Quellen können dann das Gewähren von Interviews oder Informationen an Bedingungen knüpfen und bei Nichterfüllung zur Konkurrenz gehen.

Da die Interessen von Eigentümern und Werbekunden weniger ausschlaggebend als in den USA sein dürften, stellen die für eine Redaktion wichtigsten Pressure Groups die hauptsächlichen Quellen und die Rezipienten dar. Wo sich diese Pressure Groups personell überschneiden (s. Abb. 2), ist der größte Einfluss auf den journalistischen Output zu erwarten; und je mehr dieser Akteure der Politik- und Wirtschaftselite angehören, desto stärker dürfte sich der redaktionelle Inhalt am Elitendiskurs orientieren und Dissens von außerhalb marginalisieren.

Ein weiterer wichtiger Faktor ist die persönliche Vernetzung des redaktionellen Führungspersonals mit Politik- und Wirtschaftseliten. Durch seine publizistische Machtstellung ist das Führungspersonal zum einen Adressat von Einflussversuchen (Wünschen, Kritik) von Elitemitgliedern (die auch Werbekunden, Rezipienten oder Quellen sein können), denen es sich nicht vollständig verschließen kann, da es die Prosperität und Akzeptanz seines Mediums schützen muss; andererseits ist ihm an Insiderwissen und Orientierung über die Vorgänge in den Zentren politischer und wirtschaftlicher Macht gelegen, um seine journalistischen Aufgaben besser erfüllen zu können. Je enger nun leitende Redakteure im Elitenmilieu vernetzt sind, desto mehr Sozialkapital können sie unter Eliten anhäufen und desto mehr Informationen können sie aus dem Milieu erlangen; desto größer ist aber auch die Gefahr, dass sie bestimmte Sichtweisen, Argumente oder Konsense in der Elite übernehmen und aus Rücksicht bestimmte Informationen und Argumente ignorieren oder verschweigen. Je stärker also die horizontale Elitenintegration der leitenden Journalisten und je höher ihr damit verbundenes Sozialkapital in der Elite (das reziprok auf sie zurückwirken kann), desto höher dürfte die Konformität des journalistischen Outputs mit dem Elitendiskurs und die Gefahr von Schweigespiraleffekten sein.

Bevor einige dieser Theoriebausteine im empirischen Teil der Arbeit getestet werden, erscheint es angebracht, noch einige in diesem Unterkapitel verwendete Begriffe zu definieren bzw. die dahinter stehenden Konzepte zu erläutern.

ABBILDUNG 2
Pressure Groups für ein Leitmedium und ihre Überschneidungen

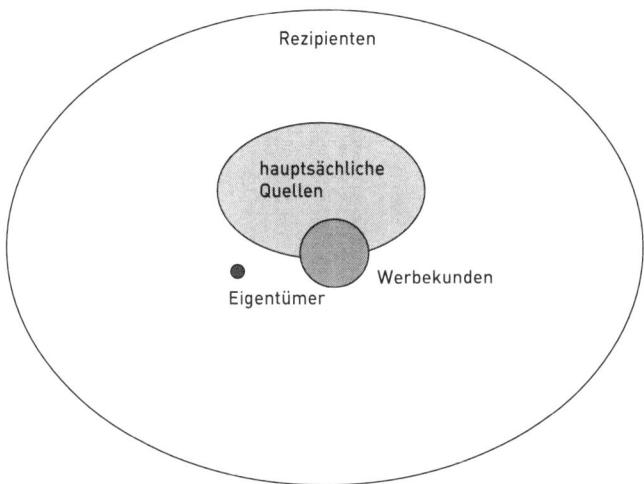

Die Größe der Kreise steht für die Anzahl der Akteure, wobei der Kreis der Rezipienten stark verkleinert dargestellt ist. Die Überschneidungsfläche der Kreise ›Quellen‹ und ›Werbekunden‹ variiert pro Medium in Abhängigkeit vom Grad der Werbefinanzierung und vom Umfang der Wirtschaftsberichterstattung.
Quelle: eigene Darstellung

4. DEFINITIONEN

4.1 Eliten und Elitenintegration

Eliten sind in modernen Demokratien »diejenigen Personen, die in allen relevanten Gesellschaftssektoren Führungspositionen innehaben, von wo aus sie regelmäßig und maßgeblich an zentralen Entscheidungsprozessen mitwirken« (KAINA 2004: 8f.). Sie sind somit eine privilegierte Minderheit. Zu ihrer Legitimation können sie sich darauf berufen, das Ergebnis eines Auswahlprozesses zu sein (der Begriff Elite kommt von lat. ›eligere‹ = auslesen); an sie richten sich aber auch bestimmte Erwartungen. »Die Elite setzt folglich eine Nicht-Elite voraus, die sehnsüchtig oder kritisch, aber doch immer mit gespannter Aufmerksamkeit auf diese führende Gruppe schaut« (BUDE 2000: 10).

Der Begriff der Elite war in der Bundesrepublik lange Zeit wissenschaftlich umstritten, ja verpönt, stand er doch scheinbar in Widerspruch zum Gleichheitsprinzip moderner demokratischer Gesellschaften. Aufgrund der jüngeren deutschen Geschichte mit Führerkult und Herrenrasse wich man auf den Terminus ›Funktionseliten‹ aus (erstmals bei STAMMER 1951: 28): Dies sind eben die jeweils Tüchtigsten in jedem Funktionsbereich wie Politik, Wirtschaft, Recht, Medien, Militär usw., also jene, »die sich durch ihre Fähigkeiten und Leistungen der Gemeinschaft als besonders nützlich erweisen« (WALDMANN 2001: 73f.).[29] Dabei ist der Begriff der Elite demokratischen Ursprungs, wie Bude (2000: 9) betont:

---

29 Neben ›Funktionseliten‹ werden in der Literatur häufig noch ›Machteliten‹ und ›Werteliten‹ erwähnt. Machteliten (erstmals bei MILLS 1956) sind diejenigen Personen, denen es aufgrund

> »Die Bezeichnung entsteht im merkantilistischen Frankreich aus dem Bedürfnis des aufsteigenden Bürgertums, dem Adel in Berufung auf Tugend und Leistung seine Stellung streitig zu machen. Nicht die ständischen Kriterien von Blut und Besitz sollen zählen, sondern die Leistung, die jemand in freier und offener Konkurrenz erbringt. Die Zugehörigkeit zur Elite wird, wie man soziologisch sagt, ›erworben‹ und nicht ›zugeschrieben‹.«

Auch in dieser Arbeit wird der Elite-Begriff nicht wertend gebraucht; jede arbeitsteilig organisierte, hoch ausdifferenzierte Gesellschaft braucht Eliten. »Kennzeichnend für Demokratien ist jedoch«, so der österreichische Politologe Max Haller (2009b: 19), »dass die Auswahl der Eliten, ihre Interessen und Netzwerke und ihr Verhalten öffentlicher Kontrolle zugänglich sein müssen«.

Daneben ist es für eine demokratische politische Kultur wichtig, dass das Elitenmilieu sozial durchlässig ist, dass also jeder Leistungsbereite Zugangschancen zu Führungspositionen hat – was für Deutschland von Hartmann (2002) empirisch widerlegt wurde – und dass Eliten eine Balance wahren zwischen der Kooperation mit Eliten anderer Sektoren und der Verwurzelung in den jeweiligen gesellschaftlichen Muttergruppen. Hoffmann-Lange hat hierfür die Begriffe ›vertikale‹ und ›horizontale Integration‹ geprägt und das Spannungsfeld wie folgt beschrieben:

> »Vertikale Integration betrifft das Ausmaß, zu dem die Eliten die Interessen und Forderungen der Nicht-Eliten repräsentieren, horizontale Integration indiziert hingegen das Ausmaß der Kooperation auf Elitenebene. [...] Ein großer Teil der demokratietheoretischen Kontroversen empirischer wie normativer Art bezieht sich auf die Balance zwischen diesen beiden Dimensionen. Es liegt auf der Hand, dass beide nicht gleichzeitig maximiert werden können« (HOFFMANN-LANGE 1992: 35).

Eliten hätten eine »natürliche Tendenz, sich gegenüber ihrer Basis zu emanzipieren, deren Forderungen sie als Einschränkung ihrer Entschei-

---

ihres Durchsetzungsvermögens gelungen ist, großen Einfluss auf ihre Mitmenschen zu erlangen – üblicherweise sind dies die Funktionseliten aus Politik und Wirtschaft (evtl. noch Militär, wie bei Mills). Werteliten hingegen sorgen »für die Integration der Gesellschaft durch Werte, Überzeugungen und paradigmatischen Lebensstil« (MÜNKLER 2004: 2). Ihr Einfluss beruht allein auf ihrer Ausstrahlung und Vorbildwirkung, wobei er jedoch sogar »mittel- und langfristig größer und tief greifender sein kann, als der der politischen und ökonomischen Entscheider« (ebd.). Zu dieser integrativen Wertelite – Münkler nennt sie auch Sinnproduzenten und Sinnbewirtschafter – gehören vor allem religiöse Führungsfiguren, Künstler, Schriftsteller und Intellektuelle sowie üblicherweise der Bundespräsident.

dungsoptionen empfinden«, und »in ihrem Entscheidungsverhalten mehr die Interessen der beteiligten Akteure sowie die aggregierten Effekte von Entscheidungen als die Auswirkungen dieser Entscheidungen auf den einzelnen Bürger zu berücksichtigen« (ebd.: 36). Eine »totale Rückbindung der Eliten« an ihre gesellschaftlichen Muttergruppen würde jedoch auch ihre Fähigkeit zu Kooperation und Konsensbildung beeinträchtigen. »Die Teilnahme von Elitemitgliedern an kollektiven Entscheidungsprozessen bedingt daher die Existenz eines relativ dichten Netzwerks von Interaktionen mit anderen Elitemitgliedern« (ebd.).

Die deutsche Elitenforschung war lange von der durch Luhmanns Systemtheorie ausgelösten Befürchtung geprägt, dass es nicht ausreichend dichte Kommunikationsnetzwerke zwischen den Eliten der einzelnen Teilsektoren geben könnte und die bundesdeutsche Gesellschaft aufgrund der fortschreitenden funktionalen Differenzierung auseinanderfallen könnte, weil die Eliten der einzelnen Teilsysteme keine gemeinsame Sprache mehr sprächen (BÜRKLIN et al. 1997: 239; MÜNKLER et al. 2006: 16). Erleichtert konstatierte man nach Großbefragungen wie der Mannheimer Elitestudie 1981 und der Potsdamer Elitestudie 1995, dass dichte Netzwerke zwischen den Sektoren die Steuerungs- und Integrationsfähigkeit der Gesellschaft sicherstellen (HOFFMANN-LANGE 1992: 379; BÜRKLIN et al. 1997: 250ff.; SAUER 2000: 177ff.). Die vorliegende Arbeit wird dagegen von der Annahme geleitet, dass eine konsensuell geeinte Elite in wichtigen Fragen (Krieg und Frieden, makroökonomische Ordnung) gegen die Interessen eines Großteils der Bevölkerung regieren kann und dass journalistische Eliten zu stark in das Elitenmilieu eingebunden sein könnten, um noch als Anwälte des öffentlichen Interesses kritisch-kontrollierend zu wirken.

4.2   Soziale Netzwerke und soziales Kapital

Ein Netzwerk ist eine Struktur, die aus einer Anzahl von Elementen und deren Verbindungen besteht, oder formaler ausgedrückt, »ein abgegrenzter Set von Knoten und ein Set der für diese Knoten definierten Kanten« (JANSEN 2006: 13). Die Elemente (Knoten) können dabei Personen, Organisationen, Positionen oder Ereignisse sein, die Verbindungen (Kanten) stehen für ihre Beziehungen untereinander. Bei sozialen Netzwerken sind Personen oder Institutionen (Akteure) die Elemente, die Verbindungen stehen für soziale Beziehungen, wie Freundschaft, kommunikativer Austausch oder Einfluss (QUANDT 2007: 377). Die Verbindungen können weiterhin qualifiziert werden nach Richtung und Stärke: Eine ungerichtete Verbindung wie Freundschaft oder Kollegialität beruht auf Gegenseitigkeit, dagegen sind Einfluss und Macht gerichtet (ebd.). Die Stärke einer Verbindung hat Granovetter (1978: 1361) definiert als eine Kombination aus dem zeitlichen Umfang, der emotionalen Intensität, der Intimität (des Vertrauens) und der wechselseitig füreinander erbrachten Leistungen (des Ressourcentransfers).

Da das Ganze mehr ist als die Summe seiner Teile, wirkt die Struktur des Netzwerks auf die einzelnen Elemente zurück: Das Eingebettetsein von individuellen oder korporativen Akteuren hat Auswirkungen auf deren Handlungsmöglichkeiten (JANSEN 2006: 11; GRANOVETTER 1985). Die Beziehungen eines Akteurs können auch als sein soziales Kapital bezeichnet werden. Sozialkapital (ein von Pierre Bourdieu geprägter Begriff) hat im Vergleich zu ökonomischem und Humankapital die Besonderheit, dass es nicht völlig im Besitz des Akteurs ist. Es ist eben auch abhängig vom Partner der Beziehung und somit potenziell fragil. Soziales Kapital kann fünf Leistungen oder Werte vermitteln (JANSEN 2000: 37):

- Familien- und Gruppensolidaritäten, die auf sozialen Schließungsprozessen beruhen
- Vertrauen in die Geltung allgemeiner sozialer Normen
- Information
- Profitchancen durch ›strukturelle Autonomie‹ (nimmt ein Akteur eine Brückenposition zwischen verschiedenen Clustern ein, die ansonsten unverbunden sind, kann er den Makler spielen und daraus Gewinn schlagen)
- sozialer Einfluss

Welche Leistungen bzw. Werte eine Beziehung vermitteln kann, hängt vor allem von seiner Stärke ab. Granovetter (1974) stieß in seiner Studie zur beruflichen Mobilität darauf, dass Jobsuchende relevante Informationen über offene Stellen seltener von engen Freunden (den *strong ties*) bekamen als von flüchtigen Bekannten (den *weak ties*) – denn mit Letzteren gibt es durch die niedrige Kontaktfrequenz mehr Neuigkeiten auszutauschen und die Unterhaltungen sind weniger redundant. Im Gegensatz zu den informationsfördernden *weak ties* schaffen *strong ties* Vertrauen und Solidarität und sind die Basis für sozialen Einfluss (JANSEN 2000: 39). Ein Akteur kann nur relativ wenige *strong ties* unterhalten, denn diese verlangen viel Zeit und Aufmerksamkeit; dafür führen mehrere *strong ties* oft zu einer Gruppe untereinander ohnehin vernetzter Akteure – Freunde meiner Freunde werden häufig auch meine Freunde (ebd.).

Burt (1992: 51ff.) hat präzisiert, dass es aber nicht nur die *weak ties* als solche sind, die Sozialkapital erschließen bzw. Handlungsmöglichkeiten eröffnen, sondern auch die Position eines Akteurs in einem Netzwerk. Bildet ein Akteur eine Brücke zwischen mehreren ansonsten unverbundenen Clustern, eröffnen sich für ihn unternehmerische Handlungspotenziale: Er kann die verschiedenen Interessen der Gruppen bedienen, ohne sich den Normen und Präferenzen einer Gruppe unterwerfen zu müssen; er ist strukturell autonom und kann den »lachenden Dritten« spielen. Das Ausmaß der strukturellen Zwänge für den Akteur nimmt jedoch zu, je redundanter sein Netzwerk ist, d. h., je enger seine Kontaktpersonen untereinander verbunden sind, weil es für ihn dann schwierig wird, den einen gegen den anderen auszuspielen.

Für Journalisten, um die es in dieser Arbeit geht, ist aus dem obigen Leistungskatalog von Sozialkapital vor allem Punkt 3 interessant: Information. Normativ betrachtet, sollten Journalisten ihr Sozialkapital vor allem im Hinblick darauf mehren (bzw. ihr professionelles Netzwerk dahingehend erweitern), dass sie möglichst viele Informationen erlangen und überprüfen können, um diese nach dem Selektieren und Kontextualisieren an die Öffentlichkeit weiterzugeben. Sie sollten nicht ihren sozialen Einfluss mehren wollen, besondere Profitchancen suchen oder sich an Gruppensolidaritäten wärmen. Sie sollten nicht mit maßgeblichen Akteuren aus ihrem Berichtsgebiet in redundanten Netzwerken bzw. durch *strong ties* verbunden sein, denn *Strong-Tie*-Netzwerke haben das Potenzial, die Handlungsautonomie ihrer Mitglieder einzuschränken: Sie können von ihren Mitgliedern Konformität verlangen und mit Abgrenzung nach außen und Diskriminierung anderer verbunden sein (JANSEN 2000: 42) – für die journalistische Arbeit wäre dies kontraproduktiv.

4.3 Schweigespiraleffekte

Will man den Ursachen von Leerstellen in der Berichterstattung, von Tabuthemen und verschwiegenen Nachrichten auf die Spur kommen, liegt ein Blick auf die Theorie der Schweigespirale nahe. Diese Makrotheorie, von Elisabeth Noelle-Neumann in den 1970er-Jahren entwickelt, will die Entstehung öffentlicher Meinung erklären. Das zugrunde liegende anthropologische Axiom ist die Isolationsfurcht des Menschen: Weil er nicht aus der Gemeinschaft ausgestoßen werden möchte, beobachtet der Mensch ununterbrochen das Meinungsklima in seiner Umwelt; dafür hat er ein ›quasi-statistisches Wahrnehmungsorgan‹ ausgebildet. Neben der direkt erfahrbaren Umgebung beobachtet der Mensch in der modernen Gesellschaft auch die Meinungslage in den Medien. Wenn er registriert, dass seine Meinung nicht mit der Mehrheitsmeinung übereinstimmt, tendiert er dazu, seine Meinung zu verschweigen, um nicht negativ aufzufallen. Umgekehrt tendiert er dazu, seine Meinung öffentlich zu vertreten, wenn er glaubt, die Mehrheit auf seiner Seite zu haben. Seine Redebereitschaft hängt also von der wahrgenommen Verteilung der Meinungen in der Umgebung bzw. Gesellschaft ab (NOELLE-NEUMANN 1980; SCHENK 2007: 526-577).

Aus diesen sozialpsychologischen Grundannahmen folgert Noelle-Neumann eine dynamische Entwicklung, bei der die (tatsächlich oder nur scheinbar) stärkere Meinungsfraktion immer stärker wird und die tatsächlich oder scheinbar schwächere Meinungsfraktion immer schwächer. Als Folge kann sich eine »optische oder akustische Täuschung für die wirklichen Mehrheits-, die wirklichen Stärkeverhältnisse« ergeben, »und so stecken die einen andere zum Reden an, die anderen zum Schweigen, bis schließlich die eine Auffassung ganz untergehen kann« (NOELLE-NEUMANN 1980: XIII). Wenn die veröffentlichte Meinung nicht mit der öffentlichen Meinung übereinstimmt, spricht Noelle-Neumann vom ›doppelten Meinungsklima‹.

Noelle-Neumanns Makrotheorie wurde insbesondere in vier Punkten kritisiert:
- in der Grundannahme, Menschen würden durchgängig aufgrund von Isolationsfurcht ihre nicht konformen Meinungen verschweigen. So identifizierte eine Studie aus dem Jahr 1996 nur 3,5 Prozent Anpasser, aber 5 Prozent Missionare; 39 Prozent Reder und 31 Prozent Schweiger, d.h. Menschen, die in allen Situationen ihre Meinung äußern bzw. verschweigen (nach BONFADELLI 2004: 159);
- in der Annahme, Menschen könnten das tatsächliche öffentliche Meinungsklima und den Medientenor unbewusst sehr genau einschätzen. Damit konkurriert z.B. die oftmals bestätigte Looking-Glass-Hypothese, nach der Menschen in die Welt hinausschauen und ihre eigene Meinung bestätigt bzw. reflektiert sehen (SCHENK 2007: 508f.), sowie der Hostile-Media-Effekt, demzufolge Personen, die eine ausgeprägte Meinung zu einem Thema haben, die Medien-

berichterstattung dazu als tendenziell entgegengesetzt zu ihren eigenen Ansichten wahrnehmen (DOHLE/HARTMANN 2008);
- in der Vernachlässigung des Einflusses individueller Persönlichkeitsmerkmale (wie Selbstbewusstsein) und der eigenen Involviertheit in das zur Diskussion stehende Thema (SCHENK 2007: 538);
- in der Vernachlässigung des Einflusses von Bezugsgruppen und sozialen Netzwerken der Bevölkerungsmitglieder. Noelle-Neumann behauptet, Konformitätsdruck und Isolationsfurcht werde allein durch die große, anonyme Öffentlichkeit ausgelöst. »Warum sollte eine unbestimmte Öffentlichkeit so bestimmend sein?«, fragt Jäckel (2005: 244) treffend.

Kritische empirische Studien zur Schweigespirale förderten Belege für den überragenden Einfluss von Bezugsgruppen und sozialen Netzwerken auf die Redebereitschaft zutage. In ihrer ›Asylanten-Studie‹ von 1989 fragten Fuchs et al. 2.028 Personen, ob sie in einem Eisenbahnabteil ihre Meinung äußern würden, wenn einer der Mitreisenden den Standpunkt vertritt, »dass die Bundesregierung alle Asylanten aus den Entwicklungsländern sofort wieder in ihre Heimatländer schicken sollte«. Die Diskussionsbereitschaft hing nicht davon ab, ob die Befragten sich im Einklang oder im Gegensatz zur perzipierten aktuellen oder zukünftigen Mehrheitsmeinung wähnten (wie es Noelle-Neumann postuliert), sondern von der Meinung jener Personen, die dem Befragten persönlich wichtig waren. Die Autoren vermuteten, »dass die Isolationsangst besonders bei konkreten Bezugsgruppen eine relevante Größe darstellt, weniger bei abstrakten Kollektiven, wie dies die Massenmedien oder die Bevölkerung insgesamt darstellen« (FUCHS et al. 1992: 291).

Einen ganz ähnlichen Befund ergab eine Umfrage von 1987 zum Thema ›Volkszählung‹, bei der die 583 Teilnehmer nach ihrer Meinung zur Volkszählung gefragt wurden und anschließend einschätzen mussten, ob sie sich in einem Eisenbahnabteil mit einem Menschen unterhalten würden, der anfängt, ganz für bzw. gegen die Volkszählung (jeweils die Gegenposition zum Befragten) zu argumentieren. Ergebnis: Die Redebereitschaft hing nicht davon ab, ob der Befragte sich mit dem öffentlichen Meinungsklima in Übereinstimmung oder im Gegensatz wusste, sondern ob es diese Übereinstimmung mit Familie, Freunden und Bezugsgruppen gab: »Personen, die meinen, einen großen Rückhalt in ihrem persönlichen Umfeld zu haben, sind redebereiter als andere. [...] Das Wissen, mit seiner Meinung nicht alleine zu stehen und darin gerade von den Personen unterstützt zu werden, die für einen selbst sehr wichtig sind, hilft dabei, auch die Ablehnung anderer zu ertragen« (SCHERER

1992: 112). Noch bedeutender für die Redebereitschaft war das Gefühl, vom Thema Volkszählung selbst betroffen zu sein. Die Redebereitschaft stieg mit wachsender Involviertheit nahezu kontinuierlich an; ein missionarischer Eifer bei den Betroffenen vereitelte den Schweigespiraleffekt (ebd.: 115).

Solche Befunde lassen vermuten, dass auch Journalismuseliten diesen Mechanismen unterworfen sind und ihre öffentliche Rede- und Streitbereitschaft weniger vom Meinungsklima der großen, anonymen Öffentlichkeit abhängt als von einer Übereinstimmung mit ihren Bezugsgruppen und sozialen Netzwerken (auch: mit den hauptsächlichen Informationsquellen) und auch mit dem Gefühl der eigenen Involviertheit: Finden Journalisten, die stark in Elitennetzwerke eingebunden sind, dort Rückhalt für eine Minderheitenmeinung, sind sie wahrscheinlich eher bereit, diese öffentlich zu vertreten und zu versuchen, andere (v. a. ihre Rezipienten) von ihrer Meinung zu überzeugen. Aber auch das Verschweigen gewisser Fakten, Argumente oder Meinungen, die in den Bezugsgruppen nicht gern gehört werden, kann die Folge sein: aus Loyalität bzw. aus Rücksicht auf die eigene Karriere, auf ihren Zugang zu wichtigen Informanten oder aus Angst vor dem Ausschluss aus der Gruppe oder dem Netzwerk.

Darüber hinaus kann ein Missionarseffekt hinzukommen, wenn Journalismuseliten sich von einem Thema selbst betroffen fühlen, etwa in Fragen der Eigentumsverteilung (wenn sie gut verdienen), der Beurteilung von Eliten in der öffentlichen Wahrnehmung (weil sie sich selbst zur Elite zählen und/oder Freunde in Elitenkreisen haben) sowie der politischen oder wirtschaftlichen Rahmenbedingungen für ihre Medien.

Die Theorie der Schweigespirale wurde empirisch vor allem auf individueller Ebene überprüft, d. h. die Redebereitschaft in der Bevölkerung getestet. Kaum untersucht wurden bislang Schweigespiraleffekte in einem ganzen Mediensystem. Eine Analyse zur Konformität amerikanischer Medien mit dem Regierungskurs im Nachgang des 11. September 2001 kam immerhin zu dem Schluss, dass die Theorie einige Erklärungskraft für die faktische Gleichschaltung der Medienlandschaft besitzt, allerdings die sozialanthropologisch begründete Isolationsfurcht als Ursache nicht ausreicht. »Noelle-Neumanns Konzept geht nur dann auf, wenn weitere, die Meinungsvielfalt einschränkende Maßnahmen hinzutreten. So beispielsweise symbolisch wirksame politische Handlungen sowie restriktive Maßnahmen auf der Ebene der Gesetzgebung wie zum Beispiel der US-Patriot-Act mit einer Reihe weiterer, die Informations- und Meinungsfreiheit einschränkender Rechtsetzungen« (HESSEL 2003: 55, Kursivierung im Original). Zudem spielt laut

Hessel der Grad der Medienkonzentration eine Rolle sowie die kommerzielle Orientierung der Medien, mit der die Angst vor finanziellen Einbußen durch Reichweitenschwund und Anzeigenentzug einhergeht (ebd.: 56f.) – was an die ersten beiden Filter des Propagandamodells (Kap. 3.2) erinnert und nahelegt, dass soziale Netzwerke bzw. persönliche Nähe der Journalisten zu Politik- oder Wirtschaftseliten nur zum Teil Mainstreameffekte im Sinne eines Elitenorientierung erklären können.

4.4 Leitmedien und Elitemedien

Über die Frage, welches die wichtigsten Medien im Lande sind und warum, wird seit Langem diskutiert; dabei wird mit den verschiedensten Begriffen operiert. Jarren/Donges (2006) differenzieren zwischen ›Leit- und Folgemedien‹, analog dazu unterteilen Mathes/Czaplicki (1993) in ›Vorreiter‹, ›Mitläufer‹ und ›Nachzügler‹. Kepplinger (2004) unterteilt zwischen ›Prestigemedien‹, die zentral für politische Kommunikationsprozesse sind, und ›Populärmedien‹, die eher auf Unterhaltung ausgerichtet sind. Ebenfalls von ›Prestigemedien‹ und ›Prestige-Journalismus‹ spricht Hachmeister (2002), aber auch von ›Qualitätsmedien‹ und ›Elitejournalismus‹.

Einige Wissenschaftler haben versucht, Ordnung in das begriffliche Chaos zu bringen. So haben Weischenberg et al. (2006: 133f.) und Wilke (2009) Kriterienkataloge zur Bestimmung von Leitmedien aufgestellt, die einander ähneln. Zusammengenommen ergeben sich sechs Kriterien, die ein Medium zu einem Leitmedium machen kann:

- Verbreitung bzw. Reichweite eines Mediums in der Bevölkerung, also die Gesamtzahl der Rezipienten
- Verbreitung bzw. Reichweite in der Elite
- Zitierhäufigkeit in anderen Medien
- Prestige eines Mediums unter Journalisten
- häufige oder regelmäßige Nutzung durch besonders viele Journalisten
- Einfluss eines Mediums auf andere Medien (Inter-Media Agenda Setting), auf die öffentliche Themenagenda oder auf die Bevölkerung[30]

---

30 Wilke (2009: 34f.) führt noch die »subjektive Bindung der Rezipienten« an ein Medium an sowie »Expertenurteile«. Jedoch lässt eine starke Bindung ein Medium noch lange nicht nach

Aus diesem Katalog (der sicher noch ergänzt werden könnte, etwa um das Prestige eines Mediums unter Eliten) stechen Journalisten als Referenzgruppe hervor, weil sie bei drei der sechs Punkte eine Rolle spielen: als Nutzer der Leitmedien, als Beurteiler ihres Prestiges und als Weiterverbreiter ihrer Inhalte. Leitmedien können also gewissermaßen auch als Leitwölfe der Branche betrachtet werden – jene Medien, an denen sich die Journalisten ›niederrangiger‹ Medien (wie Regionalzeitungen) orientieren, weil sie ihnen einen Vorsprung an Professionalität, Kompetenz, Wissen, Beurteilungsvermögen o. Ä. zuschreiben – und die damit auch einen Einfluss auf ihre Kollegen ausüben und deren Auswahl oder Framing von Themen mitbestimmen (zum Framing vgl. Kap. 6.2.2).

Wenn Kepplinger (2004: 93) von »Prestigemedien« als »Medien mit hoher Zentralität und Qualität« spricht, meint er daher offenbar jene Leitwölfe der Branche, denn Zentralität der Medien heißt »ihre quantitative Bedeutung für die Berichterstattung anderer Medien« (zu sehen etwa in der Häufigkeit, mit der sie zitiert werden) und Qualität meint »ihre Wertschätzung durch Berufskollegen« (zu sehen etwa in Umfragen unter Journalisten). Allerdings erreichen die Kepplinger'schen Prestigemedien neben den Journalistenkollegen auch »die Entscheider in Politik, Wirtschaft, Kultur und Verwaltung sowie die Masse der Rezipienten, die keiner dieser Funktionseliten angehören«, daher stehen sie »im Zentrum eines Wirkungsgeflechts. Ihre wichtigsten Wirkungen erzielen sie durch [...] die direkten Einflüsse auf die Entscheider in Politik, Wirtschaft, Kultur usw., über die sie berichten« (ebd.: 94).

Das Kriterium der Zentralität entspricht weitgehend der Habermas'schen Einteilung von Öffentlichkeit in Zentrum und Peripherie. Zentrale (bzw. dominante oder hegemoniale) Öffentlichkeit ist nah an den politischen Entscheidungszentren bzw. an den Kreisläufen administrativer Macht angesiedelt, sie dient als »Forum des politischen Elitendiskurses und als Selbstverständigungsfeld der Entscheidungsträger« (EILDERS/LÜTER 2002: 106; vgl. auch BROSDA 2008: 326). Hieraus ergeben sich besondere Probleme für die Unabhängigkeit jener Medien, die in dieser zentralen

---

außen ausstrahlen und eine Leitfunktion erfüllen; und als Urteile von Experten entpuppen sich bei Wilke die Nutzung durch Bundestagsabgeordnete und Pressesprecher von großen Unternehmen, Verbänden und Institutionen – also die Nutzung durch Eliten.

Öffentlichkeit operieren bzw. sie herstellen, nämlich für ihre Unabhängigkeit von den Entscheidern:

> »Da der Prestige-Journalismus darüber mitbestimmt, wer zur politischen und kulturellen Elite zählt, gerät er unweigerlich in einen Systemwirbel der Elitenkommunikation, der wiederum den ihm zugeschriebenen Status als unabhängiger Beobachter oder Kultur- und Gesellschaftskritiker nachhaltig berührt« (HACHMEISTER 2002: 15).

Was Hachmeister feuilletonistisch als »Systemwirbel der Elitenkommunikation« beschreibt, meint im Grunde jene horizontale Eliteintegration, die auf Kosten der vertikalen geht (vgl. Kap. 4.1), sprich: Prestigemedien sind stets in Gefahr, zu sehr in den Diskurs der gesellschaftlichen Führungsschicht hineingezogen zu werden bzw. darin eingebettet zu sein und den Kontakt zur Habermas'schen ›Lebenswelt‹ bzw. zu den vielfältigen Diskursen in anderen Teilen der Gesellschaft zu verlieren. Gut möglich, dass dies in vielen Redaktionen gar nicht als Gefahr oder Manko angesehen wird; schließlich verstehen sich die Macher von Medien, die sich hauptsächlich an Eliten richten, oftmals selbst als Elite. Hachmeister notiert, dass »sich der Elitejournalismus in seinem Habitus und seinen inneren Kommunikationsformen den von ihm beobachteten klassischen Professionen anverwandelt« und »dass die Redaktionsatmosphäre bürgerlicher Traditionsblätter Züge einer Hochschulfakultät alten Stils, eines Generalstabs, eines Richterkollegiums, einer Runde von Ministerialbeamten trägt – mit entsprechenden Rangordnungen und rhetorischen Ritualen« (ebd.: 14). Prestigemedien, so definiert Hachmeister weiter,

> »zeichnen sich durch eine starke historische und kognitive Identität aus, kooptieren überdurchschnittlich gebildetes und/oder berufserfahrenes Personal, richten ihre Publizistik argumentativ wie stilistisch an politische und kulturelle Eliten und verfügen über kodifizierte innere Normen (wie Redaktionsstatute und historisch hergeleitete politische Zieldefinitionen) – ganz abgesehen davon, dass sie ihren Mitarbeitern außergewöhnliche Gehälter, Honorare und Zusatzleistungen bieten können« (ebd.).

Als Beispiele nennt Hachmeister die *Neue Zürcher Zeitung*, die *New York Times*, die *Washington Post*, *Le Monde*, *Le Figaro*, FAZ, *Süddeutsche* und *Spiegel*. Jedoch sei mit diesem engeren Kreis der Elitepublizistik

> »eine weiter gefassten Sphäre massenmedialer Angebote verbunden, die von den wirtschaftlichen und politischen Führungsschichten stark beachtet werden – dazu gehören die kommentierenden Nachrichtensendungen des Fernsehens (›heute-journal‹, ›Tagesthemen‹), politische Talkshows [...] oder

das supranationale Network CNN, für die politischen Entscheider zunehmend auch prominenzdefinierende Blätter wie die Bunte und natürlich Bild als zentrales Massenblatt« (ebd.: 16).

Hachmeister setzt hier also die Elitemedien als Kern zu den publikumsstärksten Medien als Umfeld des Kerns in Beziehung, weil letztere sich zwar nicht vorrangig an Eliten richten, aber auch von Eliten genutzt werden, weil sie als Gradmesser für Stimmungen in der Bevölkerung und Bindeglied etwa zu Wählern interessant sind.

Für diese Arbeit bleibt festzuhalten: Als Leitmedien sollen jene Medien gelten, die von besonders vielen Journalisten rezipiert werden und die damit auf andere Medien wirken, d.h., das Kriterium sei der Anteil aller Journalisten, die das Medium rezipieren. Als Elitemedien sollen hingegen nicht jene Medien gelten, die von besonders vielen Eliten rezipiert werden, d.h., das Kriterium sei nicht der Anteil aller Eliten, die das Medium rezipieren. Vielmehr sei das Kriterium, dass die Zielgruppe des Mediums vorrangig aus Eliten besteht bzw. dass es sich argumentativ und stilistisch vor allem an Eliten richtet. Während ein Leitmedium hier also nutzerorientiert definiert wird über die Struktur der Rezipientenschaft, ist ein Elitemedium kommunikator- bzw. inhaltszentriert definiert. Damit kann verhindert werden, dass die *Bild*-Zeitung als Elitemedium durchgeht, nur weil annähernd alle Politiker und Konzernchefs sie morgens lesen, um ein Gefühl für die Stimmung im Land zu bekommen (d.h., der Anteil aller Eliten, die das Medium rezipieren, wäre annähernd 100%). Die Zielgruppe der *Bild*-Zeitung besteht aber größtenteils aus Nichteliten, und argumentativstilistisch richtet sie sich an Leser mit niedriger formaler Bildung. Wenn das *Handelsblatt*, *Capital* oder die FAZ hingegen vorrangig auf Entscheider zielen und dementsprechend ihre Themen auswählen und aufbereiten, so sollen sie als Elitemedien gelten. Zwischen Leit- und Elitemedien gibt es eine Schnittmenge (etwa richtet sich die FAZ vorrangig an Eliten, wird aber auch von vielen Journalisten gelesen). Eine reine Teilmenge der Leitmedien dagegen sind die Elitemedien nicht zwangsläufig.

Welches sind nun die deutschen Leitmedien? Zur Mediennutzung deutscher Journalisten liegen durch die repräsentative Studie ›Journalismus in Deutschland 2005‹ von Weischenberg et al. (2006) Daten vor, die zudem mit der Vorgängerstudie von 1993 verglichen werden können (Abb. 3). Von den meisten Journalisten genutzt werden vor allem die überregionalen Qualitätszeitungen, die Nachrichtenmagazine, die *Bild* als Boulevardblatt sowie die Hauptnachrichtensendungen der Öffentlich-Rechtlichen. Darüber hinaus lässt sich zweierlei feststellen: 1.) Die einzelnen Medien haben stark an Nutzung eingebüßt. Weischenberg et al. (2006: 136) erklären dies mit der Ausdifferenzierung der Medienlandschaft seit Beginn der 1990er-Jahre und der Beschleunigung und Verdichtung der journalistischen Arbeit. 2.) Im Zeitverlauf gibt es eine hohe Kontinuität darin, welche der Print- und TV-Medien die für Journalisten wichtigsten sind. Weitere Studien aus den Jahren 2000 und 1984 bestätigen dies.[31]

ABBILDUNG 3
Mediennutzung deutscher Journalisten 2005 (n = 1.536) und 1993 (n = 1.498), in Prozent

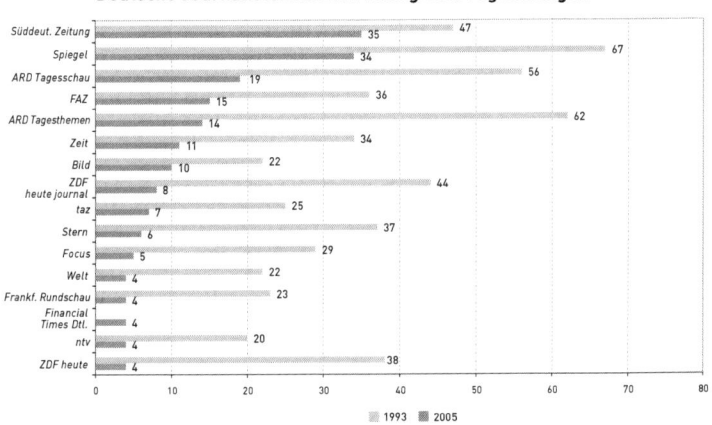

Quellen: Weischenberg et al. 2006: 134f. und Weischenberg et al. 1994: 163

Im Online- und Hörfunkbereich förderten die Weischenberg-Studien keine herausragenden Medien zutage; 2005 wurde *Spiegel Online* lediglich von 2 Prozent der Befragten genannt (ebd.). Das überrascht, wenn man als Vergleich die Erhebung *Journalistische Recherche im Internet* von Machill

---

31 2000 befragte Reinemann 284 Journalisten, die über Bundespolitik berichten; die meistgenutzten Medien waren der *Spiegel* (82 %), SZ (73), ARD *Tagesschau* (66), *Bild* (59), FAZ (59), ARD *Tagesthemen* (59), die Talkshow *Sabine Christiansen* (52), ZDF *heute-journal* (43), *n-tv-Nachrichten* (42), *Welt* (41), ZDF *heute* (40), *Zeit* (37), das ARD-Politmagazin *Monitor* (37) und die *Berliner Zeitung* (33) (REINEMANN 2003: 186). Im Jahr 1984 fand Kepplinger bei einer Journalistenbefragung (n = 214) als am häufigsten genutzten Medien die FAZ (71 %), SZ (69), ARD-*Tagesthemen* (69), ZDF *heute-journal* (64), *Spiegel* (56), *Zeit* (53), FR (46) und *Welt* (29) (KEPPLINGER 1994: 224).

et al. (2008) heranzieht, für die 601 tagesaktuell arbeitende Journalisten aus Zeitung, Hörfunk, Fernsehen und Online befragt wurden. *Spiegel Online* wird hier von über der Hälfte der Befragten als eines der wichtigsten Internetangebote genannt; auch die weiteren wichtigsten journalistischen Online-Angebote sind Ableger klassischer Leitmedien (Abb. 4).

ABBILDUNG 4
Von tagesaktuell arbeitenden Journalisten (n = 601) genutzte journalistische Web-Angebote, in Prozent

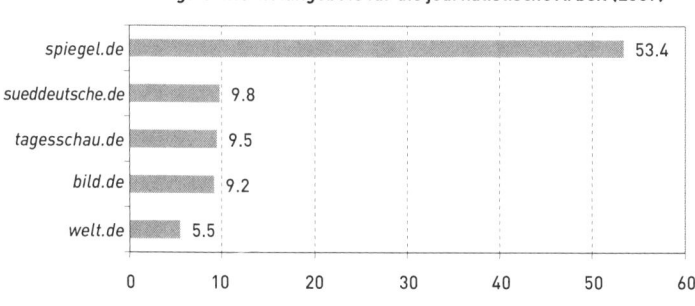

Quelle: Machill et al. 2008: 196

Die Nutzung von Radiosendungen wurde in keiner Studie ermittelt; zu vermuten ist jedoch, dass die Morgensendungen von DEUTSCHLANDFUNK und DEUTSCHLANDRADIO KULTUR eine herausragende Stellung haben, weil dort die wichtigsten Politiker Rede und Antwort stehen (LIANOS 2003a). Der Doppelsender wirbt für sich auf seiner Website, dass er morgens von »47 Prozent der Journalisten, 24 Prozent aller Politiker und 13 Prozent der deutschen Wirtschaftsmanager« eingeschaltet werde, allerdings ohne Quellennachweis.[32]

Welches die Elitemedien in Deutschland sind, lässt sich laut der hier aufgestellten Definition nicht an der Mediennutzung von Eliten festmachen (da Eliten auch Nicht-Elitemedien rezipieren, etwa um ein Gefühl für die öffentliche Meinung zu bekommen). Ob ein Medium sich überwiegend an Eliten richtet, könnte einerseits über eine Analyse von Themenmischung,

---

32 http://www.dradio.de/wir [1.10.2010].

DEFINITIONEN

Berichterstattungstiefe[33], Sprachstil und Argumentationsniveau in Kommentaren, andererseits über eine Befragung des redaktionellen Führungspersonals herausgefunden werden. Weder das eine noch das andere kann im Rahmen dieser Arbeit geleistet werden. Nachfolgend seien nur kurz die wenigen vorhandenen Befragungsdaten zur Mediennutzung von Eliten referiert, um mögliche Kandidaten für Elitemedien zu identifizieren, die nicht Teil der Leitmedien sind.

ABBILDUNG 5
Mediennutzung von Bundestagsabgeordneten 1998 (n = 184) und 1988 (n = 100)

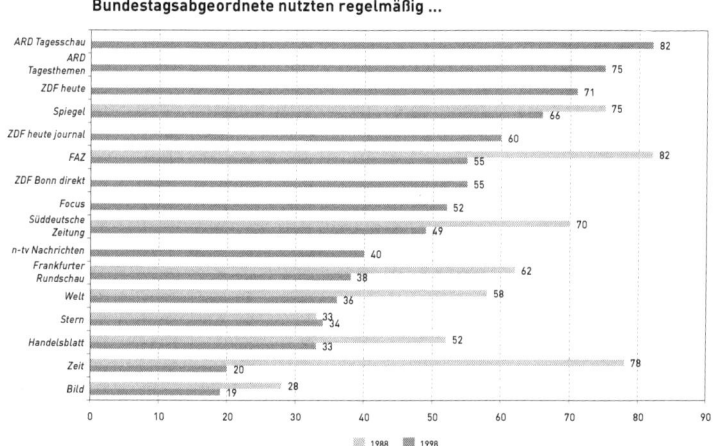

Quellen: Peters 1998 (nach Wilke 2009: 38) und Puhe/Würzberg 1989: 45ff. (Fernsehsendungen wurden in der Puhe/Würzberg-Studie nicht abgefragt)

---

33 Mit Berichterstattungstiefe ist nicht nur der reine Umfang gemeint, sondern auch Merkmale wie die Anzahl der vorkommenden Akteure. Kommt in Berichten über ein umstrittenes Gesetzesvorhaben lediglich der Minister vor, aus dessen Haus die Vorlage kommt, oder leuchtet der Bericht tiefer in das Ministerium hinein und benennt beteiligte Staatssekretäre oder Abteilungsleiter? Letzteres würde eher dem Leserinteresse einer elitären Rezipientschaft entsprechen.

ABBILDUNG 6
Mediennutzung von Beamten, leitenden Angestellten, Selbständigen und Freien Berufen (n = 9.950), in Prozent

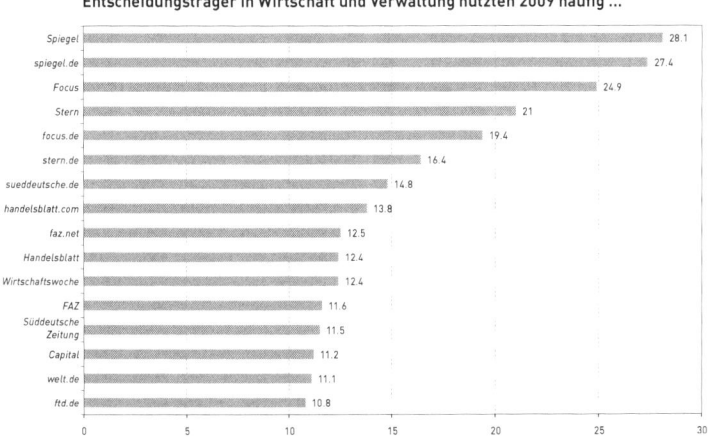

TV-Sendungen wurden nicht abgefragt. Quelle: http://www.m-cloud.de/lae2009/titelportraits/Site/default.html (Stand: 20.10.2010)

Aus dem Jahr 1998 datiert eine Befragung von 184 Bundestagsabgeordneten und 287 Pressesprechern großer Unternehmen, Institutionen und Verbänden (PETER 1998, nach WILKE 2009: 38); aus dem Jahr 1988 gibt es eine Befragung von 100 Bundestags- und 240 Landtagsabgeordneten (PUHE/WÜRZBERG 1989: 45ff.). Was die Bundestagsabgeordneten jeweils lasen und sahen, zeigt Abb. 5 – hier erscheint zum Beispiel im Unterschied zu den Weischenberg-Studien auch das *Handelsblatt*. Weiterhin wird seit 1975 alle zwei bzw. drei Jahre die ›Leseranalyse Entscheidungsträger in Wirtschaft und Verwaltung‹ (LAE) durchgeführt. Die Grundgesamtheit der Studie umfasst allerdings nicht die Politik- und Wirtschaftseliten im eng gefassten Sinne dieser Arbeit (vgl. Kap. 5.2.3 und Anhang), sondern über zwei Millionen Menschen, nämlich Beamte ab Besoldungsgruppe A14, leitende Angestellte mit einem Nettoeinkommen ab 2.900 Euro, Selbstständige mit Betrieben ab sechs Beschäftigten und Freie Berufe ab einem zusätzlichen Beschäftigten. Die Ergebnisse der LAE von 2009 bringen zusätzlich Wirtschaftstitel (*Handelsblatt*, *Wirtschaftswoche*, *Capital*) sowie viele Online-Ableger klassischer überregionaler Qualitätsmedien zutage (Abb. 6).

Großenteils überschneiden sich Journalisten, Abgeordnete und Entscheidungsträger in Wirtschaft und Verwaltung in Sachen Mediennutzung, nur spielen bei Letzteren bestimmte Wirtschaftstitel (*Handelsblatt*, *Capital*, *Wirtschaftswoche*) eine größere Rolle. Dies hätte künftige empirische Forschung zu Elitemedien zu berücksichtigen, ebenso wie die Tatsache, dass es hochpreisige Special-Interest-Medien für Entscheider gibt, die wenig bekannt sind, etwa der Wirtschaftsdienst *Platow Brief* (vgl. LIANOS 2003a: 19f.) oder die *Jane's Intelligence Review* mit Fachinformationen aus den Bereichen Verteidigung und internationale Sicherheitspolitik.

5. NETZWERKANALYSE

Der Anregung Hachmeisters folgend, durch konkrete Kommunikationsforschung »geteilte kulturelle Orte und konkrete Kommunikationsbeziehungen« der Eliten aus Journalismus, Politik und Wirtschaft aufzuzeigen (HACHMEISTER 2002: 17), wird nun gefragt: Mit welchen Eliten aus Politik und Wirtschaft kommen journalistische Eliten wann, wo und in welchem inhaltlichen Kontext im vertraulichen Rahmen in Berührung? Geeignet für diese Fragestellung ist die Netzwerkperspektive; die Methode ist die Soziale Netzwerkanalyse.

5.1 Methode

Die Soziale Netzwerkanalyse (Social Network Analysis, Abk. SNA) ist ganz allgemein eine sozialwissenschaftlich-mathematische Methode zur Analyse von Akteuren (Personen oder Institutionen) und den zwischen ihnen bestehenden Beziehungen. Gleichzeitig ist die Netzwerkanalyse auch eine Theorieperspektive, die die Bedeutsamkeit der Netzwerke behauptet, also des »Eingebettetseins von individuellen oder korporativen Akteuren für deren Handlungsmöglichkeiten« (JANSEN 2006: 11). Da Netzwerke eine zusätzliche Ebene der Handlungskoordination über den einzelnen Akteuren darstellen, kann die Netzwerkanalyse auch eine Brücke zwischen Systemtheorie und Akteurstheorie bzw. zwischen Makro- und Mikroansätzen schlagen.

Ein Pionier des Denkens in Netzwerken war der Soziologe Georg Simmel (1858-1918); den Durchbruch als ausdifferenzierte Methode und Theorieperspektive erlebte die Netzwerkanalyse jedoch erst Anfang der 1970er-Jahre. Dazwischen lagen wichtige Impulse aus der Sozialpsychologie und aus der strukturfunktionalen Anthropologie; der Psychologe Jacob Moreno stellte in den 1930er-Jahren als Erster Beziehungen in Kleingruppen als ›Soziogramm‹ dar. Britische und amerikanische Sozialanthropologen interessierten sich später für Netzwerke, Macht und Konflikt in größeren Einheiten wie Gemeinden, afrikanischen Stämmen oder Industrieunternehmen (dazu ausführlich JANSEN 2006: 37ff.).

In Deutschland begann die Netzwerkanalyse an der Universität Köln mit der 1971 durchgeführten ›Altneustadt-Studie‹, in der Laumann und Pappi die kommunalpolitische Elite und die Entscheidungsprozesse in einer mittelgroßen Stadt im Rheinland untersuchten (HAAS/MÜTZEL 2008). Auf nationaler Ebene wurden Inhaber von Führungspositionen in der 1981 durchgeführten ›Mannheimer Elitestudie‹ daraufhin befragt, mit welchen organisationsübergreifenden Themen sie sich in den vergangenen zwölf Monaten befasst haben und wer ihre wichtigsten Gesprächspartner in diesem Zusammenhang waren. Auf diese Weise konnte ein Kommunikationsnetzwerk der Eliten aufgespannt werden, in deren Mitte sich ein zentraler Elitezirkel mit 559 – freilich anonymisierten – Personen fand (HOFFMANN-LANGE 1992: 354-399). Doch bereits die nachfolgende Befragung der nationalen Eliten in der ›Potsdamer Elitestudie‹ (BÜRKLIN et al. 1997) verzichtete darauf, persönliche Kontakte zu erheben und ein Personennetzwerk zu erstellen. Pappi (2010: 597) konstatiert denn auch, dass »zumindest die neuere deutsche Elitendiskussion kaum auf den Netzwerkansatz Bezug nimmt«. Als Ausnahmen können die Arbeit von Nollert (2004) über die transnationale Lobbyorganisation European Roundtable of Industrialists und ein Projekt an der Hochschule Mittweida über informelle Netzwerke von Bundestagsabgeordneten (LIEPELT/LIETZ 2005; HATZEL/ÜSCHNER 2008) gelten.

In der deutschen Kommunikations- und Medienwissenschaft ist die Methode zuerst von Schenk (1995) in einer Studie über Medienwirkungen und Meinungsführerschaft angewandt worden; später von einigen anderen Forschern (GÖTZENBRUCKER 2001, 2005; STEGBAUER 2001, 2009; SCHNORF 2007). Speziell in der Journalismusforschung wurde sie bislang nur unter der Fragestellung von Redaktionsorganisation und Handlungsmustern in Online-Redaktionen (QUANDT 2005) und in Kombination mit Inhaltsanalyse zur Untersuchung von Akteurskonstellationen in Zeitungsartikeln (ADAM 2007) angewandt. Jedoch ließen sich, wie Quandt (2007) betont, mit dem Netzwerkansatz als Denkfolie auch Fragen von Medienkonzentration und Konzernverflechtung bearbeiten, Veränderungen in der Arbeitsorganisation und Inhalteproduktion untersuchen – Stichwort Projektnetzwerke – oder »die (formellen wie informellen) Beziehungen innerhalb einer Redaktion [...] darstellen ebenso wie Informationsnetzwerke, um z. B. zentrale Quellen und besonders einflussreiche Informanten zu identifizieren« (ebd.: 386). In diese Richtung denkt offenbar auch Altmeppen, der beklagt, dass »Macht zusammen mit Journalismus kaum einmal thematisiert« wird (ALTMEPPEN 2007: 422), und in seiner Aufzählung verschiedener Machtdimensionen mehrmals auf die sozialen Beziehungen und Netzwerke der Akteure rekurriert (ebd.: 438f.).

An letztgenanntem Potenzial setzt die vorliegende Analyse an. Sie verzichtet jedoch auf die Befragung der Akteure als Erhebungsinstrument, da bei diesem Vorgehen nur Ergebnisse zu erwarten wären, wenn die Anonymisierung der Personendaten zugesichert wird. Stattdessen werden öffentlich zugängliche oder durch Anfragen beschaffte Personendaten gemeinsamer Involviertheit in bestimmten Organisationen oder organisationsähnlichen Strukturen ausgewertet. Infolgedessen können die Daten nur dichotom erhoben werden: Beziehung bzw. Kontaktpotenzial vorhanden oder nicht vorhanden. Zusätzliche Aussagen wie die Bestimmung von gerichteten oder ungerichteten Beziehungen oder die Bestimmung der Relationsintensitäten (etwa durch: Wichtigkeit für den Akteur oder Ausmaß des Ressourcentransfers) können nicht getroffen werden. Möglich ist immerhin, ein Gesamtnetzwerk aufzuspannen und auch Ego-Netzwerke einzelner Akteure herauszuarbeiten. Im Gesamtnetzwerk »lässt sich beispielsweise das soziale Kapital von einzelnen Akteuren erkennen, die Qualität ihrer Verhandlungsposition, ihre Handlungsautonomie oder die Eingebundenheit in Gruppen. Die zentrale Frage lautet: ›Wo stehen die Akteure innerhalb des Netzwerks?‹« (GÖTZENBRUCKER 2008: 67). Ein egozentriertes Netzwerk beleuchtet dagegen »den eingegrenzten Ausschnitt von Beziehungen einer zentralen Person im sozialen Umfeld, was bedeutet, dass Ego immer im Zentrum dieses persönlichen Beziehungsnetzes steht« (ebd.: 66).

5.2 Untersuchungsdesign

5.2.1 Auswahl der Journalismuseliten

Wer gehört zur Elite im Journalismus? Sind es jene prominenten Journalisten, die selbst als öffentliche Figuren in Erscheinung treten, von Kollegen interviewt werden oder in Talkshows als Experten auftreten? Weischenberg et al. (2006: 56) vermuten, dass es von diesen ›Alphatieren‹ etwa 100 in Deutschland gibt, und nennen exemplarisch Hans-Ulrich Jörges (*Stern*), Stefan Aust (damals *Spiegel*), Sabine Christiansen (damals ARD), Kai Diekmann (*Bild*), Mathias Döpfner (Vorstandsvorsitzender der Axel Springer AG), Christoph Keese (damals *Welt am Sonntag*), Roger Köppel (*Weltwoche*, zuvor *Welt*), Hans Leyendecker (*Süddeutsche Zeitung*), Giovanni di Lorenzo (*Die Zeit*), Patricia Riekel (*Bunte*), Marietta Slomka (ZDF *heute journal*) und den Theaterkritiker Gerhard Stadelmaier (FAZ). Allerdings räumen sie ein, dass es weitere einflussreiche Journalisten gibt, die öffentlich weniger in Erscheinung treten. Der Bekanntheitsgrad in der Bevölkerung bzw. die Medienpräsenz scheidet also als ausschlaggebender Indikator für Einfluss aus.

Als »einflussreichste Spitzengruppe des Journalismus« sehen Pfetsch et al. (2004: 40f.) das »Kommentariat«, womit sie die Autoren der Kommentare und Leitartikel in den überregionalen Tageszeitungen meinen. Dabei gehen sie von der Überlegung aus, dass Kommentatoren »eine besondere Machtposition in der politischen Öffentlichkeit einnehmen«, weil sie öffentliche Meinungen produzieren und in die politische Auseinandersetzung einspeisen (ebd.: 40). Zwar gibt es Hinweise darauf, dass die Kommentare und Leitartikel der wichtigsten Zeitungen tatsächlich Einfluss auf politische Akteure haben.[34] Doch drei Gründe sprechen dagegen, Journalismuseliten in den Kommentarteilen von Qualitätszeitungen zu suchen:

- Nicht allein durch Kommentare üben Medien politischen Einfluss aus, sondern auch durch die Auswahl, die Platzierung, den Umfang und das Framing von Themen.
- Die Macht hat nicht unbedingt der Kommentator, sondern derjenige, der den Kommentator auswählt oder zulässt, dass ein bestimmter Kommentar ins Blatt kommt.
- Neben den überregionalen Qualitätszeitungen gibt es weitere Leitmedien im Print-, Fernseh- und Online-Bereich, die berücksichtigt werden müssen (siehe die Ergebnisse der Weischenberg-Studien in Kap. 4.4).

---

34 So sagte 2003 der damalige Sprecher der Bundesregierung, Béla Anda: »Sehr intensiv wahrgenommen werden auch die Leitartikel in den großen überregionalen Zeitungen« (ANDA 2003: 22). Und 1991 bekannte ein enger Mitarbeiter des damaligen Außenministers Genscher: »Wir werden uns die deutsche Außenpolitik nicht von Zeitungsherausgebern vorschreiben lassen, aber wir können auch die Leitartikellage nicht außer Acht lassen« (RELJIC 2002: 69).

Die empirische Elitenforschung kennt drei Ansätze zur Bestimmung von Eliten: den Reputationsansatz, den Entscheidungsansatz und den Positionsansatz. Beim Reputationsansatz werden Experten (oftmals selbst mutmaßliche Angehörige der Elite) um ihre Einschätzung gebeten, wer nach ihrer Ansicht zum Kreis der mächtigsten Personen gehört. Beim Entscheidungsansatz wird eine Anzahl konkreter Entscheidungsprozesse nachvollzogen und festgestellt, welche Personen maßgeblich daran mitgewirkt haben. Die Positionsmethode identifiziert Eliten anhand formaler Führungspositionen in wichtigen Organisationen. Diesem Ansatz liegt die Annahme zugrunde, dass »regelmäßige und maßgebliche Machtausübung [...] in modernen Gesellschaften überwiegend institutionalisiert« ist (BÜRKLIN et al. 1997: 16) und Macht sich nicht vorrangig aus Persönlichkeit bzw. Charisma schöpft, sondern aus »Ressourcen einer Führungsposition, die einem Individuum nur für die Zeit zur Verfügung stehen, in der es diese Position innehat« (ebd.: 35). Die Positionsmethode ist das »bei der Untersuchung nationaler Eliten gebräuchlichste und zuverlässigste Auswahlverfahren« (HOFFMANN-LANGE 1992: 86), auch wenn sie den Nachteil hat, dass Strippenzieher im Hintergrund oder ›graue Eminenzen‹ nicht erfasst werden, zum Beispiel Personen, die früher ein hohes Amt innehatten und weiterhin über alte Kanäle Einfluss ausüben. Trotz dieses Nachteils soll – auch aus forschungsökonomischen Gründen – hier der Positionsansatz angewandt werden.

Als Journalismuseliten sollen hier also die Positionseliten der deutschen Leitmedien gelten, da sie aller Wahrscheinlichkeit nach maßgeblich und regelmäßig Einfluss auf Auswahl und Framing von Themen und die Auswahl der veröffentlichten Meinungen ausüben. Wichtig ist die Kumulation der Kriterien ›maßgeblich‹ und ›regelmäßig‹: Regelmäßig kann auch die Einflussnahme des normalen Redakteurs sein, nicht aber maßgeblich; maßgeblich kann auch die Einflussnahme eines Anzeigenkunden oder eines mit dem Verleger befreundeten Politikers sein, nicht aber regelmäßig (dies ist zumindest zu hoffen). Wenn hier Leitmedien im Sinne von Kap. 4.4 gewählt werden (also Medien, die von besonders vielen Journalisten rezipiert werden), so trägt dies zum einen dem Umstand Rechnung, dass empirische Daten zur Reichweite von Medien unter den Eliten aller wichtigen gesellschaftlichen Sektoren nicht ausreichend vorhanden sind; zum anderen ist Einfluss innerhalb des Mediensystems letztlich auch mit Einfluss nach außen verbunden. Denn es liegt nahe, dass die Leitmedien das Themen- und Meinungsspektrum in den niederrangigen Medien beeinflussen und damit am ehesten einen Mainstream bzw. einen ›Sound‹ (so Haller in VOGEL 2007) in der Berichterstattung vorgeben können, der in die Gesellschaft und in die Eliten hinein wirkt.

Die aktuellsten Daten zur Mediennutzung deutscher Journalisten stammen aus der Weischenberg-Studie von 2005: Demnach sind die am häufigsten genutzten Printmedien und TV-Nachrichtensendungen (mit mindestens 4 % Journalisten-Nutzern): *Süddeutsche Zeitung, Der Spiegel,* ARD-*Tagesschau, Frankfurter Allgemeine Zeitung,* ARD-*Tagesthemen, Die Zeit, Bild,* ZDF *heute journal, taz, Stern, Focus, Die Welt, Frankfurter Rundschau, Financial Times Deutschland,* N-TV-Nachrichten und ZDF *heute* (WEISCHENBERG et al. 2006: 134f.). Hinzu sollen die in der Journalistenbefragung von Machill et al. (2008: 196) ermittelten wichtigsten Internetportale kommen (ebenfalls bis zur Untergrenze von 4 % Journalisten-Nutzern): *spiegel.de, sueddeutsche. de, tagesschau.de, bild.de* und *welt.de.* Das Medium Radio soll ausgespart werden, da die vermutete Führungsrolle der Morgensendungen von DEUTSCHLANDFUNK/DEUTSCHLANDRADIO KULTUR nicht durch empirische Daten gestützt ist (vgl. Kap. 4.4). Dasselbe gilt für Nachrichtenagenturen, die gewiss auch Einfluss auf die Meinungsbildung von Journalisten und auf einen Mainstream von Auswahl und Framing der Themen haben (zumal viele Redakteure den ganzen Tag damit zubringen, Agenturmeldungen zu lesen, auszuwählen und zu bearbeiten); jedoch ist nicht bekannt, wie viele Journalisten welche Agenturen zur Kenntnis nehmen.

In diesen 21 Medien sollen als Positionseliten zunächst diejenigen Personen gelten, die die Gesamtverantwortung für den journalistischen Inhalt tragen: bei den Print- und Onlinemedien sind dies die Chefredakteure, stellvertretenden Chefredakteure und Chefs vom Dienst; hinzu kommt der Herausgeber, sofern er nicht gleichzeitig der Medieneigentümer ist.[35] Da die Berichtsfelder Politik und Wirtschaft wohl die weitreichendsten Konsequenzen für das öffentliche Leben bzw. die Gesellschaft haben, zählen zur Journalismuselite hier auch die Leiter und stellvertretenden Leiter der entsprechenden Ressorts (›Politik‹, ›Innenpolitik‹, ›Inland‹, ›Deutschland‹,

---

35 Bei der FAZ ist das Herausgebergremium eine Art Kollegium von fünf Chefredakteuren, daher sind diese Herausgeber definitiv Teil der Journalismuselite. Bei Blättern des Holtzbrinck-Verlages wie der *Zeit* und dem *Tagesspiegel* sind Herausgeber in der Regel publizistische Persönlichkeiten, die die Chefredaktion beraten und damit mehr oder weniger einflussreich sind, deshalb sind die Herausgeber der *Zeit* ebenfalls in der Auswahl. Bei der *Frankfurter Rundschau* dagegen war der Vorsitzende des Herausgeberrates Alfred Neven DuMont; als Eigentümer der Zeitung hat er eine völlig andere Position und zählt hier nicht zur Journalismuselite.

›Außenpolitik‹, ›Ausland‹, ›Wirtschaft‹, ›Wirtschaft und Umwelt‹, ›Finanzen‹, ›Finanzmarkt‹, ›Unternehmen‹ o. Ä.) sowie die Leiter des Berliner Büros, da sie einen großen Einfluss auf die Wahrnehmung der nationalen Politik haben dürften. Bei den TV-Sendungen wurden analog dazu der Intendant des Senders, der Chefredakteur des Senders, Leiter der Hauptredaktion, Redaktionsleiter der Sendung und Leiter des Hauptstadtstudios des Senders sowie die Stellvertreter ausgewählt.[36]

Um Verzerrungen durch eine zeitlich nur punktuelle Ermittlung der Positionseliten zu vermeiden und der Untersuchung eine ausreichend breite Basis zu geben, wurde ein Dreijahreszeitraum (1.1.2007 bis 31.12.2009) zugrunde gelegt. Aus den Impressen der Print- und Online-Titel sowie aus den Jahrbüchern von ARD und ZDF konnten insgesamt 219 Personen als Positionseliten deutscher Leitmedien in diesem Zeitraum ermittelt werden (vgl. Anhang 1).

5.2.2 Auswahl der Verbindungen

Es wurde nach Verbindungen der deutschen Journalismuseliten zu nationalen und ausländischen bzw. internationalen Positionseliten aus Politik und Wirtschaft gesucht, die mit der Ausübung ihrer journalistischen Tätigkeit (Recherche, Interviews) nicht unmittelbar zu tun hatten. Konkret wurden deutsche, ausländische und internationale Organisationen gesucht, in deren Gremien oder Mitgliederlisten sowohl mindestens eine Person aus der Journalismuselite als auch mindestens ein Mitglied der Politik- oder Wirtschaftselite (zur Definition s. unten) auftauchten. Die gemeinsame Involviertheit konnte zwischen dem 1.1.2002 und dem 31.12.2009 liegen; aus der Überlegung heraus, dass Kontakte nachwirken oder wiederbelebt werden können, schien ein Fünf-Jahres-Vorlauf vor Beginn der Kern-Untersuchungszeit 2007 - 2009 angemessen. In den Datensatz aufgenommen wurden:
- Körperschaften wie Vereine, Stiftungen und Think Tanks, in deren Gremien (Vorstand, Kuratorium, Beirat) oder in deren Mitglieder-

---

36 Die Intendanten von ARD und ZDF wurden in die Auswahl hineingenommen, da sie eine Zwischenstellung zwischen dem Chefredakteur und dem Verwaltungsrat (als Vertreter des Eigentümers, nämlich der Gesellschaft) innehaben und oftmals frühere Journalisten des Senders zum Intendanten berufen werden, d.h., ein gewisser journalistischer Anspruch ist in dieser Funktion angelegt, und sie repräsentiert nicht den Eigentümer.

listen sowohl mindestens eine Person aus der Journalismuselite als auch mindestens ein Mitglied der Politik- oder Wirtschaftselite auftauchten, in der also das Potenzial sektorübergreifender Elitenkommunikation durch die personelle Struktur gegeben ist. Ebenso in diese Kategorie fallen Konferenzen, in deren Teilnehmerlisten sowohl Journalismuseliten als auch Politik- und/oder Wirtschaftseliten auftauchten und die geschlossene Veranstaltungen darstellen, zu denen man also kooptiert werden musste. (Sofern eine Konferenz oder Konferenzreihe öffentlich zugänglich war, und sei es auch gegen einen sehr hohen Teilnehmerbeitrag, fand sie keine Berücksichtigung.)
- Körperschaften, deren vorrangiger Zweck es ist, vertrauliche Gespräche von Journalisten mit Politikern oder anderen Eliten zu ermöglichen, v. a. Hintergrundkreise von Hauptstadtkorrespondenten und Presseclubs. Hier ist zwar nicht zu eruieren, mit welchen Personen es Kontakte gab (bei Hintergrundkreisen wird in der Regel jede Woche ein anderer Politiker zum Gespräch eingeladen), aber die Körperschaft ist eindeutig ein Ort der vertraulichen sektorübergreifenden Elitenkommunikation. Die Journalistenvereinigung Bundespressekonferenz e. V. (BPK) wurde nicht berücksichtigt, da die BPK allgemein zur Vorderbühne der politischen Kommunikation zählt.[37]
- Körperschaften aus Politik und Wirtschaft wie große Unternehmen (mind. 1 Milliarde Euro Umsatz pro Jahr) oder Bundestagsfraktionen, wenn ein Journalist dort früher (d. h. mindestens bis 2002 oder länger bzw. später) beschäftigt war mit einer potenziellen Nähe zur Leitungsebene, etwa als Pressesprecher.
- Stiftungen und andere gemeinnützige Organisationen, die eine Nähe zu einer Partei oder einem Konzern aufweisen, wie die parteinahen Stiftungen oder die BMW Stiftung Herbert Quandt.

Außerdem wurden Informationen gesammelt über die Teilnahme an Partys, Galas und Preisverleihungen, an denen neben den Journalismuseliten auch Politik- oder Wirtschaftseliten teilnahmen. Diese Verbindun-

---

37 Nach Umfragen wie der von Pfetsch (2003: 184) sehen die Journalisten die BPK als reines Verlautbarungs- und Selbstdarstellungsforum der Regierung an, bei der sie die offiziellen Sprachregelungen und Interpretationen der Regierungspolitik erfahren. Zwar gibt es im Statut des Vereins die Klausel, dass die geladenen Politiker auch etwas ›unter 2‹ (Verwendung ohne Quellenangabe erlaubt) oder ›unter 3‹ (Verwendung nicht erlaubt) sagen können, aber in Tat und Wahrheit sind die dreimal wöchentlich stattfindenden Pressekonferenzen fernsehöffentliche Veranstaltungen.

gen gingen jedoch nicht in die Netzwerkanalyse ein, weil jede für sich genommen als zu schwach erscheint, sondern werden in Anhang 3 bei den einzelnen Journalisten (unter ›Sonstiges‹) erwähnt.[38]

Bei der Festlegung, wer als Positionselite in Politik und Wirtschaft gilt, dienten die letzten beiden nationalen Elitenstudien, die Potsdamer Elitenstudie (BÜRKLIN et al. 1997) und die Mannheimer Elitenstudie (HOFFMANN-LANGE 1992), als Orientierung. Die Auswahl der nationalen Führungspositionen aus den dort definierten Sektoren Politik, Verwaltung, Wirtschaft (einschließlich Finanzwirtschaft) und Wirtschaftsverbände (BÜRKLIN et al. 1997: 39ff.; HOFFMANN-LANGE 1992: 93ff.) wurde im Großen und Ganzen übernommen, bereinigt um einige niederrangige Positionen auf Bundesländerebene. Grob gesagt, gelten als deutsche Politikeliten die Inhaber von Führungspositionen in Parlamenten, Regierungen, Parteien, Ministerien und großen Behörden auf den Ebenen von Bund und Ländern; als Wirtschaftseliten gelten Personen mit Führungs- oder Aufsichtsfunktion (in der Regel: Vorstände und Aufsichtsräte) in Unternehmen mit einem Jahresumsatz von mindestens 1 Milliarde Euro (bei Banken entsprechend die Bilanzsumme) sowie die Leiter der wichtigsten Wirtschaftsverbände.

Ergänzt wurde die Auswahl zum einen um Führungspositionen in anderen Staaten bzw. auf transnationaler Ebene (International Government Organizations wie EU, Nato, UNO, Weltbank, IWF, WTO usw.) und zum anderen um Vertreter von Public Relations und Lobbyismus, sofern sie eindeutig im Dienst der oben definierten Politik- und Wirtschaftseliten stehen. Dabei wurde davon ausgegangen, dass Public Relations und Lobbyismus keinen eigenen Sektor der Gesellschaft mit abgegrenzter Funktion im systemtheoretischen Sinn bilden, sondern »Vollzugsorgan« im Dienst von Wirtschafts- oder Politikakteuren sind (so Haller in HALLER/BENTELE 2006: 57). Es ist aus dieser Perspektive kein großer Unterschied, ob ein Journalist persönlichen Umgang mit dem Vorstandsvorsitzenden eines Konzerns oder mit dessen Cheflobbyisten pflegt bzw. ob er mit der

---

38 Als zu schwach für eine Berücksichtigung in der Netzwerkanalyse gelten Verbindungen, bei denen nur wenig Vertrauen im Spiel sein muss, um zustande zu kommen. Wenn eine Organisation einem Journalisten einen Preis verleiht, ihn um die Moderation einer öffentlichen Podiumsdiskussion bittet oder ihn einen öffentlichen Vortrag halten lässt, gilt dies als schwache Verbindung (die Summe solcher Verbindungen kann wiederum eine starke Verbindung ergeben). Am anderen Ende der Skala steht die Involviertheit etwa in streng vertraulichen, hochkarätig besetzten Policy Discussion Groups wie Bilderberg oder Trilaterale Kommission.

Bundeskanzlerin oder mit deren Pressesprecher verkehrt. Eine Auflistung der Elitepositionen findet sich in Anhang 2.

5.2.3 Quellenlage

Die Hauptquelle der Informationen war das World Wide Web. Mithilfe der Suchmaschinen Google und Metager2 wurde nach den Namen der Journalisten gesucht; andersherum wurden die Webauftritte einschlägiger Organisationen und Konferenzen auf die Namen abgesucht. Daten wurden nur dann verwendet, wenn sie aus einer Primärquelle stammten; Wikipedia-Informationen wurden also lediglich aus Ausgangspunkte für weitere Recherchen benutzt. Die Medienberichterstattung in Qualitätszeitungen, in Fachzeitschriften und im Fernsehen wurde verfolgt. Gesucht wurde darüber hinaus in den Danksagungen jener Bücher, die die Journalisten selbst geschrieben hatten.

Für Daten zu den Galas, Partys und Preisverleihungen wurde das Branchenmagazin *Politik&Kommunikation* zwischen Januar 2007 und Dezember 2009 ausgewertet, die eine entsprechende Rubrik mit Fotos und kurzen Texten zu den Celebrity-Anlässen führt. Im Fall des Geburtstagsessens für Deutsche-Bank-Chef Ackermann im Bundeskanzleramt vom April 2008 hat der anwesende FAZ-Mitherausgeber Frank Schirrmacher selbst eine Art Teilnehmerliste geliefert (SCHIRRMACHER 2009); der *Spiegel* berichtete in der Rubrik ›Hausmitteilung‹ gelegentlich über hauseigene Feierlichkeiten mit Politik- und Wirtschaftseliten.

Auf Anfrage stellten einige Organisationen freundlicherweise Personendaten zur Verfügung. Auf diese Weise konnten Teilnehmerlisten der Bilderberg-Konferenzen, der Jahrestreffen des Weltwirtschaftsforums in Davos sowie der Trilateralen Kommission eingearbeitet werden. Andere Organisationen lehnten die Anfrage ab, so die Service-Clubs Lions Deutschland und Rotary Deutschland, das (neo-)liberale Ökonomen-Netzwerk Mont Pelerin Society, der Celler Trialog (näheres s. Kap. 6.1) und die Atlantik-Brücke[39]. Im Fall der Atlantik-Brücke fanden sich immerhin Zeitungsanzeigen mit

---

39 So antwortete etwa die Geschäftsführerin der Atlantik-Brücke, Dr. Beate Lindemann: »Unsere Mitgliederliste behandeln wir vertraulich – dies sind wir unseren Mitgliedern schuldig« (Mail an den Autor vom 25.1.2010).

Namen von Mitgliedern und Freunden des Vereins.[40] Im Fall der Mont Pelerin Society konnten durch Recherche lediglich zwei Wirtschaftsredakteure der FAZ (ohne Leitungsfunktion, d. h. kein Elitestatus) und Dr. Gerhard Schwarz, Ressortleiter Wirtschaft der *Neuen Zürcher Zeitung* (kein deutsches Medium), ausfindig gemacht werden. Aus dem Liberaal Archief im belgischen Gent konnten einige ältere Mitgliederlisten beschafft werden; darauf fanden sich jedoch keine im Untersuchungszeitraum noch aktiven deutschen Journalismuseliten.[41]

Wenig befriedigend stellt sich die Quellenlage bei den Berliner Hintergrundkreisen dar. Obwohl es davon mindestens 25 gab oder gibt (vgl. Kap. 2.1), lagen dem Autor nur von zweien die kompletten Mitgliederlisten vor, die die Kreise selbst in Festschriften zu ihren Jubiläen veröffentlicht hatten. Besonders augenfällig wird das Missing-Data-Problem auch, wenn in einem gut recherchierten Sachbuch erwähnt wird, dass der Energiekonzern Vattenfall alle sechs Monate »die Chefredakteure wichtiger Medien in ein brandenburgisches Schlosshotel« zu einem opulenten Abendessen mit Übernachtung einlädt (TILLACK 2009: 275), ohne dass Namen genannt werden. Die Unvollständigkeit der Daten ist eine häufige Schwachstelle von Netzwerkanalysen (ERLHOFER 2008), die vorliegende macht keine Ausnahme.

---

40 In der *Welt* vom 17.4.2002 erschien auf Seite 6 eine Anzeige zum 50. Geburtstag der Atlantik-Brücke. Die unterzeichnenden Mitglieder und Freunde betonen, dass sich durch die Atlantik-Brücke »die Möglichkeit eröffnet, in ein inzwischen weit verzweigtes Netz von beruflichen Kontakten und persönlichen Freundschaften hineinzuwachsen«, und bedanken sich »bei ihr für die großartigen Chancen und Möglichkeiten, die sie uns für unseren beruflichen und persönlichen Werdegang eröffnet hat«. Außerdem erschien in der *New York Times* vom 16.2.2003 eine ganzseitige Anzeige, in der die Unterzeichner betonen, wie wichtig die transatlantische Partnerschaft sei und dass diese durch die gegenwärtigen Meinungsverschiedenheiten der Regierungen Bush und Schröder bezüglich der Irak-Frage nicht zerstört werden dürfe. In deutscher Übersetzung erschien diese Anzeige in der *Welt am Sonntag* (16.2.2003), der *Welt* (17.2.2003), der FTD (21./22./23.2.2003), der FAZ (22.2.2003) und der *Frankfurter Allgemeinen Sonntagszeitung* (23.2.2003).

41 Auf den Mitgliederlisten von 1989 und 1983 fanden sich als einzige deutsche Publizisten der FAZ-Mitherausgeber Dr. Jürgen Eick und die Wirtschaftsjournalistin Isabel Mühlfenzl. Zu Geschichte und Wirkung der Ökonomenvereinigung sei auf die akribisch recherchierten Darstellungen von Walpen (2004) vor neomarxistischem Hintergrund und von Plickert (2008) aus (neo-)liberaler Sicht verwiesen.

5.2.4   *Aussagekraft der Daten*

Die Daten wurden konservativ interpretiert im Sinne von Lietz (2006: 7): »Gemeinsame Sitze in einem Kuratorium mögen etwas über geteilte Positionen aussagen. Doch ein gemeinsamer Konferenzbesuch muss nicht einmal bedeuten, dass die zwei Personen sich überhaupt kennen.« Daher wird im Folgenden nicht von gesicherten Kontakten, sondern nur von Kontaktpotenzialen gesprochen.

Als Maß für die Höhe des Kontaktpotenzials gilt die Anzahl der Organisationen, in denen zwei Personen gemeinsam involviert waren. Dieses Maß ist freilich nicht perfekt. Denn taucht eine Person im Ego-Netzwerk eines Journalisten bei zwei Großveranstaltungen wie dem Weltwirtschaftsforum und der Münchner Sicherheitskonferenz auf, wo man sich bei über 3.000 bzw. 350 Teilnehmern nicht automatisch die Hand gibt, ist die Wahrscheinlichkeit eines Kontaktes geringer, als wenn die Person zusammen mit einem Journalisten in einem einzigen, dafür aber kleinen Gremium wie einem Vereinsvorstand arbeitet. Darüber hinaus ist die Positionshöhe in einem Gremium relevant: Mit dem Vorsitzenden eines Kuratoriums oder Vorstands kommen in die Regel alle Kuratoriums- oder Vorstandsmitglieder in Kontakt; zwei einfache Mitglieder müssen sich nicht unbedingt kennen. Der Vorsitzende der Münchner Sicherheitskonferenz gibt mit hoher Wahrscheinlichkeit den meisten aller 350 Teilnehmer die Hand (dem Vorsitzenden des Weltwirtschaftsforums dürfte das wiederum bei über 3.000 Teilnehmern schwerer fallen); bei zwei einfachen Teilnehmern ist die Wahrscheinlichkeit deutlich geringer. Viele Kontaktpotenziale aus den Netzwerkgrafiken müssten daher eigentlich auf- oder abgewertet werden, während manche Personen zusätzlich ins Blickfeld mancher Ego-Netzwerke kämen; ein entsprechendes Verfahren zu entwickeln, war im Rahmen dieser Arbeit aber nicht zu leisten.

Die Aussagekraft der Daten beschränkt sich also auf Folgendes: Erstens sind Personen, die gemeinsam in einer Organisation involviert sind, füreinander erreichbar und haben einen Vertrauen schaffenden Anknüpfungspunkt; zweitens teilen sie die jeweiligen Grundanliegen der Organisation. Drittens steigt die Wahrscheinlichkeit, dass zwei Personen miteinander persönlich bekannt sind, mit der Anzahl der gemeinsamen Organisationen. Darüber hinaus ist es möglich, aber keineswegs sicher, dass die Anzahl der gemeinsamen Organisationen mit der Intensität der Beziehung korreliert, d. h., wenige gemeinsame Organisationen könnten auf *weak ties* hindeuten, viele geteilte Organisationen auf die mit Vertrauen und Solidarität verbundenen *strong ties* (vgl. Kap. 4.2).

5.3 Ergebnisse

Von den 219 leitenden Journalisten der Grundgesamtheit wurden 64 im Zusammenhang mit 82 Organisationen bzw. Strukturen gefunden, in denen Kontaktpotenzial mit Eliten aus Politik und/oder Wirtschaft bestand. Diese 64 Journalisten arbeiteten bei 13 der insgesamt 14 Leitmedien.[42] Im Folgenden werden diese Verbindungen in Form eines Gesamtnetzwerkes dargestellt. Anschließend geht es um die persönlichen Netzwerke (Ego-Netzwerke) einzelner Journalisten, bei denen sich Verbindungen zu Eliten häuften.

5.3.1 Gesamtnetzwerk

Das Gesamtnetzwerk beinhaltet 164 Verbindungen, die zwischen den 64 Journalisten und den 82 Organisationen bestanden. Da diese Anzahl grafisch nicht sinnvoll darstellbar ist, zeigt Abb. 7 das Gesamtnetzwerk in reduzierter Form: Zu sehen sind nur jene 35 Organisationen, in denen zwei oder mehr Journalisten gefunden wurden, mithin nur 118 Verbindungen. Das vollständige Gesamtnetzwerk mit allen 164 Verbindungen kann Tab. 4 entnommen werden.

Die Grafik ist folgendermaßen zu lesen: Die Größe der Knoten (Punkte) und die Stärke der Kanten (Verbindungslinien) entsprechen jeweils der Anzahl der involvierten Journalisten; in dieser Grafik sind keine Eliten aus Politik und Wirtschaft enthalten. Je größer ein weißer Organisationsknoten, desto mehr Journalisten waren in dieser Organisation involviert; je größer ein schwarzer Medienknoten, desto mehr Journalisten dieses Mediums wurden in Organisationen gefunden. Eine dünne Kante von einem Medienknoten zu einem Organisationsknoten zeigt an, dass ein Journalist dieses

---

[42] Diese Zählung subsumiert die Fernsehsendungen unter ihren Sender (*Tagesschau* und *Tagesthemen* unter ARD, *heute* und *heute journal* unter ZDF) und die Online-Ableger unter das Muttermedium (etwa *sueddeutsche.de* unter *Süddeutsche Zeitung*).

Mediums in der Organisation involviert war; ist die Kante stärker, waren es zwei bzw. drei Journalisten (mehr verbergen sich in keiner Kante). Eine Kante zwischen zwei Organisationsknoten zeigt an, dass ein bestimmter Journalist (oder mehrere) in beiden Organisationen involviert war.

ABBILDUNG 7
Gesamtnetzwerk aus Medien und Organisationen

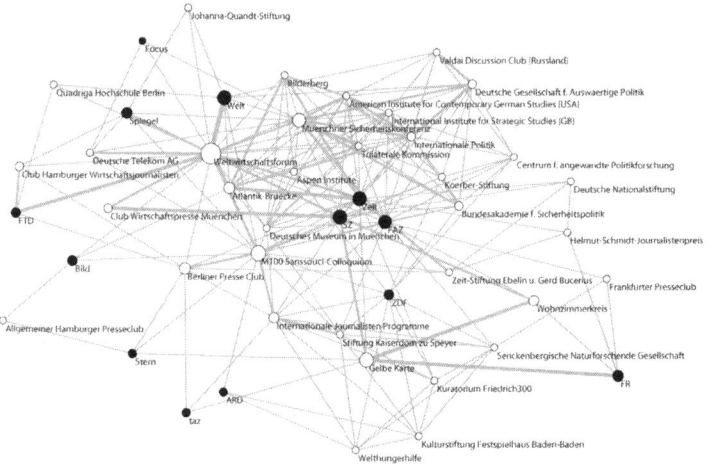

Zu sehen sind nur jene 35 Organisationen, in denen im Untersuchungszeitraum 2002 - 2009 mindestens zwei Journalisten involviert waren. Die Stärke der Knoten und der Kanten entsprechen der Anzahl der Journalisten.

Der größte Journalistenmagnet im Untersuchungszeitraum war das Weltwirtschaftsforum: 16 Journalisten aus dem Sample nahmen am Jahrestreffen in Davos teil – nicht als Berichterstatter, sondern als reguläre Teilnehmer.[43] Die nächstgrößten Knoten sind das M 100 Sanssouci-Colloquium (9 Journalisten), der Berliner Hintergrundkreis Gelbe Karte (8) und die Münchner Sicherheitskonferenz (7). Jeweils 5 Journalisten waren im Verein Atlantik-Brücke und im Berliner Presse Club involviert, jeweils 4 im

---

43 Im Anhang 3 findet sich eine detaillierte Aufstellung der gefundenen Verbindungen mit der Beschreibung der Organisationen, der genauen Tätigkeit der Journalisten in diesen und die Quellenangaben.

Verein Internationale Journalisten Programme und im Wohnzimmerkreis (ebenfalls ein Berliner Hintergrundkreis), jeweils 3 in der Bundesakademie für Sicherheitspolitik, in der Deutschen Gesellschaft für Auswärtige Politik, im Beirat von deren Zeitschrift *Internationale Politik*, im Club Hamburger Wirtschaftsjournalisten und im Club Wirtschaftspresse München. Alle anderen Organisationsknoten zeigen zwei involvierte Journalisten an.

TABELLE 4
Alle Verbindungen aus dem Gesamtnetzwerk (Untersuchungszeitraum 2002 - 2009)

Nr.	Organisation (Kategorie)*	Medium (Journalisten)
1	Alfred Herrhausen Gesellschaft (-)	*Zeit* (Joffe)
2	Allgemeiner Hamburger Presseclub (1)	*Bild* (Quoos), *Stern* (Osterkorn)
3	Allianz SE (-)	*Bild* (Santen)
4	American Academy in Berlin (3)	*Zeit* (Joffe)
5	American Council on Germany (3)	*Zeit* (Joffe)
6	American Institute for Contemporary German Studies (3)	*SZ* (Kornelius), *Zeit* (Joffe)
7	Aspen Institute (3)	*ZDF* (Kleber), *Zeit* (Joffe)
8	Atlantik-Brücke (3)	*Bild* (Diekmann), *Welt* (Heckel), *Zeit* (Joffe, Brost, Naß)
9	Atlantische Initiative (3)	*FAZ* (Frankenberger)
10	Berliner Presse Club (1)	*FTD* (Theyssen), *Stern* (Jörges), *SZ* (Beise), *taz* (Mika), *Welt* (Stoltenberg), *Zeit* (Lorenzo)
11	Berliner Salon am Gendarmenmarkt (-)	*ZDF* (Siegloch)
12	Berliner Zukunftssalon (-)	*Focus* (Krumrey)
13	Bertelsmann Stiftung (-)	*ZDF* (Siegloch)
14	Bewerbungsgesellschaft München 2018 GmbH (-)	*ZDF* (Schächter)
15	Bilderberg (3)	*Zeit* (Joffe, Naß)
16	Bundesakademie für Sicherheitspolitik (3)	*FAZ* (Frankenberger), *SZ* (Kornelius), *ZDF* (Frey)
17	Centrum für angewandte Politikforschung (3)	*FAZ* (Nonnenmacher), *ZDF* (Frey)
18	Christlich-Muslimische Friedensinitiative (2)	*ZDF* (Schächter)
19	Club Hamburger Wirtschaftsjournalisten (1)	*FTD* (Theyssen, Warlimont), *Spiegel* (Mahler)
20	Club Wirtschaftspresse München (1)	*SZ* (Ahlemeier, Beise, Schäfer)

Nr.	Organisation (Kategorie)*	Medium (Journalisten)
21	Council on Public Policy (3)	Zeit (Joffe)
22	Das Ohr (1)	Bild (Blome)
23	Deutsche Atlantische Gesellschaft (3)	SZ (Kornelius)
24	Deutsche Gesellschaft für Auswärtige Politik (3)	FAZ (Nonnenmacher), SZ (Kornelius), Welt (Stürmer)
25	Deutsche Nationalstiftung (2)	SZ (Prantl), Zeit (Schmidt)
26	Deutsche Orient-Stiftung (2)	ZDF (Frey)
27	Deutsche Stiftung Denkmalschutz (2)	ZDF (Schächter)
28	Deutsche Telekom AG (-)	Focus (Markwort), Spiegel (Aust)
29	Deutsches Museum in München (2)	FAZ (Schirrmacher), Zeit (Joffe)
30	Die Linke Bundestagsfraktion (-)	taz (Kreutzfeldt)
31	Eugen-Biser-Stiftung (2)	ZDF (Schächter)
32	European Council on Foreign Relations (3)	Welt (Stürmer)
33	Europe's World (3)	Zeit (Joffe)
34	Fachhochschule Mainz (-)	ZDF (Schächter)
35	FC Bayern München (-)	Focus (Markwort)
36	FIFA Frauen-WM 2011 (-)	ZDF (Schächter)
37	Forum Familie stark machen (2)	ZDF (Schächter)
38	Forum of Young Global Leaders (WEF) (-)	Zeit (Lorenzo)
39	Frankfurter Presseclub (1)	FAZ (D'Inka), FR (Schellenberger)
40	Friedrich-August-von-Hayek-Stiftung (-)	Welt (Keese)
41	Gedenkstätte Berlin-Hohenschönhausen (2)	Zeit (Lorenzo)
42	Gelbe Karte (1)	FR (Doemens, Meng, Pappenheim), Stern (Hoidn-Borchers), SZ (Fried, Schwennicke), taz (König), Zeit (Hofmann)
43	German British Forum (3)	Welt (Stürmer)
44	Goldman Sachs Foundation (-)	Zeit (Joffe)
45	Helmut-Schmidt-Journalistenpreis (-)	FR (Vorkötter), Zeit (Schmidt)
46	Herbert-Quandt-Stiftung (-)	FAZ (Schirrmacher)
47	Hypovereinsbank (-)	Zeit (Joffe)
48	Institut für Europäische Politik (3)	FAZ (Frankenberger)
49	International Institute for Strategic Studies (3)	FAZ (Nonnenmacher), Zeit (Joffe)
50	Internationale Journalisten Programme (-)	FAZ (Schirrmacher), SZ (Kilz), taz (Mika), ZDF (Schächter)
51	Internationale Politik (3)	FAZ (Nonnenmacher), SZ (Kornelius), Zeit (Joffe)

Nr.	Organisation (Kategorie)*	Medium (Journalisten)
52	Johanna-Quandt-Stiftung (-)	*Spiegel* (Blumencron), *Welt* (Keese)
53	Körber-Stiftung (3)	*SZ* (Kornelius), ZDF (Frey)
54	Kulturstiftung Festspielhaus Baden-Baden (2)	ARD (Boudgoust), ZDF (Schächter)
55	Kuratorium Friedrich300 (2)	ZDF (Schächter), *Zeit* (Naumann)
56	Land der Ideen (2)	ZDF (Schächter)
57	Ludwig-Börne-Stiftung (2)	ZDF (Schächter)
58	M100 Sanssouci-Colloquium (-)	ARD (Deppendorf), *Bild* (Diekmann), *FAZ* (Schirrmacher), *Spiegel* (Aust), *Stern* (Jörges), *SZ* (Kilz), *Welt* (Seibel), ZDF (Frey), *Zeit* (Lorenzo)
59	Münchner Seminare (-)	*SZ* (Beise)
60	Münchner Sicherheitskonferenz (3)	*FAZ* (Frankenberger, Kohler), *Focus* (Markwort), *Spiegel* (Mascolo), *SZ* (Kornelius), *Welt* (Stürmer), *Zeit* (Joffe)
61	Museumsinsel Berlin (2)	ZDF (Schächter)
62	Nibelungen-Festspiele Worms (2)	ZDF (Schächter)
63	Open University of Israel (-)	*Zeit* (Joffe)
64	Quadriga Hochschule Berlin (-)	*FTD* (Klusmann), *Welt* (Schmid)
65	Reemtsma Liberty Award (-)	*Focus* (Markwort)
66	Senckenbergische Naturforschende Gesellschaft (2)	*FAZ* (D'Inka), ZDF (Schächter)
67	SPD Hamburg (-)	*Zeit* (Naumann)
68	Stiftung Deutsche Sporthilfe (2)	ZDF (Schächter)
69	Stiftung Frauenkirche Dresden (2)	ZDF (Schächter)
70	Stiftung Kaiserdom zu Speyer (2)	*FAZ* (Schirrmacher), ZDF (Schächter)
71	Stiftung ProJustitia (-)	*SZ* (Prantl)
72	The American Interest (3)	*Zeit* (Joffe)
73	Trilaterale Kommission (3)	*FAZ* (Frankenberger), *Zeit* (Joffe)
74	Uni Frankfurt (-)	*FAZ* (Nonnenmacher)
75	Uni Leipzig (-)	*FAZ* (Nonnenmacher)
76	Ursula-Lübbe-Stiftung (2)	ZDF (Schächter)
77	Valdai Discussion Club (3)	*FAZ* (Nonnenmacher), *Welt* (Stürmer)
78	Walter-Rathenau-Institut (3)	*FAZ* (Nonnenmacher)
79	Welthungerhilfe (2)	ARD (Raff), ZDF (Schächter)
80	Weltwirtschaftsforum (3)	*Bild* (Diekmann), *FAZ* (Knop), *Focus* (Markwort), *FTD* (Clausen, Klusmann, Warlimont), *Spiegel* (Aust, Fleischhauer), *SZ* (Beise, Schäfer), *Welt* (Eigendorf, Heckel, Heithecker, Keese), *Zeit* (Heuser, Joffe)

Nr.	Organisation (Kategorie)*	Medium (Journalisten)
81	Wohnzimmerkreis (1)	*FAZ* (Bannas), *FR* (Meng), *SZ* (Fried, Schwennicke)
82	*Zeit*-Stiftung Ebelin und Gerd Bucerius (2)	*Zeit* (Lorenzo, Schmidt)

* Kategorie 1: Hintergrundkreise und Presseclubs; Kategorie 2: Organisationen mit sozialem, kulturellem oder karitativem Zweck; Kategorie 3: Organisationen mit Bezug zu Außen- und Sicherheitspolitik

Korreliert die Verteilung der Verbindungen mit bestimmten Eigenschaften der Medien (wie Mediengattung, politische Grundtendenz oder wirtschaftliche Organisationsform), oder hat sie eher mit der Persönlichkeit und den persönlichen Interessen der Journalisten zu tun? Die Frage lässt sich am ehesten beantworten, wenn man die Organisationen und die Medien in Kategorien unterteilt.

Zwei Drittel der Organisationen (54 von 82) lassen sich einer von drei Gruppen zuordnen: 1.) Hintergrundkreise und Presseclubs, in denen sich Journalisten zusammengeschlossen haben, um Persönlichkeiten aus der Politik oder/und der Wirtschaft einzuladen und in vertraulichem Rahmen mit ihnen zu sprechen. 2.) Organisationen mit sozialer, kultureller oder karitativer Zielsetzung, vor allem Stiftungen und Museen, in deren Gremien sowohl Journalisten als auch Eliten aus Politik und/oder Wirtschaft involviert sind. Das Kontaktpotenzial wird hier über eine ›gute Sache‹ vermittelt, d. h. über ein gemeinsames Ziel, das nicht im engeren Sinn politisch-publizistisch ist.[44] 3.) Organisationen, die sich thematisch mit Außen- und Sicherheitspolitik, internationaler Politik, internationalen Beziehungen oder den Beziehungen zwischen Deutschland und anderen Ländern bzw. Weltregionen beschäftigen. In Tabelle 4 ist zu sehen, welche Organisation welcher Kategorie zugeordnet wurde.

Die Medien kann man ebenfalls anhand von mehreren Kategorien einteilen, die Erklärungskraft haben können: 1.) anhand der traditionellen Links-rechts-Skala der politischen Orientierung der Qualitätszeitungen ›taz – FR – SZ – FAZ – Welt‹ (vgl. DONSBACH et al. 1996; HAGEN 1992;

---

44 Nicht in die Kategorie 2 fallen Stiftungen, die primär politische oder wirtschaftspolitische Zielsetzungen haben (Bertelsmann Stiftung, Friedrich-August-von-Hayek-Stiftung, Körber-Stiftung). Mit Sport befasste Organisationen fallen nur hinein, wenn sie dies nicht auf professionell-kommerzieller Ebene tun (Stiftung Deutsche Sporthilfe ja, FC Bayern München und FIFA Frauen WM 2011 nein).

KEPPLINGER 1985). Ergänzend kann man *Zeit*, *Spiegel*, *Stern*, FTD und ARD etwa mittig auf Höhe der SZ einordnen, das ZDF zwischen SZ und FAZ sowie *Focus* und *Bild* etwa auf Höhe der FAZ; 2.) anhand von Mediengattung und Erscheinungsweise (TV vs. Print, Tageszeitungen vs. Wochenzeitungen oder -zeitschriften) und 3.) anhand der wirtschaftlichen Verfasstheit (privat vs. öffentlich-rechtlich plus die genossenschaftlich organisierte *taz*).

In Organisationen der Kategorie 1 (Hintergrundkreise und Presseklubs) sind zehn Medien aus dem gesamten weltanschaulichen Spektrum von *Welt* bis *taz* zu finden: SZ (in 4 Organisationen), FR (3), *Stern* (3), FAZ (2), *taz* (2), *Zeit* (2), *Bild* (2), FTD (2), *Welt* (1) und *Spiegel* (1). Entsprechend sind in der grafischen Darstellung des Gesamtnetzwerks (Abb. 7) diese Organisationen über fast das gesamte Bild verteilt. Sicherlich korreliert die politische Grundtendenz von bestimmten Medien mit bestimmten Hintergrundkreisen, d. h., es gibt eher SPD-nahe und eher konservative Kreise mit entsprechenden Medienvertretern (vgl. Kap. 2.1.), aber für eine solche Analyse ist die Datenbasis zu schwach; von den Hintergrundkreisen konnten nur die wenigsten personell erfasst werden (vgl. Kap. 5.2.4). Was jedoch auffällt, ist das Fehlen von Fernsehjournalisten in diesen Kreisen. Der Grund könnte sein, dass für TV-Journalisten, die sehr aktuell und mit Bildern arbeiten, die informelle Kommunikation mit Akteuren weniger wichtig ist als für Printjournalisten, die auf Hintergrundberichterstattung und Exklusivinformationen setzen (vgl. LESMEISTER 2008: 146).

In Organisationen der Kategorie 2 (karitativ-sozial-kulturell) sind lediglich 5 Medien vertreten: ZDF (in 16 Organisationen), *Zeit* (5), FAZ (3), ARD (2) und SZ (1). Das Engagement in diesem Themenfeld dürfte stark personenabhängig sein; die 16 Organisationen des ZDF gehen fast alle auf den Intendanten Markus Schächter zurück (möglicherweise sehen sich auch öffentlich-rechtliche Anstalten überproportional stark in einer karitativen Pflicht gegenüber der Gesellschaft). In Abbildung 7 sind diese Organisationen denn auch im unteren Bereich in der Nähe des ZDF konzentriert, weil einer der jeweils zwei involvierten Journalisten der ZDF-Intendant war.

In Organisationen der Kategorie 3 (Außenpolitik) finden sich neun Medien: *Zeit* (in 14 Organisationen), FAZ (12), SZ (8), *Welt* (7), ZDF (5), *Bild* (2), *Focus* (2), *Spiegel* (2), FTD (1). Solche Organisationen bringen – ähnlich wie Hintergrundkreise – den Journalisten einen direkteren publizistischen Profit als ein karitatives Engagement. Interessant ist jedoch, dass die beiden mehr oder weniger linken Zeitungen *taz* und FR in keinen außenpolitischen Organisationen gefunden wurden. Möglicherweise suchen sie keine Nähe zum außenpolitischen Establishment oder bekommen von dieser Seite keine Einladungen. In Abb. 7 ballen sich die außenpolitischen Organisationen im oberen rechten Bereich, in der Nähe von *Welt* einerseits und *SZ*, *FAZ*, *Zeit* andererseits, weil jeweils einer oder mehrere ihrer Journalisten in mehreren dieser Organisationen involviert sind. Neben der allgemeinen weltanschaulichen Nähe zwischen Medium und außen- und sicherheitspolitischen Eliten spielen bei der Vernetzung jedoch auch individuelle Merkmale der Journalisten eine Rolle, denn diejenigen Journalisten, die in mehreren US-affinen Organisationen involviert sind, weisen auch in ihrer Biografie Bezüge zur USA auf (vgl. Kap. 5.3.2.6).

Der Zugang eines Journalisten oder Mediums zu Eliten aus Politik und Wirtschaft kann, wie in Kap. 4.2 dargelegt, als Sozialkapital angesehen werden: Der Kontakt kann vom Journalisten genutzt werden, um Exklusivinformationen, Hintergrundwissen oder einen prominenten Interviewpartner zu bekommen. Will man dieses Sozialkapital messen, bietet sich als Messgröße der Outdegree der Medien an, d. h. die Summe der Organisationen, zu denen ein Medium durch seine Journalisten Zugang hat. Spitzenreiter sind hier die *Zeit* mit 29 Organisationen und das ZDF mit 28, es folgen *FAZ* (22), *SZ* (17), *Welt* (12), *Spiegel* (6), *Focus* (6), *Bild* (6), FTD (4), FR (4), *taz* (4), *Stern* (4) und ARD (3). Bei der Interpretation dieser Maßzahl muss jedoch beachtet werden, dass nicht alle Organisationen dieselbe Menge Sozialkapital vermitteln, da sie in der Anzahl der involvierten Politik- und Wirtschaftseliten stark variieren; außerdem schlägt sich das karitative Engagement des ZDF-Indendanten kaum in demselben Maße als publizistisches Sozialkapital nieder wie der Zugang eines Außenpolitikressortchefs zu US- und Nato-Strukturen.

Relevant ist weiterhin die Frage, wie ähnlich sich die Medien in ihren Netzwerken sind, also wie hoch der Grad der strukturellen Äquivalenz ist (WASSERMAN/FAUST 1994: 347-393). Die Äquivalenz wird pro Medienpaar berechnet und ist hier als das Ähnlichkeitsmaß nach Jaccard (BÜHL 2008: 353) folgendermaßen definiert: die Anzahl der Organisationen, in denen beide Medien involviert sind – egal durch wie viele Journalisten –, dividiert durch die Anzahl aller Organisationen, bei denen mindestens eines der beiden Medien involviert ist (die Gesamtzahl von 82 Organisationen spielt hier keine Rolle). Der Ähnlichkeitswert liegt damit immer zwischen 0 und 1; der Wert 0 gibt an, dass sich die Organisationsprofile der beiden Medien gänzlich unähnlich sind, der Wert 1 bezeichnet die größtmögliche Ähnlichkeit (Identität).

TABELLE 5
Strukturelle Äquivalenz der Mediennetzwerke im Paarvergleich

Medium	SZ	FAZ	Welt	Zeit	ARD	ZDF	Spiegel	Focus	taz	Stern	Bild	FTD	FR
SZ	---	0,27 (8)	0,17 (4)	0,18 (7)	0,06 (1)	0,10 (5)	0,16 (3)	0,10 (2)	0,11 (2)	0,11 (2)	0,10 (2)	0,05 (1)	0,11 (2)
FAZ	0,27 (8)	---	0,17 (5)	0,16 (7)	0,04 (1)	0,14 (6)	0,12 (3)	0,08 (2)	0,04 (1)	0,04 (1)	0,08 (2)	0,04 (1)	0,08 (2)
Welt	0,17 (4)	0,17 (5)	---	0,14 (5)	0,07 (1)	0,03 (1)	0,29 (3)	0,13 (2)	0,07 (1)	0,14 (2)	0,20 (3)	0,23 (3)	0 (0)
Zeit	0,18 (7)	0,16 (7)	0,14 (5)	---	0,03 (1)	0,06 (3)	0,09 (3)	0,06 (2)	0,07 (2)	0,10 (3)	0,09 (3)	0,07 (2)	0,07 (2)
ARD	0,06 (1)	0,04 (1)	0,07 (1)	0,03 (1)	---	0,11 (3)	0,13 (1)	0 (0)	0 (0)	0,17 (1)	0,13 (1)	0 (0)	0 (0)
ZDF	0,10 (5)	0,14 (6)	0,03 (1)	0,06 (3)	0,11 (3)	---	0,03 (1)	0 (0)	0,03 (1)	0,03 (1)	0,03 (1)	0 (0)	0 (0)
Spiegel	0,16 (3)	0,12 (3)	0,29 (3)	0,09 (3)	0,13 (1)	0,03 (1)	---	0,33 (3)	0 (0)	0,11 (1)	0,20 (2)	0,25 (2)	0 (0)
Focus	0,10 (2)	0,08 (2)	0,13 (2)	0,06 (2)	0 (0)	0 (0)	0,33 (3)	---	0 (0)	0 (0)	0,09 (1)	0,11 (1)	0 (0)
taz	0,11 (2)	0,04 (1)	0,07 (1)	0,07 (2)	0 (0)	0,03 (1)	0 (0)	0 (0)	---	0,33 (2)	0 (0)	0,14 (1)	0,14 (1)
Stern	0,11 (2)	0,04 (1)	0,14 (2)	0,10 (3)	0,17 (1)	0,03 (1)	0,11 (1)	0 (0)	0,33 (2)	---	0,25 (2)	0,14 (1)	0,14 (1)
Bild	0,10 (2)	0,08 (2)	0,20 (3)	0,09 (3)	0,13 (1)	0,03 (1)	0,20 (2)	0,09 (1)	0 (0)	0,25 (2)	---	0,11 (1)	0 (0)
FTD	0,05 (1)	0,04 (1)	0,23 (3)	0,07 (2)	0 (0)	0 (0)	0,25 (2)	0,11 (1)	0,14 (1)	0,14 (1)	0,11 (1)	---	0 (0)
FR	0,11 (2)	0,08 (2)	0 (0)	0,07 (2)	0 (0)	0 (0)	0 (0)	0 (0)	0,14 (1)	0,14 (1)	0 (0)	0 (0)	---

Die erste Zahl ist das Ähnlichkeitsmaß nach Jaccard: je höher, desto ähnlicher die Organisationsprofile der beiden Medien. Die Zahl in Klammern gibt die absolute Zahl der gemeinsamen Organisationen an.

Wie Tab. 5 zu entnehmen ist, findet sich die stärkste Ähnlichkeit zwischen den Netzwerken der miteinander konkurrierenden Nachrichtenmagazine *Spiegel* und *Focus* sowie zwischen den Netzwerken von *Stern* und *taz* (jeweils 0,33). Allerdings sind dies Ähnlichkeiten auf niedrigem Niveau, denn sie kommen jeweils durch nur 2 bzw. 3 geteilte Organisationen bei geringem Outdegree (s. oben) zustande. Größere absolute Schnittmengen in ihren Organisationsprofilen haben FAZ und SZ (8 gemeinsame Organisationen von 31 insgesamt), FAZ und *Zeit* (7 von 44), SZ und *Zeit* (7 von 38), FAZ und ZDF (6 von 44), FAZ und *Welt* (5 von 29), *Welt* und *Zeit* (5 von 35), SZ und ZDF (5 von 41) und *SZ* und *Welt* (4 von 24). Diese Schnittmengen gehen zu einem Großteil auf jeweils einen Journalisten jedes Mediums zurück; deren Ego-Netzwerke werden denn auch im Folgenden näher betrachtet.

5.3.2 Ego-Netzwerke

Zunächst einmal ist der Outdegree der einzelnen Journalisten interessant: Wer weist die größte Anzahl von Beziehungen zu Organisationen auf? Insgesamt haben 15 Journalisten Verbindungen zu mehr als zwei Organisationen; Spitzenreiter sind der ZDF-Intendant Markus Schächter und Zeit-Mitherausgeber Josef Joffe mit einem Outdegree von 20 bzw. 19 Organisationen (Tab. 6).

TABELLE 6
Die 15 meistvernetzten Journalisten in der Rangfolge ihres Outdegrees

Anzahl Org. (Outdegree)	Name	Medium	höchste Funktion 2007 - 2009
20	Schächter, Prof. Dr. Markus	ZDF	Intendant
19	Joffe, Dr. Josef	Zeit	Mitherausgeber
8	Nonnenmacher, Dr. Günther	FAZ	Mitherausgeber
7	Kornelius, Stefan	SZ	Ressortleiter Außenpolitik
5	Frankenberger, Klaus-Dieter	FAZ	verantw. Redakteur f. Außenpolitik
5	Frey, Dr. Peter	ZDF	Leiter Hauptstadtstudio
5	Lorenzo, Giovanni di	Zeit	Chefredakteur
5	Markwort, Helmut	Focus	Ko-Chefredakteur und Herausgeber
5	Schirrmacher, Dr. Frank	FAZ	Mitherausgeber
5	Stürmer, Prof. Dr. Michael	Welt	Chefkorrespondent
3	Aust, Stefan	Spiegel	Chefredakteur
3	Beise, Dr. Marc	SZ	Ko-Ressortleiter Wirtschaft
3	Diekmann, Kai	Bild	Chefredakteur und Herausgeber

Anzahl Org. (Outdegree)	Name	Medium	höchste Funktion 2007 - 2009
3	Keese, Christoph	*Welt*	Vorsitz der Chefredakteursrunde von *Welt*, *Welt am Sonntag* und *Berliner Morgenpost*
3	Schmidt, Dr. Helmut	*Zeit*	Mitherausgeber

Wie ähnlich sind sich die Netzwerke dieser 15 Journalisten? Da das Ähnlichkeitsmaß wie in Tab. 5 aufgrund zu geringer Fallzahlen nicht berechnet werden kann, ist die einzig sinnvolle Maßzahl hier die absolute Schnittmenge an Organisationen in den einzelnen Ego-Netzwerken. Wie in Tab. 7 zu sehen, findet sich die größte Schnittmenge bei dem Journalistenpaar Joffe (*Zeit*) und Kornelius (*SZ*): Sie haben 3 gemeinsame Organisationen (Münchner Sicherheitskonferenz, American Institute for Contemporary German Studies und die Zeitschrift *Internationale Politik*). Möglicherweise rührt diese Ähnlichkeit daher, dass sie in den Jahren vor 2000 bei der *Süddeutschen Zeitung* zusammengearbeitet haben – Joffe als Ressortleiter Außenpolitik, Kornelius als Korrespondent in Washington – und dabei eventuell ein Mentorenverhältnis entstanden ist. Jeweils zwei Organisationen gemeinsam haben Joffe und Diekmann (Weltwirtschaftsforum, Atlantik-Brücke), Joffe und Frankenberger (Trilaterale Kommission, Münchner Sicherheitskonferenz), Joffe und Markwort (Münchner Sicherheitskonferenz, Weltwirtschaftsforum), Joffe und Nonnenmacher (International Institute for Strategic Studies, *Internationale Politik*), Kornelius und Frey (Bundesakademie für Sicherheitspolitik, Körber-Stiftung), Kornelius und Nonnenmacher (Deutsche Gesellschaft für Auswärtige Politik, *Internationale Politik*) und Kornelius und Stürmer (Münchner Sicherheitskonferenz, Deutsche Gesellschaft für Auswärtige Politik), Nonnenmacher und Stürmer (Deutsche Gesellschaft für Auswärtige Politik, Valdai Discussion Club) sowie Schächter und Schirrmacher (Internationale Journalisten Programme, Stiftung Kaiserdom zu Speyer).

Wie sehen nun die Netzwerke der einzelnen Journalisten aus? Im Folgenden werden die Ego-Netzwerke von fünf Journalisten dargestellt, die besonders hohe personelle Schnittmengen bzw. Redundanzen aufweisen; diese Journalisten können also einer bestimmten Anzahl von Personen in mehreren Zusammenhängen über den Weg laufen. Es wird davon ausgegangen, dass die Wahrscheinlichkeit einer persönlichen Bekanntschaft zwischen einem Journalisten und einer Führungskraft

TABELLE 7
Schnittmengen an Organisationen in den Ego-Netzwerken der 15 meistvernetzten Journalisten

Journalist	01	02	03	04	05	06	07	08	09	10	11	12	13	14	15
01 Aust	--	1	1	0	1	1	1	0	1	1	0	0	1	0	0
02 Beise	1	--	1	0	0	1	1	0	0	1	0	0	0	0	0
03 Diekmann	1	1	--	0	1	2	1	0	1	1	0	0	1	0	0
04 Frankenberger	0	0	0	--	1	2	0	1	0	1	0	0	0	0	1
05 Frey	1	0	1	1	--	0	0	2	1	0	1	0	1	0	0
06 Joffe	1	1	2	2	0	--	1	3	0	2	2	0	1	0	1
07 Keese	1	1	1	0	0	1	--	0	0	1	0	0	0	0	0
08 Kornelius	0	0	0	1	2	3	0	--	0	1	2	0	0	0	2
09 Lorenzo	1	0	1	0	1	0	0	0	--	0	0	0	1	1	0
10 Markwort	1	1	1	1	0	2	1	1	0	--	0	0	0	0	1
11 Nonnenmacher	0	0	0	0	1	2	0	2	0	0	--	0	0	0	2
12 Schächter	0	0	0	0	0	0	0	0	0	0	0	--	2	0	0
13 Schirrmacher	1	0	1	0	1	1	0	0	1	0	0	2	--	0	0
14 Schmidt	0	0	0	0	0	0	0	0	1	0	0	0	0	--	0
15 Stürmer	0	0	0	1	0	1	0	2	0	1	2	0	0	0	--

aus Politik oder Wirtschaft steigt, wenn die Anzahl der gemeinsamen Organisationen steigt. Im Gegensatz zum ›einfachen Kontaktpotenzial‹, das durch lediglich eine Organisation vermittelt wird, wird daher von ›erhöhtem‹ Kontaktpotenzial bei zwei gemeinsamen Organisationen, von ›hohem‹ Kontaktpotenzial bei dreien und von ›sehr hohem‹ bei vier gesprochen. In Anhang 4 ist für jede Person in den Netzwerkgrafiken nachzuschlagen, in welcher Organisation sie hauptberuflich in welcher Funktion tätig war.

5.3.2.1   *Markus Schächter (ZDF)*

Markus Schächter, seit 2002 Intendant des ZDF, war im Untersuchungszeitraum der Netzwerkanalyse (2002 - 2009) in 20 Organisationen mit Elitenbeteiligung involviert, mehrheitlich im karitativen und sozialen Bereich.

ABBILDUNG 8
Ego-Netzwerk von ZDF-Intendant Schächter (Organisationen)

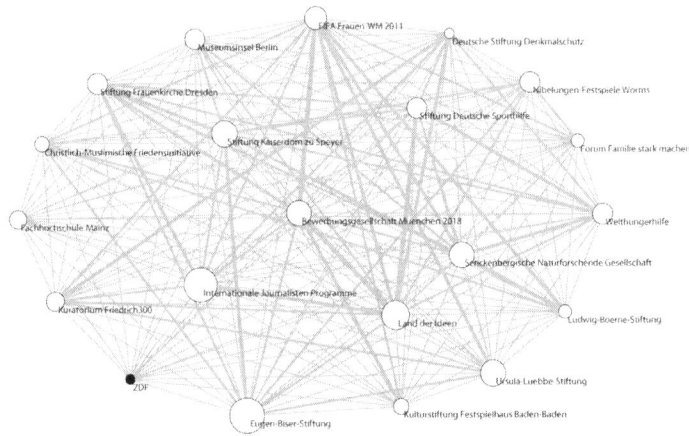

Die Größe der Knoten gibt an, wie viele Personen insgesamt in der Organisation involviert sind; die Dicke der Linien gibt an, wie viele Personen die einzelnen Organisationen gemeinsam haben. Die dünnsten Linien zeigen Schächter selbst an, die dicksten zeigen 3 Personen plus Schächter an. ›ZDF‹ steht hier aus softwaretechnischen Gründen für ›Schächter‹.

Sein Organisationsnetzwerk (Abb. 8) zeigt, dass zwischen vielen seiner Organisationen kleine Schnittmengen von höchstens 3 Personen bestanden. Es handelte sich vorrangig um deutsche Politik- und Wirtschaftseliten, die zusammen mit Schächter in Beiräten oder Kuratorien tätig waren. Erhöhtes Kontaktpotenzial durch mindestens zwei gemeinsame Organisationen bestand mit 38 Personen (Abb. 9), darunter 5 Bundesministern (Schäuble, von der Leyen, Schavan, Steinmeier, Westerwelle) und 8 deutschen Wirtschaftseliten (Reitzle/Linde, von Heydebreck/Deutsche Bank, Schulte-Noelle/Allianz, Klaus-Peter Müller/Commerzbank, Bernotat/Eon, Frenzel/TUI, Schwager/BASF, Thumann/BDI). Hohes Kontaktpotenzial bestand mit 10 Personen, darunter den Ministern Schäuble und Schavan und den Wirtschaftseliten Müller und Thumann (Abb. 10).

ABBILDUNG 9
Ego-Netzwerk von ZDF-Intendant Schächter (Personen 2+)

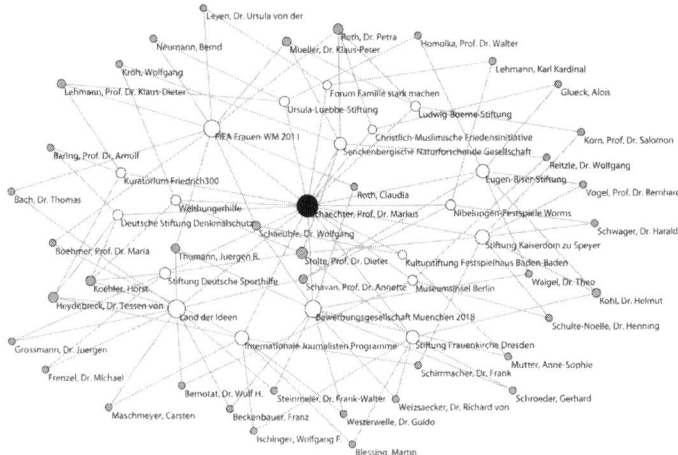

Zu sehen sind die 38 Personen, mit denen erhöhtes Kontaktpotenzial durch mindestens zwei Organisationen bestand.

ABBILDUNG 10
Ego-Netzwerk von ZDF-Intendant Schächter (Personen 3+)

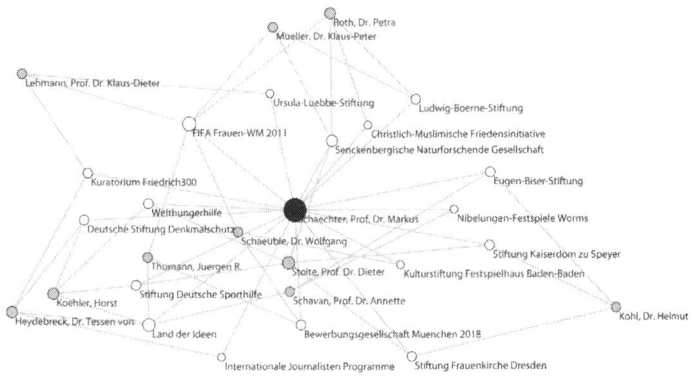

Zu sehen sind die 10 Personen, mit denen hohes Kontaktpotenzial durch mindestens drei Organisationen bestand.

5.3.2.2 Klaus-Dieter Frankenberger (FAZ)

Klaus-Dieter Frankenberger, seit 2001 verantwortlicher Redakteur für Außenpolitik bei der konservativen *Frankfurter Allgemeinen Zeitung*, war im Untersuchungszeitraum in fünf Organisationen involviert: Er nahm an der Münchner Sicherheitskonferenz teil, war Mitglied der Trilateralen Kommission, Beirat der Atlantischen Initiative und der Bundesakademie für Sicherheitspolitik sowie Mitglied im Direktorium des Instituts für Europäische Politik. Frankenbergers Netzwerk war teilweise hoch redundant (Abb. 11); die größte Schnittmenge bestand zwischen Trilateraler Kommission und Münchner Sicherheitskonferenz mit 31 Personen (ohne Frankenberger). Dies deutet auf ein Milieu transatlantisch orientierter deutscher und amerikanischer Politikeliten hin, ergänzt durch eine EU-Komponente.

Mit 61 Personen bestand erhöhtes Kontaktpotenzial durch zwei oder mehr Organisationen (Abb. 11). Darunter waren Bundeskanzlerin Merkel, 5 Bundesminister (Guttenberg, Steinmeier, Schäuble, Westerwelle, Jung), 7 Bundestags- und Europaabgeordnete (Özdemir, Brok, Klaeden, Klose, Polenz, Lambsdorff, Hoyer), 2 deutsche Ministeriale mit US-Bezug (Voigt, Ischinger), 2 deutsche Wirtschaftseliten (Müller/Commerzbank AG, Bischoff/Daimler AG), 2 US-Politikeliten (Steinberg, Holbrooke) und 4 politiknahe US-Wissenschaftler[45] (Blackwill, Asmus, Nye Jr., Talbott) sowie 3 Minister europäischer Staaten (Vondra, Bildt, Schwarzenberg) (Abb. 12). Hohes Kontaktpotenzial, d. h. durch mindestens drei gemeinsame Organisationen, bestand mit deutschen Vertretern von Politik (Guttenberg, Ischinger, Voigt, Lauk) und politiknaher Wissenschaft (Sandschneider, Kaiser, Perthes, Weidenfeld) (Abb. 13).

---

45 Als politiknah gelten Politikwissenschaftler hier, wenn deren Institutionen von der Politik (mit-)finanziert werden und diese beraten (in Deutschland etwa: Stiftung Wissenschaft und Politik, Deutsche Gesellschaft für Auswärtige Politik) oder wenn sie bereits ein Regierungsamt innehatten (wie der frühere US-Vizeverteidigungsminister Joseph S. Nye Jr., der später Harvard-Professor wurde).

NETZWERKANALYSE

ABBILDUNG 11
Ego-Netzwerk von *FAZ*-Ressortleiter Frankenberger
(Organisationen)

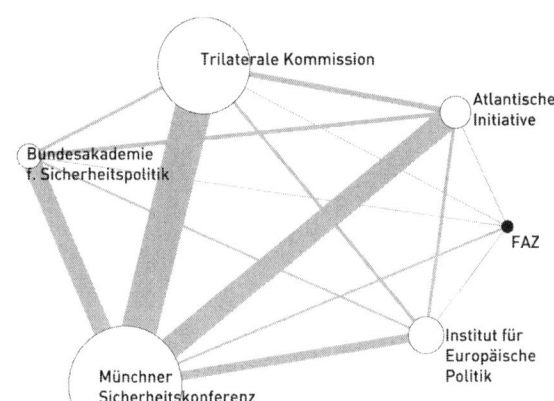

›FAZ‹ steht für ›Frankenberger‹

ABBILDUNG 12
Ego-Netzwerk von *FAZ*-Ressortleiter Frankenberger
(Personen 2+)

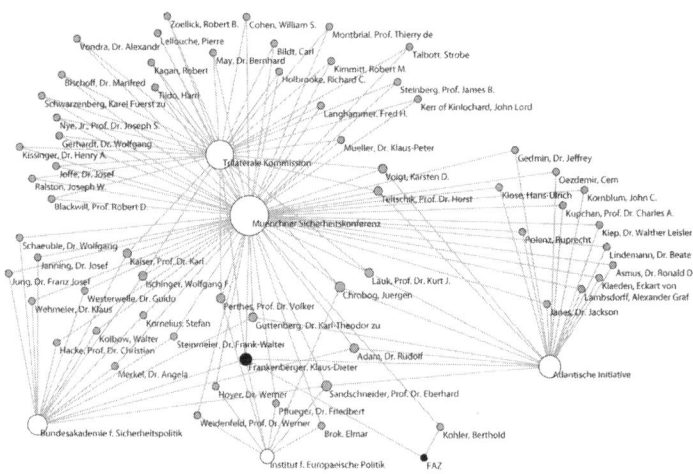

Zu sehen sind die 61 Personen, mit denen erhöhtes Kontaktpotenzial durch mindestens zwei Organisationen bestand.

ABBILDUNG 13
Ego-Netzwerk von *FAZ*-Ressortleiter Frankenberger (Personen 3+)

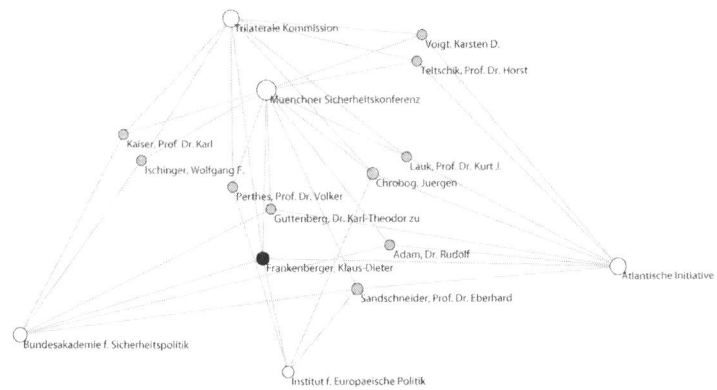

Zu sehen sind die 10 Personen, mit denen hohes Kontaktpotenzial durch mindestens drei Organisationen bestand.

5.3.2.3 Stefan Kornelius (SZ)

Stefan Kornelius ist seit 2000 Ressortleiter Außenpolitik der *Süddeutschen Zeitung* und damit Frankenbergers Counterpart beim progressiven Konkurrenzblatt der FAZ. Er war im Untersuchungszeitraum ebenfalls Teilnehmer an der Münchner Sicherheitskonferenz und Beirat der Bundesakademie für Sicherheitspolitik, darüber hinaus Mitglied in der Deutschen Gesellschaft für Auswärtige Politik (DGAP), die deutsche Führungskräfte aus Politik, Wirtschaft, Wissenschaft und Medien im Hinblick auf außenpolitische Fragen vernetzt, und Beirat von deren Zeitschrift *Internationale Politik*. In der Deutschen Atlantischen Gesellschaft, einer Lobbyorganisation für die Nato, war er Präsidiumsmitglied. Zudem hat er an zahlreichen Diskussionen und Foren der Körber-Stiftung teilgenommen und sein Buch *Der unerklärte Krieg – Deutschlands Selbstbetrug in Afghanistan* (2009) von ihr verlegen lassen; zudem leistete er für das American Institute for Contemporary German Studies in Washington häufig Beiträge zu dessen Programmen und Veranstaltungen.

Auch das Netzwerk von Kornelius war teilweise hoch redundant. Die personellen Schnittmengen deuten auf ein transatlantisch orientiertes

Milieu von Politik- und Wirtschaftseliten aus Deutschland und den USA hin (Abb. 14); die größte Schnittmenge bestand zwischen der Münchner Sicherheitskonferenz und der DGAP mit 19 Personen (ohne Kornelius). Erhöhtes Kontaktpotenzial bestand mit 57 Personen (Abb. 15), darunter waren Bundeskanzlerin Merkel, Bundesminister (Steinmeier, Jung, Westerwelle, Schäuble, Guttenberg, Ramsauer), deutsche Parlamentarier (Ramsauer, Bonde, Hoyer, Klose, von Klaeden), deutsche Außenamtsministeriale (Ischinger, Voigt), politiknahe Wissenschaftler (Sandschneider, Kaiser, Perthes) und deutsche Wirtschaftseliten (Enders/Airbus/EADS, Berger/Roland Berger, Inacker/Metro, Oetker/BDI, Dornisch/Diehl), aber auch US-Eliten aus der Wirtschaft (Crosby, Langhammer) und der Ex-Politik (Kornblum). Hohes Kontaktpotenzial durch drei oder mehr Organisationen bestand v. a. mit deutschen Politikern und Politikwissenschaftlern (Abb. 16).

ABBILDUNG 14
Ego-Netzwerk von *SZ*-Ressortleiter Kornelius (Organisationen)

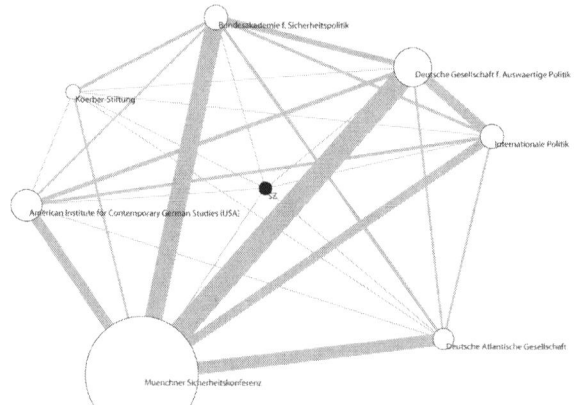

›SZ‹ steht für ›Kornelius‹.

Ergebnisse

ABBILDUNG 15
Ego-Netzwerk von *SZ*-Ressortleiter Kornelius
(Personen 2+)

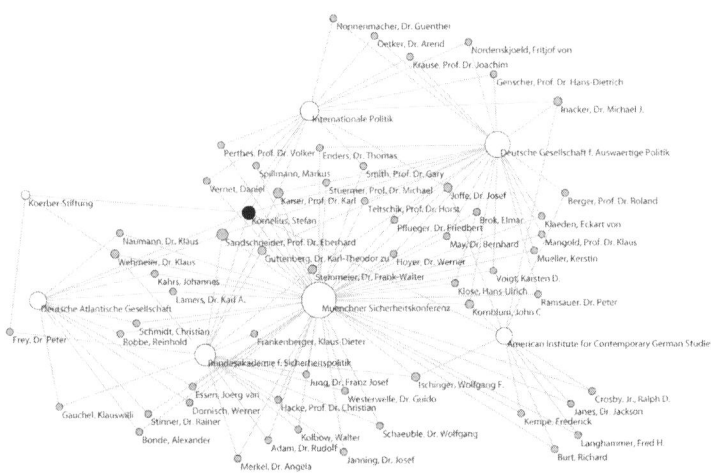

Zu sehen sind die 57 Personen, mit denen erhöhtes Kontaktpotenzial durch mindestens zwei Organisationen bestand.

ABBILDUNG 16
Ego-Netzwerk von *SZ*-Ressortleiter Kornelius
(Personen 3+)

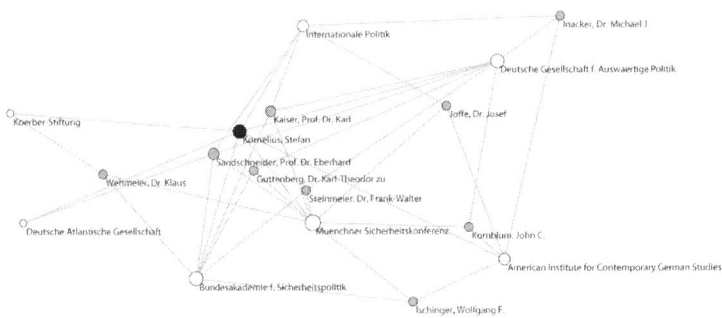

Zu sehen sind die 9 Personen, mit denen hohes Kontaktpotenzial durch mindestens drei Organisationen bestand.

5.3.2.4 Michael Stürmer (Welt)

Michael Stürmer ist seit 1989 Chefkorrespondent der konservativen Tageszeitung *Die Welt*. Er nahm im Untersuchungszeitraum ebenfalls regelmäßig an der Münchner Sicherheitskonferenz teil, war Mitglied in der Deutschen Gesellschaft für Auswärtige Politik und im European Council on Foreign Relations, einem elitären pan-europäischen Think Tank. Für das German British Forum saß er in der Jury für dessen Preis zur deutsch-britischen Verständigung; zudem war er Gründungsmitglied des Valdai Discussion Club, in dem westliche Journalisten und Wissenschaftler auf Eliten aus Russland treffen.

Zwischen Stürmers Organisationen gibt es Redundanzen, die ansatzweise auf ein US-affines Milieu wie bei Kornelius und Frankenberger deuten (Abb. 17). Erhöhtes Kontaktpotenzial bestand mit 33 Personen, darunter 2 deutsche Minister (Guttenberg, Steinmeier), 4 Parlamentarier (Özdemir, Klose, Polenz, von Klaeden), 2 deutsche Ministerialbeamte mit Bezug zu den USA (Voigt, Ischinger), 1 deutscher Manager (Enders/Airbus/EADS), 2 Minister europäischer Staaten (Schwarzenberg, Lajcak), sowie 3 politiknahe deutsche und französische Politikwissenschaftler (Sandschneider, Kaiser, Montbrial) und 2 Amerikaner mit Nähe zur US-Regierung (Kornblum, Blackwill) (Abb. 18).

ABBILDUNG 17
Ego-Netzwerk von *Welt*-Chefkorrespondent Stürmer (Organisationen)

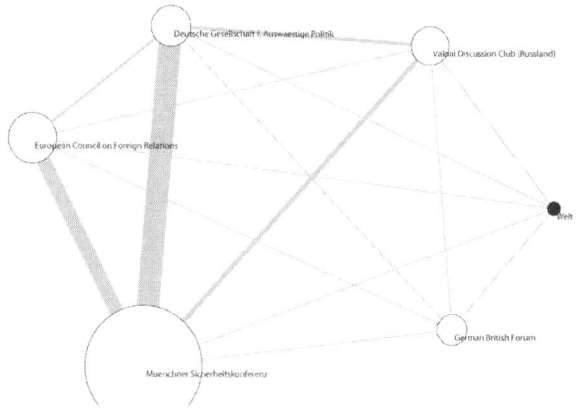

›Welt‹ steht für ›Stürmer‹.

ABBILDUNG 18
Ego-Netzwerk von *Welt*-Chefkorrespondent Stürmer (Personen 2+)

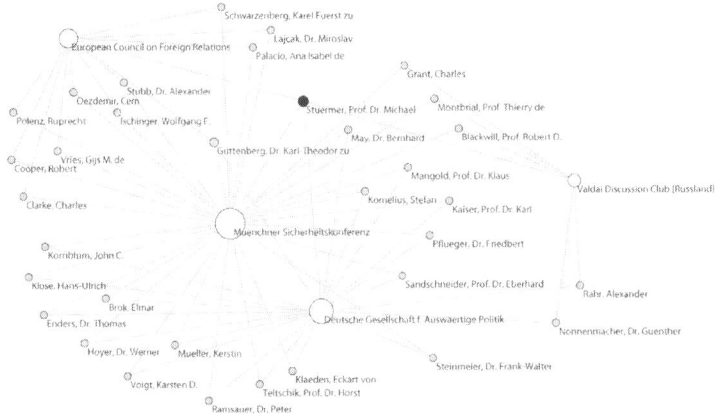

Zu sehen sind die 33 Personen, mit denen erhöhtes Kontaktpotenzial durch mindestens zwei Organisationen bestand.

5.3.2.5   *Josef Joffe (Zeit)*

Josef Joffe ist seit 2000 Mitherausgeber der liberalen Wochenzeitung *Die Zeit*; zwischen 2001 und 2004 war er auch deren Chefredakteur. Im Untersuchungszeitraum nahm er an der Münchner Sicherheitskonferenz, der Bilderberg-Konferenz und am Jahrestreffen des Weltwirtschaftsforums in Davos teil, war Mitglied der Trilateralen Kommission, des International Institute for Strategic Studies und des American Council on Germany, Kuratoriumsmitglied der Atlantik-Brücke, des Aspen Institute in Berlin, der American Academy in Berlin, des American Institute for Contemporary German Studies und des Council on Public Policy sowie Beirat der Fachzeitschriften *Europe's World*, *Internationale Politik* und *The American Interest*; die Letztgenannte hat er auch mitgegründet. Joffes Netzwerk war hoch redundant (Abb. 19); die größten Schnittmengen bestanden zwischen Weltwirtschaftsforum und Bilderberg (47 Personen) sowie Bilderberg und Trilateraler Kommission (43 Personen). Ein transatlantisch geprägtes Elitenmilieu ist deutlich zu erkennen, ergänzt durch eine EU-Komponente.

Erhöhtes Kontaktpotenzial durch mindestens zwei Organisationen bestand mit 244 Personen (Abbildung fehlt, da diese Personenmenge grafisch nicht sinnvoll darstellbar ist), hohes Kontaktpotenzial durch mindestens drei Organisationen noch mit 57 Personen (Abb. 20). Darunter waren 5 deutsche Politikeliten (wie Merkel, Guttenberg, Westerwelle), 9 deutsche Wirtschaftseliten (Ackermann/Deutsche Bank, Enders/Airbus/EADS, Bischoff/Daimler, Berger/Roland Berger, Viermetz/Hypo Real Estate, Müller/Commerzbank, Löscher/Siemens, Kleinfeld/Siemens/Alcoa, Oetker/Bundesverband der Deutschen Industrie), 3 US-Wirtschaftseliten (Langhammer, Rubenstein, Sutherland), 5 US-Politikeliten (Kimmitt, Steinberg, Volcker, Jones Jr., Holbrooke), 3 Eliten internationaler Regierungsorganisationen (Lamy/WTO, Zoellick/Weltbank, Wolfowitz/Weltbank), Minister von EU-Staaten (Schwarzenberg, Bildt) sowie 5 politiknahe Wissenschaftler aus Deutschland, Frankreich und den USA (Sandschneider, Kaiser, Perthes, Montbrial, Summers, Blackwill). Sehr hohes Kontaktpotenzial durch vier oder mehr Organisationen bestand noch mit 25 Personen (Abb. 21).

ABBILDUNG 19
Ego-Netzwerk von *Zeit*-Mitherausgeber Joffe (Organisationen)

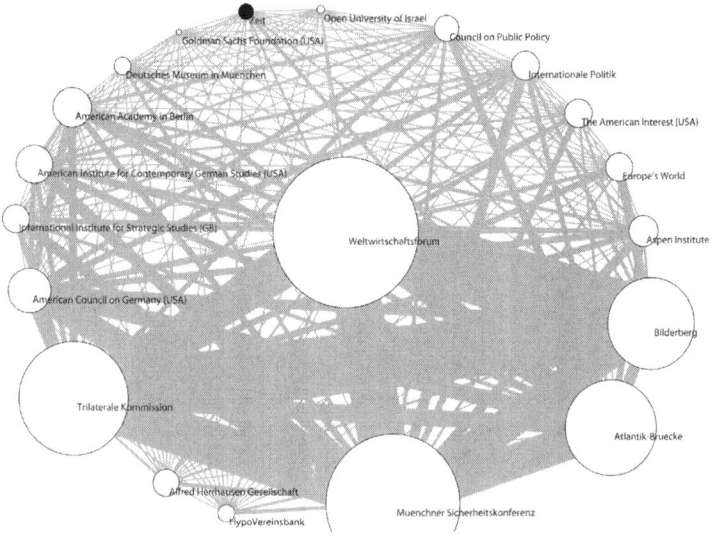

›Zeit‹ steht für ›Joffe‹.

ABBILDUNG 20
Ego-Netzwerk von *Zeit*-Mitherausgeber Joffe (Personen 3+)

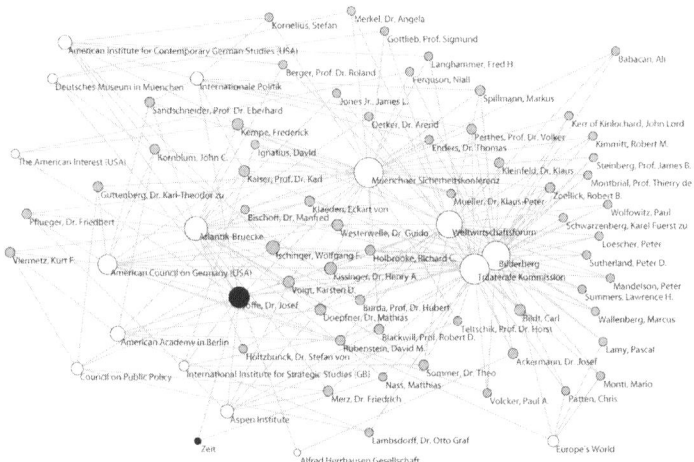

Zu sehen sind die 57 Personen, mit denen hohes Kontaktpotenzial durch mindestens drei Organisationen bestand.

5.3.2.6 *Die US-affinen Journalisten und soziale Homophilie*

Die Ego-Netzwerke der vier Journalisten Frankenberger (FAZ), Kornelius (SZ), Stürmer (*Welt*) und Joffe (*Zeit*) haben auffällige Gemeinsamkeiten: In allen vieren spielen nicht nur Organisationen eine Rolle, die sich mit Außen- und Sicherheitspolitik beschäftigen, sondern auch speziell mit der Festigung der transatlantischen Beziehungen, also der Partnerschaft zwischen den USA und Deutschland bzw. Europa, die zu einem großen Teil über das gemeinsame Verteidigungsbündnis Nato vermittelt wird. Alle vier Journalisten waren im Untersuchungszeitraum Teilnehmer der Münchner Sicherheitskonferenz, die historisch aus der Nato heraus erwachsen ist (vgl. Kap. 7.1.1). Frankenberger und Joffe waren Mitglieder der Trilateralen Kommission, einer privaten Organisation, welche Eliten aus Nordamerika, Westeuropa und dem asiatisch-pazifischen Raum vernetzt und die 1973 von US-Bankier David Rockefeller gegründet wurde. Joffe und Stürmer waren in der Atlantik-Brücke involviert, die auf Elitenebene Beziehungspflege zwischen Deutschland und den USA betreibt. Joffe und Kornelius waren im American Institute for Contemporary German Studies involviert sowie im

ABBILDUNG 21
Ego-Netzwerk von *Zeit*-Mitherausgeber Joffe (Personen 4+)

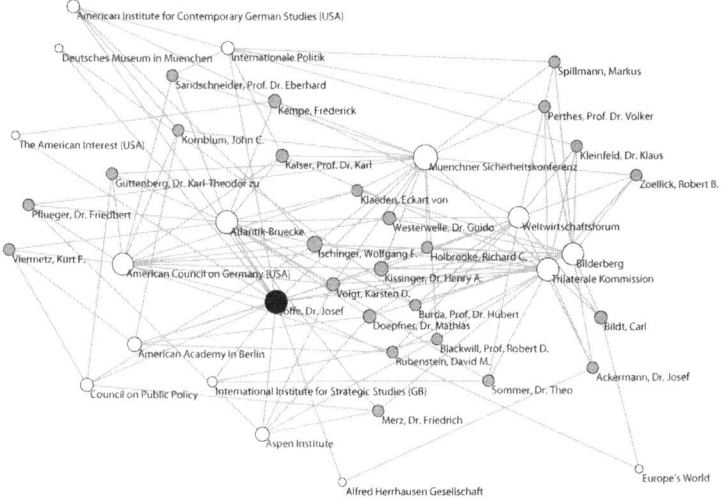

Zu sehen sind die 25 Personen, mit denen sehr hohes Kontaktpotenzial durch mindestens vier Organisationen bestand.

American Council on Germany[46], beides US-Organisationen, die sich um Deutschland kümmern. Frankenberger war Beiratsmitglied der Atlantischen Initiative, einem weiteren deutsch-amerikanischen Freundschaftsverein; Kornelius saß im Präsidium der Deutschen Atlantischen Gesellschaft, die Lobbyarbeit für die Nato macht. Joffe war Teilnehmer der geheimen Bilderberg-Konferenz, bei der sich nordamerikanische und europäische Eliten austauschen, sowie Kurator der American Academy in Berlin und des Aspen Institute Deutschland und hat die US-Fachzeitschrift *The American Interest* mitgegründet. Weitere gemeinsame außen- und sicherheitspolitische Organisationen waren die Bundesakademie für Sicherheitspolitik (Frankenberger, Kornelius), die Deutsche Gesellschaft für Auswärtige Politik (Kornelius, Joffe, Stürmer) sowie deren Organ *Internationale Politik* (Kornelius, Frankenberger, Joffe).

---

46 Kornelius eher schwach als Referent und Moderator bei einer Veranstaltungsreihe, deshalb ging diese Verbindung nicht in die Netzwerkanalyse ein; s. Anhang 3 unter *SZ*, Kornelius.

Gleicht man die vier Ego-Netzwerke auf Schnittmengen in den vorkommenden Personen ab, stößt man auf 11 Personen, mit denen bei allen vier Journalisten im Untersuchungszeitraum 2002 - 2009 erhöhtes Kontaktpotenzial durch mindestens zwei Organisationen bestand:

- Karl-Theodor zu Guttenberg, 2009 - 2011 Bundesverteidigungsminister; zuvor Bundeswirtschaftsminister (2009) und Generalsekretär der CSU (2008/09). Von der US-Botschaft wurde er als »Transatlantiker und ein enger und bekannter Freund der USA« eingeschätzt, wie durch die Wikileaks-Enthüllungen vom November 2010 bekannt wurde (FRIEDMANN et al. 2010: 25)
- Wolfgang Ischinger, seit 2008 Cheflobbyist des weltgrößten Versicherungskonzerns Allianz und Vorsitzender der Münchner Sicherheitskonferenz; zuvor deutscher Botschafter in den USA und Großbritannien
- Prof. Dr. Karl Kaiser, seit 2007 an der Harvard University (USA) Direktor des Programms für Transatlantische Beziehungen; zuvor Forschungsdirektor der Deutschen Gesellschaft für Auswärtige Politik (1974 - 2003)
- Eckart von Klaeden, seit 2009 Staatsminister bei der Bundeskanzlerin; 2005 - 2009 außenpolitischer Sprecher der CDU/CSU-Bundestagsfraktion
- Hans-Ulrich Klose, Bundestagsabgeordneter (SPD), seit 2002 stellvertretender Vorsitzender des Auswärtigen Ausschusses; seit 2010 Koordinator für deutsch-amerikanische Beziehungen im Auswärtigen Amt
- John C. Kornblum, seit 2001 Deutschland-Chef der US-Investmentbank Lazard Frères & Co.; zuvor US-Botschafter in Deutschland
- Dr. Bernhard May, Generalsekretär der Deutschen Gruppe der Trilateralen Kommission
- Friedbert Pflüger, seit 2006 Mitglied des Berliner Abgeordnetenhauses; zuvor Parlamentarischer Staatsekretär im Verteidigungsministerium (2005 - 2006) und außenpolitischer Sprecher der CDU/CSU-Bundestagsfraktion (2002 - 2005)
- Prof. Dr. Eberhard Sandschneider, seit 2003 Forschungsdirektor der Deutschen Gesellschaft für Auswärtige Politik
- Horst Teltschik, 1999 - 2008 Vorsitzender der Münchner Sicherheitskonferenz; 2003 - 2006 Chefpräsentant des US-Luftfahrtkonzerns Boeing in Deutschland; 1983 - 1991 Vize-Kanzleramtschef unter Helmut Kohl

- Karsten D. Voigt, 1999-2010 Koordinator für die deutsch-amerikanischen Beziehungen im Auswärtigen Amt

In diesem Kreis sind also zehn Deutsche aus Politik oder Politikwissenschaft, die sich ehrenamtlich in Organisationen zur Festigung der transatlantischen Beziehungen engagieren; der andere ist ein ehemaliger US-Botschafter in Deutschland. Erweitert man diesen Kreis um jene Personen, die immerhin bei drei der vier Journalisten als erhöhtes Kontaktpotenzial durch mindestens zwei Organisationen vorkommen, stößt man auf weitere 13 Personen, darunter Bundeskanzlerin Angela Merkel, die beiden Außenminister Steinmeier und Westerwelle (Letzterer auch Vorstandsmitglied der Atlantik-Brücke) sowie:

- Prof. Robert D. Blackwill, ehemaliger US-Diplomat und Berater des Präsidenten Bush senior für Fragen der deutschen Wiedervereinigung; 2004-2008 Mitarbeiter der US-Lobbyfirma Barbour Griffith & Rogers; seit 2008 Senior Fellow des regierungsnahen US-Thinktanks RAND-Corporation
- Dr. Thomas Enders, seit 2007 Unternehmensleiter des europäischen Flugzeugherstellers Airbus; zuvor Vorstandsvorsitzender des Luftfahrt-, Raumfahrt- und Rüstungskonzerns EADS 2005-2009 Vorsitzender der Atlantik-Brücke
- Dr. Werner Hoyer, Staatsminister im Auswärtigen Amt seit 2009 (und bereits 1994 bis 1998); von 2002 bis 2009 Stellvertretender Vorsitzender der FDP-Bundestagsfraktion. In der Süddeutschen Zeitung wurde er als »bestens vernetzter Transatlantiker« eingeschätzt (FRIED 2010)
- Fred H. Langhammer, seit 2004 beim US-Kosmetikkonzern The Estée Lauder Company für Global Affairs zuständig (zuvor dessen Vorstandschef); zudem Vorstandsmitglied der Walt Disney Company

Den Netzwerkdaten zufolge verkehrten die vier Journalisten im Untersuchungszeitraum verstärkt unter transatlantisch orientierten Eliten aus der deutschen Politik und Wirtschaft, aus der US-Wirtschaft und der politiknahen Wissenschaft aus Deutschland und den USA. Dieser Befund weist eine Koinzidenz mit US-Bezügen in den Biografien der vier Journalisten auf; die Lebensläufe seien hier kurz dargestellt:

- *Klaus-Dieter Frankenberger*, geboren 1955 in Darmstadt, studierte in Frankfurt/Main Amerikanistik, Volkswirtschaftslehre und Politikwissenschaft. Nach seinem Magister-Examen 1981 reiste er in den amerikanischen Süden und arbeitete dann als Forschungsassistent am Zentrum für Nordamerika-Forschung der Goethe-Universität in Frankfurt/Main 1985 - 86 war er Congressional Fellow und Mitarbeiter eines Abgeordneten im US-Repräsentantenhaus in Washington. 1986 begann er bei der FAZ als Redakteur für Europa- und internationale Politik. Forschungsaufenthalte führten ihn wieder in die USA: 1990 als Marshall Fellow der Harvard University in Cambridge, Massachusetts; später als Woodrow Wilson Campus Fellow an das Saint Mary's College in Moraga, Kalifornien. Seit Beginn des Jahres 2001 ist er verantwortlicher Redakteur für Außenpolitik der FAZ.[47]

- *Stefan Kornelius*, 1965 in Weinheim/Bergstraße geboren, studierte in Bonn und London Politik, Geschichte und Staatsrecht und besuchte die Henri-Nannen-Journalistenschule in Hamburg. Seit 1987 schreibt er für die *Süddeutsche Zeitung*. Zunächst beobachtete er als politischer Korrespondent in Bonn das Kanzleramt, die CDU/CSU-Fraktion und die deutsche Verteidigungs- und Sicherheitspolitik; als stellvertretender Leiter des neu aufgebauten Berliner Büros betreute er u. a. den Bereich deutsche Außenpolitik. Von 1996 bis 1999 war er als USA-Korrespondent der SZ in Washington. Im Oktober 2000 wurde er Leiter des Ressorts Außenpolitik.[48]

- *Michael Stürmer*, geboren 1938 in Kassel, studierte Geschichte, Philosophie und Sprachen an der London School of Economics and Political Science, an der FU Berlin und der Universität Marburg. Von 1973 bis 2003 war er Professor für Mittlere und Neuere Geschichte an der Universität Erlangen-Nürnberg. In den 1980er Jahren war er politischer Berater von Bundeskanzler Helmut Kohl zwischen 1984 und 1988 auch Vorstandsmitglied der Konrad-Adenauer-Stiftung. Von 1987 bis 1998 arbeitete er als Direktor der Stiftung Wissenschaft und Politik, einer Denkfabrik, die den Bundestag und die Bundesregierung in außen- und sicherheitspolitischen Fragen berät und den wesentlichen Teil ihres Budgets aus dem Bundeskanzleramt bezieht. Seit September 1998 ist Stürmer Chefkorrespondent der *Welt*.[49]

---

[47] http://www.koerber-stiftung.de/internationale-politik/bergerdorfer-gespraechskreis/teilnehmer/teilnehmer-detail/vita/frankenberger.html [3.9.2010] und die Biografie auf www.faz.net [3.9.2010].
[48] http://www.koerber-stiftung.de/koerberforum/gaeste/gaeste-details/gast/stefan-kornelius.html [25.2.2011].
[49] http://www.3sat.de/page/?source=/ard/sendung/92211/index.html [4.10.2010].

- *Josef Joffe*, geboren 1944 im Ghetto Litzmannstadt (Lodz) in Polen, studierte an der School of Advanced International Studies der Johns Hopkins University in Washington, D.C. und erlangte 1975 den Doktortitel an der Harvard University in Cambridge, Massachusetts. Er arbeitete als Wissenschaftler am Carnegie Endowment und dem Woodrow Wilson Center und kehrte 1982 als fest angestellter Dozent an die Johns Hopkins University zurück. 1990/91 war er Gastprofessor für Staatswissenschaften an der Harvard University, 1998 Gastdozent an der Woodrow Wilson School of Public and International Affairs der Princeton University in New Jersey, später wurde er an die Stanford University in Kalifornien berufen. Seine journalistische Laufbahn begann er 1976 bei der *Zeit* als politischer Redakteur, später wurde er Leiter des Ressorts ›Dossier‹. 1985 wechselte er zur *Süddeutschen Zeitung*, wo er als Leitartikler und Außenpolitikressortleiter arbeitete. Er kehrte im April 2000 als Mitherausgeber zur *Zeit* zurück; zwischen 2001 und 2004 war er auch deren Chefredakteur.[50]

Bei drei der vier Journalisten fallen somit direkte Bezüge zur USA auf, die lange vor dem Untersuchungszeitraum dieser Arbeit datieren; bei Stürmer dürften sich US-Bezüge mindestens über seine Beratertätigkeit für Kanzler Helmut Kohl und seine Leitung der Stiftung Wissenschaft und Politik ergeben haben. Diese Bezüge dürften beim Entstehen der Netzwerke eine wichtige Rolle gespielt haben und bestätigen die Homophilie-These, nämlich dass Kontakt zwischen Personen mit signifikanten Ähnlichkeiten häufiger vorkommt als zwischen einander unähnlichen Personen. Diese These, die im Volksmund als ›Gleich und gleich gesellt sich gern‹ (im Englischen: ›Birds of a feather flock together‹) kursiert, wurde bislang in einer Vielzahl von soziologischen Studien für verschiedenste Personenmerkmale in verschiedensten Kontexten in unterschiedlich hohem Maße empirisch bestätigt; einen Überblick bieten hier McPherson et al. (2001). Zuerst formuliert wurde sie von Lazarsfeld/Merton (1954), welche zwischen Status-Homophilie (zwischen Personen mit gleichem formellem oder informellem Status, was vor allem soziodemografische Merkmale wie Ethnie, Geschlecht, Alter, Bildung, Beruf und Religionszugehörigkeit sowie Verhaltensmuster bzw. Habitus meint) und Wert-Homophilie (zwischen Personen mit ähnlichen Werten und Geisteshaltungen) unterschieden. In diesem Fall dürfte eine

---

50 http://www.stgallen-symposium.org/cv_dr._josef_joffe.pdf [1.4.2010].

Mischung aus Status- und Wert-Homophilie vorliegen: Offenbar wuchsen die Journalisten in das US-geprägte Elitenmilieu hinein, weil sie einerseits von der Wichtigkeit der transatlantischen Beziehungen überzeugt waren (Wert-Homophilie), andererseits für bedeutende Zeitungen mit elitärer Rezipientenschaft arbeiteten und möglicherweise auch einen elitennahen Habitus aufwiesen (Status-Homophilie).

Wenn Elitenzirkel nur solche Journalisten kooptieren, die eine geistige Nähe aufweisen – was nicht überraschen würde –, bedeutet dies jedoch, dass im Fall einer Übereinstimmung zwischen den Positionen der Journalisten in ihren Artikeln und den Positionen im sie umgebenden Elitennetzwerk (wie die Fallstudie in Kap. 6 zeigen wird) keine simple Kausalität anzunehmen ist: Journalisten vertreten nicht unbedingt bestimmte Meinungen, weil sie im Netzwerk sind, also weil sie von den Eliten kognitiv vereinnahmt worden sind. Eine Koinzidenz zwischen Journalistenmeinung und Umgebungsmeinung mag schon vorher bestanden haben und der Grund für die persönliche Annäherung gewesen sein. Gut möglich ist hingegen, dass das Eingebundensein in einem Netzwerk eine Meinung verfestigt und auch verhindert, dass diese im Zeitverlauf kritisch hinterfragt wird; möglich ist außerdem, dass ein Journalist dazu angehalten wird, bestimmte Interessen seiner sozialen Umgebung aktiv zu propagieren. Denn als Sanktion kann der Ausschluss aus dem exklusiven Zirkel drohen: Sozialkapital ist eben, anders als ökonomisches oder Humankapital, nicht vollständig im Besitz eines Akteurs, sondern kann vom Beziehungspartner entzogen werden (vgl. Kap. 4.2). Aus den Theoremen Sozialkapital und Schweigespirale folgt also zwar eine gewisse Kausalität zwischen Elitenmeinung und Journalistenmeinung, aber bevor ein Journalist überhaupt Sozialkapital im Elitenmilieu anhäufen kann, braucht es zunächst einmal Homophilie, sprich: muss er den Eliten in irgendeiner Weise ähneln.

5.4 Die Verbindungen aus journalismusethischer Sicht

Berufsständische Ethikkodizes in Deutschland schweigen zu der Problematik, wie nahe Journalisten Eliten aus Politik und Wirtschaft kommen dürfen. Allenfalls werden allgemein die Annahme von Vorteilen sowie die Ausübung von Nebentätigkeiten angesprochen.

Zum Thema Vergünstigungen sagt der deutsche Pressekodex:

»Wer sich für die Verbreitung oder Unterdrückung von Nachrichten bestechen lässt, handelt unehrenhaft und berufswidrig. [...] Journalisten nehmen daher keine Einladungen oder Geschenke an, deren Wert das im gesellschaftlichen Verkehr übliche und im Rahmen der beruflichen Tätigkeit notwendige Maß übersteigt« (DEUTSCHER PRESSERAT 2008: Ziffer 15).

Deutlich rigoroser erklärt der Medienkodex des Netzwerks Recherche: »Journalisten verzichten auf jegliche Vorteilsnahme und Vergünstigung« (NETZWERK RECHERCHE 2006). Ähnliche Mahnungen finden sich in den wenigen medienbetrieblichen Kodizes in Deutschland, so beim Axel-Springer-Konzern (AXEL SPRINGER VERLAG 2003) und dem WAZ-Konzern (WAZ 2007). Auch in vielen anderen Ländern sind solche Regelungen bekannt: In 36 von 44 national geltenden Kodizes in Europa identifizierte Kreutler (2007: 36) das Prinzip »Rejection of bribes, gifts, other benefits; prohibition of outside influence«. Allerdings heben alle diese Formulierungen eher auf geldwerte Vorteile wie Autos, Reisen oder Rabatte ab und berücksichtigen nicht, dass eine Vergünstigung auch eine exklusive Information, exklusives Hintergrund- und Orientierungswissen oder das Gefühl der Dazugehörigkeit sein kann – eben das »Schmiergeld namens Nähe« (ZUDEICK 1987).[51] Eine Gegenleistung muss auch nicht das bewusste ›Verbreiten oder Unterdrücken von Nachrichten und Berichten‹ sein, sondern kann auch darin bestehen, bewusst oder unbewusst bestimmte Prämissen oder Argumente eines Diskurses unhinterfragt zu übernehmen, in die eigenen Kommentare einzuflechten, eine Stimmung oder eine Angst zu schüren oder ein bestimmtes Wording (etwa Euphemismen) zu verwenden, das die gesellschaftliche Akzeptanz bestimmter Entscheidungen oder Zustände erhöhen soll. Schließlich kann sie auch darin bestehen, nicht in eine bestimmte Richtung zu recherchieren.[52]

Auch zu Nebentätigkeiten äußert sich der deutsche Pressekodex sehr weich: »Übt ein Journalist oder Verleger neben seiner publizistischen Tätigkeit eine Funktion, beispielsweise in einer Regierung, einer Behörde oder einem Wirtschaftsunternehmen aus, müssen alle Beteiligten auf strikte Trennung dieser Funktionen achten« (Ziffer 6). Wie das funktionieren soll

---

51 »Exklusive Informationen für Journalisten sind die vornehmste Art der Bestechung«, sagte einmal Conrad Ahlers, stellvertretender Chefredakteur des *Spiegel* und Regierungssprecher unter Willy Brandt (zitiert nach ZUDEICK 1987: 27).
52 So auch Zudeick (1987: 28): »Was tut eigentlich ein Kollege, der eine solche Exklusiv-Nachricht hat [...], wenn sein Informant ein paar Wochen später in eine miese Geschichte verwickelt ist? Er muss diese Geschichte nicht einmal unterdrücken; zur geistigen Korruption gehört schon, wenn sein Elan beim Recherchieren nicht sonderlich ausgeprägt ist.«

bzw. wo die Grenze ist, bleibt offen. Ähnlich sieht das im Axel-Springer-Verlag aus: Dessen Journalisten

> »stimmen sich grundsätzlich mit ihrem Vorgesetzten ab, falls durch Mitgliedschaft, Bekleidung eines Amtes oder durch ein Mandat in Vereinen, Parteien, Verbänden und sonstigen Institutionen, durch Beteiligung an Unternehmen, durch gestattete Nebentätigkeit oder durch eine Beziehung zu Personen oder Institutionen der Anschein erweckt werden könnte, dass dadurch die Neutralität ihrer Berichterstattung über diese Vereine, Parteien, Verbände, Unternehmen, Personen und sonstigen Institutionen beeinträchtigt würde« (AXEL SPRINGER VERLAG 2003).

Deutlich wird, dass es in keinem Kodex per se als problematisch gilt, politischer oder wirtschaftlicher Macht nahe zu kommen – anrüchig ist erst der unlautere Niederschlag der Beziehung in der Berichterstattung, der vollzogene Missbrauch der publizistischen Macht, die stattgefundene journalistische Korruption (im Sinne von WEISCHENBERG 2002, vgl. Kap. 1.1). In den Regelwerken wird ein Mangel an Bewusstsein offenbar, dass es für den beteiligten Journalisten schwierig ist zu beurteilen, wann die eigene Überzeugung aufhört und wann Beeinflussung bzw. kognitive Vereinnahmung durch Beziehungen anfängt. Die Merksätze des ehemaligen *Tagesthemen*-Moderators Hanns Joachim Friedrichs – »Distanz halten, sich nicht gemein machen mit einer Sache, auch nicht mit einer guten« (zitiert nach LEINEMANN/SCHNIBBEN 1995: 113) und »Immer dabei sein – nie dazugehören« (FRIEDRICHS 1994: 71) – haben bislang keine Entsprechung in einem deutschen Ethikkodex erhalten.[53]

Anders in den USA: Dort verbietet zumindest die führende Qualitätszeitung *New York Times* ihren Journalisten Nebentätigkeiten in der Nähe der Regierung oder sonstiger Institutionen, ausgenommen die des eigenen Berufsstandes:

> »Journalists should stand apart from institutions that make news. Staff members may not serve on government boards or commissions, paid or unpaid. They may not join boards of trustees, advisory committees or

---

[53] Ein anderer relevanter Merksatz von US-Reportern hat es noch nicht einmal in den mündlichen Kanon deutscher Journalistenregeln geschafft: »The higher you go, the less you know« – Je höher du (in der Organisationshierarchie) gehst, desto weniger erfährst du (vgl. LÖHE 2006: 43). Gemeint ist, dass die Experten unterhalb der Entscheiderebene die weitaus ergiebigeren Quellen sind, weil sie in der Regel höhere Sachkompetenz und weniger Eigeninteressen haben als ihr Chef.

similar groups except those serving journalistic organizations or otherwise promoting journalism education« (NEW YORK TIMES 2005, Paragraph 95). Legt man diesen strengen Maßstab zugrunde, erscheinen fast alle der gefundenen Verbindungen problematisch, ausgenommen die zum Verein ›Internationale Journalisten Programme‹, der sich dem internationalen Austausch junger Journalisten verschrieben hat, sowie die früheren Pressesprecher-Jobs von Oliver Santen (*Bild*) bei der Allianz SE und von Malte Kreutzfeld (*taz*) bei der Bundestagsfraktion Die Linke. Am unteren Ende der Bedenklichkeitsskala stehen Hintergrundkreise und Presseclubs, die zwar auch Vereinigungen von Journalisten darstellen, allerdings nicht der Weiterbildung in Sachen journalistisches Handwerk dienen, sondern der Kontaktpflege zu Spitzenpolitikern und Wirtschaftschefs. Ehrenamtliches Engagement in Stiftungen und anderen gemeinnützigen Organisationen im Bereich Kultur und Soziales fiele in die Kategorie ›Sich gemein machen mit einer guten Sache‹, kann jedoch nur im Einzelfall zu publizistischen Interessenkonflikten führen.

Als hoch problematisch erscheinen erstens die direkten Verbindungen zur Wirtschaft, genauer die Beratertätigkeit von Chefredakteuren und Herausgebern für gewinnorientierte Konzerne: Josef Joffe (*Zeit*) als Beirat der HypoVereinsbank sowie Stefan Aust (*Spiegel*) und Helmut Markwort (*Focus*) als Beiräte der Deutschen Telekom AG. Zweitens muss die Einbindung von Journalisten in eine Organisation der Bundesregierung kritisch gesehen werden, namentlich Klaus-Dieter Frankenberger (FAZ), Stefan Kornelius (SZ) und Peter Frey (ZDF) als Beiräte der Bundesakademie für Sicherheitspolitik, eines Think Tanks im Geschäftsbereich des Bundesverteidigungsministeriums. Der Beirat berät laut Akademie-Satzung das Kuratorium, das wiederum aus der Bundeskanzlerin sowie den Bundesministern der Verteidigung, des Inneren, des Auswärtigen, der Finanzen, der Justiz, für Wirtschaft und für Entwicklungshilfe besteht. Die drei Journalisten verpflichteten sich somit, jene Bundesregierung zu beraten, die sie doch eigentlich als Anwälte der Öffentlichkeit kritisieren und kontrollieren sollen.

Auf eine enge Verflechtung mit wirtschaftlicher und politischer Macht deuten schließlich auch die Verbindungen zu privaten außenpolitischen Elitenzirkeln: die Tätigkeit von Matthias Nass (*Zeit*) bei der Bilderberg-Konferenz, bei der er als Mitglied des Lenkungsausschusses sogar über Themen und Teilnehmer mitbestimmte und somit eine aktive, gestaltende Funktion innehatte, sowie Josef Joffe (*Zeit*) und Klaus-Dieter Frankenberger (FAZ) als Mitglieder der Trilateralen Kommission. Bilderberg und Tri-

laterale Kommission können als »transnational planning group
1998: 119) oder als »private international relations councils« (GILL 1990
charakterisiert werden, wo Politik- und Wirtschaftseliten aus einer Rei
von Staaten (v. a. der westlichen Welt) im vertraulichen Rahmen Probleme
und Ideen diskutieren, ihre Interessen verhandeln sowie Spannungen und
Interessenkonflikte bearbeiten, bevor sie an die Öffentlichkeit kommen
(AUBOURG 2009: 77ff.; GIJSWIJT 2007: 1f.; GILL 1990: 122f.). Wenn Journalisten an solchen Konsensfindungen teilnehmen – somit integraler Teil von
vertraulichen Politikplanungsprozessen sind – und sich darüber hinaus
verpflichten, darüber zu schweigen, scheint dies mit dem Berufsbild eines
Anwalts der Öffentlichkeit schwer vereinbar zu sein, selbst wenn sie persönlich an Hintergrundwissen und Urteilsvermögen gewinnen mögen.[54]

5.5 Zwischenfazit

Die deutschen Journalismuseliten der Jahre 2007-2009 waren vielfältig
mit Eliten aus Politik und Wirtschaft verflochten. Bei 64 Journalisten,
also bei fast jedem Dritten der ermittelten Grundgesamtheit, wurden
im Untersuchungszeitraum 2002-2009 Verbindungen zu insgesamt 82
Organisationen gefunden, durch die Kontaktpotenzial mit Repräsentan-
ten von Staat und/oder Konzernen sowohl Deutschlands als auch anderer
Länder bestand. Grob vereinfacht, treffen die Hauptstadtkorrespondenten
und Berliner Büroleiter der Leitmedien aller politischer Couleur in Hintergrundkreisen auf deutsche Spitzenpolitiker; Wirtschaftsjournalisten
treffen in Presseclubs auf Konzernchefs; der ZDF-Intendant ist als Beirat
vieler gemeinnütziger Organisationen im Bereich Kultur und Soziales
erreichbar für deutsche Politiker und Manager; und außenpolitisch ton-

---

54 So die gängige Legitimationsstrategie der Journalisten, die eher auf ihren individuellen Nutzen verweisen als auf den Nutzen für die Rezipienten: »Man lernt sehr viel und schärft sein
Urteil, das ist wie ein Intensivkurs in internationaler Politik«, begründet Matthias Naß von
der *Zeit* sein Engagement bei Bilderberg (zitiert nach KRÜGER 2007b: 59), und der ehemalige
Zeit-Chefredakteur und Bilderberger Theo Sommer erklärt: »Ich darf zwar nicht berichten
über die Tagung, habe aber als Journalist durchaus meinen Nutzen davon. In zwei, drei Tagen
habe ich doch so viel gehört, was ich als Leitartikler in den nächsten sechs Monaten irgendwo
unterbringen kann. Man kann auch vieles besser einschätzen: Wenn zum Beispiel einer eine
Rede hält, kann man sie damit vergleichen, was er vor drei Monaten bei Bilderberg gesagt hat,
und man sieht vielleicht, was dahinter steht. [...] Ohne Nähe zu den Politikern können Sie gar
nicht urteilen« (ebd.: 61).

angebendes Personal der Leitmedien FAZ, SZ, *Welt* und *Zeit* ist in Organisationen und Elitenzirkeln involviert, die sich mit Außen- und Sicherheitspolitik befassen und eine Schlagseite zu den USA und zur Nato aufweisen. Bei letztgenannten vier Journalisten liegt die Interpretation einer starken horizontalen Integration in das entsprechende Elitenmilieu nahe. Da die Biografien dieser vier Journalisten bereits vor dem Untersuchungszeitraum mehr oder weniger deutliche US-Bezüge aufwiesen, kann deren Präsenz in jenen Organisationen als Homophilie-Phänomen bezeichnet werden: Die US- und Nato-affinen Eliten haben Journalisten mit ähnlichen Werten und Einstellungen kooptiert.

Journalismusethisch erscheinen viele der 164 gefundenen Verbindungen bedenklich, da sie potenziell mit der Berufsrolle des neutralen Beobachters kollidieren: Journalisten, die Mitwisser und Mitgestalter vertraulicher Politikplanungsprozesse sind, kommen zwangsläufig in Interessenkonflikte, in denen die Rücksichtnahme auf Akteure bzw. ein gemeinsames Projekt der umfassenden Information der Öffentlichkeit gegenübersteht. Das angehäufte Sozialkapital der Journalisten in Form von exklusivem Zugang zu hochrangigen Quellen kann so potenziell zu Nebenwirkungen in Form von Schweigespiraleffekten führen.

6. DIE AUSWEITUNG DER KAMPFZONE DURCH ELITEN UND LEITMEDIEN

Als bemerkenswertestes Ergebnis der Netzwerkanalyse in Kap. 5 kann gelten, dass vier außenpolitisch tonangebende Journalisten – Stefan Kornelius (Ressortleiter Außenpolitik der SZ), Klaus-Dieter Frankenberger (Verantwortlicher Redakteur für Außenpolitik der FAZ), Michael Stürmer (Chefkorrespondent der Welt) und Josef Joffe (Mitherausgeber der Zeit) – ausgeprägte Ego-Netzwerke im transatlantischen Elitenmilieu aufweisen. Diesem Befund soll nun weiter nachgegangen werden, auch um einige Theoriebausteine zur Elitenorientierung von Leitmedien empirisch zu testen. Hatten diese Netzwerke einen Einfluss auf ihre Berichterstattung, oder – Ursache und Wirkung werden nicht klar zu identifizieren sein – wiesen sie zumindest eine Koinzidenz mit ihr auf? Führt das hohe Sozialkapital dieser Journalisten in jenem Milieu vielleicht sogar zu Schweigespiraleffekten?

Als Untersuchungsgegenstand bietet sich jener Teil des journalistischen Schaffens der vier Journalisten an, der sich mit Fragen von Sicherheit, Verteidigung und Auslandseinsätzen der Bundeswehr befasst. In diesem Themenfeld besteht eine Kluft zwischen Elite und Bevölkerung, daher ist es aufschlussreich zu erfahren, ob die vier Journalisten in diesem Themenfeld auf der Linie von Bundesregierung, Nato und/oder USA liegen und wie sie mit kritischen Argumenten und gegenteiligen Sichtweisen umgehen.

6.1 Sicherheit, Verteidigung und Auslandseinsätze der Bundeswehr

6.1.1 Die Kluft zwischen Elite und Bevölkerung

Als im Mai 2010 der damalige Bundespräsident Horst Köhler in einem Radiointerview die Auslandseinsätze der Bundeswehr mit wirtschaftlichen Interessen in Zusammenhang brachte, schlug ihm eine Welle der Empörung entgegen. »Ist ja wirklich starker Tobak, was der Köhler da loslässt. Wir bomben uns zum Exportweltmeister«, schrieb einer von vielen erbosten Hörern dem Sender.[55] Die SPD verlautbarte: »Wir wollen keine Wirtschaftskriege«, der Grüne Jürgen Trittin zog einen Vergleich zur Kanonenboot-Politik von Wilhelm II., und für Köhlers Partei, die CDU, war es »keine besonders glückliche Formulierung«, es werde »jetzt noch schwerer, den Afghanistan-Einsatz zu erklären« (zitiert nach BRÖSSLER 2010a). In dieser aufgeheizten Atmosphäre nutzte auch der Verweis des Bundespräsidialamtes nichts, Köhler habe lediglich Aussagen aus regierungsamtlichen Dokumenten wiedergegeben, namentlich den Verteidigungspolitischen Richtlinien von 2003 und dem Weißbuch 2006 der Bundeswehr. Wenige Tage später trat der Bundespräsident zurück.

Auch wenn der Rücktritt Köhlers sicher nicht allein Folge dieser Kritik war, zeigt der Vorfall zweierlei: Auf Regierungsebene ist der Gedanke keineswegs neu, die Bundeswehr könne in ihren Auslandseinsätzen für etwas anderes als Landesverteidigung und humanitäre Zwecke tätig sein. Und: Der politischen Elite fällt es schwer, solche Gedanken einem Wahlvolk nahezubringen, das der Anwendung militärischer Gewalt eher ablehnend gegenübersteht.

Dass es diesbezüglich eine Kluft zwischen Elite und Bevölkerung gibt, legen Umfragedaten nahe. 53 Prozent der deutschen Erwachsenen waren im Jahr 2008 der Ansicht, Deutschland sollte sich aus den Krisen und Konflikten anderer Länder möglichst heraushalten und sich stärker auf die Bewältigung der Probleme im eigenen Land konzentrieren, so eine repräsentative Bevölkerungsumfrage der Bundeswehr aus dem Jahr 2008 (BULMAHN 2008: 13). Den aktuellen Auslandseinsätzen steht die Bevölkerung ebenso gespalten gegenüber, am geringsten ist die Zustimmung für

---

55 Zitiert nach: http://www.n24.de/news/newsitem_6087044.html [23.8.2010].

den Afghanistan-Einsatz (ebd.: 28). Das Institut Infratest-Dimap befragt regelmäßig im Auftrag des ARD-Hauptstadtstudios die Deutschen zum Afghanistan-Einsatz; zwischen September 2009 und April 2010 sprachen sich zwischen 57 und 71 Prozent der Befragten für einen möglichst schnellen Rückzug der Bundeswehr aus Afghanistan aus.[56]

Dass die deutsche Elite weltweiten Militäreinsätzen weitaus offener gegenübersteht, ist zwar nicht direkt durch aktuelle Umfragedaten belegt, kann aber aus den Ergebnissen einer älteren Umfrage, den real stattgefundenen und stattfindenden Bundeswehrmissionen sowie aus den Formulierungen in den regierungsamtlichen Grundlagendokumenten geschlussfolgert werden. Ende 1995 führte die Friedrich-Naumann-Stiftung eine Befragung von über 800 deutschen Eliten aus Politik, Justiz, Wirtschaft, Bundeswehr, Medien, Kirchen und Wissenschaft durch (FRIEDRICH-NAUMANN-STIFTUNG 1996: 28ff.). Eine klare Mehrheit der deutschen Führungskräfte, nämlich 72 Prozent, sprach sich grundsätzlich für Out-of-area-Einsätze der Bundeswehr mit UN-Mandat aus (während es in der Bevölkerung, konfrontiert mit derselben Frage im selben Jahr vom selben Institut, nur 22 % Befürworter gab). Am höchsten war die Zustimmung unter Eliten der Bundeswehr (94 %), der Wirtschaft (80 %) und den Medien (75 %). Aufgeschlüsselt nach Parteizugehörigkeit bzw. -präferenz, ergab sich die höchste Unterstützung bei CSU (86 %), CDU (84 %) und FDP (81 %), die geringste bei Grünen-Anhängern (33 %). Der Amerikaner Ronald D. Asmus von der regierungsnahen RAND-Corporation, die bei der Durchführung beteiligt war, stellte die Studie damals in der *Frankfurter Allgemeinen Zeitung* vor und konstatierte, dass die deutsche Elite »geopolitisch reifer« werde; sie sei auf dem Weg, »die überholte Beschränkung Deutschlands als eine reine Zivilmacht aufzugeben« und »die deutsche Außen- und Sicherheitspolitik zu normalisieren«. Damit könne Deutschland bald den gestiegenen Erwartungen der Verbündeten, speziell Washingtons, gerecht werden (ASMUS 1996).

Bedenkt man, dass wenige Jahre zuvor eine CDU-geführte Regierung es strikt ablehnte, sich am Golfkrieg 1991 militärisch zu beteiligen, und wenige Jahre danach eine rot-grüne Koalition den Kosovo-Krieg 1999 mit-

---

56 http://www.infratest-dimap.de/umfragen-analysen/bundesweit/umfragen/aktuell/sieben-von-zehn-deutschen-fuer-einen-schnellstmoeglichen-abzug-der-bundeswehr-aus-afghanistan/ [10.2.2011].

kämpfte (und 2011 die Bundeswehr mit über 7.000 Soldaten in zehn Missionen weltweit eingesetzt war[57]), ist die Annahme plausibel, dass die Elitenbefragung von 1995 eine Momentaufnahme in einer Entwicklung von einem Elitenkonsens ›kontra Out-of-area-Einsätze‹ zur Zeit der Wiedervereinigung hin zu einem Elitenkonsens ›pro Out-of-area-Einsätze‹ um die Jahrtausendwende dargestellt hat, von dem im Bundestag lediglich die Linkspartei ausgenommen ist. Für die Existenz eines solchen Konsenses, der im Angesicht des skeptischen Wahlvolks nur nicht offen zur Sprache kommt, spricht auch das Engagement von Karl-Theodor zu Guttenberg zugunsten Horst Köhlers erwähnten Äußerungen über die Auslandseinsätze der Bundeswehr. Ende Mai 2010 begrüßte der damalige Verteidigungsminister zu Guttenberg diese Aussagen mit den Worten: »Die Debatte selbst ist eine, die wir nicht schüchtern führen müssen, sondern die man führen kann. [...] Wir haben die Verantwortung, zukünftig Ressourcensicherheit für die Menschen in unserem Land sicherzustellen« (zitiert nach BRÖSSLER 2010b). Im November 2010 legte Guttenberg auf dem 9. Kongress zur Europäischen Sicherheit und Verteidigung in Berlin nach:

> »Der Bedarf der aufstrebenden Mächte an Rohstoffen steigt ständig und tritt damit mit unseren Bedürfnissen in Konkurrenz. [...] Da stellen sich Fragen auch für unsere Sicherheit, die für uns von strategischer Bedeutung sind. [...] Ich frage mich bis heute, was so verwegen an dieser Aussage war. Ich hätte mir *von uns allen* etwas mehr Unterstützung in dieser Fragestellung gewünscht« (zitiert nach O. A. 2010; Kursivierung von UK).

Die Formulierung »von uns allen«, die er auf einer Konferenz der sicherheitspolitischen Community verwendete, deutet auf diesen unterhalb der öffentlichen Wahrnehmungsschwelle bestehenden Konsens in der politischen Klasse hin; im Angesicht einer Elite-Bevölkerung-Konstellation des ›abgeschwächten Misfits‹ (geschlossene Elite vs. gespaltene Bevölkerung, vgl. Kap. 3.7) übernahm erst Köhler und dann Guttenberg die Rolle des Vorkämpfers an der öffentlichen Meinungsfront, um die bisherige Strategie des Verschweigens dieses Konsenses in Richtung aktive, wenngleich risikobehaftete Überzeugungsarbeit zu ändern.

Zusammengefasst kann festgestellt werden, dass sich die deutsche Politik in einem »Korsett von Innen- und Bündnispolitik« (GIESSMANN/ WAGNER 2009: 6) bzw. einer unbequemen Sandwich-Position befindet: Von

---

57 http://www.bundeswehr.de/portal/a/bwde/kcxml [24.2.2011].

›oben‹ macht die Nato mit der Führungsmacht USA Druck, dass Deutschland bei Kampfeinsätzen seinen Beitrag leisten solle, auch dann, wenn keine akuten deutschen Sicherheitsinteressen vorliegen; von ›unten‹ behindert ein Wahlvolk, das die Bundeswehr am liebsten als Landesverteidiger und Katastrophenhelfer sieht. Hinzu kommt, dass das Grundgesetz (entsprechend dem Zeitgeist der unmittelbaren Nachkriegszeit) die deutsche Politik auf den Frieden verpflichtet und ein klassisches, enges Verständnis der Begriffe ›Sicherheit‹ und ›Verteidigung‹ aufweist.

Dieses Verständnis wurde seit den 1990er-Jahren von Regierung und Bundesverfassungsgericht Schritt für Schritt ausgeweitet und damit kompatibler gemacht mit dem Verständnis von Nato und USA, wie im Folgenden dargestellt wird.

6.1.2 Der erweiterte Sicherheitsbegriff

Mit dem Begriff ›Sicherheit‹ im Kontext der internationalen Politik wurde seit dem Ende des Zweiten Weltkrieges vor allem die militärische Bedrohung nationaler Territorialität thematisiert (DAASE 2010: 3). Entsprechend bestand während des Kalten Krieges die (west-)deutsche Vorstellung von Sicherheit darin, den Boden des eigenen Staates und den von Nato-Verbündeten zu sichern. Die Bundeswehr diente seit ihrer Gründung 1955 zur Abschreckung und notfalls zur grenznahen Verteidigung; für andere Aufgaben war sie nicht vorgesehen (MEIERS 2005: 15; CLEMENT 2004: 40). Die Nato hatte analog dazu die Hauptaufgabe, das Gebiet ihrer Mitgliedsländer vor dem Angriff einer konventionellen Streitmacht vor allem aus Richtung der Warschauer-Pakt-Staaten zu bewahren.

In Folge des Zusammenbruchs der Sowjetunion ist die Bedrohung, auf der die Existenz von Bundeswehr und Nato gründete, verschwunden. Das wiedervereinigte Deutschland ist von befreundeten Staaten umgeben, die größtenteils EU- und Nato-Mitglieder sind; die Nato ist als Militärbündnis weltweit konkurrenzlos. Jedoch hat sich seit dem Ende der Blockkonfrontation national und international die Definition von Sicherheit grundlegend gewandelt und auch die Aufgabenzuschreibung und die Legitimation von Bundeswehr und Nato.

Wie Brock (2005: 18) feststellt, vollzieht sich seit Ende der 1980er-Jahre »auf breiter Front eine rhetorische ›Versicherheitlichung‹ von nicht-militärischen Politikfeldern. Hunger, Armut, Umweltzerstörung, Diskriminierung und neue Krankheiten (Aids) werden als nicht-militärische Gefährdungen von Sicherheit ausgewiesen«. Der »erweiterte Sicherheitsbegriff« geht nach LANGE (2006: 287) davon aus,

> »dass sich in der Zukunft völlig neue Gefahrenszenarien ereignen können: Neben dem Zerfall von Staaten und der entsprechenden Desintegration ganzer Regionen der Erde und deren globale Auswirkungen sind es neue Formen des Terrorismus, gezielte Angriffe auf informationstechnische Systeme, die Verbreitung von Massenvernichtungswaffen und die Möglichkeit, dass Terroristen sich dieser bemächtigen. Darüber hinaus werden ökologische Katastrophen globalen Ausmaßes, die beispielsweise durch Bodenerosion und Wassermangel, durch ein Ansteigen der Weltmeere, durch Klimawandel und vieles mehr entstehen könnten, in Betracht gezogen«.

Ebenso einbezogen seien die demografische Entwicklung sowie Migrations- und Flüchtlingsbewegungen (ebd.).

Explizit tauchte der Begriff zuerst 1991 in einem Strategiepapier der Nato auf (ebd.: 288), in dem dafür plädiert wurde, sich nach dem Ende des Ost-West-Gegensatzes auf neue Sicherheitsbedingungen einzustellen, die vermehrt von Bürgerkriegen und ›low intensity conflicts‹ geprägt sind. Er hat jedoch eine jahrzehntelange Vorgeschichte in der US-amerikanischen Politik und politiknahen Politikwissenschaft, wo das Sicherheitsverständnis den jeweils aktuellen Zielen und Ressourcen der US-Außenpolitik angepasst wurde (DAASE 1991). In den USA ist der erweiterte Sicherheitsbegriff Standardelement aller Nationalen Sicherheitsstrategien ab 1991 (zum Beispiel: WHITE HOUSE 2010), wo stets auch Wohlstand, Wirtschaftswachstum und Freihandel als vitale Sicherheitsinteressen der USA angegeben werden.

Das Neue Strategische Konzept der Nato von 1999 erhob Kampfeinsätze außerhalb des Bündnisgebietes zur Doktrin und begründete dies u. a. mit dem »neuen Sicherheitsumfeld«:

> »Die Sicherheit des Bündnisses bleibt einem breiten Spektrum militärischer und nicht-militärischer Risiken unterworfen, die aus vielen Richtungen kommen und oft schwer vorherzusagen sind. Zu diesen Risiken gehören Ungewissheit und Instabilität im und um den euro-atlantischen Raum sowie die mögliche Entstehung regionaler Krisen an der Peripherie des Bündnisses, die sich rasch entwickeln könnten. [...] Ethnische und religiöse Rivalitäten, Gebietsstreitigkeiten, unzureichende oder fehlgeschlagene Reformbemühungen, die Verletzung von Menschenrechten und die Auflösung von Staaten können zu lokaler und selbst regionaler Instabilität führen. Solche Konflikte könnten, indem sie auf benachbarte Staaten

einschließlich NATO-Staaten übergreifen oder in anderer Weise, auch die Sicherheit des Bündnisses oder anderer Staaten berühren« (NATO 1999: 5).

Analog dazu nennt die EU in ihrer Europäischen Sicherheitsstrategie von 2003 fünf »neue Bedrohungen«: Terrorismus, die Verbreitung von Massenvernichtungswaffen, regionale Konflikte, das Scheitern von Staaten und organisierte Kriminalität (EUROPÄISCHE UNION 2003: 3f.).

In der Bundesrepublik finden sich solche Denkfiguren seit 1992 in Dokumenten der Regierung wieder. Die ›Verteidigungspolitischen Richtlinien‹ (VPR) von 1992, erlassen von Verteidigungsminister Volker Rühe, führen unter »vitalen Sicherheitsinteressen« Deutschlands unter anderem die »Bündnisbindung an die Nuklear- und Seemächte in der Nordatlantischen Allianz« und die »Aufrechterhaltung des freien Welthandels und des ungehinderten Zugangs zu Märkten und Rohstoffen in aller Welt im Rahmen einer gerechten Weltwirtschaftsordnung« (BUNDESMINISTERIUM DER VERTEIDIGUNG 1992: 4). Bemerkenswert ist, dass bereits hier die Köhler'sche Äußerung von 2010 sinngemäß auftaucht und dass Bündnissolidarität (unabhängig davon, ob ein Nato-Partner existenziell bedroht ist oder nicht) als deutsches Sicherheitsinteresse firmiert.[58]

Im Jahr 2001 erörterte die Bundesakademie für Sicherheitspolitik, die vom Verteidigungsministerium unterhalten wird (vgl. Anhang 3 unter FAZ, Frankenberger), ausführlich den neuen Sicherheitsbegriff (BUNDESAKADEMIE FÜR SICHERHEITSPOLITIK 2001). Am 4. Dezember 2002 antwortete Verteidigungsminister Peter Struck im Bundestag auf die Frage, wo denn die Verteidigungsaufgabe der Bundeswehr in der Zukunft liege: »Theoretisch kann man auch sagen, die Sicherheit der Bundesrepublik wird auch am Hindukusch verteidigt« (zitiert nach WEILAND 2002). Diese Position wiederholte er daraufhin mehrmals und verschriftlichte sie in den neuen Verteidigungspolitischen Richtlinien von 2003. Hier wird die »komplexer gewordene Gefährdungssituation für Deutschland [...] durch die Stichworte internationaler Terrorismus, Proliferation von Massenvernichtungswaffen und weiter reichender Trägermittel, regionale Krisen und Konflikte innerhalb und außerhalb Europas sowie Formen der Informationskriegführung« beschrieben (BUNDESMINISTERIUM DER VERTEIDIGUNG

---

58 »Bündnissolidarität wird zur Staatsräson«, kommentieren Gießmann/Wagner (2009: 7). Wenn Deutschland die Solidarität der Verbündeten bei künftigen Einsätzen im eigenen Interesse erwarte, »kann es kaum die Beteiligung an Einsätzen in der Gegenwart verwehren, die eher im Interesse ihrer Verbündeten liegen«.

2003: 8). Als Risiko wird ebenfalls aufgeführt, dass die deutsche Wirtschaft »aufgrund ihres hohen Außenhandelsvolumens und der damit verbundenen besonderen Abhängigkeit von empfindlichen Transportwegen und -mitteln zusätzlich verwundbar« ist (ebd.: 21).

2004 legte die Bundesregierung den Aktionsplan »Zivile Krisenprävention, Konfliktlösung und Friedenskonsolidierung« (BUNDESREGIERUNG 2004) vor, in dem ein integriertes und ressortübergreifendes Konzept ›erweiterter‹ Sicherheitsvorsorge entworfen wird. 2006 schließlich brachte das Verteidigungsministerium ein Weißbuch zur Sicherheitspolitik Deutschlands und zur Zukunft der Bundeswehr heraus. Neben den Bedrohungen aus den VPR 2003 führt es Pandemien und Seuchen, Migration, Energiesicherheit sowie »Transportwege – Ressourcen – Kommunikation« auf: Deutschland habe ein besonderes Interesse an »ungehindertem Warenaustausch«, einer »gesicherten Rohstoffzufuhr« und »sicheren Transportwegen« und sei »auf funktionierende Informations- und Kommunikationssysteme angewiesen«. Piraterie oder Störungen der weltweiten Kommunikation hätten »Auswirkungen auf nationale Volkswirtschaft, Wohlstand und sozialen Frieden« (BUNDESMINISTERIUM DER VERTEIDIGUNG 2006: 23). Deshalb gelte es, »Risiken und Bedrohungen für unsere Sicherheit vorzubeugen und ihnen rechtzeitig dort zu begegnen, wo sie entstehen« (ebd.: 19), und zwar mit einem »abgestimmten Instrumentarium«: »Dazu gehören diplomatische, wirtschaftliche, entwicklungspolitische, polizeiliche und militärische Mittel, wenn geboten, auch bewaffnete Einsätze« (ebd.: 24). Im Jahr 2008 verabschiedete die CDU/CSU-Bundestagsfraktion das Papier »Eine Sicherheitsstrategie für Deutschland«, in dem als Ziele deutscher Sicherheitspolitik ebenfalls der Kampf gegen Terrorismus und gegen die Verbreitung von Massenvernichtungswaffen, die Sicherung der Energie- und Rohstoffversorgung und die Bewältigung der Folgen des Klimawandels angegeben werden; dafür müsse man das »zivil-militärische Instrumentarium zur Krisenbewältigung und Prävention im Ausland stärken« und eine »Sicherheitspartnerschaft mit Wirtschaft und Wissenschaft« eingehen (CDU/CSU-FRAKTION 2008).

Dass auch in der deutschen Wirtschaft ein Konsens über den erweiterten Sicherheitsbegriff besteht, zeigt der ›Celler Trialog‹, eine zwischen 2007 und 2009 jährlich abgehaltene Konferenz von Vertretern aus Politik, Militär und Wirtschaft. Ins Leben gerufen wurde die nicht öffentliche Tagung vom Aufsichtsratsvorsitzenden der Commerzbank AG, Klaus-Peter Müller (zugleich Präsident des Bundesverbandes Deutscher Banken), und dem Bundesverteidigungsministerium; Schirmherren sind die Commerzbank

AG, die Bundeswehr und der niedersächsische Ministerpräsident (ROHDE 2009: 1). Im Zuge der Tagung 2008 wurde der ›Celler Appell‹ verabschiedet, in dem ein »engerer Schulterschluss zwischen Wirtschaft, Politik und Bundeswehr« gefordert wird, denn: »Als rohstoffarmes, exportorientiertes Land ist Deutschland auf Stabilität und Sicherheit angewiesen«, und:

> »Weltweite Sicherheit und Stabilität tragen eine positive Rendite für die Wirtschaft – in Form niedriger Kosten und Risikoprämien, besserer Investitionsbedingungen, höherer Erträge, und auch in Form freierer Märkte, auf die unser Land ganz besonders angewiesen ist. Aber auch jeder einzelne Bürger profitiert vom wirtschaftlichen Erfolg als Grundlage von Wohlfahrt und sozialem Frieden in Deutschland. Sicherheit und Stabilität sind daher ein hohes Gut und ein wichtiger Wirtschaftsfaktor. Dieses Gut hat seinen Preis, und auch in Deutschland müssen Wirtschaft und Gesellschaft bereit sein, diesen Preis zu entrichten und einen unserer Wirtschaftskraft angemessenen Beitrag zu leisten« (CELLER APPELL 2008: 2).

Unterzeichnet wurde der Appell von der Commerzbank und dem Verteidigungsministerium im Namen aller 120 Tagungsteilnehmer, zu denen u. a. Verteidigungsminister Franz-Josef Jung, SPD-Verteidigungsexperte Hans-Ulrich Klose und Bundeswehr-Generalinspekteur Wolfgang Schneiderhan zählten.

6.1.3 *Konsequenzen und Kritik der Begriffserweiterung*

Welche Konsequenzen hat die Erweiterung des Sicherheitsbegriffs? Stephan Böckenförde von der Akademie für Information und Kommunikation der Bundeswehr deutet sie als sicherheitspolitischen Paradigmenwechsel »von Verteidigung zu Schutz« und »von Abschreckung zu Intervention« (BÖCKENFÖRDE 2007). Der Sicherheitsbegriff werde dreifach entgrenzt:
- räumlich: Aus der Verteidigung einer Grenze wird etwa der Schutz der Energieversorgung weit jenseits der eigenen Landesgrenze.
- zeitlich: Die Verteidigung braucht einen zuvor stattgefundenen Angriff, der Schutz findet präventiv statt.
- funktional: Der Schutz braucht kein militärisches Gegenüber, sondern umfasst ebenso terroristische, biologische, klimatische oder kulturelle Gefahren (BÖCKENFÖRDE 2008: 356).

Entsprechend verändert sich das Verständnis von Sicherheitspolitik fundamental. Sicherheitspolitik wird 1.) stärker als zuvor zu einer ressortübergreifenden Querschnittsaufgabe des Staates, die neben der klassischen Verteidigungs- und Außenpolitik auch Entwicklungs-, Finanz-, Wirtschafts-, Gesundheit- und Umweltpolitik einbezieht; 2.) kann die klassische Trennung in innere und äußere Sicherheit immer weniger aufrechterhalten werden und 3.) tritt an die Stelle passiver Abschreckung nun proaktive politische und militärische Prävention (BÖCKENFÖRDE 2008: 360). Die Konsequenzen, die sich aus neuem Sicherheitsverständnis und neuen Gewaltakteuren ergeben, reichen noch weiter: »Die ›kleinen Kriege‹ können zu potenziell endlosen Konflikten werden, der ›Krieg gegen den (global agierenden) Terrorismus‹ und die Bekämpfung der Ursachen politischer Instabilität [...] zur nie endenden Aufgabe. Ohne Zeitlichkeit bzw. ohne zeitliche Begrenztheit ist aber auch die Frage von militärischem ›Erfolg‹ nicht mehr klar und eindeutig zu beantworten« (ebd.).

Christopher Daase (2010: 2) von der Hessischen Stiftung Friedens- und Konfliktforschung identifiziert sogar vier Dimensionen der Begriffserweiterung (Abb. 22):

- Sachdimension: die Frage, in welchem Problembereich die politischen Sicherheitsgefahren gesehen werden. Neben militärischen werden nun auch ökonomische und ökologische, zuletzt auch humanitäre Aspekte unter den Sicherheitsbegriff subsumiert.
- Referenzdimension: die Frage, wessen Sicherheit gewährleistet werden soll. Auch hier hat eine Bedeutungsverschiebung stattgefunden, und zwar vom Staat über die Gesellschaft zum Individuum als Referenzobjekt der Sicherheitspolitik.
- Raumdimension: die Frage, für welches geografische Gebiet Sicherheit angestrebt wird. Zunächst war nur von territorialstaatlicher, dann von regionaler und internationaler und schließlich von globaler Sicherheit die Rede.
- Gefahrendimension: die Frage, wie das Problem konzeptualisiert wird, auf das die Sicherheitspolitik antworten soll. Ist es eine konkrete Bedrohung, die eigene Verwundbarkeit, oder sind es diffuse Risiken, die die Sicherheitspolitik herausfordern? »Mit jedem Schritt wird dabei die Gefahr weniger konkret und die Anforderung an die Sicherheitspolitik im Sinne einer Daseinsvorsorge immer komplexer«, so Daase (ebd.: 15).

Daase weist auch auf die politische Bedeutung der Begriffsdefinition hin: »Wer die Deutungshoheit über den Begriff ›Sicherheit‹ erlangt, bestimmt, welche Gefahren wahrgenommen werden, welche Themen Priorität erhalten und welche Strategien als angemessen angesehen werden [...]. Der Streit um den Sicherheitsbegriff und seine allmähliche Erweiterung ist deshalb ein gutes Beispiel dafür, wie man mit Worten handelt und wie mit Sprache Politik betrieben wird« (ebd.: 1).

ABBILDUNG 22
Dimensionen des erweiterten Sicherheitsbegriffs

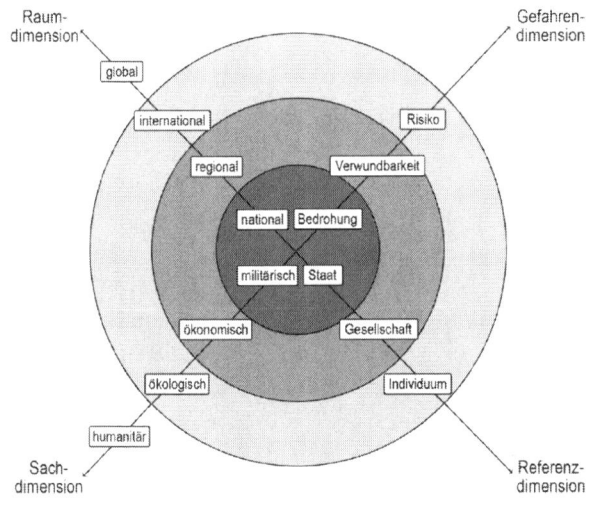

Quelle: Daase 2010: 3

Kritik an der Erweiterung des Begriffs kommt in Deutschland hauptsächlich von der Partei Die Linke, von den Kirchen, aus der Friedensbewegung und aus der Friedensforschung – mit der Hauptstoßrichtung, die neue Definition von Sicherheit bereite den Boden für eine Militarisierung der deutschen Außen- und Sicherheitspolitik, da nicht-militärische Gefahren einer militärischen Logik unterworfen werden können. So meint Ingomar Klein (2003) in der Mitgliederzeitschrift der Linkspartei, dass die erweiterte Sicht ein »Trick« sei, um die »wirkliche Aufgabe der Bundeswehr zu kaschieren – ›deutsche Interessen‹ weltweit mit militärischen Mitteln durchzusetzen«. Marischka (2007: 4) von der Informationsstelle Militarisierung macht in der Erweiterung »eine Ursache für die Auflösungserscheinungen herkömmlicher Kategorien wie Krieg und Frieden, Kombattant und Zivilist, Innere und Äußere Sicherheit, Peacekeeping und Katastrophenschutz« aus und erkennt darin sogar »den Schlüssel zum globalen Bürgerkrieg«.

Konfliktforscher Brock kritisiert, dass mit der Erweiterung des Sicherheitsbegriffs die Menschen mit einem erweiterten Spektrum von Bedrohungen konfrontiert werden; »die Ausweitung von Bedrohungsgefühlen aber fördert nach aller Erfahrung eher die Akzeptanz militärischer Vorsorge oder militärischer Eingriffe in akute Konflikte als die politische Bereitschaft, sich auf langwierige zivile Formen der Konfliktbearbeitung einzulassen« (BROCK 2005: 19). Zudem produziere eine erweiterte Sicherheitspolitik, die »das gute Leben an sich« zum Ziel habe, selbst zunehmend neue Unsicherheiten (ebd.).[59] Diese kontraproduktive Wechselwirkung sieht auch Journalist Peter Bender: »Kein denkender Mensch« nehme ernst, dass Deutschlands Sicherheit auch am Hindukusch verteidigt werde: »Zu offenkundig ist das Gegenteil: Je stärker das militärische Engagement in Afghanistan, desto größer ist die Gefahr, Ziel des islamistischen Terrors zu werden« (BENDER 2008: 3).

In den amtlichen Dokumenten und Doktrinen wird stets die Neuartigkeit der Bedrohungen betont. Hingegen meinen Gießmann/Wagner (2009: 4), dass von den Bedrohungen keine wirklich neu sei. Neu sei seit 1990 lediglich, »dass die domestizierenden Wirkungen der Ost-West-Konfrontation verschwunden sind und sich dadurch destabilisierende Entwicklungen weltweit verselbständigt und beschleunigt haben«.

Dass die Erweiterung des Sicherheitsbegriffs in deutschen Regierungsdokumenten sogar verfassungsrechtlich fragwürdig ist, zeigt die Politikwissenschaftlerin Sabine Jaberg von der Führungsakademie der Bundeswehr: Das Grundgesetz verpflichte die Politik in der Präambel und in verschiedenen Artikeln auf den Frieden; die richtungweisende Leitkategorie der Dokumente VPR 2003 und Weißbuch 2006 sei jedoch nicht der Frieden, sondern das nationale Interesse (JABERG 2010: 38). Nicht nur der Begriff ›Sicherheit‹ werde entgrenzt, sondern auch der Begriff ›Verteidigung‹: in den VPR 2003 explizit, im Weißbuch 2006 verklausuliert. Das Grundgesetz

---

59 Brock plädiert für einen gleichfalls neuen, aber engen Sicherheitsbegriff, nämlich »Schutz vor rechtloser (physischer) Gewalt« (BROCK 2005: 21). Dieser Begriff schließe auch den Schutz von Menschen in anderen Ländern ein und lasse damit humanitäre Interventionen zu, präzisiere jedoch die Aufgabenstellung der Sicherheitspolitik, anstatt sie ausufern und verschwimmen zu lassen. Zudem sei ihm die Kritik der Gewalt eingeschrieben: Er gebe der zivilen Konfliktintervention Vorrang und binde militärische Intervention an das Regelsystem der UN-Charta.

erkläre einzig die klassische Selbstverteidigung gegen einen stattfindenden Angriff für problemlos und akzeptiere darüber hinaus die präemptive Selbstverteidigung angesichts einer unmittelbar bevorstehenden Aggression. »Eine von einer akuten Gefährdungslage entkoppelte präventive bzw. antizipatorische Selbstverteidigung, wie sie etwa die USA in ihrer nationalen Sicherheitsstrategie für sich reklamieren, lehnt es hingegen eindeutig ab« (ebd.: 32). Zudem werde nicht nur das Recht auf Selbstverteidigung erweitert, sondern auch die Beistandsverpflichtung gegenüber Bündnispartnern, wenn sie »bereits bei ›Krisen und Konflikten‹ gilt, ›die zu einer konkreten Bedrohung eskalieren *können*‹ [...]« (JABERG 2010: 34, Kursivierung im Original). Mit diesen zwei Erweiterungen überschreiten die Regierungsdokumente zudem den Rahmen des völkerrechtlich Zulässigen und unterminieren das Gewaltmonopol des UN-Sicherheitsrates (ebd.: 46).[60]

Darüber hinaus weist Jaberg auf die mangelnde Selbstreflexion über den eigenen Beitrag zu Krisen und das eindimensionale Krisenkonstruktionsprinzip in den amtlichen Dokumenten hin:

> »Krisen haben bzw. produzieren die ›anderen‹. ›Wir‹ kommen nur in zwei Rollen vor: zum einen als Helfer in der Krise, zum anderen als Opfer von Krisen bzw. Krisenfolgen (z. B. Flüchtlingsströme, Ressourcenverknappung oder terroristische Anschläge). Diese erscheinen ausschließlich als ›Risiken und Bedrohungen für unsere Sicherheit‹, denen in einer problemadäquaten Vernetzung ziviler und militärischer Mittel ›rechtzeitig dort zu begegnen‹ sei, ›wo sie entstehen‹ [...]. Die Frage nach dem eigenen Beitrag zum Unfrieden wird gar nicht erst gestellt« (JABERG 2010: 38).

6.2 Untersuchungsdesign

Wie positionieren sich die vier im transatlantischen Elitenmilieu vernetzten Journalisten von *SZ*, *FAZ*, *Zeit* und *Welt* hinsichtlich des Paradigmenwechsels

---

[60] Ähnlich argumentierten die CDU/CSU-Bundestagsabgeordneten Peter Gauweiler und Willy Wimmer in ihrer Verfassungsklage 2007 gegen den Einsatz von Bundeswehr-Tornados in Afghanistan: Durch die völkerrechtswidrige Präventivkriegspraxis der USA und das Strategische Konzept der Nato von 1999 vollziehe sich ein stiller Bedeutungswandel von Artikel 1 des Nato-Vertrages, der jede Gewaltandrohung und Gewaltanwendung in den internationalen Beziehungen verbietet, die mit der Charta der UN nicht vereinbar ist (GAUWEILER/WIMMER 2007: 18ff.). Das Bundesverfassungsgericht wies die Klage ab, allerdings nur aus Verfahrensgründen.

in der sicherheits- und verteidigungspolitischen Programmatik und hinsichtlich der Kluft zwischen Elite und Bevölkerung? In ihren Ego-Netzwerken (Kap. 5.3.2.6) kommen als erhöhte Kontaktpotenziale Personen vor, die erklärtermaßen ein weites Verständnis von Sicherheit, Verteidigung und Deutschlands militärischer Rolle in der Welt vertreten: Wolfgang Ischinger, der den erweiterten Sicherheitsbegriff bereits 2000 als Staatssekretär im Auswärtigen Amt verwendete (HIPPLER 2003: 299) und sich für ihn als Leiter der Münchner Sicherheitskonferenz seit 2008 verstärkt einsetzt[61] (vgl. auch Kap. 7.1.1); Karsten D. Voigt, bis 2010 Koordinator der deutsch-amerikanischen Beziehungen im Auswärtigen Amt (sein Sicherheitsverständnis ist eng an die Partnerschaft mit den USA geknüpft, vgl. VOIGT 2000); John C. Kornblum, ehemaliger US-Botschafter in Berlin (für sein Verständnis vgl. KORNBLUM 1999); die politiknahen Politikwissenschaftler Karl Kaiser und Eberhard Sandschneider (KAISER 2000; SANDSCHNEIDER 1997: 14) sowie Mitglieder der Bundesregierung wie Angela Merkel, Franz-Josef Jung und Karl-Theodor zu Guttenberg, dessen Engagement für den erweiterten Sicherheitsbegriff bereits in Kap. 6.1.1 dargestellt wurde. Ausgehend von diesem Sachverhalt und der Theorie zur Elitenorientierung deutscher Leitmedien (Kap. 3.7) werden nun Hypothesen zur Position der vier Journalisten aufgestellt.

6.2.1 Hypothesen

Die vorliegende Konstellation zwischen Elite und Bevölkerung kann mit Adam (2007: 118ff.) als ›abgeschwächter Misfit‹ bezeichnet werden: Einer konsensuell geeinten Elite, die ein stärkeres militärisches Engagement Deutschlands im Rahmen der Nato und im Sinne eines ›erweiterten Sicher-

---

[61] In einem Interview von 2010 erklärte Ischinger sein Verständnis von Sicherheit: »Wir werden heute mit neuen globalen Fragen konfrontiert, die auch sicherheitspolitische Konsequenzen haben. Denken Sie an Energiesicherheit, denken Sie an Klimasicherheit, denken Sie an Rohstoffsicherheit. Die Frage unserer künftigen Prosperität und auch Sicherheit hängt schlussendlich auch davon ab, ob es uns gelingt, die wirtschaftliche Aktivität, die den Wohlstand Europas hervorgebracht hat und die Europa heute auszeichnet, aufrechtzuerhalten. Dazu bedarf es der Versorgung mit Rohstoffen [...], dazu bedarf es der notwendigen Energieversorgung. Wir werden also auf andere angewiesen sein und bleiben es, in vielfacher Hinsicht. Daher brauchen wir eine aktive Außen- und Sicherheitspolitik, die sich nicht nur darum bemüht, militärische Bedrohungen auszuschließen oder zu beschränken, sondern die sich auch im Sinne eines umfassend gedachten Sicherheitsbegriffs um Rohstoffe, Klima, Umwelt, Energie, Migration, Piraterie, Terrorismus usw. kümmert« (nach GÖRLACH 2010).

heitsbegriffes‹ befürwortet, steht eine gespaltene oder gar überwiegend ablehnende Bevölkerung gegenüber. Laut den Vorhersagen der Theorie über die Elitenorientierung deutscher Leitmedien (Kap. 3.7) ist in diesem Fall entweder unkritisch-persuasive Berichterstattung oder Nichtberichterstattung zu erwarten, je nachdem, ob die Eliten den zustimmenden Teil der Bevölkerung mobilisieren und den ablehnenden überzeugen wollen oder ob sie dieses Risiko nicht eingehen wollen. Nichtberichterstattung ist in diesem Fall ausgeschlossen, schließlich sind die Auslandseinsätze der Bundeswehr ein aus den Medien bekanntes Thema. Zwar wurde in Kap. 6.1.1 dargestellt, dass die politische Elite als Ganzes eher wenig Elan für Überzeugungsarbeit bei den Bürgern aufbringt und Bundespräsident Köhler und Verteidigungsminister zu Guttenberg im Jahr 2010 hier die Rolle von Vorkämpfern an der Meinungsfront eingenommen haben – aber auch deren Vortasten ist durch die Medien gegangen.

Daher ist zu vermuten, dass die vier Journalisten Kornelius, Frankenberger, Stürmer und Joffe in dem in Kap. 6.1.1 beschriebenen Sandwich Nato/USA – Bundesregierung/Bundestag – deutsche Bevölkerung eine Position zwischen Nato/USA und Bundesregierung/Bundestag einnehmen. Die Argumente in ihrem journalistischen Output dürften eine größere Nähe zu denen der Nato und der US-Regierung haben als zu Positionen, die aus Bevölkerungsumfragen und kritischen Beiträgen zum erweiterten Sicherheitsbegriff und zu Bundeswehr-Auslandseinsätzen bekannt sind. Wenn Kritik an der Bundesregierung oder der deutschen Politik geübt wird, dann aus der Perspektive von USA und Nato, nicht aus einer militärskeptischen Perspektive.

Im Folgenden werden neun Hypothesen vorgestellt, die sich aus den oben beschriebenen Sachverhalten ableiten:

H 1: Der Sicherheitsbegriff wird von den vier Journalisten nicht im engen Sinne von ›Schutz der territorialen Außengrenzen‹ verwendet, sondern im erweiterten Sinn, d. h. er umfasst auch den Schutz deutscher Interessen in Sachen Rohstoffe, Energie, Kommunikationsinfrastruktur, Handelswege und Wohlstand. Dieser Begriff wird nicht kritisch hinterfragt.

H 2: Die Bedrohungen durch Terrorismus, Regionalkonflikte, Migration, Ressourcenverknappung usw. werden häufig erwähnt und ihre Neuartigkeit wird betont.

H 3: Es wird häufig erwähnt, dass Deutschland gegen diese Bedrohungen aktiv vorgehen muss, sich verteidigen bzw. schützen muss, auch mit militärischen Mitteln.

H 4: Die ablehnende bzw. gespaltene Haltung der deutschen Bevölkerung zu Auslandseinsätzen der Bundeswehr wird nicht erwähnt oder negativ interpretiert: als Zeugnis von Ignoranz gegenüber den realen Bedrohungen, als Mutlosigkeit und Verzagtheit, als Verantwortungslosigkeit gegenüber anderen Staaten, als mangelnde Solidarität mit Bündnispartnern.

H 5: Tote, verwundete und traumatisierte deutsche Soldaten werden relativiert bzw. als notwendig zu zahlender Preis für wichtigere Werte dargestellt.

H 6: Die Friedensnorm des Grundgesetzes, das internationale Gewaltverbot des Völkerrechts und das formelle Gewaltmonopol des UN-Sicherheitsrates werden nicht erwähnt oder als Relikte einer alten Zeit bezeichnet; als zentrale Norm für das sicherheitspolitische Handeln Deutschlands wird nicht der Frieden, sondern das nationale Interesse angeführt.

H 7: Die Vorteile der Nato und der strategischen Partnerschaft mit den USA werden häufig erwähnt, ebenso die Vorteile, die Deutschland durch Bündnissolidarität hat. Nachteile, etwa dass Deuschland in fremde Konflikte hineingezogen werden kann, werden nicht erwähnt.

H 8: Die Ursachen von Krisen werden immer woanders bzw. bei anderen gesucht: der eigene Beitrag zum Unfrieden (den Beitrag Deutschlands, der Nato, der USA) wird nicht diskutiert. Ebenso werden die Rückwirkungen des eigenen Handelns auf die Bedrohungen nicht thematisiert, etwa dass Deutschland durch seinen Beitrag im Kampf gegen den Terrorismus selbst verstärkt zum Ziel von Terroristen werden kann.

H 9: Andere Journalisten gehen anders und kritischer mit der Thematik um; insbesondere Journalisten solcher Medien, die in puncto

Eigentümerschaft, Werbekundschaft, Zielpublikum und hauptsächliche Quellen (vgl. Kap. 3.7) weniger Elitenbezüge aufweisen als SZ, FAZ, *Welt* und *Zeit* und die keine personellen Verbindungen zu Strukturen von Bundesregierung, Nato und USA aufweisen.

6.2.2 Definition von Frame und Frame-Element

Bei dieser Untersuchung sollen Frames bzw. die Frame-Elemente in den Artikeln der Journalisten identifiziert werden; daher werden zunächst diese Begriffe definiert.

Für politische Akteure ist es nicht nur erstrebenswert, Themen zu (be-)setzen, sondern auch, deren Deutungshorizont zu bestimmen. Themen können aus vielerlei Blickwinkeln und mit vielerlei Zielsetzungen, genauer: in unterschiedlichen Interpretationsrahmen diskutiert werden. Führt man die Arbeitslosigkeit in Deutschland auf die Faulheit der Betroffenen oder auf das Versagen der Politik zurück? Sichert Abtreibung das Recht der Mütter auf Selbstbestimmung oder verletzt sie das Recht des Embryos auf Leben? War der 11. September eine Kriegserklärung islamistischer Barbaren an die freie Welt, oder liegen seine tieferen Ursachen im Macht- und Wohlstandsgefälle zwischen Zentrum und Peripherie des Weltsystems? »Je nachdem, welchen dieser Blickwinkel man einnimmt – metaphorisch gesprochen: welchen Rahmen man auf ein Thema legt –, kommt man zu anderen Schlussfolgerungen in Hinsicht auf die Problemdefinition, die Ursachen, die Bewertung und die Lösungsmöglichkeiten« (MATTHES 2007: 17).

Im Englischen hat der Begriff ›frame‹ (›Rahmen‹) sowohl die Bedeutung einer äußeren Begrenzung von Objekten (Bilderrahmen, Fensterrahmen etc.) als auch die Bedeutung des Gerüsts im Sinne einer inneren Struktur, die das Objekt stützt und zusammenhält (DAHINDEN 2006: 27f.). Analog dazu werden in der Kommunikationswissenschaft[62] mediale Frames verstanden als

> »*Deutungsmuster*, die sich in allen Phasen von massenmedialen Kommunikationsprozessen (Public Relations, Journalismus, Medieninhalte, Medienwirkung) identifizieren lassen. Frames haben auf all diesen Ebenen

---

62 Zur Forschungstradition und zur Diskussion um den Frame-Begriff siehe Scheufele (2003), Dahinden (2006), Matthes (2007) und Böcking (2009).

> vergleichbare Funktionen: Sie *strukturieren Information* in Form von abstrakten, themenunabhängigen Deutungsmustern, welche *Komplexität reduzieren* und die *Selektion* von neuen Informationen leiten. [...] Sie setzen sich aus mehreren Elementen zusammen, zu denen die *Problemdefinition*, die *Identifikation von Ursachen*, die *Bewertung* durch moralische Urteile sowie die Benennung von *Handlungsempfehlungen* gehören« (ebd.: 193f., Kursivierungen im Original).

Ein Frame ist sozusagen die Brille, durch die der Beobachter auf das Geschehen blickt und mit deren Hilfe er es strukturiert, bestimmte Aspekte bzw. Akteure fokussiert und andere ausblendet. Matthes (2007: 134ff.) beschreibt Frames als konsistenten Sinnhorizont, »der zu einem Thema verschiedene Überzeugungen miteinander verknüpft« und stets aus vier Elementen besteht:

- Problemdefinition: Hier wird festgelegt, warum ein Thema wichtig ist und öffentlich diskutiert wird. Die Problemdefinition spannt den Rahmen auf und definiert, worüber gesprochen wird und welche Akteure relevant sind (Beispiel: Abtreibung als Tötung eines Lebewesens).
- Ursachenzuschreibung: Die Ursachen können auf Personen oder Situationen zurückgeführt werden (bei Abtreibung: Gesetzgebung ist schuld bzw. der damalige Gesetzgeber).
- Lösungszuschreibung/Handlungsaufforderung: Durch die Ursachenzuschreibung liegt auch eine Lösung bzw. eine Handlungsaufforderung in Griffweite. Benannt werden nun die geforderten und zu unterlassenden Maßnahmen zur Behebung des Problems sowie die für die Lösung des Problems fähigen Akteure (bei Abtreibung: Gesetzgebung ändern, Abtreibung unterbinden).
- Explizite Bewertung: Sie bezieht sich auf die moralische oder evaluative Einordnung eines Problems. Die Einschätzung, wie negativ oder wie positiv ein Thema einzuschätzen ist, hat Konsequenzen für den Handlungsbedarf bzw. die Handlungsaufforderung (Beispiel: Abtreibung ist moralisch äußerst verwerflich).

Laut Matthes sind die einzelnen Elemente »*konsistent* miteinander verbunden, das heißt, sie ergeben eine kohärente Argumentationskette. [...] Konsistent bedeutet, dass die Elemente des Frames die gleiche Gesamtevaluation bzw. Grundhaltung zum Thema nahe legen« (ebd.: 136, Kursivierung im Original). Nicht immer sind alle vier Elemente explizit in einem Medienbeitrag vorhanden, jedoch reicht das Vorhandensein von zwei Elementen aus, »um andere automatisch mitzuaktivieren, da die Elemente wie in einem Netzwerk miteinander verbunden sind« (ebd.: 138). So ist bei Frames, die in der öffentlichen Diskussion bereits etabliert sind, häufig die explizite Bewertung überflüssig, genauso trägt die Ursachen- bzw. Verantwortungszuschreibung oft implizit die Lösungszuschreibung in sich (oder andersherum). Matthes unterscheidet entsprechend zwischen expliziten Frames, bei denen alle vier Frame-Elemente in einem Medienbeitrag deutlich gemacht werden, und impliziten Frames, bei denen nicht alle, aber mindestens zwei Frame-Elemente genannt werden (ebd.).

Die politische Bedeutung von Frames bzw. von Framing liegt auf der Hand: Framing ist »ein ideologischer Wettstreit über die Reichweite eines Themas, über die Frage, wer verantwortlich ist und wer betroffen, welche Werte berührt sind und wo das Thema gelöst werden soll« (ADAM 2007: 51). Frames in journalistischen Beiträgen entstehen denn auch nicht in einem politischen Vakuum, wie Carragee/Roefs (2004: 216) betonen:

> »journalistic framing of issues and events [...] is shaped by the frames sponsored by multiple social actors, including politicians, organizations, and social movements [...]. News stories, then, become a forum for framing contests in which political actors compete by sponsoring their preferred definitions of issues. A frame's ability to dominate news discourse depends on complex factors, including its sponsor's economic and cultural resources, its sponsor's knowledge of journalistic practices, these practices themselves, and a frame's resonance with broader political values.«

Demzufolge tragen journalistische Beiträge einen »imprint of power« (ENTMAN 1993: 53), denn sie zeigen »the identity of actors or interests that competed to dominate the text« (ebd.). Auf die vorliegende Studie bezogen, geht es darum herauszufinden, ob Nato, USA und Bundesregierung als ›Frame-Sponsoren‹ der vier Journalisten gewirkt haben, d. h., ob sich die Gedankenkonstrukte aus den offiziellen Dokumenten unhinterfragt in den Artikeln wiederfinden.

6.2.3 Vorgehensweise und Methode

Um diese Thesen zu überprüfen, wurde der journalistische Output der vier Journalisten zwischen dem 4. Dezember 2002 und dem 30. September 2010 inhaltsanalytisch untersucht. Am 4. Dezember 2002 wurde der Sicherheitsbegriff von einem deutschen Politiker erstmals in aller Öffentlichkeit erweitert (von Verteidigungsminister Peter Struck im Bundestag, vgl. Kap. 6.1.2); zudem waren alle vier Journalisten zu diesem Zeitpunkt bereits in den redaktionellen Funktionen tätig, die sie zum Ende des Untersuchungszeitraums innehatten. Am Ende des Untersuchungszeitraums steht der Anfang der Debatte über die Aufhebung bzw. Aussetzung der Wehrpflicht (die dazu beitragen soll, die Bundeswehr von der Abwehrarmee des Kalten Krieges in eine kleinere, professionelle Interventionstruppe für Auslandseinsätze umzuwandeln). Dazwischen liegen Debatten über die anhaltende Krise des transatlantischen Verhältnisses durch Schröders ›Nein‹ zum Irak-Krieg, über allfällige Verlängerungen des Bundeswehrmandats für Afghanistan, über Anfragen der USA nach mehr militärischem Engagement Deutschlands in Afghanistan, über die Ausweitung des Einsatzes in den umkämpften Süden Afghanistans, über andere Auslandseinsätze wie vor der Küste Libanons und im Kongo sowie über Horst Köhlers Rücktritt.

Mithilfe der Datenbank Genios wurden alle Artikel der vier Journalisten identifiziert, die mindestens zwei der folgenden fünf Begriffe aufwiesen: *sicherheit* (damit erfasst sind auch ›Sicherheit‹, ›Unsicherheit‹, ›Rohstoffsicherheit‹, ›Energiesicherheit‹ usw.), *verteidig** (›Verteidigung‹, ›verteidigen‹, ›Verteidigungsminister‹ usw.), *krieg** (›Krieg‹, ›Kriege‹ usw.), *fried** (›Frieden‹, ›friedlich‹ usw.), *milit** (›Militär‹, ›militärisch‹, ›militaristisch‹, ›Militarismus‹ usw.). Aus der Treffermenge wurden folgende Artikel ausgeschlossen:

- zusammen mit Ko-Autoren verfasste Artikel, da unklar ist, von welchem Autor welche Gedanken bzw. Artikelteile stammen
- von den Journalisten geführte Interviews, da unklar ist, ob der Interviewer die von ihm vorgebrachten Argumente wirklich selbst vertritt oder ob er sie nur ins Feld führt, um den Interviewpartner zu provozieren
- Artikel, die nicht in *SZ*, *FAZ*, *Welt* und *Zeit* erschienen sind, sondern etwa in der *Frankfurter Allgemeinen Sonntagszeitung* (*FAS*) und der *Welt am Sonntag* (*WamS*); es wurden also die Leitmedien aus Kap. 5 fokussiert; das *SZ-Magazin* wurde einbezogen, weil es eine Beilage der *SZ* darstellt und somit ein Abonnent oder Käufer der *SZ* auch das *SZ-Magazin* lesen kann, nicht aber ein *FAZ*-Abonnent die *FAS* oder ein *Welt*-Abonnent die *WamS*
- Artikel, die keinen Bezug zur deutschen oder europäischen Außen- und Sicherheitspolitik aufwiesen, etwa Artikel über den Israel-Palästina-Konflikt, über amerikanische Präsidentschaftswahlkämpfe,

über Detailfragen der Sicherheitslage in Afghanistan oder über die Auswirkungen von Wikileaks-Enthüllungen

Um eine Vergleichsgröße zu bekommen, wurden analoge Beiträge der außenpolitisch verantwortlichen Redakteure aus FR und taz gesucht, die keine transatlantischen bzw. regierungsnahen Netzwerke aufweisen – jedoch mit wenig Erfolg (ausführlich s. Kap. 6.4.6).

Bei dieser Inhaltsanalyse, die Artikel zu unterschiedlichen Debatten im Laufe von acht Jahren zusammen untersuchte, ging es nicht darum, in jedem Artikel einen oder mehrere komplette Frames aus zwei bis vier Frame-Elementen zu identifizieren; dies hätte eine Vielzahl von Frames zu den jeweiligen aktuellen Debattengegenständen ergeben. Da das Erkenntnisinteresse vor allem einem unterschwelligen Thema gilt, das nie direkt zur Debatte stand – nämlich dem Verständnis von Sicherheit und Verteidigung –, wurde lediglich nach einzelnen Frame-Elementen gesucht, die Bezug zu dieser Forschungsfrage und den Hypothesen hatten. Die Idee dahinter ist, dass sich in der Zusammenschau aller diesbezüglich verwendeten Frame-Elemente die tiefer liegenden, nicht tagesaktuellen Frames zeigen, wie sie sich mutmaßlich auch langfristig in den Köpfen der Leser zusammensetzen.

Die Frame-Elemente wurden induktiv-qualitativ bestimmt (vgl. DAHINDEN 2006: 201). Aus der Gesamtheit der Artikel wurden durch offenes Kodieren relevante Textstellen herausgeschrieben, die erarbeiteten Konstrukte verdichtet, auf die Hypothesen zurückbezogen und so die Frame-Elemente allmählich herausgeschält. Früh (2007: 156f.) bezeichnet dieses Vorgehen als »empiriegeleitete Kategorienbildung«, die in vier Schritten erfolgt:

1. Selektion/Reduktion: Textpassagen mit Bezug zur Forschungsfrage werden aus dem Textmaterial extrahiert.
2. Bündelung: Die extrahierten Textpassagen werden zusammengefasst.
3. Generalisierung/Abstraktion/Bezeichnung: Den extrahierten und gebündelten Textpassagen werden Bezeichnungen zugewiesen, die die gemeinsame abstrahierte Bedeutung der Passagen widerspiegelt.
4. Rückbezug auf Theorie: Überprüfung, ob die Textpassagen den Hypothesen aus der Theorie zugeordnet werden können.

Frame-Elemente wurden nur kodiert, wenn der Autor sie selbst vorbringt (im Indikativ, ohne Verweis auf eine Quelle) oder einen anderen Akteur damit zitiert und dann das Argument explizit bekräftigt oder in seiner Argumentation fortfährt, sodass deutlich wird, dass er mit diesem Argument einverstanden ist. Wenn der Autor das Element nur zitiert (indirekte Rede oder Anführungszeichen mit Quellenangabe) und das Argument dann widerlegt, abschwächt oder es nicht als Baustein in seiner Argumentationskette verwendet, wurde es nicht kodiert. Jedes Frame-Element wurde pro Artikel einmal gezählt, egal, ob es nur in einem Halbsatz angerissen oder über mehrere Absätze ausführlich erläutert wurde.

Das Kategoriensystem wurde einem Reliabilitätstest unterzogen. Dazu wurden vom Autor und einem weiteren Mitarbeiter des Instituts für Praktische Journalismusforschung (IPJ) insgesamt 20 Artikel (fünf von jedem Journalisten) kodiert und die Ergebnisse miteinander verglichen. Die so ermittelte Intercoder-Reliabilität betrug 0,81, woraufhin die Kodieranweisungen präzisiert wurden. Eine Wiederholung des Tests mit anderen Artikeln ergab eine Intercoder-Reliabilität von 0,89. Damit kann das Codebuch[63] als verlässlich bzw. präzise genug angesehen werden (vgl. FRÜH 2007: 188ff.).

Mithilfe der SNA-Software Pajek wurden die Autoren und die bei ihnen gefundenen Frame-Elemente als Netzwerke visualisiert, um zu veranschaulichen, welche Frame-Elemente wie oft bei welchen Journalisten vorkommen. Die Vorgehensweise stellt eine vereinfachte Variante des Konzepts der ›symbolischen Netzwerke‹ von Adam (2008b: 182ff.) dar, das Inhalts- und Netzwerkanalyse kombiniert. Außerdem wurden die Frame-Elemente mithilfe von Pajek gruppiert, um herauszufinden, zu welchen Frames bzw. Argumentationsmustern sie sich in den einzelnen Artikeln formen; dies stellt eine Alternative zur Clusteranalyse bzw. zur Analyse latenter Klassen (MATTHES 2007: 153f.) dar. Die anschließende Bestimmung der Frames beruht auf der statistischen Ermittlung der Häufigkeit von Zusammenhangsmustern zwischen den Frame-Elementen.

6.3 Ergebnisse

Insgesamt wurden 83 Artikel der vier Journalisten gefunden, in denen für die Forschungsfragen relevante Argumente vorkamen; die meisten davon waren Kommentare und Leitartikel (Tab. 8). Die gefundenen Textstellen wurden zu 23 Frame-Elementen verdichtet, die weiter unten konkret vor-

---

63 Das Codebuch kann beim Autor angefordert werden.

gestellt werden. Tab. 9 zeigt, wie sie sich auf die einzelnen Autoren verteilen. Die dazugehörige Netzwerkgrafik (Abb. 23) veranschaulicht, dass die vier Journalisten große Schnittmengen in ihren Argumenten aufweisen; keiner steht abseits in dem Sinne, dass er gänzlich andere Frame-Elemente verwendet hätte als die anderen. Lediglich drei Frame-Elemente gehören exklusiv zu nur einem Journalisten; dagegen werden neun Elemente von allen vier verwendet und weitere neun immerhin von drei.

TABELLE 8
Erteilung der Artikel nach Journalisten und Darstellungsformen

Journalist	Leit-artikel	Kom-mentare	Berichte	Sonstige	gesamt
Kornelius (SZ)	12	5	2	2	21
Frankenberger (FAZ)	10	1	5	5	21
Joffe (Zeit)	9	4	0	0	13
Stürmer (Welt)	8	13	2	5	28
gesamt	39	23	9	12	83

ABBILDUNG 23
Verteilung der Frame-Elemente auf die Journalisten

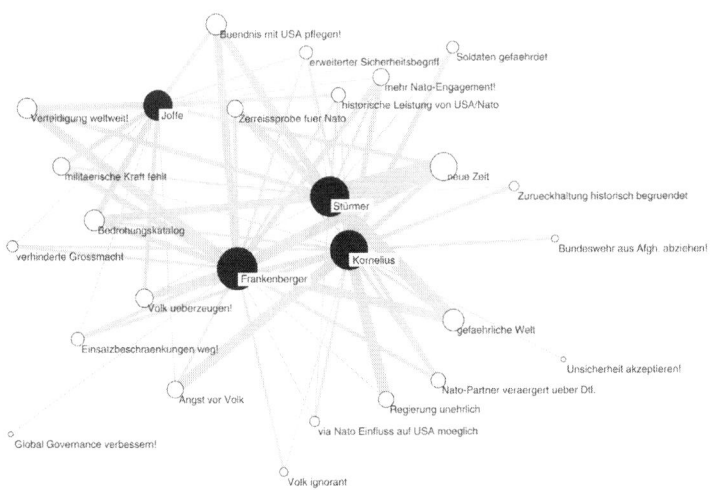

TABELLE 9
Verteilung der Frame-Elemente auf die Journalisten

Frame-Element	Kornelius	Frankenberger	Joffe	Stürmer	gesamt
01 Angst vor Volk	8	2	1	0	11
02 Bedrohungskatalog	2	4	5	6	17
03 Bundeswehr aus Afgh. abziehen!	2	0	0	0	2
04 Bündnis mit USA pflegen!	1	6	4	6	17
05 Einsatzbeschränkungen weg!	3	3	1	0	7
06 erweiterter Sicherheitsbegriff	2	2	2	1	7
07 gefährliche *Welt*	2	7	0	10	19
08 Global Governance verbessern!	0	1	0	0	1
09 historische Leistung von USA/Nato	1	2	3	2	8
10 mehr Nato-Engagement!	4	4	1	2	11
11 militärische Kraft fehlt	1	5	4	2	12
12 Nato-Partner verärgert über Dtl.	3	3	0	3	9
13 neue Zeit	4	8	3	14	29
14 Regierung unehrlich	8	1	0	1	10
15 Soldaten gefährdet	4	0	1	1	6
16 Unsicherheit akzeptieren!	1	0	0	0	1
17 verhinderte Großmacht	2	2	1	0	5
18 Verteidigung weltweit!	0	7	5	4	16
19 via Nato Einfluss auf USA möglich	2	1	0	1	4
20 Volk ignorant	1	2	0	0	3
21 Volk überzeugen!	4	5	3	1	13
22 Zerreißprobe für Nato	1	3	1	6	11
23 Zurückhaltung historisch begründet	4	0	0	1	5

In den folgenden drei Unterkapiteln werden die Frame-Elemente mit Beispielzitaten vorgestellt. Geordnet werden sie nach ihrem häufigsten Sinnzusammenhang; die Errechnung der Häufigkeiten wird in Kap. 6.4.4 nachvollziehbar gemacht.

6.3.1 Frame-Elemente zur allgemeinen Bedrohungslage

Alle vier Journalisten gehen explizit auf den Begriff ›Sicherheit‹ ein und betonen, dass er breiter geworden ist oder breiter gesehen werden muss, ohne dies kritisch zu hinterfragen (Frame-Element ›erweiterter Sicherheitsbegriff‹):

> »[D]ie Welt ist kompliziert geworden. Obwohl die nuklearen Vernichtungsfantasien aus den Köpfen verschwunden sind, wächst das Gefühl der Unsicherheit, der Bedrohung gar. Sicherheit ist keine Frage der Truppenstärke oder der Zahl der Panzerdivisionen mehr. *Sicherheit ist, wie es in den Fachkreisen so schön heißt: umfassend*« (Kornelius: Eine Frage der Sicherheiten, SZ vom 8.2.2007, alle Kursivierungen in den Zitaten von UK).

> »Die Finanzkrise und die Energiedebatte haben gezeigt, dass *Sicherheit eigentlich ein breiter Begriff ist*« (Kornelius: Neue Töne aus dem Bayerischen Hof, SZ vom 3.2.2010).

> »Und nach den neuen verteidigungspolitischen Richtlinien wird die Sicherheit Deutschlands auch am Hindukusch verteidigt, der *traditionelle geographische Sicherheitsbegriff also globalisiert und ausgeweitet*. Dass die traditionellen Beschränkungen aufgegeben wurden, ist *richtig*; sie waren obsolet geworden, weil die Umstände sich fundamental geändert haben« (Frankenberger: Deutsche Verantwortung, FAZ vom 24.5.2003).

> »Sicherheit wird schon lange nicht mehr als ausschließlich militärische Kategorie behandelt. *Der Sicherheitsbegriff hat sich gewandelt, er ist breiter geworden*, und zwar nicht zuletzt in dem Maße, wie klassische Grenzen abgebaut worden sind und geographische Ferne nicht mehr Immunität vor Bedrohungen bedeutet, wie die transnationalen Verflechtungen enger geworden und Gesellschaften auf vielfache Weise auch verwundbarer geworden sind« (Frankenberger: Welt der Gleichzeitigkeiten, FAZ vom 26.4.2008).

> »War of choice lautet der englische Begriff, wenn ein Staat seine Soldaten einsetzt, ohne dass eine unmittelbare Gefahr droht. Das tut er dann im Namen eines ›*erweiterten Sicherheitsbegriffes*‹, der einst Raub und Expansion begünstigte, aber heute, zumal im deutschen Kontext, *nicht als zynische Maskerade verhöhnt werden sollte*« (Joffe: Dabei sein ist nicht alles, Zeit vom 13.9.2006).

»Sicherheit war früher Schlachtordnung und Waffenlärm; heute ist Krieg zwischen den Großen das geringste unserer Probleme. [...] *Sicherheit ist ›kleiner‹ und ›breiter‹, diffiziler und unfassbarer geworden. Sie ist tatsächlich ›vernetzt‹,* wie das Klischee besagt. [...] ›Vernetzte Sicherheit‹ heißt, dass auch einfließt, was nicht rein militärisch ist: *Energie, Sanktionen, Wasser, strategisch relevante Exporte, zerfallende Staaten, Terrorabwehr, Rüstungskontrolle, Seewege, Handelskonflikte, Entwicklungspolitik*« (Joffe: Krieger, denk mal! *Zeit* vom 5.2.2010).

»*Sicherheit reicht mittlerweile geographisch bis zum Hindukusch und wirtschaftlich bis zu den Ursachen des Terrorismus*, die allerdings – Armut, Zorn oder religiöses Feuer – durchaus umstritten bleiben« (Stürmer: Allianz der Widersprüche, *Welt* vom 14.2.2005).

Alle vier Journalisten erwähnen weiterhin einen Katalog von Bedrohungen, wie er ähnlich oder gleichlautend in den offiziellen Dokumenten von Bundesregierung, EU, Nato und USA vorkommt (Frame-Element ›Bedrohungskatalog‹):

»Die letzten Jahre haben das Bedrohungsspektrum dramatisch erweitert, mit dem dschihadistischen *Terrorismus* und all seinen Spielarten an der Spitze der Liste, gefolgt von anderen religiös motivierten Bedrohungen, aber auch von den Ängsten, die der *Klimawandel, die Energieversorgung oder selbst Flüchtlingsströme* auslösen« (Kornelius: »Ohne Sicherheit«, SZ vom 10./11.7.2007).

»Diese Gefahren und Herausforderungen reichen vom *Terrorismus über die Verbreitung von Massenvernichtungswaffen über Energie und Klimawandel bis zu Cyberangriffen, wirtschaftlicher Instabilität und Pandemien.* Tatsächlich ist diese Liste noch länger« (Frankenberger: Aktion Partnersuche, FAZ vom 8.2.2010).

»Diese Bedrohungen reichen vom transnationalen *Terrorismus über die Verbreitung von Massenvernichtungswaffen bis zu den Gefahrenschwaden, die aus den Löchern ›gescheiterter Staaten‹ aufsteigen*« (Frankenberger: Schnelle Reparatur der Nato?, FAZ vom 25.6.2003).

»Von den ›globalen Herausforderungen‹ gibt es, weiß Gott, genug: *vom Klima bis zur Armut, vom Terrorismus bis zur Atomrüstung* jener, die sich nicht durch besondere Verantwortung auszeichnen« (Joffe: Von wegen Kalter Krieg, *Zeit* vom 15.2.2007).

»Klassische Territorialkriege sind derzeit out in Europa, die Bedrohung kommt von weit her – von *gescheiterten Staaten, Terrorbrigaden und Atomwaffen* in den Händen derer, die von der Apokalypse träumen« (Joffe: Kreuz des Südens, *Zeit* vom 7.2.2008).

»Vergebens sucht man das globale Konzept, das auch Interessen Russlands einbeziehen müsste und die gemeinsame Bedrohung durch *Terror und Massenvernichtungswaffen, Cyberwar und organisiertes Verbrechen, Klimawandel und Völkerwanderungen*« (Stürmer: Nato im Blindflug, *Welt* vom 1.4.2008).

Alle Journalisten außer Joffe betonen, dass die Welt im Allgemeinen gefährlich ist, keine Ordnung hat, unsicher ist, unübersichtlich, komplex, interdependent, krisenanfällig bzw. von vielen unberechenbaren Akteuren bevölkert (Frame-Element ›gefährliche Welt‹):

»*Unsicherheit ist plötzlich universell. Bedrohungen sind erfinderisch*. Im ewigen Wettstreit von Schwert und Schild gibt es keinen Stillstand. [...] Unsicherheit ist so flüchtig und so weitverbreitet wie Nebel im Winter – und ähnlich bedrohlich: Die Gefahr versteckt sich hinter Schleiern, sie liegt im Verborgenen. *Das Tückische an der neuen Unsicherheit ist ihre Wandlungsfähigkeit*. Sie hat viele Gesichter. [...] Sie respektiert keine Grenzen und keine Regierungen, fürchtet keine Armeen und ist im Zweifel überhaupt nicht zu greifen« (Kornelius: Schwert und Schild, *SZ* vom 6.2.2010).

»Die Einheit des Bündnisses wird [...] ausgerechnet zu einem Zeitpunkt beschworen, zu dem die *Statik der Welt in Gefahr ist*, neue Bedrohungen die dunkle Seite der Globalisierung zeigen, nichtvertrauenswürdige Staaten nach Massenvernichtungswaffen greifen und alte Gewissheiten nicht mehr gelten« (Frankenberger: Am Hindukusch, am Küchentisch – im Bündnis, *FAZ* vom 11.2.2008).

»*Die Welt, in der wir leben, ist unübersichtlich, vielschichtig, grenzenlos und mitten im Umbruch*. Neue Mächte schieben sich nach vorne und nutzen die Dynamik der Globalisierung, der aktuellen Krise zum Trotz. Alte Konflikte brechen wieder auf, neue Konflikttypen stellen unseren Selbstbehauptungswillen auf die Probe« (Frankenberger: Schöne Partner, FAZ vom 5.4.2009).

»Zudem fehlt es nicht an neuen Krisenherden, die militärischer Zuwendung bedürfen. [...] In der neuen *Weltunordnung* ist Europa und in seiner Mitte Deutschland noch immer eine Insel der Stabilität« (Stürmer: Begegnung mit der Wirklichkeit, *Welt* vom 26.10.2006).

»*Die Welt bleibt ein gefährlicher Platz*. [...] Ernstfall ist die Signatur der Epoche« (Stürmer: »Die Welt bleibt gefährlich«, *Welt* vom 13.2.2007).

Unstrittig ist unter den vier Journalisten auch, dass eine neue Zeit angebrochen ist, dass etwas zu Ende ist (sei es der Kalte Krieg, das Zeitalter der klassischen Landesverteidigung oder das ›Westfälische System‹ der souveränen Staaten) und dass frühere Sichtweisen überholt sind (Frame-Element ›neue Zeit‹). Mit der Kontrastierung verschiedener Zeiten und vor allem dem Adjektiv ›neu‹ wird häufig gearbeitet:

»Denn nun geht es um *neue Strukturen*, es geht um eine *neue Verankerung* des Militärs im Staat, und es geht darum, *Abschied zu nehmen von klassischen sicherheitspolitischen Vorstellungen* der Landesverteidigung und der militärischen Souveränität« (Kornelius: Wallensteins Erben, *SZ* vom 13.7.2010).

»*Früher*, als die Münchner Konferenz noch Wehrkunde-Tagung hieß, war die Sache mit der Sicherheit relativ einfach. Wehrkunde war die Lehre von der gerechten Verteidigung. [...] Der *neuen Unsicherheit* lässt sich nicht mit einem Höchstmaß an Abschreckungspotenzial beggenen. Die Logik des Kalten Krieges – *das Gleichgewicht des Schreckens – geht nicht mehr auf*. Heute ist Gewalt kein Privileg der Staaten mehr, sie ist individualisiert« (Kornelius: Schwert und Schild, *SZ* vom 6.2.2010).

»Aber die Verhältnisse haben sich seit dem Wegfall der wie eine Klammer wirkenden sowjetischen Bedrohung *so geändert*, dass die sicherheitspolitischen Interessen nicht mehr in dem Sinne übereinstimmen, dass angesichts *neuer Bedrohungen* eine gemeinsame Analyse einer gemeinsamen Wahl der Mittel vorausginge« (Frankenberger: Schröders Ballon, FAZ vom 15.2.2005).

> »[D]ie *alte Nato-Debatte* über ›Out of area‹-Einsätze mutet an, als stamme sie aus der *Saurier-Zeit* atlantischer Sicherheitspolitik – tatsächlich ist das ja auch so! Bedrohungen sollen *heute* dort entschärft, Gefahren für westliche Interessen dort bekämpft werden, wo sie entstehen. Militärisch zum Beispiel in Afghanistan« (Frankenberger: Wer ist Gegner, wer ist Partner? *FAZ* vom 9.9.2006).

> »So einfach ist das Nachdenken über den Krieg *im 21. Jahrhundert* nicht. *Fast vorbei sind die Zeiten*, da deutsche Bomber ein Land wie Polen zu vernichten suchten oder Nordkorea im Süden einfiel. Die Abwehr waren ›Kriege der Notwendigkeit‹, nicht der freien Wahl. Afghanistan aber passt nicht in dieses *alte Raster*« (Joffe: Krieg als Vorsorgeprinzip, *Zeit* vom 7.9.2009).

> »Sicherheit war *früher* Schlachtordnung und Waffenlärm; *heute* ist Krieg zwischen den Großen das geringste unserer Probleme. [...] Sicherheit ist ›kleiner‹ und ›breiter‹, diffiziler und unfassbarer geworden. [...] *Früher* war Eroberung strategisches Ziel, *heute* sind es gesicherte Energieströme« (Joffe: Krieger, denk mal! *Zeit* vom 5.2.2010).

> »*Klassische Nato-Verteidigung war* Territorialverteidigung gegen die Rote Armee. *Heute* geht es darum, das Gewebe der freien Gesellschaften zu schützen« (Stürmer: Neuer Ernst. Neue Nato? *Welt* vom 4.11.2003).

> »Die überlieferte Staatenordnung, die noch den Buchstaben der internationalen Regeln und Geschäftsordnungen bestimmt, *löst sich auf* und bewegt sich in zwei gegenläufige Richtungen [...]. Das ›Westfälische System‹ [...] *hört einfach auf*. Wir stehen an der *Abbruchkante der Postmoderne* [...] (Stürmer: Wer erbt die Erde? *Welt* vom 12.8.2006).

Alle außer Kornelius sagen explizit, dass Deutschland seine Sicherheit bzw. seine Interessen heute weltweit verteidigen sollte, d. h. die Bedrohungen an ihrem Ursprungsort bekämpfen sollte bzw. dies richtigerweise bereits tut (Frame-Element ›Verteidigung weltweit!‹) Die Aussage von Verteidigungsminister Struck, dass Deutschlands Sicherheit auch am Hindukusch verteidigt werde, wird häufig zitiert und bekräftigt:

> »Und nach den neuen verteidigungspolitischen Richtlinien wird die *Sicherheit Deutschlands auch am Hindukusch verteidigt*, der traditionelle

geographische Sicherheitsbegriff also globalisiert und ausgeweitet. Dass die traditionellen Beschränkungen aufgegeben wurden, ist *richtig*; sie waren obsolet geworden, weil die Umstände sich fundamental geändert haben« (Frankenberger: Deutsche Verantwortung, FAZ vom 24.5.2003).

»Selbst wenn akzeptiert zu sein scheint, dass man sicherheitspolitischen Bedrohungen *richtigerweise dort militärisch begegnen muss, wo sie entstehen*, sieht die politische und die militärische Praxis etwas anders aus« (Frankenberger: Bewährung am Hindukusch, FAZ vom 27.11.2006).

»Der SPD-Verteidigungsminister Struck *hatte Recht, als er dozierte, Deutschland müsse auch am Hindukusch verteidigt werden*. Klassische Territorialkriege sind derzeit out in Europa, die Bedrohung kommt von weit her [...]« (Joffe: Kreuz des Südens, *Zeit* vom 7.2.2008).

»Es ist *besser, den Terror an seiner Quelle zu bekämpfen; Peter Struck hatte Recht* mit der Hindelang-Hindukusch-Verkettung« (Joffe: Deutschlands Krieg, *Zeit* vom 14.9.2009).

»Deutschland werde auch am Hindukusch verteidigt – *wohl wahr, was der frühere Verteidigungsminister Struck da sagte* in seiner Variation über das Thema Globalisierung« (Stürmer: Die Kräfte reichen nicht, *Welt* vom 21.11.2006).

»Heute geht es darum, das Gewebe der freien Gesellschaften zu schützen. Das *erfordert in Reichweite, Technik und Führung weit gespannte Vorfeldverteidigung*. [...] Es bleibt Verteidigung, aber anders als alles, was traditionelle Strategie ins Feld zu stellen wusste, und sie schließt *weit gespannte Stabilitätsoperationen* ein. Der Bundesverteidigungsminister hielt Zweiflern aus dem rot-grünen Lager entgegen: ›*Deutschland wird am Hindukusch verteidigt.*‹ *Das war ein starkes Wort. Aber sind die Folgerungen schon begriffen und umgesetzt* in neue Streitkräftestrukturen und Bündnisstrategien?« (Stürmer: Neuer Ernst. Neue Nato? *Welt* vom 4.11.2003).

Einig sind sich alle vier, dass Deutschland das Bündnis mit den USA (bzw. die transatlantischen Beziehungen bzw. die Nato) pflegen sollte, um den Bedrohungen angemessen begegnen zu können (Frame-Element ›Bündnis mit USA pflegen!‹):

»Wer nach der Alternative zur Nato Ausschau hält, der wird schnell enttäuscht werden: *Es gibt keine bessere*« (Kornelius: Deutsche Lebenslügen, *SZ* vom 8.2.2008).

»Als atlantische Gemeinschaft lassen sich die Turbulenzen der neuen multipolaren Welt allemal besser aushalten. *Nur in dieser Kombination können die vielfältigen Herausforderungen gemeistert werden*. Tapferes Alleinstehen ist keine Tugend; Gemeinsamkeit ist der Gegenentwurf zu Getriebenwerden und Rückzug« (Frankenberger: Böse neue Welt, *FAZ* vom 5.11.2006).

»Denn noch immer kann Deutschland seine globalen politischen und wirtschaftlichen Interessen *am besten mit jenen Partnern verwirklichen*, die den Berlinern vor sechzig Jahren zur Seite stand, insbesondere also mit den *Vereinigten Staaten, mit Großbritannien und Frankreich*. Die Interessen sind gewiss nicht immer identisch [...]; aber die Interessen sind so weit einander ähnlich, dass andere Machtkonstellationen, von Gegenmachtbildungen nicht zu reden, kontraproduktiv wären« (Frankenberger: Vorposten der Freiheit, *FAZ* vom 26.6.2008).

»Wer Amerika nicht mag, möge die Machtverhältnisse nicht vergessen. [...] *Nüchterne Interessenpolitik gebietet es, den ›Draht nach Washington‹ nie abreißen zu lassen*. Umso mehr, als die Interessenkongruenz viel breiter ist, als es Schröder und Bush je wahrhaben wollten« (Joffe: Mit oder gegen Amerika, *Zeit* vom 15.9.2005).

»Nato ist wie Rentensystem und Kanalisation: nicht gerade unterhaltsam, aber *sehr wichtig*; wie sehr, würden wir erst merken, wenn sie aus unserem Leben verschwänden. [...] Tante Nato ist nicht sexy, aber *nützlich*« (Joffe: Besuch der alten Dame, *Zeit* vom 2.4.2009).

»Deutschlands Sicherheit bleibt eine Ableitung aus der europäischen Architektur, diese eine *Ableitung aus der amerikanischen ›Grand Strategy‹*. In den Verteidigungsministerien und den großen Stäben weiß man genau, dass ohne amerikanische Informationstechnologie, Transportkapazitäten und Machtprojektion die Europäer, wenn es ernst wird, verloren sind« (Stürmer: Neuer Ernst. Neue Nato? *Welt* vom 4.11.2003).

»Deutschland konsumiert, wie die ganze stolze Europäische Union, weltweit sehr viel mehr Sicherheit, als wir selber erzeugen. *Ohne Amerika stehen die Europäer, jeder für sich und alle zusammen, vor einer Welt ohne Weltordnung*, und sie stehen allein« (Stürmer: Politik kennt keinen Dank, *Welt* vom 19.1.2007).

Zwei Außenseitervorschläge zur Lösung des Problems ›Bedrohungen‹ werden jeweils einmal gemacht: Kornelius schlägt vor, sich mit der neuen Unsicherheit abzufinden (Frame-Element ›Unsicherheit akzeptieren!‹):

»Vielleicht muss man sich deshalb *verabschieden von der Sehnsucht nach Sicherheit*. Vielleicht muss man die Bedrohung hinnehmen und gleichzeitig eine Grenze ziehen, um das Maß an Verunsicherung zu reduzieren. Es kann ja nicht sein, dass die Angst vor der neuen Unsicherheit eine sonst funktionierende und im Kern stabile Gesellschaft lähmt« (Kornelius: Schwert und Schild, *SZ* vom 6.2.2010).

Frankenberger denkt zudem über die Verbesserung von ›Global Governance‹ durch nicht näher benannte Institutionen nach (Frame-Element ›Global Governance verbessern!‹):

»Und dennoch muss über die *Verbesserung dessen nachgedacht werden, was im Jargon ›Global Governance‹ genannt* wird. Welche Institutionen sind in der Lage und auch dazu berufen, den islamistischen Furor zu zähmen, Völkermord zu ahnden, der Piraterie Herr zu werden, Hunger zu stillen und, nebenbei, noch das Verhältnis der Großmächte zu regeln? Die Frage braucht eine Antwort« (Frankenberger: Welt der Gleichzeitigkeiten, *FAZ* vom 26.4.2008).

6.3.2 Frame-Elemente zur Bundeswehr und zum Verhältnis Regierung – Wahlvolk

Alle Journalisten außer Frankenberger weisen darauf hin, dass die Bundeswehrsoldaten in Afghanistan einem hohen Risiko ausgesetzt sind, weil sie durch das eingeschränkte Bundestagsmandat nicht der Gefährdungslage entsprechend aktiv kämpfen dürfen (Frame-Element: ›Soldaten gefährdet‹):

»Während sich das innenpolitische Personal in Deutschland absurde Debatten über Kriegsterminologien und Waffentypen leistet, *wird in Afgha-*

nistan gestorben. [...] Noch immer reagieren Parlament und Ministerium mit gefährlicher Zeitverzögerung, die am Ende *Leben kostet.* [...] Denn die Angst vor dem politischen Fehlverhalten, vor der Gefährdung eines Ministers oder einer Koalition hat inzwischen zur *Gefährdung der Soldaten* geführt« (Kornelius: Die afghanische Falle, *sz* vom 15.4.2010).

»Das passt zu jener Verdrucksteit in der Afghanistan-Politik, unter der die *deutschen Soldaten im Einsatz schon viel zu lange leiden*« (Kornelius: Flucht nach vorne, *sz* vom 6.7.2009).

»Deshalb ist die Guttenberg-Parole vom ›umgangssprachlichen Krieg‹ schon mal minimales Bewusstseinstraining. Er allein aber kann die Wahrheitsfindung nicht bewältigen; Kanzlerin und Koalition müssen ihm die Flanke sichern. Das sollten sie nicht der Nato zum Gefallen tun, sondern um *die Zahl der Gefallenen auf deutscher Seite so niedrig wie nur möglich zu halten*« (Joffe: Ein bisschen Krieg, *Zeit* vom 9.4.2010).

»Während hierzulande Parteitaktik, Ohne-mich-Stimmung und Führungsverzicht zusammenwirken, hat der Feind längst gelernt, dass *die Deutschen das lohnendste, weil weichste Ziel sind. Das konzentriert die Angriffe auf die deutschen Soldaten* und durchkreuzt alles frühe Wunschdenken, die Lage erfordere nur leicht bewaffnete Entwicklungshilfe« (Stürmer: Unbezähmbares Land, *Welt* vom 21.4.2010).

Dass die Regierung unehrlich gegenüber sich selbst und/oder dem Volk ist (Frame-Element ›Regierung unehrlich‹), meinen alle außer Joffe; vor allem Kornelius schreibt dies häufig und mit scharfen Worten:

»Die deutsche Politik gerät jetzt unter gewaltigen und sehr koordinierten Druck, *weil sie mit zwei Zungen spricht*. In der Nato pflegt sie die Sprache des Bündnisses und akzeptiert scheinbar das Prinzip der Lastenteilung. Gegenüber dem Publikum zuhause aber hat sie *ihre eigene sicherheitspolitische Welt erfunden*, in der es gute und schlechte Soldaten gibt, moralisch hochwertige Einsätze und böse Missionen. Der Begriff Kampfeinsatz darf nicht fallen, und die Mandate des Bundestags kodifizieren eine militärische *Schizophrenie*: Hier Aufbau, Hilfe, Staatsbildung – dort Kampf, Krieg und Tod« (Kornelius: Die zwei Zungen der deutschen Politik, *sz* vom 4.2.2008).

»Im Moment fällt jenes *Lügengebäude* in sich zusammen, das seit Beginn des Afghanistan-Engagements im Jahr 2001 errichtet worden war. Der von Berlin als Stabilisierungs- oder Aufbaumission apostrophierte Einsatz findet im Kriegsgebiet statt. [...] Die Bundesregierungen – Rot-Grün zu Beginn, dann die große Koalition, jetzt Schwarz-Gelb – haben *nicht den Mut aufgebracht, diese Wahrheit auszusprechen* und im Bundestag abzusichern« (Kornelius: Terrain der Lügen, *sz* vom 14.12.2009).

»Tatsächlich handelt es sich hier um eine *Irreführung, eine politische Schönfärberei*, was eine lässliche Sünde wäre, wenn es sich bei dem Wortgeklingel nicht um die *zynische Verdrehung* eines eigentlich gefährlichen Sachverhaltes handelte. [...] Diese Soldaten sind bereits in Kämpfe verwickelt worden, was in Deutschland nur verschämt eingestanden wird, weil hier die Politik seit Jahren einen Scheinkonsens *auf Kosten der Ehrlichkeit* aufrechterhält« (Kornelius: Mehr Ehrlichkeit, *sz* vom 1.2.2008).

»Aber die Art, wie sie mit dem Afghanistan-Einsatz der Bundeswehr umgeht, ist *unehrlich* und unwürdig, gerade weil ein großer Teil der Bevölkerung dem militärischen Engagement am Hindukusch skeptisch bis ablehnend gegenübersteht« (Frankenberger: Feigheit vor dem Bürger, FAZ vom 3.2.2008).

»Die Deutschen *versteckten die neue Art des Ernstfalls vor sich selbst*, während im Süden, wo Mohnanbau und Terror die Taliban ernähren, Briten, Kanadier, Niederländer und Amerikaner einen blutigen Abnutzungskampf durchlitten« (Stürmer: Der deutsche Patient, *Welt* vom 9.2.2008).

Alle Journalisten außer Stürmer betonen, dass die Regierenden in Deutschland Angst vor dem kriegsskeptischen Wahlvolk haben (Frame-Element ›Angst vor Volk‹):

»Aus *innenpolitischer Angst* fehlt es der Regierung jedoch an Ehrlichkeit zum Einsatz« (Kornelius, Afghanische Fiktionen, *sz* vom 7.10.2008).

»In dieser Gedankenwelt gibt es keine Gefechte, keine Überfälle, keine Bombardements, keine toten Talibankrieger und keine gefallenen Soldaten. Es darf dies alles nicht geben, weil die Parteien, die mit Ausnahme der Linken für den Einsatz gestimmt haben, *vor dem Wähler Angst* haben« (Kornelius: Mehr Ehrlichkeit, *sz* vom 1.2.2008).

»Es ist beschämend, dass die Bundesregierung *nicht den Mut und die Kraft aufbringt*, vor den Wählern zu begründen, warum sie es für richtig hält – denn das tut sie ja – 250 Infanteriesoldaten zusätzlich zu entsenden. [...] So zu tun, als seien Auslandseinsätze nur eine militärisch aufgezogene Entwicklungshilfe, ist *Feigheit vor dem Bürger* und schafft Illusionen, die unter den Angriffen unserer Feinde und im Streit unter Verbündeten schnell zusammenbrechen« (Frankenberger: Feigheit vor dem Bürger, FAZ vom 3.2.2008).

»Selbst wenn man die taktischen Erwägungen – oder die *Scheu* – nachvollziehen kann, welche die maßgeblichen Politiker davor *zurückschrecken* lassen, die Diskussion über Sinn und Zweck der Mission offensiv zu führen und diese zu verteidigen, so mindert das weder den Argumentations- und Rechtfertigungsbedarf, noch löst sich so die Skepsis der Leute auf« (Frankenberger: Die Aufgabe bleibt, FAZ vom 25.9.2009).

»Ginge es allein um die Innenpolitik, könnte die Antwort nicht klarer sein: Lasst uns bitte in Ruhe; weiten wir diesen unpopulären Einsatz aus, *riskieren wir mit dem Leben unserer Soldaten auch das Überleben der Großen Koalition*« (Joffe: Kreuz des Südens, *Zeit* vom 7.2.2008).

Dass die Skepsis der Deutschen gegenüber Militäreinsätzen auf Ignoranz bzw. beschränktem Bewusstsein für die Realitäten beruht (Frame-Element ›Volk ignorant‹), meinen Kornelius und Frankenberger:

»Das *Sicherheitsbedürfnis der Deutschen beschränkte sich* lange auf das Leben in den eigenen vier Wänden. [...] Dabei wurde stets als selbstverständlich akzeptiert, dass die Sicherheit von außen nicht beeinträchtigt wird, dass Deutschland gut aufgehoben ist unter Freunden und Nachbarn, und dass die Wirtschaft stark genug ist, um das Land zum Exportweltmeister zu machen. [...] Allerdings entstand so auch eine *Scheuklappenmentalität*. *Ausgeblendet* blieben Probleme, die nicht in das deutsche Konzept passten« (Kornelius: Deutsche Lebenslügen, SZ vom 8.2.2008).

»Die Rolle des weltpolitischen Zuschauers kann sich Deutschland nicht mehr leisten. Es ist ihr auch längst entwachsen – selbst wenn *viele Deutsche es gern so wie früher hätten, als die Konfliktlagen überschaubar waren* und die Sicherheit Deutschlands in Hindelang verteidigt wurde. Das beantwortet aber noch nicht die Frage, wie der Gegensatz zwischen den realen Veränderungen und den Interessen Deutschlands auf der einen und der skeptischen, *des Wandels müden Bevölkerung* auf der anderen Seite zu überwinden ist« (Frankenberger: Feigheit vor dem Bürger, FAZ vom 3.2.2008).

»Mittlerweile hält noch nicht einmal ein Drittel der Deutschen den Einsatz der Bundeswehr in Afghanistan für eher richtig, 62 Prozent halten ihn eher für falsch. Offenkundig ist die Lage an der Heimatfront nicht weniger prekär als die in Afghanistan. *Dieses Meinungsbild ist beklemmend, weil dieses Land die Plattform war, von der aus der islamistische Terrorismus seine verheerenden Schläge gegen die westliche Welt geplant*, geübt, koordiniert und gesteuert hat« (Frankenberger: Wo wir unsere Sicherheit verteidigen, FAZ vom 7.1.2008).

Dass die Deutschen auch aus historischen Gründen in der Außen- und Sicherheitspolitik und speziell bei militärischem Engagement zurückhaltend sind (Frame-Element ›Zurückhaltung historisch begründet‹), erwähnen Kornelius und Stürmer:

»Nach der Wiedervereinigung nahm das Bündnis Rücksicht auf die schwierige politische Lage des Landes, das aus nachvollziehbaren *historischen Gründen* keine sicherheitspolitische Tradition entwickelt hat und vor allem keine militärische« (Kornelius: Mehr Ehrlichkeit, SZ vom 1.2.2008).

»*Das geteilte Deutschland an der Nahtstelle zweier feindseliger Blöcke hatte gar nicht viel Spielraum für eigene außenpolitische Wege.* Der Überlebenstrieb gebot die enge Anbindung an die Westmächte unter Führung der USA. [...] Dieses westliche Deutschland war mithin zwar ein völkerrechtlich souveränes Gebilde, aber seine *Außenpolitik blieb immer embryonal* [...]. Die entwöhnte Republik hatte sich abgefunden mit ihrer außenpolitischen Selbstbeschränkung« (Kornelius: Die entwöhnte Republik, SZ vom 16.5.2009).

»Ein halber Soldat in einem halben Panzer – so entstand *vor mehr als einem halben Jahrhundert* die Bundeswehr. So war sie gewollt, und so ist das Gesetz, unter dem sie bis heute steht. [...] Die Bundesrepublik, *als sie entstand*, war nicht Staat auf der Suche nach einer Außenpolitik, sondern Produkt amerikanischer Außenpolitik auf der Suche nach einem Staat [...]. [...] Die Deutschen trauten sich selber nicht. ›Ohne mich‹ war das Schlagwort« (Stürmer: Der deutsche Patient, Welt vom 9.2.2008).

Eine Lösung dieser Problematik liegt für alle Journalisten in verstärkten Anstrengungen der Politik, den Bürgern die Notwendigkeit des Militäreinsatzes in Afghanistan zu vermitteln (Frame-Element ›Volk überzeugen!‹): Die Regierung soll offensiv für mehr militärisches Engagement werben, das Bewusstsein schaffen für die Notwendigkeit, den Krieg in Afghanistan zu führen, den Krieg beim Namen nennen und ihn auch zum Wahlkampfthema machen:

> »*Dringend notwendig wäre es, dass die Politik die öffentliche Debatte suchte*. Die Deutschen verstehen nicht, warum ihre Bundeswehr in Afghanistan im Einsatz ist. Ein erschreckend hoher Anteil der politikmündigen Bürger glaubt, dass hier ein Vasallen-Krieg der USA geführt werden müsse. [...] Deutschland ist Konsensland, der Bundestag entscheidet über den Einsatz der Soldaten. Aber niemand zwingt die politische Führung, in einer zentralen außenpolitischen Frage genau dies zu zeigen: *zu wenig Führung*« (Kornelius: Politiker, die nicht überzeugen, SZ vom 11.2.2008).

> »*Das afghanische Drama hat allen Anspruch darauf, ohne schrille Obertöne auch im deutschen Wahlkampf eine wichtige Rolle zu spielen*« (Kornelius: Die afghanische Zäsur, SZ vom 7.9.2009).

> »*Den Meinungskampf an der Heimatfront darf die Politik nicht scheuen*, wenn sie von dem überzeugt ist, was sie vorgibt. Die Skepsis der Bürger ist nicht unüberwindbar. Führungsverantwortung wahrnehmen bedeutet auch, Bürgern und Soldaten die Bedeutung eines Einsatzes zu erklären, sie auf mögliche Verluste vorzubereiten und auch auf die möglicherweise lange Dauer eines Einsatzes. [...] Der *Kampf um die ›hearts and minds‹ muss auch bei uns geführt* werden« (Frankenberger: Wo wir unsere Sicherheit verteidigen, FAZ vom 7.1.2008).

> »Aber auch für Koalitionsregierungen können Umfragen nicht die einzige Richtschnur ihres Handelns sein, zumal dann nicht, wenn sie grundsätzlich von Sinn und Zweck der Mission überzeugt sind. *Es bedarf einer viel systematischeren, offensiveren Überzeugungsarbeit* und dessen, was neudeutsch ›Leadership‹ heißt« (Frankenberger: Am Hindukusch, am Küchentisch – im Bündnis, FAZ vom 11.2.2008).

»Alle Politik muss den Wählerwillen respektieren. Aber das Grundgesetz verbietet es den Regierenden nicht, *für das außenpolitisch Gebotene zu werben*« (Joffe: Kreuz des Südens, *Zeit* vom 7.2.2008).

»Der Regierung sollte es nicht schwerfallen, *die Debatte im Namen von Verpflichtung und Eigeninteresse zu führen* – schon um den Demagogen zu zeigen, wo deren Verantwortungslosigkeit zum schäbigen Zynismus verkommt« (Joffe: Maurerkelle und MG, *Zeit* vom 30.5.2007).

»Wer Soldaten in Todesgefahr schickt, muss die militärischen Mittel den politischen Zielen zuordnen. *Führen heißt auch erklären, begründen* und, nicht zuletzt, begrenzen. Die Kanzlerin ist gefordert« (Stürmer: Unbezähmbares Land, *Welt* vom 21.4.2010).

Alle Journalisten außer Stürmer fordern die Änderung bzw. Abschaffung der Einsatzbeschränkungen für die deutschen Soldaten (Frame-Element ›Einsatzbeschränkungen weg!‹) und damit deren Entlastung von politischem Druck:

»Wer Afghanistan retten und dem Einsatz das Debakel ersparen möchte, der muss im achten Jahr radikale Schritte wagen: Erstens *muss die Trennung der Mandate und die unsinnige Unterteilung in Kriegseinsatz und Aufbaumission aufgelöst* werden. Wer im Bundestag diese Fiktion aufrechterhält, belügt sich nur selbst und verspottet die Soldaten« (Kornelius: Afghanische Fiktionen, *SZ* vom 7.10.2008).

»Zur Flexibilität gehört auch, *dass die Bundeswehr die Regeln ändert*, denen die Soldaten in einem Feuergefecht folgen sollen. Die Änderung dient der Sicherheit der Soldaten. Sie ist überfällig, wird seit Monaten vorbereitet und ist noch nicht abgeschlossen« (Kornelius: Flucht nach vorne, *SZ* vom 6.7.2009).

»Sage und schreibe 102 solcher Einsatzbeschränkungen soll es geben. Es ist kein Wunder, dass angesichts der wiederaufgeflammten Kämpfe und hoher Verluste den Befehlshabern solche Beschränkungen ein Dorn im Auge sind: Sie engen ihren taktischen Spielraum ein. *Einsatzflexibilität ist aber notwendiger denn je*, seit die Nato ihre Zuständigkeit auf das ganze Land ausgeweitet hat« (Frankenberger: Bewährung am Hindukusch, *FAZ* vom 27.11.2006).

> »Wenn Deutschland die Regelung eines Konflikts wirklich wichtig ist, dann werden wir gelegentlich nicht umhinkommen, auch militärisch alles für einen Erfolg zu tun. *Das gilt auch für die Einsatzregeln*. Manche ›rules of engagement‹ für Einsätze der Bundeswehr kommen einer militärischen Selbstbindung gleich, die das Erreichen der Ziele erschwert – und Deutschland bündnispolitisch diskreditiert« (Frankenberger: Wo wir unsere Sicherheit verteidigen, *FAZ* vom 7.1.2008).

> »›Krieg‹ ist im Mandat nicht vorgesehen, das sieht nur beruhigende Tätigkeiten wie ›Aufrechterhaltung der Sicherheit‹, ›Unterstützung der Regierung‹, ›Absicherung von Wahlen‹, ›Verwundetentransport‹, schließlich: ›Eigensicherung und im Bedarfsfall Evakuierung‹ vor. *Leider reicht das nicht, nicht einmal zur ›Eigensicherung‹*. [...] Die Deutschen dürfen nur schießen, wenn sie beschossen werden; das ist der Präsentierteller als Prinzip. [...] Man darf es auch schärfer ausdrücken: *Eine Regierung, ein Parlament, die ihren Soldaten Mandat und Mittel zur effektiven Selbstverteidigung verweigern, handeln unverantwortlich*« (Joffe: Ein bisschen Krieg, *Zeit* vom 9.4.2010).

Kornelius erwägt als Einziger die Möglichkeit, die Bundeswehr aus Afghanistan abzuziehen (Frame-Element ›Bundeswehr aus Afgh. abziehen!‹) – aber nur, falls die Regierung nicht den Mut findet, den Krieg konsequent zu führen, und falls sie das Ende der Nato in Kauf nehmen möchte:

> »Wer damit nicht einverstanden ist [die Last des Krieges zu tragen – UK], der muss über den Einsatz insgesamt befinden. Wer keine Zukunft für Afghanistan sieht, *der muss abziehen*. Dies ist dann eine politische Diskussion, die jederzeit geführt werden kann – und zwar in einem Verteidigungsbündnis, auf dessen Kosten Deutschland zurzeit Sicherheitspolitik betreibt, und dessen Schicksal dann gleich mitentschieden wird« (Kornelius: Mehr Ehrlichkeit, *SZ* vom 1.2.2008).

> »Wenn nun immer mehr pensionierte (und intern wohl auch aktive) Generale die Deckung verlassen und nach mehr militärischer Handlungsfreiheit verlangen, dann sollte die Politik auf sie hören. Entweder man vertraut der Bundeswehr, dass sie ein Fiasko abwenden kann, oder aber der politische Mut ist zu gering. *Dann aber gibt es keinen Grund, auch nur einen Moment länger in Afghanistan zu bleiben*« (Kornelius: Die afghanische Falle, *SZ* vom 15.4.2010).

Alle Journalisten außer Stürmer erwähnen, dass das bevölkerungsreiche und wirtschaftsstarke Deutschland außenpolitisch behäbig und wenig selbstbewusst in der Verfolgung seiner Interessen ist (Frame-Element ›Verhinderte Großmacht‹):

> »*Die Nation nimmt sich nicht ernst genug bei der Ausübung ihrer außenpolitischen Pflichten und Möglichkeiten.* Schlimmer noch, es gibt zu wenig Phantasie im Land, was diese Möglichkeiten und Pflichten sein könnten – für eine *Nation, die immer noch eine Wirtschafts-Supermacht ist* und davon lebt, dass ihr die Welt als (Handels-)Partner wohlgesonnen ist. [...] Von Paris, Peking oder Washington aus betrachtet ist Deutschland noch immer eine *Nation in selbstgebundenen Fesseln*. [...] Deutschland wird als komplizierter Partner empfunden, weil sich aus vielerlei guten und weniger guten Gründen eine *außenpolitische Behäbigkeit* entwickelt hat. [...] Die Geschichte der Bundesrepublik liefert treffliche Gründe für selbstverordnete Bescheidenheit. Allerdings gibt es einen Unterschied zwischen Bescheidenheit und *lähmendem Unvermögen*« (Kornelius: Deutschland von außen, SZ vom 1.10.2009).

> »*Deutschland spielt keine politische und wirtschaftliche Führungsrolle.* [...] Darüber hinaus verlieren sie [die Partner Deutschlands – UK] das Vertrauen in die Vitalität Deutschlands, in seinen politischen Veränderungswillen und in die Bereitschaft der deutschen Politik, sich für das gemeinsame Wohl und die gemeinsame Sicherheit einzusetzen. [...] Nicht jeder Vorwurf ist berechtigt. Aber anders als man das noch vor ein paar Jahren erwartet hatte, geht von Berlin kein kräftiger Führungsimpuls (mehr) aus. [...] *Verantwortung kann man nicht abwerfen wie Ballast. Auch darum braucht Deutschland Erfolg in Wirtschaft und Politik*« (Frankenberger: Deutsche Verantwortung, FAZ vom 24.5.2003).

> »*Die Rolle des weltpolitischen Zuschauers kann sich Deutschland nicht mehr leisten. Es ist ihr auch längst entwachsen* – selbst wenn viele Deutsche es gern so wie früher hätten, als die Konfliktlagen überschaubar waren und die Sicherheit Deutschlands in Hindelang verteidigt wurde« (Frankenberger: Feigheit vor dem Bürger, FAZ vom 3.2.2008).

> »Dieses Land, *die drittgrößte Volkswirtschaft der Welt, will nicht wirklich eine Mega-Schweiz sein*. Wer aber die Macht will, muss auch Verantwortung tragen. Wie kann Berlin abermals einen ständigen Sitz im UN-Sicherheitsrat

fordern, wenn es Einfluss für sich ohne Einsatz für das Ganze will?« (Joffe: Kreuz des Südens, *Zeit* vom 7.2.2008).

Alle vier sind sich einig, dass Deutschland (bzw. Europa) sich zu sehr als ›Soft Power‹ begreift, dabei aber die militärischen Notwendigkeiten vernachlässigt und (zu) wenig Geld dafür ausgibt (Frame-Element ›Militärische Kraft fehlt‹):

> »Es ist typisch für die deutsche Außenpolitik, dass in der Debatte um Einsätze der Bundeswehr oder um europäische Beiträge zur Befriedung der Welt *die harte Währung der Sicherheitspolitik keine Rolle spielt*. In dieser Kategorie geht es – banal gesagt – *um Stärke, um den militärischen Willen, seine guten politischen Absichten zu verteidigen*. [...] Deutsche wie europäische Außenpolitik *krankt an einem Missverhältnis zwischen hehren politischen Absichten und der Fähigkeit, diese großmögenden Ziele auch durchzusetzen*. [...] Moralische Überzeugung und vor allem die Autosuggestion sind gewaltig, aber die militärische Glaubwürdigkeit ist gering und die politischen Ziele sind unscharf. [...] Die *militärisch unterfütterte Außenpolitik bleibt so Flickwerk*« (Kornelius: Wille ohne Kraft, *SZ* vom 26.8.2006).

> »Wenn Asiaten die weltpolitische Zukunft Europas einschätzen, fällt nicht nur ihr Pessimismus auf, sondern oft auch die selbstgerechte Häme, mit der sie die europäische Zukunft beschreiben. Beeindruckt sind die wenigsten; es fällt ihnen schwer, *Europa, das sich so viel auf seine ›Soft power‹ zugutehält, machtpolitisch ernst zu nehmen*. Militärisch, demographisch und bezogen auf wirtschaftliche Dynamik wird Europa, genauer: die Europäische Union, nicht als Weltmacht verstanden. Und als solche eben auch nicht respektiert. [...] *Was Europa braucht, ist ein viel entspannteres Verhältnis zur Macht und zu deren Anwendung*« (Frankenberger: Mitspieler oder Zuschauer? *FAZ* vom 30.7.2009).

> »Die Bundeswehr mausert sich zwar seit 15 Jahren zur Einsatzarmee [...]. *Aber es reicht hinten und vorne nicht*, was nicht bloß Soldatengejammer ist. Es reicht nicht, weil der Wehretat auf 1,4 Prozent der Wirtschaftsleistung zusammengeschrumpft ist (im Kalten Krieg: um die drei). Der Anti-Guerilla-Krieg, ob im Irak oder in Afghanistan, erfordert viele, viele ›Stiefel auf dem Boden‹ – auch Kampfpanzer, von denen die Deutschen nur noch ein paar hundert besitzen. [...] Kurzum: Man darf als Economy-Macht nicht

Business fliegen wollen, es sei denn, *Volk und Parlament sorgen für das Upgrade, also einen Verteidigungsetat, der den Umbau etwas schleuniger bewältigt,* als es seit der Selbstauflösung der Sowjetunion der Fall war« (Joffe: Dabei sein ist nicht alles, *Zeit* vom 13.9.2006).

»Hier offenbart sich das Problem des europäischen Paradigmas: Aus Sorge vor den (üblen) Weiterungen einer schärferen Gangart *predigen die Europäer instinktiv Konzilianz und Kooperation und vergessen dabei, dass manche Konflikte wirklich ›harte‹ sind.* Glaubensgetragener Terror oder die iranische Bombe drücken einen unbedingten Machtanspruch aus, der gut gemeinten therapeutischen Maßnahmen widersteht« (Joffe: Von wegen Kalter Krieg, *Zeit* vom 15.2.2007).

»Von Deutschland, der weltgrößten Exportnation, kann man das kaum sagen [dass geostrategisch gedacht wird – UK]. *Man tröstet sich mit ›soft power‹, ohne zu begreifen, daß, wie im bürgerlichen Leben, die Zivilität besser greift, wenn Unsanftes droht.* Energiesicherheit, Nichtverbreitung von Massenvernichtungswaffen, Schutz der Seewege – wer außer den USA will dafür kämpfen?« (Stürmer: Europa kann nur kleckern, nicht klotzen, *Welt* vom 23.3.2006).

»Sicherheit aber entsteht nicht aus der Summe des Wunschdenkens der Europäer, ihrer Vorbehalte und *ausgehungerten Verteidigungsbudgets,* sondern aus vorgreifend kraftvollem Krisenmanagement, wozu *notfalls die Fähigkeit gehört, ins militärische Fach zu greifen.* [...] Europa definiert sich als Handelsklub mit begrenzter Haftung und bleibt damit weit hinter Möglichkeiten und Erfordernissen zurück« (Stürmer: Kein Anschluss unter dieser Nummer, *Welt* vom 5.7.2007).

6.3.3 Frame-Elemente zum Verhältnis Deutschland – Nato/USA

Alle Journalisten außer Joffe betonen, dass Deutschland sich innerhalb der Nato militärisch zurückhält und auf Kosten seiner Partner lebt, andere Nato-Mitgliedsstaaten sind darüber verärgert oder verbittert (Frame-Element ›Nato-Partner verärgert über Dtl.‹):

»Bei den Verbündeten herrscht eine *Grundverbitterung* über die deutsche Politik, die zwar das drittgrößte Truppenkontingent entsandt hat, aber sonst durch gute Ratschläge und mangelnde Taten auffällt« (Kornelius: Die afghanische Zäsur, *SZ* vom 7.9.2009).

»Deutschland wird als komplizierter Partner empfunden, weil sich aus vielerlei guten und weniger guten Gründen eine außenpolitische Behäbigkeit entwickelt hat. Das macht Deutschland zu einem schwierigen, manchmal unmöglichen internationalen Akteur. [...] *Überall wird Klage erhoben*, dass Deutschland zu wenig leiste, zu defensiv agiere, zu ängstlich auf die schwankende Stimmung und die Koalitionskräfte im eigenen Haus achte« (Kornelius: Deutschland von außen, *SZ* vom 1.10.2009).

»Es ist [im Süden Afghanistans – UK] zu regelrechten Schlachten gekommen mit entsprechend hohen Verlusten auf Seiten jener Nato-Partner, die dort eingesetzt werden: der Vereinigten Staaten, Kanadas und Großbritanniens. Und *die fühlen sich mehr und mehr im Stich gelassen* von jenen Partnern, die den Einsatz ihrer Truppen – in anderen Landesteilen – mit Beschränkungen versehen« (Frankenberger: Bewährung am Hindukusch, *FAZ* vom 27.11.2006).

»*Was in der Nato rumort, ist die ungleiche Lastenverteilung* im Bündnis, noch dadurch akzentuiert, dass sich die Deutschen für Friedensoperationen in Anspruch nehmen, während Briten, Kanadier und Niederländer im Süden Kriegführung betreiben« (Stürmer: Die Kräfte reichen nicht, *Welt* vom 21.11.2006).

Alle vier sehen die Gefahr, dass der Afghanistan-Krieg eine Zerreißprobe für die Nato darstellt: Wenn nicht alle Mitglieder das Prinzip der fairen Lastenteilung unterstützen, ist das Militärbündnis dem Untergang geweiht (Frame-Element ›Zerreißprobe für Nato‹):

»Wer keine Zukunft für Afghanistan sieht, der muss abziehen. Dies ist dann eine politische Diskussion, die jederzeit geführt werden kann – und zwar in einem Verteidigungsbündnis, auf dessen Kosten Deutschland zurzeit Sicherheitspolitik betreibt, und *dessen Schicksal dann gleich mitentschieden wird*« (Kornelius: Mehr Ehrlichkeit, *SZ* vom 1.2.2008).

»Am Hindukusch wird nicht nur ›unsere‹ Sicherheit verteidigt, *es steht zunehmend auch die Bündnissolidarität auf dem Spiel und womöglich die Zukunft der Allianz. Das wäre* [...] *eine bittere Pointe.* [...] Es [ein Scheitern in Afghanistan – UK] wäre eine *Katastrophe für die Nato*« (Frankenberger: Bewährung am Hindukusch, FAZ vom 27.11.2006).

»Die Regierung in Ottawa droht für den Fall, dass sie nicht stärker unterstützt und entlastet wird, mit dem Abzug ihrer Soldaten – und in der Konsequenz mit der Aufgabe einer Mission, die alle Regierungen im Bündnis auf absehbare Zeit für notwendig halten. Käme es dazu, dann *erlebte die Nato ausgerechnet am Hindukusch ihr Waterloo*, wäre über Solidarität und Lastenteilung nur noch in der Vergangenheitsform zu reden. Es liegt auch an Berlin, dass es so weit nicht kommt« (Frankenberger: Feigheit vor dem Bürger, FAZ vom 3.2.2008).

»Das *existenzielle Risiko für die Allianz* liegt auf der Hand. Dann zögen die Holländer und Kanadier ab, wie sie es angedroht haben – es blieben die üblichen Verdächtigen USA und England. Niemand würde deshalb das Nato-Hauptquartier in Belgien abreißen, aber das wär's dann auch: ein Bauwerk, kein Bündnis« (Joffe: Kreuz des Südens, *Zeit* vom 7.2.2008).

»Aber im Norden wird gebaut, im Süden wird geblutet. Auf die Dauer *zerreißt das die Allianz*. Was auf dem Spiel steht, ist das Grundprinzip der drei Musketiere: Einer für alle, alle für einen« (Stürmer: Der deutsche Patient, *Welt* vom 9.2.2008).

»Sonntag früh dann [bei der Münchner Sicherheitskonferenz – UK] ging es um die Zukunft der Nato und die Zukunft Afghanistans. Bald erwies sich, dass es sich um ein und dasselbe Thema handelt. Der Ausgang des Krieges in dem Land am Hindukusch *wird auch das Schicksal des westlichen Bündnisses bestimmen*« (Stürmer: Neue Töne aus Washington, *Welt* vom 9.2.2009).

Alle vier fordern, dass Deutschland die Ansprüche der Nato erfüllen und somit Bündnistreue bzw. Bündnisfähigkeit unter Beweis stellen sollte (Frame-Element ›mehr Nato-Engagement!‹). Diese Aussage treffen sie entweder explizit oder implizit durch die Betonung des Prinzips ›gleiche Lastenteilung‹:

»Zum Prinzip eines Bündnisses gehört die *gleiche Verteilung von Rechten und Pflichten*. Wer, wie Deutschland, das bessere Aufbaukonzept für den Süden Afghanistans zu haben glaubt, muss es auch durchsetzen. Wer aber eine

Teilnahme im Süden des Landes ablehnt, der kann nicht erwarten, dass sein Aufbaukonzept ernst genommen wird« (Kornelius: Deutsche Lebenslügen, SZ vom 8.2.2008).

»Im Bündnis gilt außerdem die Regel, dass die *Lasten gleich verteilt werden sollen*. Dieses Prinzip lässt sich nicht nur an Hubschraubern oder Transportfliegern messen, sondern auch an den Toten. Das klingt brutal, gehört aber zu den Wahrheiten, die in Deutschland gerne verdrängt werden« (Kornelius: Die zwei Zungen der deutschen Politik, SZ vom 4.2.2008).

»Ein Bündnis funktioniert nach einem simplen Prinzip: *gleiche Lasten für alle*, gleiche Pflichten für alle, gleiche Vorteile für alle« (Kornelius: Mehr Ehrlichkeit, SZ vom 1.2.2008).

»*Man muss sich aufeinander verlassen können* – das ist das elementare Prinzip jedes Bündnisses« (Frankenberger: Bewährung am Hindukusch, FAZ vom 27.11.2006).

»Weil Afghanistan der Hauptkrisenschauplatz westlicher Sicherheitspolitik bleiben wird und weil dort mehr und mehr auf dem Spiel steht, wird die künftige Bundesregierung vermutlich *noch mehr Energie und Ressourcen als bisher aufbringen müssen*. Dem können Wahlkämpfer sich entziehen, nicht aber diejenigen, die in politischer Verantwortung stehen. [...] Die künftige Bundesregierung [...] sollte selbst handeln: indem sie die lange Mängelliste ihrer eigenen Offiziere ernst nimmt und manche widersinnige Einsatzbeschränkung aufgibt. Wird darüber hinaus in der Nato Einvernehmen darüber erzielt, dass tatsächlich Anstrengungen aller Art in Afghanistan zu verstärken sind, dann *sollte sie sich nicht verweigern*« (Frankenberger: Die Aufgabe bleibt, FAZ vom 25.9.2009).

»Unverrückbar ist das Gebot, das Bündnis nicht in Afghanistan zugrunde gehen zu lassen und *schon gar nicht, weil ausgerechnet Berlin den Luther gibt*: ›Hier stehe ich und kann nicht anders‹« (Joffe: Kreuz des Südens, Zeit vom 7.2.2008).

»›Einen Freund in Not kann man nicht alleinlassen‹ – so begründet Polens Verteidigungsminister die Entsendung polnischer Truppen ohne Einschränkung. Das ist der Stoff, der Bündnisse zusammenhält. Die *deutsche*

Politik muss strategische Solidarität üben und ernstfallfähig werden« (Stürmer: Die Kräfte reichen nicht, *Welt* vom 21.11.2006).

»Was auf dem Spiel steht, ist das Grundprinzip der drei Musketiere: *Einer für alle, alle für einen*« (Stürmer: Der deutsche Patient, *Welt* vom 9.2.2008).

Ein positiver Effekt von mehr Engagement in der Nato sei übrigens, dass Deutschland damit Einfluss auf die US-Politik behält oder ausweitet (Frame-Element ›via Nato Einfluss auf USA möglich‹). Dies erwähnen alle außer Joffe:

»Natürlich kann man die amerikanische Dominanz in der Nato beklagen. *Reduzieren lässt sie sich aber nur, wenn man sich selbst stärker engagiert*. Dazu reichen manchmal kleine, aber weitreichende Entscheidungen: Helikopter sind hochbegehrt im Süden Afghanistans. Wer vier Hubschrauber schickt, gewinnt überproportional an Einfluss« (Kornelius: Deutsche Lebenslügen, SZ vom 8.2.2008).

»Die Strategiediskussion wird auch in der Nato intensiv geführt. Allein: *Einfluss hat dabei nur, wer auch wirklich beteiligt ist*. Wer zahlt schafft an – die alte Regel gilt auch im Bündnis« (Kornelius: Die zwei Zungen der deutschen Politik, SZ vom 4.2.2008).

»Zum gegenwärtigen Zeitpunkt, an dem die Regierung Obama immer mehr amerikanische Soldaten nach Afghanistan verlegt, wäre eine solche Diskussion [über einen Abzug der Bundeswehr – UK] fatal: bündnispolitisch, *weil der internationale Afghanistan-Einsatz doch auf dessen Amerikanisierung hinausliefe*; strategisch, weil die Taliban und ihre Terrorkumpane schon für die Zeit nach dem Abzug der ausländischen Truppen planen könnten« (Frankenberger: Fatale Debatte, FAZ vom 3.7.2009).

»Wie weiter in Afghanistan? Auf Dauer verbunkern ist nicht möglich. Ebenso wenig ein fluchtartiger Rückzug und Hinterlassung eines Schwarzen Lochs. Das Bündnis wäre ein Wrack, *Deutschland ohne Einfluss auf die amerikanische Strategie*, und fortan auf Sonderwegen ohne Sicherheit« (Stürmer: Unbezähmbares Land, *Welt* vom 21.4.2010).

Nicht vergessen werden sollten die historischen Leistungen, die die USA und die Nato seit Ende des Zweiten Weltkrieges für die Bundesrepublik erbracht haben (Frame-Element ›historische Leistung von USA/Nato‹) Alle vier Journalisten führen dies an und erwähnen teilweise Dankbarkeitsgefühle oder kritisieren die Undankbarkeit der Deutschen:

> »*Deutschland profitierte jahrzehntelang von den Vorteilen des Nato-Bündnisses*, das seine Sicherheit an der Nahtstelle einer zweigeteilten Welt garantierte. Nach der Wiedervereinigung nahm das Bündnis Rücksicht auf die schwierige politische Lage des Landes, das aus nachvollziehbaren historischen Gründen keine sicherheitspolitische Tradition entwickelt hat und vor allem keine militärische« (Kornelius: Mehr Ehrlichkeit, SZ vom 1.2.2008).

> »*Diese Leistung*, die politische Entscheidung zur Aufrechterhaltung einer Luftbrücke und die Versorgung West-Berlins während elf Monaten aus der Luft, machte aus den westlichen Besatzungsmächten und den Deutschen Verbündete, ja Freunde. Es hat nichts mit Nostalgie oder Verklärung zu tun, daran zu erinnern, welche Kraft diesem Ereignis vor sechzig Jahren innewohnte und wie packend und ergreifend die Botschaft war, die von ihm ausging. *Diese Botschaft hallt bis heute nach, ist aber sehr viel schwächer geworden* und kommt nicht mehr bei allen an« (Frankenberger: Vorposten der Freiheit, FAZ vom 26.6.2008).

> »Das *atlantische Bündnis hat in den vergangenen Jahrzehnten maßgeblich dazu beigetragen*, dass seine Mitglieder in Frieden und Freiheit leben konnten – das ist keine Floskel« (Frankenberger: Schöne Partner, FAZ vom 5.4.2009).

> »Westdeutschland hat hinter dem Nato-Schild *vierzig Jahre lang prächtig floriert*. Mag sein, dass diese Wohltat aufgebraucht und Dank nicht der Kern aller Staatsräson ist. Bloß: Wer dieses Bündnis auf den Müllhaufen der Geschichte kippen will, muss es aus triftigem Grund [...] tun [...]« (Joffe: Stunde der Dilettanten, *Zeit* vom 13.2.2003).

> »*Müssen wir der Nato nicht dankbar sein*, dass sie uns vierzig Jahre lang beschützt hat – mit einer halben Million fremder Soldaten auf westdeutschem Boden? Nur ist Dankbarkeit ein schwächliches Moment im Leben der Staaten [...]« (Joffe: Kreuz des Südens, *Zeit* vom 7.2.2008).

»Keinem amerikanischen Präsidenten *verdanken* die Deutschen mehr als Harry S. Truman [...]. [...] Truman hat Weltgeschichte gemacht, als Deutschland nur noch Objekt der Sieger war, und die Deutschen sind via Truman-Doktrin, Marshall-Plan, Währungsreform und Ankoppelung an den Dollar, billiges Öl, offene Märkte und, zuletzt und vor allem, durch Nordatlantikpakt und Europa-Integration *bis heute die Benefiziäre*. Gleichwohl sucht man hierzulande vergeblich nach einer kühnen Brücke, die Trumans Namen trägt, einem großen Platz, einem Denkmal irgendwo in der Hauptstadt oder im Rest des Landes. Solcher Gedächtnisverlust offenbart *Undankbarkeit*, bedeutet aber vor allem Verlust und Weltorientierung, Sinn und Richtung [...]« (Stürmer: Eine Rede, die Deutschland rettete, *Welt* vom 13.3.2007).

»Die Deutschen hätten allen Grund, *Amerika und den Amerikanern dankbar zu sein*, nicht nur wegen Care-Paketen und Quäkerspeisung, sondern auch wegen Fulda-Gap und Checkpoint Charlie und, zuletzt und vor allem, wegen der Ermöglichung des Unmöglichen: der deutschen Einheit. Nach dem Sturz von Kanzler Kohl war davon indessen wenig zu bemerken. Im Gegenteil [...]« (Stürmer: Politik kennt keinen Dank, *Welt* vom 19.1.2007).

6.3.4 Vergleich der Argumentationsmuster

Die vier Autoren weisen große Schnittmengen in den verwendeten Frame-Elementen auf (vgl. Tab. 9 und Abb. 22) – aber verwenden sie sie auch in ähnlichen Zusammensetzungen, d. h. verwenden sie ähnliche Frames? Beantwortet werden kann dies mit einem Blick auf die Vernetzung der Frame-Elemente in den Artikeln jedes Autors. Der Grundgedanke ist: Kommen verschiedene Frame-Elemente in einem Artikel zusammen vor, besteht zwischen ihnen eine Beziehung – gleichgültig, ob der Autor sie im konkreten Artikel syntaktisch miteinander verwoben hat – und sie legen sich wahrscheinlich im Kopf des Rezipienten zu einem Frame zusammen.

6.3.4.1 Stefan Kornelius (SZ)

Stefan Kornelius verwendet 21 der insgesamt 23 gefundenen Frame-Elemente, also fast die gesamte Palette. Abb. 24 zeigt, welche Frame-Elemente in einem oder mehreren Artikeln zusammen vorkommen; zu sehen ist hier, dass die meisten Artikel mehr als ein für die Forschungsfragen relevantes Frame-Element beinhalten und damit offensichtlich konsistent in eine bestimmte Richtung argumentieren.

ABBILDUNG 24
Frame-Elemente in den Artikeln von *SZ*-Ressortleiter Kornelius

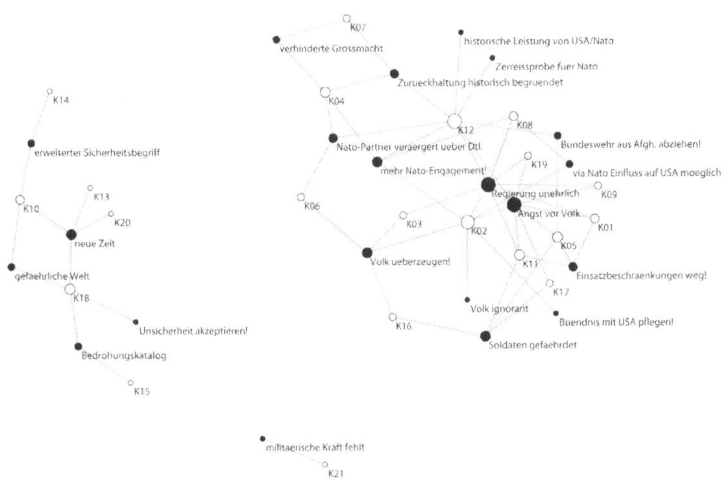

Die weißen Knoten stehen für die durchnummerierten Artikel des Autors.

Aus Tab. 8 ging bereits hervor, dass Kornelius am häufigsten die Aussagen trifft, dass die ›Regierung unehrlich‹ ist und dass sie ›Angst vorm Volk‹ hat; beides erwähnt er in 8 Artikeln. In Tab. 10 ist nun zu sehen, dass diese beiden Argumente auch häufig *gemeinsam* angeführt werden, nämlich in 6 Artikeln. Ebenfalls in 6 Artikeln wird eine Verbindung hergestellt zwischen den Aussagen, dass die Regierung unehrlich ist und dass sie Angst vorm Volk hat. Jeweils dreimal betont Kornelius im Zusammenhang mit der Angst der Regierung vorm Volk, dass die Bundeswehrsoldaten in Afghanistan aufgrund der Einsatzbeschränkungen gefährdet sind und dass diese aufgehoben werden müssen. Ebenfalls dreimal verbindet er die Unehrlichkeit der Regierung mit der Forderung, sich mehr in der Nato zu engagieren. Zahlreiche weitere Frame-Elemente kommen in zwei oder einem Artikel gemeinsam vor.

TABELLE 10
Häufigkeit des gemeinsamen Auftretens von Frame-Elementen in Artikeln von *SZ*-Ressortleiter Kornelius

Frame-Element	01	02	03	04	05	06	07	09	10	11	12	13	14	15	16	17	19	20	21	22	23
01 Angst vor Volk	--	0	2	1	3	0	0	1	2	0	1	0	6	3	0	0	1	1	1	1	1
02 Bedrohungskatalog	0	--	0	0	0	0	1	0	0	0	0	1	0	0	1	0	0	0	0	0	0
03 Bundeswehr aus Afgh. abziehen!	2	0	--	0	1	0	0	1	1	0	1	0	1	1	0	0	0	0	0	1	1
04 Bündnis mit USA pflegen!	1	0	0	--	0	0	0	0	1	0	0	0	1	0	0	0	1	1	1	0	0
05 Einsatzbeschränkungen weg!	3	0	1	0	--	0	0	0	0	0	0	0	2	2	0	0	0	0	0	0	0
06 erweiterter Sicherheitsbegriff	0	0	0	0	0	--	1	0	0	0	1	0	0	0	0	0	0	0	0	0	0
07 gefährliche Welt	0	1	0	0	0	1	--	0	0	0	0	2	0	0	1	0	0	0	0	0	0
09 historische Leistung von USA/Nato	1	0	1	0	0	0	0	--	1	0	1	0	1	0	0	0	0	0	0	1	1
10 mehr Nato-Engagement!	2	0	1	1	0	0	0	1	--	0	2	0	3	0	0	1	2	1	1	1	1
11 militärische Kraft fehlt	0	0	0	0	0	0	0	0	0	--	0	0	0	0	0	0	0	0	0	0	0
12 Nato-Partner verärgert über Dtl.	1	0	1	0	0	0	1	2	0	0	--	0	1	0	0	1	0	0	1	1	2
13 neue Zeit	0	1	0	0	0	1	2	0	0	0	0	--	0	0	1	0	0	0	0	0	0
14 Regierung unehrlich	6	0	1	1	2	0	0	1	3	0	1	0	--	1	0	0	2	1	2	1	1
15 Soldaten gefährdet	3	0	1	0	2	0	0	0	0	0	0	0	1	--	0	0	0	0	1	0	0
16 Unsicherheit akzeptieren!	0	1	0	0	0	0	1	0	0	0	0	1	0	0	--	0	0	0	0	0	0
17 verhinderte Großmacht	0	0	0	0	0	0	0	1	0	1	0	0	0	0	0	--	0	0	0	0	2
19 via Nato Einfluss auf USA möglich	1	0	0	1	0	0	0	2	0	0	0	2	0	0	0	0	--	1	1	0	0
20 Volk ignorant	1	0	0	1	0	0	0	0	1	0	0	1	0	0	0	0	1	--	1	0	0
21 Volk überzeugen!	1	0	1	0	1	0	0	1	0	1	0	2	1	0	1	1	--	0	0		
22 Zerreißprobe für Nato	1	0	1	0	0	0	0	1	1	0	1	0	1	0	0	0	0	0	0	--	1
23 Zurückhaltung historisch begründet	1	0	1	0	0	0	0	1	1	0	2	0	1	0	0	2	0	0	0	1	--

Berücksichtigt man die Logik eines Frame-Aufbaus (Problem/Thema – Ursache – Lösung), ergeben sich folgende typische Argumentationsmuster, die sich teilweise auch überschneiden:

Frame ›Gefährdete Bundeswehrsoldaten‹

- Thema/Problem: Die Bundeswehrsoldaten in Afghanistan sind gefährdet, weil auf ihnen hoher politischer Druck lastet: Ihr Einsatz-

mandat ist beschränkt auf Selbstverteidigung, aktives Bekämpfen des Gegners ist nicht zugelassen (›Soldaten gefährdet‹).
- Ursache: Die Bundesregierung und die großen Parteien haben Angst vor den Wählern, denn die sind eher pazifistisch gestimmt bzw. skeptisch gegenüber Auslandseinsätzen der Bundeswehr (›Angst vor Volk‹).
- Lösung: Die Regierung bzw. der Bundestag muss den Soldaten mehr Freiraum lassen zu kämpfen (›Einsatzbeschränkungen weg!‹); das Volk muss von dieser Notwendigkeit überzeugt werden (›Volk überzeugen!‹).

Frame ›Unehrliche Regierung‹
- Thema/Problem: Die Bundesregierung weigert sich, bezüglich Afghanistan die Tatsachen anzuerkennen, macht sich und den Bürgern vor, die Bundeswehrsoldaten seien nur bewaffnete Aufbauhelfer (›Regierung unehrlich‹).
- Ursache: Die Regierung/die Parteien haben Angst vor den skeptischen Wählern (›Angst vor Volk‹).
- Lösung: Die Regierung muss den Tatsachen ins Auge sehen; sie muss offensiv für mehr militärisches Engagement werben, im Volk das Bewusstsein schaffen für die reale Lage und die Notwendigkeiten, sie muss Führungsstärke zeigen (›Volk überzeugen!‹).

Frame ›Nato steht auf dem Spiel‹
- Problem/Thema: Die Nato-Staaten sind verärgert über Deutschland, weil es in Afghanistan militärisch wenig leistet (›Nato-Partner verärgert über Dtl.‹); die Nato steht vor einer Zerreißprobe, da Bündnissolidarität als Grundprinzip infrage steht (›Zerreißprobe für Nato‹).
- Ursache: Die Gründe für die militärische Zurückhaltung der deutschen Regierung ist die Angst vor dem skeptischen Wahlvolk (›Angst vor Volk‹) und die historisch gewachsene Selbstbeschränkung (›Zurückhaltung historisch begründet‹).
- Lösung: Die deutsche Regierung sollte die Wünsche der Nato erfüllen und Bündnissolidarität beweisen (›mehr Nato-Engagement!‹).

Frame ›Bedrohungen‹
- Problem/Thema: Deutschland sieht sich einer Vielzahl von Bedrohungen gegenüber (›Bedrohungskatalog‹).
- Ursache: Wir leben in einer neuen Zeit ohne Ordnung und mit vielen unberechenbaren Akteuren (›neue Zeit‹); die Welt ist allgemein ein gefährlicher Ort (›gefährliche Welt‹).

- Lösung: Sicherheit sollte breit definiert werden (›erweiterter Sicherheitsbegriff‹); zu einem gewissen Maß muss die Unsicherheit hingenommen werden (›Unsicherheit akzeptieren!‹)

6.3.4.2 Klaus-Dieter Frankenberger (FAZ)

Klaus-Dieter Frankenberger verwendet 19 der 23 Frame-Elemente, also ebenfalls fast das gesamte Spektrum. Am wichtigsten sind ihm die Aussagen, dass wir in einer ›neuen Zeit‹ leben (in 8 Artikeln), dass die ›Welt gefährlich‹ ist (7), dass Deutschland seine ›Sicherheit weltweit verteidigen‹ muss (7) und das ›Bündnis mit den USA pflegen‹ soll (6) (vgl. Tab. 9). Ähnlich wie Kornelius argumentiert auch Frankenberger offensichtlich konsistent in eine Richtung, denn die meisten Artikel weisen mehr als ein forschungsfragenrelevantes Frame-Element auf (Abb. 25).

ABBILDUNG 25
Frame-Elemente in den Artikeln von *FAZ*-Ressortleiter Frankenberger

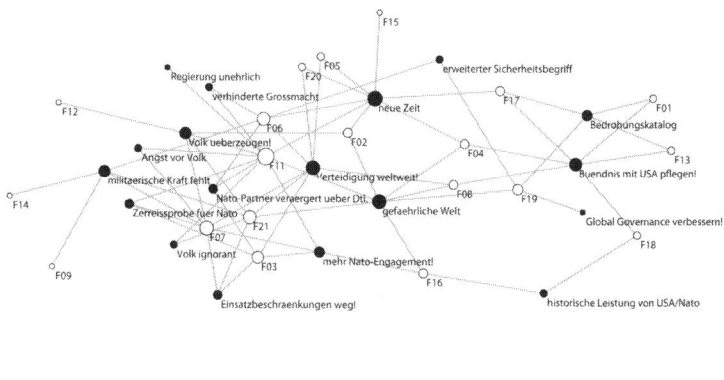

Die weißen Knoten stehen für die durchnummerierten Artikel des Autors.

TABELLE 11
Häufigkeit des gemeinsamen Auftretens von Frame-Elementen in Artikeln von *FAZ*-Ressortleiter Frankenberger

Frame-Element	01	02	04	05	06	07	08	09	10	11	12	13	14	17	18	19	20	21	22
01 Angst vor Volk	--	0	0	1	0	1	0	0	2	1	1	1	1	1	1	0	1	2	2
02 Bedrohungskatalog	0	--	3	0	1	1	1	0	0	0	0	0	0	0	0	0	0	0	0
04 Bündnis mit USA pflegen!	0	3	--	0	0	2	0	1	0	0	0	2	0	0	1	0	0	0	0
05 Einsatzbeschränkungen weg!	1	0	0	--	0	1	0	0	2	2	1	0	0	0	3	0	1	2	2
06 erweiterter Sicherheitsbegriff	0	1	0	0	--	1	1	0	0	1	1	1	0	1	1	0	0	0	0
07 gefährliche Welt	1	1	2	1	1	--	1	1	2	1	2	1	1	2	0	2	3	1	1
08 Global Governance verbessern!	0	1	0	0	1	1	--	0	0	0	0	0	0	0	0	0	0	0	0
09 historische Leistung von USA/Nato	0	0	1	0	0	1	0	--	1	0	0	0	0	0	0	0	0	0	0
10 mehr Nato-Engagement!	2	0	0	2	0	2	0	1	--	1	2	1	1	1	2	0	2	1	3
11 militärische Kraft fehlt	1	0	0	2	1	1	0	0	1	--	1	1	0	1	3	0	1	2	1
12 Nato-Partner verärgert über Dtl.	1	0	0	1	1	1	0	0	2	1	--	2	1	2	3	0	1	1	2
13 neue Zeit	1	0	2	0	1	2	0	0	1	1	2	--	1	2	3	0	1	2	1
14 Regierung unehrlich	1	0	0	0	0	1	0	1	1	0	1	1	--	1	0	0	1	1	1
17 verhinderte Großmacht	1	0	0	0	1	1	0	0	1	1	2	2	1	--	1	0	1	1	1
18 Verteidigung weltweit!	1	0	1	3	1	2	0	0	2	3	3	3	0	1	--	0	1	2	2
19 via Nato Einfluss auf USA möglich	0	0	0	0	0	0	0	0	0	0	0	0	0	0	0	--	0	0	0
20 Volk ignorant	1	0	0	1	0	2	0	0	2	1	1	1	1	1	1	0	--	2	1
21 Volk überzeugen!	2	0	0	2	0	3	0	0	1	2	1	2	1	1	2	0	2	--	2
22 Zerreißprobe für Nato	2	0	0	2	0	1	0	0	3	1	2	1	1	1	2	0	1	2	--

Der Paarvergleich in Tab. 11 zeigt, dass sich am häufigsten folgende Aussagen zu plausiblen Frames zusammenfügen:

Frame ›Bedrohungen‹
- Problem/Thema: ›Bedrohungskatalog‹
- Ursache: ›gefährliche Welt‹
- Lösung: ›Bündnis mit USA pflegen!‹; ›Verteidigung weltweit!‹; ›erweiterter Sicherheitsbegriff‹; ›Global Governance verbessern!‹

Frame ›Nato steht auf dem Spiel‹
- Problem/Thema: ›Nato-Partner verärgert über Dtl.‹; ›Zerreißprobe für Nato‹
- Ursache: ›Angst vor Volk‹; ›Zurückhaltung historisch begründet‹
- Lösung: ›mehr Nato-Engagement!‹, ›Volk überzeugen!‹

6.3.4.3 Michael Stürmer (Welt)

ABBILDUNG 26
Frame-Elemente in den Artikeln von *Welt*-Chefkorrespondent Stürmer

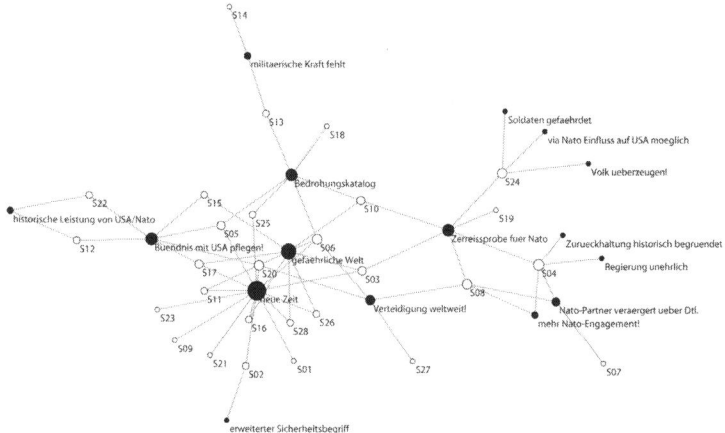

Die weißen Knoten stehen für die durchnummerierten Artikel des Autors.

Michael Stürmer verwendet nur 16 der 23 Frame-Elemente. Mit hoher Frequenz führt er die Argumente an, dass wir in einer ›neuen Zeit‹ leben (in 14 Artikeln) und dass die ›Welt gefährlich‹ ist (in 10 Artikeln) (Tab. 9). Diese beiden Aussagen kommen auch häufig zusammen vor, nämlich in 7 Artikeln (Tab. 12). Aus der Netzwerkgrafik (Abb. 26) geht hervor, dass diese am häufigsten auftretenden Frames jedoch häufig isoliert in Artikeln auftreten, die ansonsten keine hier relevanten Aussagen treffen, sondern von anderen Themen handeln. Somit argumentiert Stürmer in eher wenigen Artikeln konsistent in eine hier interessierende Richtung. Diese wenigen Artikel jedoch weisen in dieselbe Richtung wie bei Kornelius und Frankenberger, wie die Schnittmengen aus Tab. 12 nahelegen:
Frame ›Bedrohungen‹
- Problem/Thema: ›Bedrohungskatalog‹
- Ursache: ›gefährliche Welt‹, ›neue Zeit‹
- Lösung: ›Bündnis mit USA pflegen!‹; ›Verteidigung weltweit!‹

Frame ›Nato steht auf dem Spiel‹

- Problem/Thema: ›Nato-Partner verärgert über Dtl.‹; ›Zerreißprobe für Nato‹
- Ursache: ›Angst vor Volk‹; ›Zurückhaltung historisch begründet‹
- Lösung: ›mehr Nato-Engagement!‹, ›Volk überzeugen!‹

TABELLE 12
Häufigkeit des gemeinsamen Auftretens von Frame-Elementen in Artikeln von *Welt*-Chefkorrespondent Stürmer

Frame-Element	02	04	06	07	09	10	11	12	13	14	15	18	19	21	22	23
02 Bedrohungskatalog	--	1	0	2	0	0	1	0	3	0	0	1	0	0	1	0
04 Bündnis mit USA pflegen!	1	--	0	3	2	0	0	0	3	0	0	1	0	0	0	0
06 erweiterter Sicherheitsbegriff	0	0	--	0	0	0	0	0	1	0	0	0	0	0	0	0
07 gefährliche Welt	2	3	0	--	0	0	0	0	7	0	0	0	0	0	2	0
09 historische Leistung von USA/Nato	0	2	0	0	--	0	0	0	0	0	0	0	0	0	0	0
10 mehr Nato-Engagement!	0	0	0	0	0	--	0	2	0	1	0	1	0	0	2	1
11 militärische Kraft fehlt	1	0	0	0	0	0	--	0	0	0	0	0	0	0	0	0
12 Nato-Partner verärgert über Dtl.	0	0	0	0	0	2	0	--	0	1	0	1	0	0	2	1
13 neue Zeit	3	3	1	7	0	0	0	0	--	0	0	2	0	1	0	0
14 Regierung unehrlich	0	0	0	0	0	1	0	1	0	--	0	0	0	0	1	1
15 Soldaten gefährdet	0	0	0	0	0	0	0	0	0	0	--	0	1	1	1	0
18 Verteidigung weltweit!	1	1	0	0	0	1	0	1	2	0	0	--	0	0	1	0
19 via Nato Einfluss auf USA möglich	0	0	0	0	0	0	0	0	0	0	1	0	--	1	1	0
21 Volk überzeugen!	0	0	0	0	0	0	0	0	0	0	1	0	1	--	1	0
22 Zerreißprobe für Nato	1	0	0	2	0	2	0	2	1	1	1	1	1	1	--	1
23 Zurückhaltung historisch begründet	0	0	0	0	0	1	0	1	0	1	0	0	0	0	1	--

6.3.4.4 Josef Joffe (Zeit)

Josef Joffe verwendet ebenso wie Stürmer nur 16 der 23 Frame-Elemente. Am häufigsten erwähnt er den ›Bedrohungskatalog‹ und die Richtigkeit der ›weltweiten Verteidigung‹, nämlich in jeweils 5 Artikeln (Tab. 13). Die meisten seiner Artikel weisen mehr als ein Frame-Element auf (Abb. 26), was auf konsistente Argumentation in eine hier interessierende Richtung deutet.

DIE AUSWEITUNG DER KAMPFZONE DURCH ELITEN UND LEITMEDIEN

TABELLE 13
Häufigkeit des gemeinsamen Auftretens von Frame-Elementen in Artikeln von *Zeit*-Mitherausgeber Joffe

Frame-Element Joffe	1	2	4	5	6	9	10	11	13	15	17	18	21	22
01 Angst vor Volk	--	1	0	0	0	1	1	0	0	0	1	1	1	1
02 Bedrohungskatalog	1	--	0	0	2	1	1	2	2	0	1	3	1	1
04 Bündnis mit USA pflegen!	0	0	--	0	0	2	0	1	0	0	0	0	0	0
05 Einsatzbeschränkungen weg!	0	0	0	--	0	0	0	0	0	1	0	0	1	0
06 erweiterter Sicherheitsbegriff	0	2	0	0	--	0	0	1	1	0	0	1	0	0
09 historische Leistung von USA/Nato	1	1	2	0	0	--	1	0	0	0	1	1	1	1
10 mehr Nato-Engagement!	1	1	0	0	0	1	--	0	0	0	1	1	1	1
11 militärische Kraft fehlt	0	2	1	0	1	0	0	--	1	0	0	1	0	0
13 neue Zeit	0	2	0	0	1	0	0	1	--	0	0	1	0	0
15 Soldaten gefährdet	0	0	0	1	0	0	0	0	0	--	0	0	1	0
17 verhinderte Großmacht	1	1	0	0	0	1	1	0	0	0	--	1	1	1
18 Verteidigung weltweit!	1	3	0	0	1	1	1	1	1	0	1	--	2	1
21 Volk überzeugen!	1	1	0	1	0	1	1	0	0	1	1	2	--	1
22 Zerreißprobe für Nato	1	1	0	0	0	1	1	0	0	0	1	1	1	--

ABBILDUNG 27
Frame-Elemente in den Artikeln von *Zeit*-Mitherausgeber Joffe

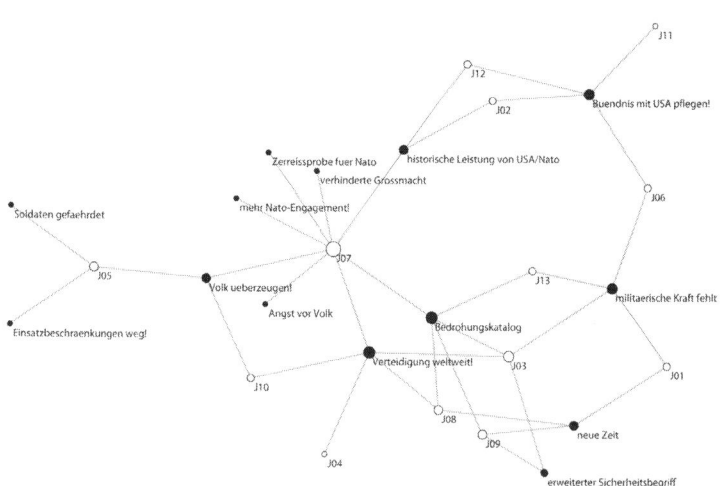

Die weißen Knoten stehen für die durchnummerierten Artikel des Autors.

Die Schnittmengen der Frame-Elemente (Tab. 12) weisen auf folgende Frames hin:

Frame ›Bedrohungen‹
- Problem/Thema: ›Bedrohungskatalog‹
- Ursache: ›gefährliche Welt‹, ›neue Zeit‹
- Lösung: ›Verteidigung weltweit!‹; ›Bündnis mit USA pflegen!‹

Frame ›Nato steht auf dem Spiel‹
- Problem/Thema: ›Zerreißprobe für Nato‹
- Ursache: ›Angst vor Volk‹; ›Zurückhaltung historisch begründet‹
- Lösung: ›mehr Nato-Engagement!‹, ›Volk überzeugen!‹

Frame ›Gefährdete Bundeswehrsoldaten‹
- Thema/Problem: ›Soldaten gefährdet‹
- Lösung: ›Einsatzbeschränkungen weg!‹; ›Volk überzeugen!‹

6.3.4.5   *Resümee des Vergleichs*

Zwischen den vier Autoren bestehen gewisse Unterschiede, was die Anzahl der verwendeten Frame-Elemente und ihre Gewichtung angeht: Kornelius greift die Bundesregierung oft wegen ihrer Unehrlichkeit gegenüber dem Volk an, die Kollegen sehen das milder. Kornelius und Joffe problematisieren die Gefährdung der Bundeswehrsoldaten in Afghanistan durch die Einsatzbeschränkungen, Frankenberger und Stürmer tun das nicht. Aber diese Unterschiede sind angesichts ähnlicher Argumentationsmuster und identischer Hauptstoßrichtungen minimal: Alle vier Journalisten verwenden und propagieren den erweiterten Sicherheitsbegriff, machen sich für mehr deutsches Engagement in der Nato und für die transatlantische Partnerschaft stark und fordern die Bundesregierung zu größeren Anstrengungen auf, um das skeptische Wahlvolk von einer robusteren Außen- und Sicherheitspolitik zu überzeugen.

6.3.5   *Auswertung der Hypothesen*

Die meisten der eingangs aufgestellten Hypothesen haben sich bereits während der Auflistung der Frame-Elemente bestätigt. Der erweiterte Sicherheitsbegriff wird von allen Autoren verwendet (H 1). Die Bedrohungen werden häufig zitiert und auf ihre Neuartigkeit hingewiesen (H 2). Es wird von drei Autoren explizit gefordert, dass Deutschland den Bedrohungen an ihrem Ursprungsort beggenen und seine Sicherheit weltweit auch mit militärischen Mitteln verteidigen sollte (H 3).

Hypothese 4 wurde teilweise bestätigt: Die ablehnende bzw. gespaltene Haltung der deutschen Bevölkerung zu Auslandseinsätzen der Bundeswehr wurde erwähnt, jedoch nur selten, und sie wurde nur von zwei Autoren als Zeugnis von Ignoranz gegenüber den realen Bedrohungen interpretiert (die anderen Autoren äußerten sich nicht zu Gründen für die Ablehnung).

Hypothese 5 bestätigte sich überwiegend: Die Sorge um Leben und Gesundheit deutscher Soldaten wurde nur dann angeführt, wenn für die von Nato und USA gewünschte Abschaffung der deutschen Einsatzbeschränkungen argumentiert wurde. Einsatz und Verlust von Menschenleben ist also hinnehmbar und sogar geboten, sofern sie dazu dienen, die Lastenteilung innerhalb der Nato fairer zu gestalten und die Verbitterung der Partnerstaaten über die deutsche Politik zu mildern.

Hypothese 6 wurde vollauf bestätigt: Frieden als Wert an sich und als Norm für sicherheitspolitisches Handeln spielt in den Artikeln der vier Autoren keine Rolle; die dahingehenden Aussagen in Grundgesetz und Völkerrecht finden keine Resonanz.

Hypothese 7 bestätigte sich ebenfalls. Alle Autoren führten an, dass das Bündnis mit den USA angesichts der Bedrohungslage gepflegt werden müsse und alternativlos sei, drei Autoren betonten, dass Deutschland via Nato Einfluss auf die US-Politik ausüben kann, alle Autoren erinnerten auch an die besonderen historischen Verdienste der Nato und der USA um Deutschlands Sicherheit. Nachteile der Nato-Mitgliedschaft wurden nicht erwähnt. Bündnissolidarität ist der höchste Wert; ein mögliches Auseinanderbrechen der Nato infolge eines Scheiterns in Afghanistan stellt für alle Autoren eine nicht auszudenkende Katastrophe dar.

Hypothese 8 postulierte eine mangelnde Selbstreflexivität: Die Ursachen von Krisen würden immer woanders gesucht und der eigene Beitrag zum Unfrieden und die Rückwirkungen des eigenen Handelns auf die Bedrohungen würde nicht diskutiert. Dies bestätigte sich ebenfalls. Die vier Journalisten verwenden ein eindimensionales Konstruktionsprinzip von Krisen und Bedrohungen: Diese erscheinen als etwas rein Äußeres, gegen das das Innere (Deutschland, Europa, der Westen) verteidigt werden muss. Deutlich wird dies etwa in folgendem Artikel, in dem Kornelius die Verteidigungspolitischen Richtlinien von 2003 kritisiert:

»Was tun, wenn sich ein Aggressor dem Wunsch der internationalen Gemeinschaft nicht beugt? Was tun, wenn *ein Staat schamlos die Welt destabilisiert* und alle Vorsorge versagt, wie einst im Kosovo? Die Richtlinien behandeln in aller Breite, dass Konflikte und Krisen verhütet werden müssten – oder dass ›Krisen und Krisennachsorge gemeinsam bewältigt‹ werden müssten. Zwischen Vorsorge und Nachsorge *liegt aber nicht selten ein Krieg*, und das Dokument drückt sich um die Antwort, ob und wie die Bundeswehr bereit ist, *die Kriege dieser Zeit* auszutragen« (Kornelius: Neue Aufgaben in einer neuen Zeit, *SZ* vom 22.5.2003).

›Die Kriege dieser Zeit‹ gibt es nun einmal; ›Aggressoren‹ und ›schamlos destabilisierende Staaten‹ stehen der ›internationalen Gemeinschaft‹ gegenüber.

Frankenbergers Artikel zeigen eine starke Identifikation mit der Nato (oder mit anderen Akteuren in deren Nähe, das bleibt zuweilen unklar) und damit einen Mangel an analytischer Distanz, wenn er in ein journalistisch unübliches ›Wir‹ oder in spontane Begeisterung verfällt:

»Weiter so wie bisher kann es nicht gehen [in Afghanistan – UK]. Dafür sind die Kosten zu hoch. Das gegenwärtige (gedrosselte) Engagement führt aber nicht dazu, *unsere Ziele* zu erreichen« (Frankenberger: Die Aufgabe bleibt, *FAZ* vom 25.9.2009).

»So zu tun, als seien Auslandseinsätze nur eine militärisch aufgezogene Entwicklungshilfe, ist Feigheit vor dem Bürger und schafft Illusionen, die unter den Angriffen *unserer Feinde* und im Streit unter Verbündeten schnell zusammenbrechen« (Frankenberger: Feigheit vor dem Bürger, *FAZ* vom 3.2.2008).

»Nimmt man offizielle Verlautbarungen aus der Nato-Führung zum Nennwert, dann [...] ist das Bündnis auf dem Weg der Gesundung [nach dem Streit wegen des Irak-Krieges – UK]. Die Nato werde immer wichtiger und sei die ›unverzichtbare‹ Sicherheitsorganisation im 21. Jahrhundert, lauten die *Verheißungen. Spontan möchte man ausrufen: Das wäre schön.* Aber ist sie wirklich aus dem Gröbsten heraus?« (Frankenberger: Jenseits von Europa, *FAZ* vom 30.6.2004).

Stürmer geht in seiner Identifikation mit dem Westen ebenfalls sehr weit, wenn er die Gegner als »Barbaren« bezeichnet und Gebiete der Welt, die krisenhaft sind oder sich dem »internationalen Austausch« sperren, als »dysfunktional«:

> »Über Sicherheit nach innen und Verteidigung nach außen war zu sprechen [im ›Club of Three‹, einer Konferenz von deutschen, britischen und französischen Eliten – UK]. Aber es bestand Einigkeit, dass in Zeiten des asymmetrischen Krieges, *wenn die Barbaren bereits in den Mauern sind* und die Mauern bröckeln, die Begriffe ineinander übergehen« (Stürmer: Drei Große unter sich, *Welt* vom 11.3.2009).

> »Wir stehen an der Abbruchkante der Postmoderne, und was wir sehen, ist beides: optimierte Systeme internationalen Austauschs und die Logik langfristiger Machtkompromisse auf der einen, *dysfunktionale Territorien* für Warlords und Abenteurer auf der anderen Seite, und zwischen beiden Seiten, zuletzt und vor allem, die Auflehnung des Terroristen und dessen, der auf Massenvernichtungswaffen setzt, von der dirty bomb bis zur Mittelstreckenrakete« (Stürmer: Wer erbt die Erde? *Welt* vom 12.8.2006).

Joffe und Stürmer lehnen Selbstreflexion bei der Erörterung der Terrorismus-Frage explizit ab:

> »Chirac will den ›Dialog fördern‹, Schröder die ›Ungleichheit und Unterentwicklung in der Dritten Welt‹ angehen. *Was aber, wenn der Islamo-Terror den Dialog gar nicht will, wenn seine Triebfedern nicht Ungleichheit und Unterentwicklung sind?* [...] wer den Tod mehr liebt als das Leben, lässt sich weder abschrecken noch etwas abhandeln. [...] Dieser Terror kann nicht beschwichtigt, sondern muss bekämpft werden« (Joffe: Die Offensive des Islamo-Faschismus, Zeit vom 18.3.2004).

> »Gegen den, wie Außenminister Fischer gelegentlich sagt, ›neuen Totalitarismus‹ hilft kein Appeasement, *kein bemühtes Verständnis, keine Selbstbezichtigung* – und auch nicht die bemühte Differenzierung zwischen Islam und Islamismus. Kalte Entschlossenheit ist geboten, ebenso wie wohlüberlegte Bereitschaft« (Stürmer: Die Logik der Asymmetrie, *Welt* vom 8.7.2005).

In einem anderen Artikel Stürmers findet sich immerhin ein Anzeichen von Selbstreflexivität (das einzige im ganzen Artikelsample der vier Journalisten): wenn er sagt, dass der Westen fremde Kulturen nicht unvoreingenommen wahrnimmt und dass Terror auch mit »Trauer« und »Zorn« der Täter – also mit einem Beziehungsproblem – zu tun hat:

> »Wiegt der gewisse Verlust an Freiheit den ungewissen Verlust an Sicherheit auf? Fixiert auf die Bildschirme und die Überwachungssatelliten, müssen wir doch versagen, *weil wir fremde Kulturen, ihre Trauer und ihren Zorn, nur durch ein doppeltes Prisma wahrnehmen*, das unserer Maschinen und das unserer Selbstbespiegelung. Den Europäern ist Ursache aller Ursachen die Armut, den Amerikanern der Mangel an Demokratie, den Arabern der Konflikt um das Heilige Land – alles Probleme, die sich als lösungsresistent erweisen« (Stürmer: Suche nach neuer Balance, *Welt* vom 30.1.2007).

Hypothese 9 über das Verhalten anderer Medien wird in Kap. 6.3.7 ausgewertet.

6.3.6 *Elemente von Propaganda*

Der Begriff ›Propaganda‹ tauchte in dieser Arbeit bereits in Kap. 3.2 über das gleichnamige Modell von Herman/Chomsky auf: Dieses postuliert, dass die US-Leitmedien die Agenda bzw. den Konsens der herrschenden politischen und wirtschaftlichen Eliten propagieren, indem sie sich fast durchweg im Rahmen des Elitendiskurses bewegen und Dissens marginalisieren. Der Begriff meint in diesem Zusammenhang die »soziologische Propaganda« nach Jacques Ellul (1973: 64, vgl. Kap. 3.2.1), die vor allem spontan und unbewusst als Ideologiediffusion von erfolgreich sozialisierten Gesellschaftsmitgliedern ausgeht. Hier soll konkreter gefragt werden: Wenn die vier Journalisten mit Eliten in Bundesregierung, Nato und USA vernetzt sind, betreiben sie dann für deren außen- und sicherheitspolitische Agenda auch Propaganda in ihrer engeren Bedeutung, nämlich als bewusst eingesetzte Sozialtechnik, die die Haltungen und Einstellungen sozialer Großgruppen prägen will und »auf kurzfristige und klar definierte Ziele wie die Diffamierung des Gegners oder die Rechtfertigung einer bestimmten militärischen oder polizeilichen Maßnahme« (BUSSEMER 2008: 29) ausgerichtet ist?[64]

Nun werden Gegner von USA und Nato behaupten, natürlich sei es Propaganda, wenn die Autoren regelmäßig mehr Nato-Engagement und mehr Soldaten für Afghanistan anmahnen und gebetsmühlenartig wiederholen, Deutschland müsse das Bündnis mit den USA pflegen. Befürworter dieser Politik werden die Autoren dagegen in Schutz nehmen und auf deren Recht pochen, in Kommentaren und Leitartikeln ihre Meinung zu sagen und auch zu wiederholen, wenn sie sie für richtig und wichtig halten. Will man ›Propaganda‹ also nicht rein polemisch als Kampfbegriff im ideologischen Wettstreit verwenden, sondern als analytische Kategorie, kann das Kriterium nicht sein, *in welche Richtung* die Autoren argumentieren und *wie oft* sie ihre Argumente wiederholen; eher geht es darum, wie die Autoren in ihrer Überzeugungsarbeit mit Gegenargumenten umgehen und ob sie mit argumentativen Tricks arbeiten. Das Folgende stützt sich auf die Definition von Bussemer, die er aus der Bandbreite der vorhandenen Konzepte und Theorien destilliert hat. Er versteht Propaganda

> »als die in der Regel medienvermittelte Formierung handlungsrelevanter Meinungen und Einstellungen politischer oder sozialer Großgruppen durch symbolische Kommunikation und als Herstellung von Öffentlichkeit zugunsten bestimmter Interessen [...]. Propaganda zeichnet sich durch die Komplementarität vom überhöhten Selbst- und denunzierendem Fremdbild aus und ordnet Wahrheit dem instrumentellen Kriterium der Effizienz unter. Ihre Botschaften und Handlungsaufforderungen versucht sie zu naturalisieren, so dass diese als selbstverständliche und nahe liegende Schlussfolgerungen erscheinen« (BUSSEMER 2008: 33).

---

64 Der Begriff (von lat. *propagare*: verbreiten, ausdehnen, fortpflanzen) hat eine wechselvolle Bedeutungsgeschichte, die bis ins 17. Jahrhundert zurückreicht. Damals meinte er ein Instrument der christlichen Missionsarbeit und der Gegenreformation; durch die Französische Revolution, die Demokraten des Vormärz und die Arbeiterbewegung wurde Propaganda ein positiv konnotiertes Mittel zur Verbreitung revolutionärer Ideen. Im 20. Jahrhundert entstand die moderne, psychologisch fundierte Propaganda als Herrschaftstechnik und Instrument der Kriegführung, jedoch schloss der Begriff zeitweise auch kommerzielle Produktwerbung ein und wurde im Konstruktivismus schließlich vollends entgrenzt: Jede öffentliche Kommunikation war nun auf irgendeine Weise Propaganda (vgl. BUSSEMER 2008: 25-62). Hier interessiert Propaganda eher in der engeren Bedeutung als Instrument der psychologischen Kriegführung, wie sie im Ersten Weltkrieg entstanden ist.

Bussemer konkretisiert, dass Propaganda mit dem Trick arbeitet, Sprache und Bilder so zu manipulieren, »dass im Rezeptionsprozess neue Verknüpfungen zwischen vorhandenen positiven oder negativen Einstellungen und bestimmten Sachverhalten hergestellt werden« (ebd.: 34). Sie lässt bestimmte Handlungsoptionen als alternativlos erscheinen und belegt Zuwiderhandlungen und Nichtbefolgung mit Sanktionen; überdies »strebt sie einen Alleinstellungsanspruch an. Propaganda will nicht mit konkurrierenden Botschaften in einen Diskurs um die beste Lösung eingehen, sondern den Menschen ihre Handlungsprogramme aufzwingen« (ebd.).

Verschiedene Elemente dieser Definition finden sich in den Artikeln der vier Journalisten. Dass sie allesamt das Bündnis mit den USA bzw. die Einbindung in die Nato als alternativlos für Deutschland darstellen, geht aus den Zitaten zum Frame-Element ›Bündnis mit USA pflegen!‹ hervor (vgl. Kap. 6.3.1). Die Verengung des Diskurses auf zwei Optionen, von denen die eine als indiskutabel dargestellt wird, betreiben Joffe und Kornelius in weiteren Artikeln:

> »*Wer Amerika nicht mag, möge die Machtverhältnisse nicht vergessen*. […] Nüchterne Interessenpolitik gebietet es, den ›Draht nach Washington‹ nie abreißen zu lassen« (Joffe: Mit oder gegen Amerika, *Zeit* vom 15.9.2005).

> »Aber stellen wir uns vor, es gäbe die Nato nicht. Dann hieße es auf einmal ›Ami went home‹, dann *hätten die Deutschen wieder ein eigenes OKW*, dann könnten die Briten Zuflucht im Zweibund mit Amerika suchen, dann würde Moskau die osteuropäischen Nachbarn noch härter bedrängen« (Joffe: Besuch der alten Dame, *Zeit* vom 2.4.2009).

> »Deutschlands sicherheitspolitische Welt besteht den Praxistest nicht mehr – weder in Afghanistan noch in der Nato. Darüber werden schwierige Auseinandersetzungen geführt werden müssen, bei denen es um das richtige Konzept und um Einfluss geht, am Ende vielleicht sogar um *Bündnisfähigkeit oder Isolation*« (Kornelius: Die zwei Zungen der deutschen Politik, *SZ* vom 4.2.2008).

Dieser Dualismus lässt nur die Wahl zwischen A oder B (mit oder gegen Amerika; die Bundeswehr in Nato-Strukturen integriert oder zurückfallend in Wehrmachtmentalität; Bündnisfähigkeit oder Isolation). Hingegen lässt sich jedes Dilemma rein logisch zu einem Tetralemma ausweiten: Die dritte und die vierte Option heißen ›A und B‹ und ›weder A noch B‹ (VARGA VON KIBÉD/SPARRER 2009): Ein Staat kann sich gegenüber den USA auch neutral verhalten; die Bundeswehr muss nicht von Welteroberungsfantasien beherrscht sein; eine Zivilmacht muss nicht international isoliert sein.

In einem anderen Artikel koppelt Kornelius das Bewusstsein für Sicherheitsprobleme direkt an die Bereitschaft zum Kriegführen:

> »Allerdings entstand so [in Deutschland während des Kalten Krieges – UK] auch eine Scheuklappenmentalität. Ausgeblendet blieben Probleme, die nicht in das deutsche Konzept passten. So wuchs eine Tabuzone, eine politische no-go-area, in deren Kern das Thema Kampfeinsatz zu finden ist« (Kornelius: Deutsche Lebenslügen, SZ vom 8.2.2008).

Möglicherweise nimmt ein Großteil der deutschen Bevölkerung außen- und sicherheitspolitische Probleme tatsächlich nicht wahr. Aber wenn das Bewusstsein für ein Problem direkt mit Militäreinsätzen kurzgeschlossen wird, blendet dies wiederum aus, dass man auch als ziviler Konfliktbearbeiter und Vermittler tätig werden kann und dass Kampfeinsätze eine Bedrohung höchst selten aus der Welt schaffen bzw. einen Konflikt nachhaltig lösen.

Bei Frankenberger findet sich ein Beispiel für die Umdeutung eines Sachverhalts und den Versuch, diese Umdeutung zu naturalisieren:

> »Und nach den neuen verteidigungspolitischen Richtlinien wird die Sicherheit Deutschlands auch am Hindukusch verteidigt, der traditionelle geographische Sicherheitsbegriff also globalisiert und ausgeweitet. Dass die *traditionellen Beschränkungen* aufgegeben wurden, ist richtig [...]« (Frankenberger: Deutsche Verantwortung, FAZ vom 24.5.2003).

Der klassische, territoriale Sicherheitsbegriff wird hier so gedeutet, dass sich die früheren Strategen und Sicherheitspolitiker in ihrem Aktionsradius lediglich selbst beschnitten hätten; der neue, erweiterte Begriff erscheint so als der normale und selbstverständliche.

Höchst bemerkenswert ist schließlich der Umgang von Kornelius mit dem Thema Angst. In einem Leitartikel behauptet er, dass die Deutschen während des Kalten Krieges mit seiner nuklearen Patt-Situation viel weniger Angst hatten als heute, wo eine ›Inflation der Angst‹ herrsche:

> »Umgekehrt würde der Unsicherheits-Indikator [den sich der Autor wünscht, um Unsicherheit zu messen – UK] im Jahr 2007 weit höher ausschlagen, in einem Moment, da im weit entfernten Afghanistan Taliban-Kämpfer zum Sturm auf das mächtigste Militärbündnis der Welt blasen und in Teheran wüste Vernichtungsdrohungen gegen Israel und die westliche Welt ausgestoßen werden. *Warum fühlen sich die Menschen also bedroht?* [...] Das Gefühl der Bedrohung wird nicht weichen. Sicherheit bleibt ein rares Gut« (Kornelius: Ohne Sicherheit, *SZ* vom 10./11.7.2007).

Statt einen mysteriösen ›Unsicherheits-Indikator‹ zur Stützung seiner These herbeizuwünschen, hätte der Autor Belege aus Bevölkerungsumfragen anführen können – immerhin ging es ihm um das subjektive Gefühl der Bedrohung, für das Befragungen ein adäquates Erhebungsinstrument sind. Wahrscheinlich hätten Umfragedaten aber seine These von der »Inflation der Angst« widerlegt.[65]

Kornelius verwendet viele Zeilen darauf, sogar die Finanzkrise als Thema für die Sicherheitspolitik zu etablieren, und entwirft dafür einige Schreckensszenarien:

> »*Die Finanzkrise und die globale Rezession* [...] *sind das größte Sicherheitsproblem dieser Zeit.* [...] *Die Weltwirtschaftskrise ist auch eine Weltsicherheitskrise.* Es macht keinen Sinn, die Konfliktregionen der Welt losgelöst von den Turbulenzen an den Börsen zu betrachten. Niemand kann über Energiesicherheit, die Klimabedrohung oder eine neue Weltordnungspolitik reden, ohne die chinesischen Devisenvorräte mit einzukalkulieren, oder die simple Möglichkeit der Staaten zu betrachten, für Außenpolitik Geld auszugeben. Niemand sollte ignorieren, dass der nächste Bankenkollaps zu einer Massenpanik bei Sparern und Anlegern führen kann, und dass dies am Ende Regierungen zu Fall bringen und radikale Kräfte an die Macht spülen könnte« (Kornelius: Die Unsicherheitskrise, *SZ* vom 7./8.2.2009).

> »Im Jahr der Eurokrise heißt die Frage: Wie wirkt sich der Kollaps der Märkte auf die Sicherheit aus? Sind es die Währungsprobleme, die Bündnis-

---

65 Denn Kornelius selbst beklagt in einem Interview mit Altkanzler Helmut Schmidt »das geringe Interesse der Deutschen an Fragen der Sicherheit« und fragt seinen Interviewpartner, warum »die neuen Bedrohungen die Deutschen weniger beunruhigen als der Kalte Krieg« (*SZ* vom 19.3.2010, S. 6).

se brechen lassen? Wie viel Sicherheit kann sich ein hoch verschuldetes Land eigentlich leisten? *Die Finanzkrise ist zum Sicherheitsproblem geworden, zum Problem der Sicherheitspolitik*« (Kornelius: Wallensteins Erben, *sz* vom 13.7.2010).

In einem anderen Leitartikel personifiziert Kornelius ›die Unsicherheit‹ bzw. ›die Gefahr‹ und macht aus ihr einen handelnden Akteur:

> »Unsicherheit ist so flüchtig und so weitverbreitet wie Nebel im Winter – und ähnlich bedrohlich: *Die Gefahr versteckt sich* hinter Schleiern, sie liegt im Verborgenen. Das Tückische an der neuen Unsicherheit ist ihre Wandlungsfähigkeit. Sie hat viele Gesichter. Einmal steckt sie in einem Tanklaster, der in eine Synagoge rast. Dann *dringt sie* per Computervirus in die Datennetze eines ganzen Landes ein. Sie kann aus Giftampullen in den Trinkwasserspeicher einer Großstadt geträufelt oder mit Hilfe eines Sprengsatzes an wichtigen Stromtrassen angebracht werden. *Sie kommt* als Terror, als Piratenangriff, als Handelsdefizit oder als Bauplan für einen atomaren Sprengkopf daher. *Sie respektiert* keine Grenzen und keine Regierungen, *fürchtet* keine Armeen und ist im Zweifel überhaupt nicht zu greifen« (Kornelius: Schwert und Schild, *sz* vom 6.2.2010).

Ein solches literarisches Stilmittel dient sicher nicht der Aufklärung des Lesers über die Vorgänge in der Welt; die Frage ist also, was der Autor mit ihm bezweckt bzw. wem es nützt. Eine naheliegende Antwort: Wer der Unsicherheit selbst gegenübersteht und nicht den dahinter stehenden Akteuren und Konfliktursachen, der ist nicht handlungsfähig, der bleibt unmündig – und kann sein Heil nur noch zusammengekauert unter dem Schirm einer erweiterten, umfassenden Sicherheitspolitik suchen.

Offen muss allerdings bleiben, ob die diagnostizierten Propagandatechniken in den Artikeln bewusst angewandt wurden oder ob es sich um unbewusst-spontan betriebene ›soziologische Propaganda‹ nach Ellul handelt, die aus der Sozialisation und/oder aus kognitiver Vereinnahmung durch das außen- und sicherheitspolitische Establishment resultierte.

6.3.7   *Das fehlende Gegengewicht in FR und taz*

Spiegelt die konsonante Argumentation der vier Journalisten vielleicht nicht nur einen Elitenkonsens, sondern einen generellen Konsens unter deutschen Journalisten wider? Steht sie also in einem Zusammenhang mit den einander ähnelnden Elitennetzwerken oder liegt nur eine Scheinkorrelation vor? Zur Beantwortung dieser Frage wurde die Argumentation in anderen Leitmedien untersucht, deren leitende Redakteure im Untersuchungszeitraum der Netzwerkanalyse keine Nähe zu außen- und sicherheitspolitischen Eliten aufwiesen.

Für den Gegenschuss wurden die *Frankfurter Rundschau* und die *taz* ausgewählt. Beide Zeitungen waren in der Journalistenbefragung von Weischenberg et al. (2006) ebenfalls als Leitmedien identifiziert worden, wenn auch in geringerem Maße als SZ, FAZ, *Welt* und *Zeit* (vgl. Abb. 3). Beide werden mehr oder weniger dem linken politischen Spektrum zugeordnet: Die FR gilt traditionell als sozialdemokratisch und gewerkschaftsnah (wenngleich dieser Ruf ebenso wie ihr Status als Leitmedium in den letzten Jahren stark gelitten hat), die *taz* als grün-alternativ.

In der Datenbank Genios wurden die fünf Begriffe *sicherheit, verteidig*, *krieg*, *fried* und *milit* (vgl. Kap. 6.3.2) jeweils paarweise zusammen mit den Namen der außenpolitisch verantwortlichen Redakteure der beiden Zeitungen gesucht. Es wurden keine Beiträge gefunden, in denen die Autoren relevante Argumente vorbrachten, d. h. aktiv in eine hier interessierende Richtung argumentierten. Daraufhin wurde die Suche erweitert und es wurden auch Beiträge von anderen Autoren in diesen Zeitungen gesucht. Die Treffermenge umfasste dabei vor allem Zitatenberichte, die die innenpolitischen Kontroversen über die Auslandseinsätze der Bundeswehr rapportierten und/oder die erwähnten, dass einzelne Spitzenpolitiker einen (in Anführungszeichen geschriebenen) ›erweiterten Sicherheitsbegriff‹ verwenden. Eine dezidierte eigene Meinung zu diesen Themen ließen lediglich 7 Artikel aus der FR und 3 aus der *taz* erkennen. Eine quantitative bzw. netzwerkanalytische Auswertung war somit nicht sinnvoll.

Jeweils ein Artikel in FR und *taz* vertrat den Elitenkonsens, wie er aus den Beiträgen von Kornelius, Frankenberger, Joffe und Stürmer bekannt ist – bezeichnenderweise Gastbeiträge eines Wissenschaftler und eines ehemaligen Planungschefs des Bundesverteidigungsministeriums. In den anderen Artikeln fanden sich einige Gegenargumente zum Elitenkonsens.

So bezweifelt in einem FR-Gastbeitrag Walter Stützle, vormals *Tagesspiegel*-Chefredakteur, Staatssekretär im Bundesverteidigungsministerium und Direktor des Stockholm International Peace Research Institute, dass die Bekämpfung des Terrorismus unbedingt eine Aufgabe für die Nato ist:

»Zu bewahren ist auch die Pflicht, im Falle der Verteidigung füreinander einzustehen – sie bleibt Kern der Allianz. Aber was bedeutet das gegenüber dem organisierten, jedoch nicht militärisch agierenden Terrorismus, inhaltlich und geografisch? Schließlich gilt es, politische Erfahrung und militärische Expertise auch künftig in den Dienst der UN zur Krisenverhinderung wie auch zur Krisenbewältigung zu stellen« (Walter Stützle: Russland muss an den Tisch, FR vom 2.4.2009).

Christian Semler kritisiert in der *taz* ein Papier der CDU/CSU-Bundestagsfraktion namens »Eine Sicherheitsstrategie für Deutschland« (vgl. Kap. 6.1.2):

»Der Sicherheitsbegriff der CDU leitet sich dagegen ausschließlich vom Terroranschlag des 11.9.2001 ab. Er behauptet eine durch den ›internationalen Terrorismus‹ vollständig umgepflügte Sicherheitslage und *unterschlägt jede Analyse der ökonomischen, sozialen und kulturellen Wurzeln des Terrorismus*. Die Krisensymptomatik innerhalb des CDU-Papiers verfährt *völlig willkürlich*, sodass neben regionalen Konflikten und scheiternden Staaten – in dieser Reihenfolge –›Migration, Pandemien und Seuchen‹ auftreten. Zwar ist von einem komplexen Maßnahmenbündel zur Terrorismusbekämpfung die Rede. Abgehoben aber wird nur auf den militärischen Aspekt. [...] Das Strategiepapier *verwischt systematisch den Unterschied zwischen Kriegsführung und polizeilicher Gefahrenabwehr*. Es operiert mit einer *Damokles-Schwert-Rhetorik*, die die Zivilbevölkerung des eigenen Landes einer permanenten Kriegsfurcht unterwerfen will, kann doch Deutschland schon morgen zum Ziel terroristischer Massenvernichtung werden. [...] Mit einer Neubestimmung der Eingriffsmöglichkeiten der Streitkräfte soll vielmehr endgültig mit den Flausen aufgeräumt werden, die sich bislang in der Bevölkerung so hartnäckig mit der Vorstellung einer ›Zivilmacht Deutschland‹ verbunden haben« (Christian Semler: Zivilmacht war gestern, *taz* vom 16.5.2008).

Semler betont weiterhin, dass einige von dem CDU-Papier erwähnten Unsicherheitsfaktoren den Industriestaaten (mithin vor allem dem Westen) selbst zuzurechnen seien, »von der der zivilen wie militärischen Nutzung der Atomenergie über die drohende Umwelt- und Klimakatastrophe bis hin zu Armut und Unterentwicklung in der ›Dritten Welt‹« (ebd.). Mithin reflektiert er den eigenen Beitrag des Westens zur Unsicherheit.

Ein ähnliches Beispiel von Selbstreflexivität bietet Christian Schlüter in der FR, als er die Aufregung um das Radiointerview des Bundespräsidenten vom Mai 2010 kommentiert. Köhlers Äußerungen lagen laut Schlüter »ganz auf Linie, jedenfalls nicht allzu weit davon entfernt«, schließlich sei im Weißbuch der Bundeswehr von 2006 »der freie Welthandel als nationales Interesse festgeschrieben«. Schlüter kritisierte daher vor allem den Populismus der politischen Klasse, die eine Unschuld beschwöre, die Deutschland nie gehabt habe – und ebenso den Populismus der Linkspartei, die lediglich die Exportinteressen großer Konzerne anprangere:

> »Deutsche Soldaten fallen weder einer neuen Kanonenbootpolitik zum Opfer, noch sterben sie für riesige Konzerne und deren Profitgier. Vielmehr *lassen wir deutsche Soldaten für unser aller Lebensform sterben*, insofern sie uns Wohlstand, Grundrechte, Sicherheit und Freiheit bietet. Diese *unsere Lebensform führt in vielen Teilen der Welt zu politischen und sozialen Verwerfungen*, die indirekt durch uns gewogene Regime oder direkt durch unsere Soldaten zu ›regulieren‹ sind.
> Als globale Gemeinde glücklicher Endverbraucher (und Arbeitsplatzbesitzer) haben wir eine Lebensform und die entsprechenden, vor allem uns begünstigenden Marktregeln durchgesetzt, unter denen die ärmere Hälfte der Menschheit […] ihre Grundbedürfnisse nicht sicher abdecken kann. *Durch diese ungerechten Regeln töten wir Millionen*. Und diese moralische Hypothek begleichen wir – zynisch gesprochen – wiederum mit dem Leben unserer Soldaten. Horst Köhler ist kein Zynismus zu unterstellen. Doch bekanntlich engagiert sich der ehemalige IWF-Direktor sehr für den afrikanischen Kontinent: Er weiß um den *innigen Zusammenhang zwischen unserem Reichtum und der lebensgefährlichen Armut* anderswo.
> Der Bundespräsident hat endlich den Mut gezeigt, der uns und unseren politischen Vertretern immer noch fehlt. Mögen uns seine Worte von *unserer verlogenen wie rücksichtslosen Unschuldsseligkeit* befreien« (Christian Schlüter: Horst Köhlers Stunde der Wahrheit, FR vom 29.5.2010).

Es bleibt festzuhalten: In FR und *taz* wird nicht in dieselbe Richtung argumentiert wie in den Artikeln der vier vernetzten Journalisten, aber auch nicht konsequent in eine andere Richtung. Es wird auch nicht auf einer Meta-Ebene die Erweiterung des Sicherheitsbegriffs kritisch reflektiert, von Ausnahmen abgesehen. Offensichtlich sehen die beiden Zeitungen die Umdeutung von Sicherheit und Verteidigung nicht als zu diskutierendes Thema an.

6.4 Zwischenfazit

Diese Fallstudie hat gezeigt, dass die Elitennetzwerke von Stefan Kornelius (*SZ*), Klaus-Dieter Frankenberger (*FAZ*), Michael Stürmer (*Welt*) und Josef Joffe (*Zeit*) im US- und Nato-geprägten Milieu eine Koinzidenz in ihrem journalistischen Output aufwiesen. Die Journalisten argumentierten im Sinne der außen- und sicherheitspolitischen Agenda dieser Akteure, indem sie einen erweiterten Sicherheitsbegriff verwendeten, häufig an den Katalog der Bedrohungen aus den amtlichen Dokumenten erinnerten, die deutsche Regierung zu mehr militärischem Engagement in der Nato und zur Pflege der transatlantischen Partnerschaft mahnten und zur Durchsetzung dieser Politik verstärkte Überzeugungsarbeit am Wahlvolk empfahlen. Ihr Bild von Bedrohungen und Konflikten war ebenso eindimensional und nicht reflexiv wie das in den offiziellen Doktrinen. Stellenweise verwendeten v. a. Kornelius und Joffe Propagandatechniken, wobei offenbleiben muss, ob sie dies bewusst oder unbewusst taten. Die Argumentation der vier Journalisten ist zusammenfassend als unkritisch bis persuasiv zu qualifizieren; Gegenargumente zum offiziellen Diskurs wurden kaum diskutiert.

In der *Frankfurter Rundschau* und der *taz*, die zu Kontrollzwecken untersucht wurden und die keine Netzwerke im Elitemilieu aufwiesen, fand sich weder eine Entsprechung noch ein adäquates Gegengewicht zum konsonanten Meinungsbild der vier Journalisten; dies spricht einerseits dafür, dass die Netzwerke eine Bedeutung haben, andererseits auch dafür, dass bei der Beurteilung der behandelten Themen (Auslandseinsätze der Bundeswehr und ›erweiterter Sicherheitsbegriff‹) im linken und elitenferneren Zeitungsspektrum erhebliche Verunsicherung herrscht. In den Fragen, wie weit Sicherheit und Verteidigung definiert werden sollten und wie mit der diesbezüglichen Kluft zwischen Elite und Bevölkerung umgegangen werden sollte, hatte das Quartett Kornelius, Frankenberger, Joffe und Stürmer im Untersuchungszeitraum jedenfalls die Meinungsführerschaft.

Welche Bedeutung kann den Netzwerken für die publizistische Stoßrichtung aber gegeben werden? Die gefundene Koinzidenz ist aller Wahrscheinlichkeit nach ein Zusammenhang. Dass der Zusammenhang kausal ist, also dass sich Netzwerke und Artikel-Output wie Ursache – Wirkung bzw. Stimulus – Response verhalten, kann aus den vorliegenden Daten nicht geschlussfolgert werden. Die eingangs diskutierten Konzepte Sozialkapital und Schweigespirale legen zwar eine Kausalität nahe, denn durch ihre

Netzwerke haben die Journalisten erhebliches Sozialkapital im US- und Nato-nahen Milieu, und dieses Sozialkapital ist nicht allein im Besitz der Journalisten, sondern auch des Milieus. Die Beziehung ist reziprok, sie kann für die Journalisten bestimmte Leistungen erbringen (Information), aber auch für die Kontaktpartner (Einfluss auf die Journalisten). Die Isolationsfurcht aus dem Schweigespiralkonzept kann ihr Übriges zu einem milieukonformen Medieninhalt beitragen. Aber wie in Kap. 5.3.2.6 gezeigt wurde, spielt eine gewisse Ähnlichkeit von Werten und Einstellungen beim Entstehen von Netzwerken eine Rolle: Vor dem Knüpfen von Netzwerken und dem Anhäufen von Sozialkapital kommt Homophilie. Mithin kann nicht eindeutig gesagt werden, dass die US- und Nato-nahen Organisationen, mit denen die Journalisten Kontakt hatten, als »Frame-Sponsoren« (CARRAGEE/ROEFS 2004: 216) für deren Artikel gewirkt haben; vielleicht brauchten die Journalisten gar keine Frame-Sponsoren, sondern dachten schon vorher milieukonform.

Nachdem nun eine auf vier Personen fokussierte Inhaltsanalyse einige Theoriebausteine aus Kap. 3.7 bestätigt hat, soll die Datenbasis verbreitert werden. Schließlich geht es auch darum zu überprüfen, ob Leitmedien im Ganzen (und nicht nur einzelne leitende Journalisten) dazu neigen, lediglich den Elitendiskurs abzubilden und abweichende Argumente und Sichtweisen zu ignorieren oder zu delegitimieren. Der Elitendiskurs über Außen- und Sicherheitspolitik wird in konzentrierter Form auf der jährlichen Münchner Sicherheitskonferenz geführt. Alternative Diskurse werden unter den Demonstranten geführt, die gegen die Konferenz protestieren, sowie auf der zeitgleich stattfindenden Gegenveranstaltung, der Münchner Friedenskonferenz. Daher soll im folgenden Kapitel untersucht werden, ob und wie Leitmedien über die Sicherheitskonferenz, die Proteste und die Gegenveranstaltung berichten.

7. DIE MÜNCHNER SICHERHEITS-
KONFERENZ UND IHRE GEGNER
IN DEN LEITMEDIEN

7.1 Hinführung

7.1.1 *Die Münchner Sicherheitskonferenz*

Die Münchner Sicherheitskonferenz (Munich Security Conference, Abk. MSC[66]) ist die größte und hochkarätigste regelmäßige außen- und sicherheitspolitische Tagung weltweit. Jedes Jahr im Februar treffen sich im Münchner Hotel ›Bayerischer Hof‹ 300 bis 350 Politiker, Diplomaten, Militärs, Rüstungsindustrielle und Vertreter weiterer Unternehmen, Analysten und Publizisten, die meisten davon aus Deutschland, den USA und weiteren Nato-Mitgliedsstaaten. Drei Tage lang gibt es Vorträge und Podiumsdiskussionen im großen Saal und vertrauliche Einzelgespräche in Nebenzimmern; an den Abenden laden der bayerische Ministerpräsident und der Münchner Oberbürgermeister zu Empfängen. Da es sich um ein nicht regierungsamtliches Treffen handelt, werden keine offiziellen Beschlüsse gefasst. Neben den regulären Teilnehmern sind 100 bis 200 Beobachter zugelassen, die sich nicht an den Diskussionen beteiligen dürfen und nicht im Plenum sitzen, sondern auf der Galerie des Konferenzsaals. Darunter sind Botschaftsangehörige und Vertreter militärnaher Organisa-

---

66 ›MSC‹ ist die vom Veranstalter verwendete offizielle Abkürzung, die in dieser Arbeit übernommen wird. In der Münchner Lokalpresse und in der Protestszene ist die Abkürzung ›Siko‹ bzw. ›SiKo‹ gebräuchlich, die Projektgruppe ›Münchner Sicherheitskonferenz verändern‹ kürzt mit ›MSK‹ ab.

tionen wie der Clausewitz-Gesellschaft und der Westeuropäischen Union (MOHR 2010: 7). Von der Veranstaltung berichten rund 400 Journalisten aus aller Welt (ISCHINGER 2009: 41).

Die Anfänge des Treffens liegen in den 1960er-Jahren. Initiator war der Verleger Ewald von Kleist. Während des Zweiten Weltkriegs Leutnant in der Wehrmacht und Mitverschwörer des 20. Juli 1944, gab er später die Fachzeitschrift *Wehrkunde* (heute: *Europäische Sicherheit*) heraus und war Vorstandsmitglied der Gesellschaft für Wehrkunde (heute: Gesellschaft für Wehr- und Sicherheitspolitik). Auf dem Höhepunkt des Kalten Krieges rief er 1963 erstmals die ›Wehrkundetagung‹ zusammen und fand dafür die Unterstützung des Verteidigungsministeriums in Bonn und die der bayerischen Staatsregierung (STÜRMER 2009); zwei Jahre später wurde die Veranstaltung in ›Münchner Konferenz für Sicherheitspolitik‹ umbenannt. Zu jener Zeit kamen die Teilnehmer ausschließlich aus Nato-Staaten. Hauptziel des Organisators und der deutschen Teilnehmer war es, Lobbying bei den anwesenden Amerikanern zu betreiben, so Kleists Nach-Nachfolger Ischinger:

> »Wir brauchten ein Forum, um vertrauensvoll mit amerikanischen Partnern über unsere spezifischen sicherheitspolitischen Interessen zu diskutieren – in der Hoffnung, dass diese Interessen in Washington Aufmerksamkeit finden würden. Es war das Gespräch des Abhängigen mit dem Entscheidungsträger, des Gefährdeten mit dem Protektor« (ISCHINGER 2009: 40).

Kleist leitete 35 Jahre lang die Konferenz. Sein Nachfolger wurde 1998 auf Vorschlag des damaligen Bundeskanzlers Helmut Kohl (CDU) Horst Teltschik, ehemaliger Vizechef des Kanzleramts und Kohls außen- und sicherheitspolitischer Berater. Teltschik öffnete die Konferenz gegenüber Gästen aus Nicht-Nato-Staaten wie Russland, China, Iran, Indien und Japan und lud 2007 erstmals einen Vertreter einer Nichtregierungsorganisation (den Direktor der Menschenrechtsorganisation Human Rights Watch) ein. Auf Teltschik folgte 2008 Wolfgang Ischinger, zuvor Staatssekretär im Auswärtigen Amt und deutscher Botschafter in den USA und Großbritannien. Ischinger ging auch auf die Kritiker der MSC zu; er ließ 2009 erstmals ein Mitglied der Friedensbewegung als Beobachter zu und lud 2010 erstmals einen Bundestagsabgeordneten der Linkspartei ein.

Ischinger hat zudem die Themenpalette der MSC deutlich verbreitert im Sinne des erweiterten Sicherheitsbegriffs (vgl. Kap. 6.1.2):

> »Waren es vor wenigen Jahren noch die klassischen ›harten‹ Themen der Sicherheitspolitik, die die Konferenz dominierten, so werden in den

kommenden Jahren Themen wie Energiesicherheit, Proliferation und Abrüstung, ›Human Security‹, Umweltsicherheit, Rohstoffsicherheit, Terrorismus und Piraterie die Agenda zunehmend beherrschen« (ISCHINGER 2009: 41).

Diese neue Vielfalt der Themen habe wiederum Konsequenzen auf die Auswahl der Teilnehmer, denn sie

»führt automatisch zu der Frage, wo die größte Sachkompetenz für manche dieser ›weichen‹ Themen liegt – vielleicht eher bei Unternehmensführern als bei Diplomaten, wenn wir über Energie in Europa reden? Ergo führt dies zu einer stärkeren Einbeziehung wirtschaftlichen Sachverstands und damit zu einer Öffnung des Teilnehmerkreises über Politiker, Generäle, Diplomaten und Publizisten hinaus, es führt zur Einbeziehung von Unternehmern und Energiefachleuten, aber es führt auch – z. B. angesichts der Umwelt- und Klimathematik – zur notwendigen Einbeziehung von Nichtregierungsorganisationen, von Fachleuten aus der Energiewirtschaft genauso wie von Sprechern von Menschenrechtsorganisationen« (ebd.).

Die Öffnung in Richtung Wirtschaft geht einher mit einem verstärkten Sponsoring der MSC durch Unternehmen. Stützte sich die Konferenz früher fast ausschließlich auf finanzielle Hilfen der Bundesregierung und des Freistaats Bayern, ist mittlerweile der Technologiekonzern Linde AG zum offiziellen Partner avanciert. Dessen Vorstandsvorsitzender Wolfgang Reitzle hat 2009 auch den Vorsitz des neu geschaffenen Advisory Councils der Konferenz übernommen; dieser Beraterkreis begleitet »auf der Basis des ›erweiterten Sicherheitsbegriffs‹ (...) den Prozess der mittel- und langfristigen strategischen Neuausrichtung der Konferenz«.[67] Unter den weiteren Sponsoren sind der Münchner Autobauer BMW, die Rüstungsunternehmen Krauss-Maffei Wegmann und Thales sowie der Finanzdienstleister Barclays.[68]

Gleichwohl ist der Steuerzahler nach wie vor ein wichtiger Sponsor der Konferenz. Durch eine Kleine Anfrage der Linken an die Bundesregierung wurden die Zahlen für 2009 bekannt: Das Presse- und Informationsamt der Bundesregierung steuerte in jenem Jahr knapp 400.000 Euro aus dem Etat für sicherheitspolitische Öffentlichkeitsarbeit bei (BUNDESREGIERUNG 2010: 4). Zur Absicherung der Konferenz stellte die Bundeswehr 330 Ange-

---

67 http://www.securityconference.de/The-Linde-Group.59.0.html [4.2.2011].
68 http://www.securityconference.de/Sponsoren.331.0.html [4.2.2011].

hörige ab; die anfallenden Personal- und Sachkosten von knapp 450.000 Euro wurden aus dem Etat der Bundeswehr für Öffentlichkeitsarbeit beglichen (ebd.: 3), außerdem waren 213 Angehörige der Bundespolizei im Einsatz, was Kosten in Höhe von 135.000 Euro verursachte (ebd.: 5). Hinzu kommen Kosten durch den Einsatz der bayerischen Polizei und durch die Empfänge von Ministerpräsident und Oberbürgermeister.

7.1.2 Verbindungen deutscher Medien zur MSC

Jährlich berichten rund 400 Journalisten aus aller Welt von der MSC (vgl. Kap. 7.1.1). Doch einige Medien und Journalisten haben eine besondere Nähe zur MSC.

Der BAYERISCHE RUNDFUNK wird auf der Website der MSC unter der Überschrift ›Sponsoren‹ als ›Host Broadcaster‹ geführt, d. h., er übernimmt die audiovisuelle Übertragung aus dem Konferenzsaal und stellt seine Aufnahmen als Video-Stream der Website zur Verfügung.

Die *Süddeutsche Zeitung* veröffentlicht jedes Jahr am ersten Tag der Konferenz eine sechsseitige Sonderbeilage mit Beiträgen von Teilnehmern der Sicherheitskonferenz. Eine kritisch-analytische Distanz zur Konferenz und selbst zur Nato ist hier offenbar nicht vorgesehen: »Diese Beilage der Süddeutschen Zeitung dient [...] als gedruckte Sicherheitskonferenz«, schrieb Außenpolitik-Ressortleiter Stefan Kornelius im Editorial der Beilage von 2010[69], sie diene auch »als Katalysator« für die Diskussion über die zukünftige Ausrichtung der Nato. Die Beilage wird in Zusammenarbeit mit der American Academy in Berlin (Näheres zu dieser im Anhang 3 unter *Zeit*, Joffe) produziert, deren Direktor stets mit einem Grußwort vertreten ist. In den zwischen 2007 und 2010 erschienenen Beilagen waren mit Essays u. a. Bundeskanzlerin Angela Merkel, Außenminister bzw. SPD-Fraktionschef Frank-Walter Steinmeier, die Bundesverteidigungsminister Franz-Josef Jung und Karl-Theodor zu Guttenberg, der französische Präsident Nicolas Sarkozy, der US-Sondergesandte für Afghanistan und Pakistan Richard Holbrooke und US-Senator John McCain vertreten. In den Beilagen von

---

[69] Stefan Kornelius: Münchens Loja Dschirga. In: *Süddeutsche Zeitung* vom 5.2.2010, S. 13 (Beilage »Sicherheitskonferenz München. Eine Dokumentation zur 46. Münchner Konferenz für Sicherheitspolitik«).

2007 und 2008 war vermerkt, dass sie für die Teilnehmer der MSC auch auf Englisch erschienen und dass Schulen kostenlos Sonderdrucke auf Deutsch oder Englisch als Unterrichtsmaterial bestellen konnten.

Eine besondere Nähe stellt es auch dar, wenn Journalisten sich nicht mit einem Beobachterplatz auf der Galerie begnügen müssen, sondern im Konferenzsaal sitzen und mitdiskutieren können. In den Jahren 1999 bis 2011 standen folgende deutsche Journalisten auf den im Archiv der MSC-Website einsehbaren Teilnehmerlisten, geordnet nach Häufigkeit der Teilnahme (ihre redaktionelle Funktion bezieht sich auf die Jahre der Teilnahme an der MSC):

- Josef Joffe, Mitherausgeber der *Zeit* (1999 - 2011)
- Stefan Kornelius, Außenpolitik-Ressortleiter der *Süddeutschen Zeitung* (2001 - 2011)
- Michael Stürmer, Chefkorrespondent der *Welt* (2001 - 2009, 2011)
- Helmut Markwort, Chefredakteur des *Focus* (2004 - 2009)
- Berthold Kohler, Mitherausgeber der FAZ (2006 - 2010)
- Klaus-Dieter Frankenberger, Außenpolitik-Ressortleiter der FAZ (2009 - 2011)
- Georg Mascolo, Ko-Chefredakteur des *Spiegel* (2009 - 2011)
- Sigmund Gottlieb, Chefredakteur Fernsehen des BAYERISCHEN RUNDFUNKS (2009 - 2011)
- Claus Kleber, Moderator des ZDF *heute-journal* (2010 - 2011)
- Cherno Jobatey, Moderator des ZDF-*Morgenmagazins* (2007)
- Theo Sommer, Editor-at-Large der *Zeit* (2011)

Claus Kleber vom ZDF moderierte darüber hinaus auf der MSC 2010 eine Podiumsdiskussion über Waffenkontrolle und den Atomwaffensperrvertrag u. a. mit dem russischen Vizepremier Sergej Iwanow, dem SPD-Fraktionschef Frank-Walter Steinmeier und dem US-Senator John Kerry.

7.1.3 Kritik an der MSC

Die MSC steht hauptsächlich wegen drei Aspekten in der Kritik: 1.) wegen ihres Charakters als private Veranstaltung, die mit öffentlichen Mitteln subventioniert wird, 2.) wegen ihrer Betonung der militärischen Seite von Sicherheitspolitik bei Vernachlässigung von Strategien ziviler Konfliktbearbeitung und 3.) wegen der logistischen Unannehmlichkeiten, die sie Münchens Bürgern und Gewerbetreibenden beschert (ein Teil der

Münchner Innenstadt wird drei Tage lang gesperrt, Straßenbahnlinien werden umgeleitet usw.). Im Folgenden soll auf die ersten beiden Kritikpunkte näher eingegangen werden, da nur sie im engeren Sinn politisch bzw. überregional relevant sind.

Zum ersten Kritikpunkt: Die MSC ist juristisch gesehen eine Privatveranstaltung des jeweiligen Tagungsleiters; die Staatschefs, Regierungschefs und Minister sind keine Staatsgäste, sondern die privaten Gäste von (gegenwärtig) Wolfgang Ischinger. Gleichwohl werden diese Gäste nicht von einem privaten Wachdienst geschützt, sondern von rund 3.500 Polizisten aus München, Bayern und aus den Reihen der Bundespolizei (STUMBERGER 2007) sowie von über 300 Angehörigen der Bundeswehr, welche die Tagungsleitung auch im Transportwesen, bei der Organisation, in den Pressezentren und in der sanitätsdienstlichen Versorgung unterstützen. Die Bundeswehr hat auch das Hausrecht im Hotel Bayerischer Hof; zudem ist die offizielle Domain www.securityconference.de auf die Münchner Adresse »Heidemannstr. 50« angemeldet, wo sich die »Bayernkaserne« der Bundeswehr mit dem Wehrbereichskommando IV befindet (ebd.). Zudem gibt das Presse- und Informationsamt der Bundesregierung noch 400.000 Euro dazu (vgl. Kap. 7.1.1). Obwohl also die öffentliche Hand die Veranstaltung maßgeblich absichert und bezuschusst, haben öffentliche Mandatsträger nicht per se das Recht, daran teilzunehmen – so die Kritik des Linkspartei-Politikers Tobias Pflüger, von 2004 bis 2009 Mitglied des Europäischen Parlaments (ebd.).

Zum zweiten Kritikpunkt über die vermeintlich militaristische Ausrichtung: Die MSC ist nach Ansicht der Bundestagsfraktion Die Linke »ein Ratschlag von Teilnehmern, von denen, wie die Nato-Staaten, die meisten für sich das Recht zu weltweiter Intervention beanspruchen. Die Münchner Sicherheitskonferenz gehört zu den Orten, an denen die völkerrechtswidrigen Angriffskriege auf Jugoslawien und auf den Irak vorbesprochen und nachträglich legitimiert worden sind« (DIE LINKE 2010). Das Aktionsbündnis gegen die Nato-Sicherheitskonferenz (2007) meint, sie diene »ausschließlich der Vorbereitung und Propagierung weltweiter Kriegseinsätze der Nato-Staaten« bzw. dazu, »die gemeinsamen Interessen der Nato-Bündnispartner und militärstrategische Ziele untereinander abzustimmen. Vor allem aber ist die Siko eine medienwirksame Propaganda-Veranstaltung für die Kriegspolitik der Nato und der EU« (SCHREER 2010: 1).

Deutlich differenzierter äußert sich ein anderer Akteur aus der Kritikerszene, Thomas Mohr von der katholischen Friedensorganisation Pax

Christi und Mitglied der Projektgruppe ›Münchner Sicherheitskonferenz verändern‹. Er war als erster Beobachter aus den Reihen der Friedensbewegung zu den Konferenzen 2009 und 2010 zugelassen und urteilte im Anschluss, dass die MSC keine Propaganda-Veranstaltung sei, sondern »eine politische Tagung [...], die jedoch sehr stark geprägt ist von einem Grundvertrauen in Militär und Rüstung« (nach BECKER 2009). Es herrsche die Grundeinstellung vor,

> »dass Sicherheit letztlich in wirtschaftlicher und militärischer Stärke gründet und dass ohne diese eigene Überlegenheit Dialog, Verständigung und Streben nach gemeinsamer Sicherheit wenig erfolgversprechend sind. [...] Ansätze gewaltfreier Sicherheitspolitik sind bisher auf der Konferenz nicht zu erkennen, am ehesten vielleicht noch in der Einbeziehung von Russland, Iran und China« (MOHR 2010: 7).

Ein »Forum fairer globaler Zusammenarbeit« sei die Konferenz ebenfalls nicht: Der Teilnehmerkreis sei »überwiegend von Nato und EU dominiert, deren (vermeintliche) Sicherheitsinteressen folgerichtig die Tagesordnung bestimmen«; der Gedanke gemeinsamer Sicherheitspolitik im Rahmen der Uno spiele »praktisch keine Rolle« (ebd.: 4f.).

7.1.4 Protestaktionen und die Münchner Friedenskonferenz

Die MSC wird seit 2002 von Massenprotesten und seit 2003 von einer Alternativveranstaltung namens Internationale Münchner Friedenskonferenz begleitet; vor 2002 gab es allenfalls Proteste mit einigen Dutzend Menschen (LOWZOW 2006). Die Protestaktionen werden vom Aktionsbündnis gegen die Nato-Sicherheitskonferenz koordiniert, das aus mehr als 80 Organisationen besteht, v. a. aus Friedens- und Antikriegsorganisationen, Jugendverbänden, Gewerkschaften, linken und sozialistischen Parteien, Umwelt- und Dritte-Welt-Solidaritätsvereinen bis hin zu autonomen Gruppen. Die Sprecher des Aktionsbündnisses sind Hagen Pfaff von Attac München und Claus Schreer, Mitglied der vom Verfassungsschutz beobachteten Deutschen Kommunistischen Partei (NEFF 2009).

Zentrale Protestaktion ist eine Großdemonstration am Samstagnachmittag mit Abschlusskundgebung, an der jeweils mehrere tausend Menschen teilnehmen (2003 demonstrierten sogar 30.000 Menschen wegen des bevorstehenden Irak-Krieges). Davor und danach werden Friedensmahnwachen, satirische Protestumzüge mit kostümierten Teilnehmern,

›Anti-Nato-Partys‹, Konzerte, Kabarett und anderes veranstaltet.[70] Die Demonstrationen verliefen bis einschließlich 2011 ohne größere Zwischenfälle.

In das Protestgeschehen ist seit 2003 die Internationale Münchner Friedenskonferenz integriert. Diese Alternativveranstaltung ist eine über jeweils eine Woche verteilte Abfolge von Podiumsdiskussionen und Foren, in denen vor allem über zivile Strategien und Methoden der Konfliktbewältigung diskutiert wird. Der Trägerkreis der Friedenskonferenz besteht aus zehn Organisationen vor allem aus der Friedensbewegung[71]:

- Deutsche Friedensgesellschaft – Vereinigte KriegsdienstgegnerInnen (DFG-VK), Landesverband Bayern
- Helmut-Michael-Vogel-Bildungwerk der DFG-VK Bayern
- Pax Christi im Erzbistum München/Freising
- Internationaler Versöhnungsbund, deutscher Zweig
- NaturwissenschaftlerInnen-Initiative Verantwortung für Frieden und Zukunftsfähigkeit
- Netzwerk Friedenssteuer, Region Bayern
- Projektgruppe ›Münchner Sicherheitskonferenz verändern‹
- Kreisjugendring München Stadt
- Bund Naturschutz Kreisgruppe München
- Netzwerk gewaltfreie Kommunikation München

Der Friedenskonferenz beratend zur Seite steht ein fünfköpfiges Kuratorium mit dem Physiker Hans-Peter Dürr (Träger des Alternativen Nobelpreises), dem ehemaligen UN-Koordinator für den Irak, Hans-Christof von Sponeck, dem Publizisten Franz Alt, dem ehemaligen Münchner Bürgermeister Klaus Hahnzog (auch Mitglied des bayerischen Verfassungsgerichtshofs) und dem Liedermacher Konstantin Wecker. An den Diskussionen beteiligten sich in den letzten Jahren vor allem Wissenschaftler, Fachleute für zivile Konfliktbearbeitung, Vertreter von sozialen Bewegungen und Journalisten, etwa Friedensforscher und Konfliktvermittler Johan Galtung (2007), Jakob von Uexküll, Gründer des Alternativen Nobelpreises und des World Future Council (2009), und Cynthia McKinney, ehemalige US-Präsidentschaftskandidatin der Grünen (2010). Die Vorträge und Diskussionen wurden jeweils in Broschüren dokumentiert, die auch online einsehbar sind (http://friedenskonferenz.info). Mit einem Grußwort trat jährlich der

---

70 http://sicherheitskonferenz.de/ [4.2.2011].
71 http://friedenskonferenz.info/index.php?ID=7 [12.2.2011].

3. Bürgermeister der Stadt München, Hep Monatzeder (Grüne) auf; laut Monatzeder bildet die Friedenskonferenz »mit ihren offenen Foren zum Dialog und zur Diskussion [...] nicht nur ein bedeutendes, sondern auch unverzichtbares Gegengewicht zur Münchner Sicherheitskonferenz«[72].

Die Kritik der Friedenskonferenz an der MSC besteht zusammengefasst darin, dass sie dem »Grundvertrauen in Militär und Rüstung« ein »Grundvertrauen in Gewaltfreiheit und Verständigung« (so Thomas Mohr in BECKER 2009) entgegensetzt sowie die Überzeugung, dass Sicherheit »nicht gegeneinander, nur miteinander erreicht werden« kann (ebd.). Exemplarisch sei hier aus einem Vortrag des Friedensforschers Johan Galtung auf der Friedenskonferenz 2007 zitiert, der den offiziellen ›Sicherheitsdiskurs‹ mit einem alternativen ›Konflikt-Friede-Diskurs‹ kontrastiert. Der ›Sicherheitsdiskurs‹ gehe von der Prämisse aus, die Ursache von Gewalt liege in den Eigenschaften der Gewalttäter, und laufe nach folgendem Muster ab:

> »These 1: es gibt irgendwo auf der Erde etwas Böses, etwas sehr Böses. These 2: das Böse ist gewalttätig. Und warum denn? Nicht, weil es einen Grund dafür hat, sondern ganz einfach, weil es böse ist. Könnte sein aus Neid, weil es andere hasst, die mehr Erfolg haben. These 3: die gute Nachricht: es gibt eine Möglichkeit, man muss stark und entschlossen sein. Und wenn man das ist, kommen zwei Früchte. Nr. 1: das Böse wagt es nicht, und Nr. 2: wenn es es doch wagt, gibt es die Möglichkeit, es auszurotten, zu töten. These 4: die wirklich frohe Botschaft: damit kriegt man etwas, und das etwas [sic!] heißt ›Sicherheit‹« (GALTUNG 2007: 9).

Diese Sicht sei »paranoid, einfach autistisch, nicht reziprok« (ebd.), d. h. nicht reflexiv im Sinne von Jaberg (2010: 38; vgl. Kap. 6.1.3). Der alternative ›Konflikt-Friede-Diskurs‹ gehe stattdessen davon aus, dass Gewalt nicht aus Eigenschaften von Akteuren resultiert, sondern aus einem Konflikt in einer Beziehung zwischen Akteuren, der Ursachen hat und damit potenziell auch Lösungsmöglichkeiten. »Wenn diese Lösung auf eine egalitäre Weise vor sich geht, sodass alle Parteien dort dabei sind, die Stimmen gehört sind und es gibt etwas, das für alle annehmbar ist – nicht perfekt, aber annehmbar –, dann kriegt man ein Geschenk und dieses Geschenk heißt Friede« (GALTUNG 2007: 9f.). Dem Muster dieses alternativen Diskurses folgend, geht es bei der Friedenskonferenz vor allem um

---

72 http://www.friedenskonferenz.info/Gru%C3%9Fwort%20Monatzeder_040211.pdf [15.3.2011].

Initiativen, Instrumente und Best-Practice-Beispiele für zivile Konfliktbearbeitung und die Aussöhnung von Konfliktparteien.

7.2 Hypothesen

Die MSC kann als ein Ereignis charakterisiert werden, in dem der außen- und sicherheitspolitische Elitendiskurs vor allem der Nato-Staaten in konzentrierter Form geführt wird. Die Proteste gegen die MSC drücken grundsätzlichen Dissens mit diesem Diskurs aus; die Friedenskonferenz bietet darüber hinaus einen alternativen Diskurs an, an dem sich bislang keine Eliten aus Politik oder Wirtschaft beteiligen.

Aus diesem Sachverhalt und den Theoriebausteinen zur Elitenorientierung der deutschen Leitmedien (Kap. 3.7) lassen sich folgende Hypothesen über das Verhalten von Leitmedien aufstellen:

H 1: Das Geschehen auf der MSC bzw. der dort ablaufende Diskurs wird umfangreich abgebildet.

H 2: Die Proteste und die Friedenskonferenz werden ignoriert oder marginalisiert, d. h., ihnen wird kein oder wenig Raum in der Berichterstattung gegeben. Wenn ihnen Raum gegeben wird, dann mehr den äußeren Aspekten des Geschehens (Anzahl der Demonstranten, Inszenierung und Aussehen der Demonstranten, Zwischenfälle mit der Polizei, Sachbeschädigungen) und weniger den inhaltlichen Anliegen.

H 3: Die Institution MSC wird positiv bewertet bzw. nicht kritisch hinterfragt, d. h. von der Berichterstattung tendenziell legitimiert.

H 4: Die Proteste und die Friedenskonferenz werden negativ bewertet bzw. kritisch hinterfragt, d. h. von der Berichterstattung tendenziell delegitimiert.

Diese Hypothesen gelten umso mehr, je enger das Medium bzw. dessen redaktionelles Führungspersonal mit der MSC bzw. mit außen- und sicherheitspolitischen Eliten – d. h. mit den Quellen dieses Themenfeldes – verbunden ist und je stärker das Medium auf ein Elitepublikum zielt.

7.3 Design der Inhaltsanalyse

7.3.1 Untersuchungszeitraum und Auswahl der Beiträge

Um diese Hypothesen zu überprüfen, wurde mittels Inhaltsanalyse die Berichterstattung von fünf überregionalen Tageszeitungen über die MSC und die Proteste aus den Jahren 2007 bis 2010 untersucht. Die Untersuchung wurde auf vier Jahre erstreckt, um eventuell vorhandene Besonderheiten eines Jahres zu neutralisieren. Da die MSC immer Anfang Februar jeweils von Freitag bis Sonntag stattfindet, begann der Untersuchungszeitraum jeweils am Samstag vor der MSC und endete am Freitag nach der MSC.

Aus Gründen der Erreichbarkeit kamen nur Printmedien für die Untersuchung infrage und von diesen wiederum nur die tagesaktuellen, da in Wochenblättern und Nachrichtenmagazinen keine Ereignisberichterstattung über die MSC stattfindet. Die *Bild* als Boulevardzeitung betrieb im Untersuchungszeitraum zumindest in ihrer überregionalen Ausgabe keine ausgeprägte Berichterstattung zum Thema. Somit bot sich das klassische Fünfer-Sample *Welt*, FAZ, SZ, FR und taz an, das nicht nur die weltanschauliche Rechts-links-Spanne der überregionalen Qualitätstagespresse in Deutschland repräsentiert, sondern auch Blätter, die im überregionalen Markt vorrangig auf ein Elitenpublikum zielen (*Welt*, FAZ und SZ), und Blätter, die überwiegend andere Publika haben (die FR zielt auf gewerkschaftsnahe Kreise, die *taz* auf das grün-alternative Milieu).

Von der am Konferenzort ansässigen *Süddeutschen Zeitung* wurde nicht die Münchner Ausgabe, sondern die Bundesausgabe untersucht, da ihr Auftritt als überregionale Zeitung interessiert; die im hinteren Teil der Bundesausgabe erscheinende Lokal- bzw. Regionalseite ›München/Bayern‹ wurde gleichwohl mit erfasst.[73]

In das Artikelsample wurden aufgenommen:
- alle Beiträge, die im Fließtext in mehr als zwei Sätzen auf das Ereignis MSC bzw. ihre Gegenveranstaltungen Bezug nahmen

---

[73] Interessant wäre es gewesen, die Berichterstattung der wichtigsten Münchner Tageszeitungen mit jener der überregionalen Presse zu vergleichen, um die Variable ›geografische Nähe‹ zu kontrollieren. Dies war jedoch aus forschungsökonomischen Gründen nicht möglich: Am Standort Leipzig war einzig der *Münchner Merkur* in einer Bibliothek verfügbar, nicht jedoch die Münchner Ausgabe der *Süddeutschen Zeitung*, die *Abendzeitung* und die *tz*.

- Interviews mit Teilnehmern oder Organisatoren der MSC oder ihrer Gegenveranstaltungen
- Gastbeiträge von Teilnehmern oder Organisatoren der MSC oder ihrer Gegenveranstaltungen

Außen vor blieben somit Beiträge, die z. B. lediglich ein Statement zitieren, das bei der Sicherheitskonferenz gefallen ist, und es nicht weiter erörtern. Es wurden auch nicht per se alle Artikel aus Sonderseiten oder Sonderbeilagen zur MSC aufgenommen; durch die Einschränkungen fielen zum Beispiel Artikel heraus, die ausschließlich die Hintergründe des Atomkonflikts mit dem Iran erklärten.

7.3.2 Kategoriensystem

Für die Überprüfung der Hypothesen 1 und 2 war es angezeigt, zum einen den Umfang der Berichterstattung über die MSC und die Proteste und zum anderen die Perspektiven der Berichterstattung zu ermitteln. Mit Perspektive ist hier gemeint, ob über äußerliche Aspekte des Geschehens berichtet wird (der Journalist steht praktisch ›davor‹), über das Innenleben des Geschehens bzw. den ablaufenden inhaltlichen Diskurs der Akteure (der Journalist steht praktisch ›mittendrin‹ oder ›innen‹), oder ob aus einer Draufsicht das Geschehen reflektiert oder eingeordnet wird (der Journalist schaut ›von oben‹). Entsprechend wurden für die Analyseeinheit ›MSC‹ folgende Kategorien festgelegt:

- ›MSC von außen‹: Diese Perspektive liefert äußere, technische Daten der jeweils aktuellen MSC, d. h. Antworten auf die vier W-Fragen Wer, Wann, Was, Wo: Wie viele bzw. welche Teilnehmer treffen sich wann und wo?
- ›MSC von innen‹: Diese Perspektive gibt das Geschehen und den Diskurs auf der MSC wieder, liefert also Zitate, Argumente, Stimmungen, Atmosphäre. In diese Kategorie fallen auch dokumentierte Auszüge aus einer MSC-Rede, Porträts von Tagungsteilnehmern, Essays von MSC-Teilnehmern zu den Tagungsthemen sowie Kommentare, in denen ein Journalist Aussagen aus MSC-Reden interpretiert bzw. einordnet (weil er damit den MSC-Diskurs fortschreibt).
- ›MSC von oben‹: Dies ist die Meta-Perspektive auf die Konferenz; hier wird die MSC als Institution beschrieben oder bewertet.

Hierzu zählen etwa Informationen zur Geschichte der MSC und zu ihrer Finanzierung, Porträts des Tagungsleiters, Kommentare zur Einladepolitik und zur Tagesordnung, Reflexionen über Legitimität, Sinn, Bedeutung und Wirkmächtigkeit der MSC.[74]

Die Analyseeinheit ›Proteste‹ bezieht sich ausschließlich auf die Proteste im engeren politischen Sinn, nicht auf Kritik von Geschäftsleuten in der Münchner Innenstadt wegen der Umsatzeinbußen durch die Begleiterscheinungen der Konferenz. Analog zu den MSC-Kategorien wurden folgende Protestkategorien festgelegt:

- ›Proteste von außen‹: Diese Perspektive liefert äußere, technische Daten zu aktuellen Protest- oder Alternativereignissen (wer, wann, was, wo), etwa zur Anzahl der Demonstranten und zur Marschroute von Demonstrationen. Hierunter fällt auch das Rapportieren äußerlich sichtbarer Demo-Zwischenfälle wie Sachbeschädigungen, Rangeleien mit der Polizei und Festnahmen.
- ›Proteste von innen‹: Diese Perspektive gibt den inhaltlichen Diskurs in der Protestszene und auf der Friedenskonferenz wieder, also Argumente, Stimmungen, Zitate von Demonstranten und Organisatoren, Zitate von Transparentaufschriften (im Fließtext des Beitrages, nicht auf Fotos), auch: Meinungsverschiedenheiten innerhalb der Protestszene über die Anliegen und den Umgang mit der MSC.
- ›Proteste von oben‹: Die Meta-Perspektive reflektiert über die Proteste oder die Friedenskonferenz, beschreibt etwa deren historische Entwicklung oder personelle Strukturen und bewertet etwa die Legitimität der Proteste oder den Sinn der politischen Anliegen.

Konnten Teile von Artikeln in keine dieser sechs Kategorien eingeordnet werden, landeten sie in der Restkategorie ›Sonstiges‹: etwa Sätze über Aktivitäten des iranischen Präsidenten Ahmadinedschad in Teheran zeitgleich zur MSC, Stellungnahmen von Gewerbetreibenden zu Umsatzeinbußen durch die Absperrungen oder Erwähnungen des Theaterstücks *Sicherheitskonferenz* der Münchner Kammerspiele, das weder personell, finanziell noch ideell mit der MSC oder mit den Protesten in Verbindung stand.

---

74 Wenn die Quellen dieser Meta-Perspektive die Protestierenden waren, wurden die entsprechenden Sätze jedoch unter ›Proteste von innen‹ eingeordnet, weil sie auch und vor allem Teil des Protestdiskurses sind.

Jeder Satz jedes gefundenen Beitrages wurde einem dieser sieben Kategorien zugeordnet. Der jeweilige Umfang der Anteile wurde nicht als Zeilenanzahl ermittelt, sondern als Zeichenanzahl, weil die Zeitungen sehr unterschiedliche Spaltenbreiten mit sehr unterschiedlicher Zeichenanzahl pro Zeile aufwiesen. Hierfür wurden die Zeilen gezählt und mit der durchschnittlichen Anzahl der Zeichen pro Zeile in der jeweiligen Zeitung multipliziert.[75] Für jede Textstelle, die den Perspektiven ›MSC von oben‹ und ›Proteste von oben‹ zugeordnet war, wurde darüber hinaus die Tendenz (positiv, neutral oder negativ) notiert, die entweder durch explizit formulierte Argumente oder implizit durch die Verwendung entsprechender Stilmittel erkennbar war (bei der Erfassung der Stilmittel stützte sich das Codebuch[76] vorrangig auf FRÜH 2007: 249-260).

Da neben dem Text der Beiträge auch die Illustrationen relevant sind, wurde deren Flächeninhalt erfasst und die Bildmotive in folgende acht Kategorien eingeordnet:

- ›MSC-Szenen‹: Diese Fotos zeigen Teilnehmer der MSC im Konferenzsaal oder bei einem Empfang.
- ›MSC-Teilnehmer in anderen Situationen‹: während eines Interviews, während eines anderen Treffens oder als neutrales Porträtfoto
- ›MSC-Organisator‹: Porträtfotos von Horst Teltschik oder Wolfgang Ischinger
- ›Sicherungsmaßnahmen‹: Polizeipräsenz vor dem Hotel, Absperrung vor Hotel (ohne Demonstranten)
- ›Polizisten und Demonstranten‹: Die Parteien stehen sich gegenüber oder die Polizisten nehmen einen Demonstranten fest.
- ›Demonstranten mit Transparenten und/oder Kostümen‹: Demo-Szenen ohne Polizei
- ›Symbolbild für Außen- und Sicherheitspolitik‹: Fotos von Soldaten in Afghanistan oder von Propagandaplakaten in Teheran,

---

75 Die durchschnittliche Zeichenanzahl wurde ermittelt, indem pro Zeitung die Zeichenanzahl von 15 aufeinander folgenden Zeilen ausgezählt und der Mittelwert gebildet wurde. Für die *Welt* wurde ein Durchschnittswert von 32,2 Zeichen pro Zeile ermittelt, für die *FAZ* 38,6 Zeichen, für die *SZ* 37,1 Zeichen, für die *FR* vor dem im Mai 2007 durchgeführten Relaunch 41 Zeichen und danach 31,1 Zeichen, für die *taz* 30,1 Zeichen.
76 Das Codebuch kann beim Autor angefordert werden.

Infografiken über die Anzahl der weltweit vorhandenen Atomwaffen oder über Bundeswehrkontingente im Auslandseinsatz
- ›Sonstige‹: etwa Autorenfotos, Logos, Irans Präsident Ahmadinedschad in Teheran, das Hotel ›Bayerischer Hof‹ ohne jegliche Sicherungsmaßnahmen

Das Kategoriensystem für die Erfassung des Fließtextes und der Illustrationen wurde einem Reliabilitätstest unterzogen. Je vier Beiträge aus den fünf Zeitungen wurden vom Autor und einem weiteren Mitarbeiter des Instituts für Praktische Journalismusforschung (IPJ) kodiert und die Ergebnisse miteinander verglichen. Die Intercoder-Reliabilität betrug 0.71 für die Fließtext-Erfassung und 0.97 für die Bilderfassung, woraufhin die Kodieranweisungen für die Fließtext-Erfassung überarbeitet wurden. Ein erneuter Test mit 20 anderen Beiträgen ergab hier eine Intercoder-Reliabilität von 0.80.

7.4 Ergebnisse der Inhaltsanalyse

7.4.1 *Umfang der Berichterstattung über die MSC und die Proteste*

Insgesamt wurden in den fünf Zeitungen 177 Beiträge aus den Jahren 2007 bis 2010 gefunden, die Bezug zur MSC oder zu den Protesten aufwiesen. Die meisten fanden sich in der *Süddeutschen Zeitung* (87 Beiträge), was sich einerseits mit der räumliche Nähe zum Konferenzort (d. h. auch mit ihrer Lokalseite ›München/Bayern‹) und andererseits mit der jährlichen MSC-Sonderbeilage erklären lässt. *Welt*, FAZ und FR wiesen etwa gleich viele Beiträge auf (zwischen 24 und 28); die wenigsten Artikel (13) druckte die *taz*. Die Hälfte aller Beiträge waren Berichte, die andere Hälfte verteilte sich auf verschiedene weitere Darstellungsformen (Tab. 14).

Auch im Textumfang spiegelt sich die Rangfolge der Zeitungen: Die *SZ* führt mit weitem Vorsprung mit 387.000 Zeichen, die *taz* liegt auf dem letzten Platz mit einem Zehntel der Zeichenanzahl in der *SZ* (Abb. 28).

Bei allen Zeitungen übersteigt der Umfang der Berichterstattung über die MSC deutlich den Umfang der Protestberichterstattung, was angesichts der Prominenz der MSC-Teilnehmer und der Folgenschwere ihres Diskurses für die aktuelle Politik nicht überrascht. Höchst unterschiedlich ist hingegen das Verhältnis dieser Textmengen. Stellt man den Umfang der Protestberichterstattung dem der MSC-Berichterstattung gegenüber, so ergibt sich bei der *taz* ein Verhältnis von 1 : 3 (d. h. dreimal so viel MSC-Berichterstattung wie Protest-Berichterstattung), bei der FR 1 : 8, bei der SZ 1 : 11, bei der FAZ 1 : 36 und bei der *Welt* sogar 1 : 58 (Tab. 15). Je weiter man ins konservative und elitenbezogene Zeitungsspektrum kommt, desto weniger inklusiv ist also die Berichterstattung gegenüber den Protesten.

TABELLE 14
Darstellungsformen und Anzahl der Beiträge in den fünf Zeitungen

Darstellungsform	Welt	FAZ	SZ	FR	taz	gesamt
Meldung	6	2	1	1	0	10
Bericht	10	20	37	14	8	89
Reportage	0	0	2	0	0	2
Porträt	0	2	1	0	0	3
Leitartikel	1	3	2	0	0	6
Kommentar	3	0	4	2	1	10
Interview	3	1	10	3	2	19
Essay	1	0	22	1	0	24
Bildmeldung	1	0	1	0	2	4
Sonstige	0	0	7	3	0	10
gesamt	25	28	87	24	13	177

Auch hinsichtlich der Perspektiven, die in der Berichterstattung eingenommen werden, unterscheiden sich die Zeitungen signifikant. In der FAZ und der *Welt* ist das Angebot an Perspektiven eher monoton: 95 bzw. 90 Prozent ihrer Berichterstattung geben den Diskurs auf der MSC wieder. Weder wird über die MSC reflektiert noch das Protestgeschehen wenigstens ansatzweise skizziert – was die FAZ nicht davon abhält, in immerhin 2 Prozent ihrer Berichterstattung über die Proteste aus der Meta-Perspektive zu urteilen (Abb. 29). Die Pluralität der Perspektiven nimmt entlang der Achse SZ – FR – *taz* zu; hier erfährt der Leser nun auch etwas über das Protestgeschehen. In der SZ dominieren dabei die Außen- und die Meta-Perspektive (4 bzw. 3 %); Innenansichten der Protestszene gewähren lediglich die FR (5 %) und die *taz* (8 %).

ABBILDUNG 28
Umfang der Textberichterstattung über die MSC und die Proteste (in Zeichen)

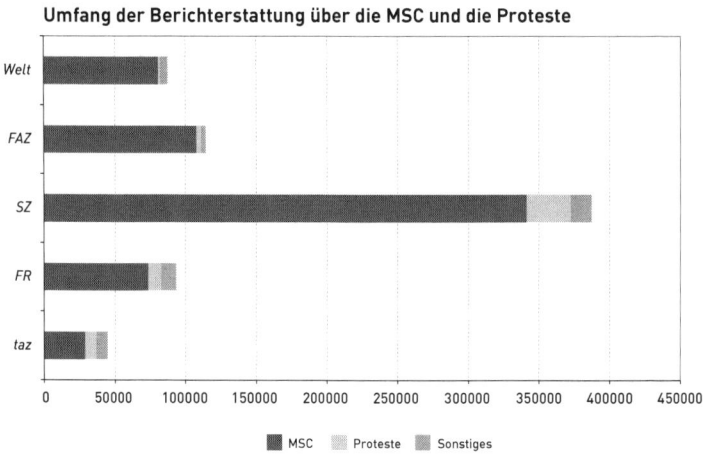

TABELLE 15
Umfang der Perspektiven in der Textberichterstattung in den fünf Zeitungen (in Zeichen)

Perspektive	Welt	FAZ	SZ	FR	taz
MSC von außen	2200	0	1900	3600	1700
MSC von innen	78400	107600	314300	58400	24500
MSC von oben	400	300	25200	11900	2600
Proteste von außen	1200	500	14100	1500	4100
Proteste von innen	0	0	4800	4900	3500
Proteste von oben	200	2500	11900	2500	700
Sonstiges	5200	3400	14900	10700	7600
gesamt	87600	114300	387100	93500	44700
Verhältnis Proteste : MSC	1 : 58	1 : 36	1 : 11	1 : 8	1 : 3

Ergebnisse der Inhaltsanalyse

ABBILDUNG 29
Perspektiven der Zeitungen auf das Geschehen im Vergleich

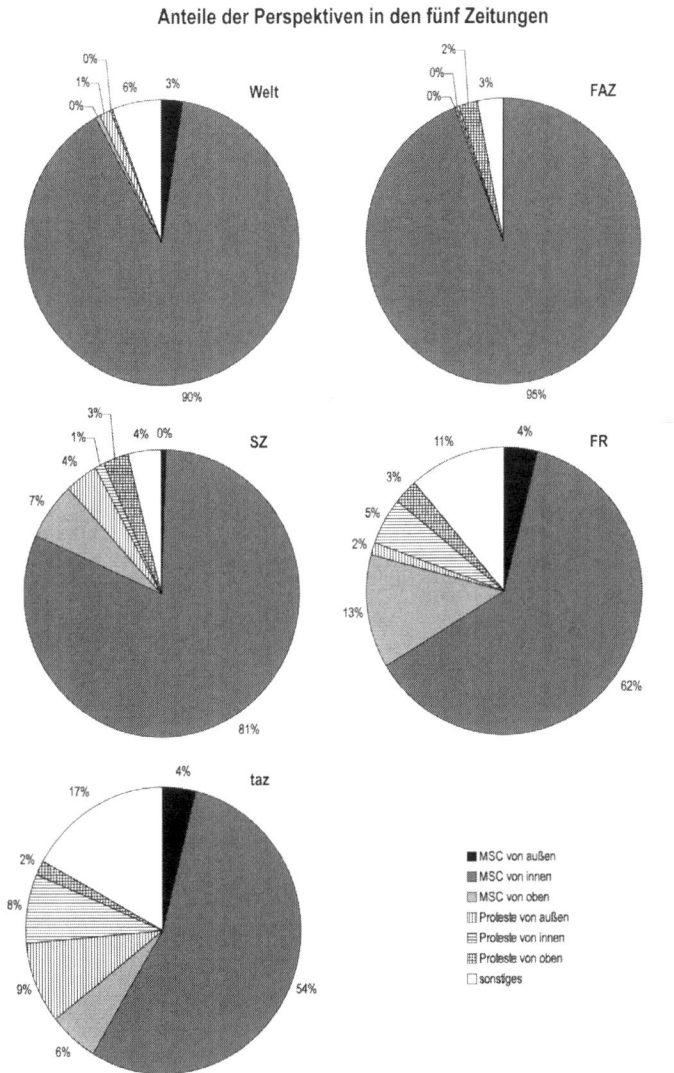

Grundlage der Prozentwerte ist die jeweilige Zeichenanzahl im Fließtext der Beiträge.

239

ABBILDUNG 30
Bildmotive in den fünf Zeitungen im Vergleich

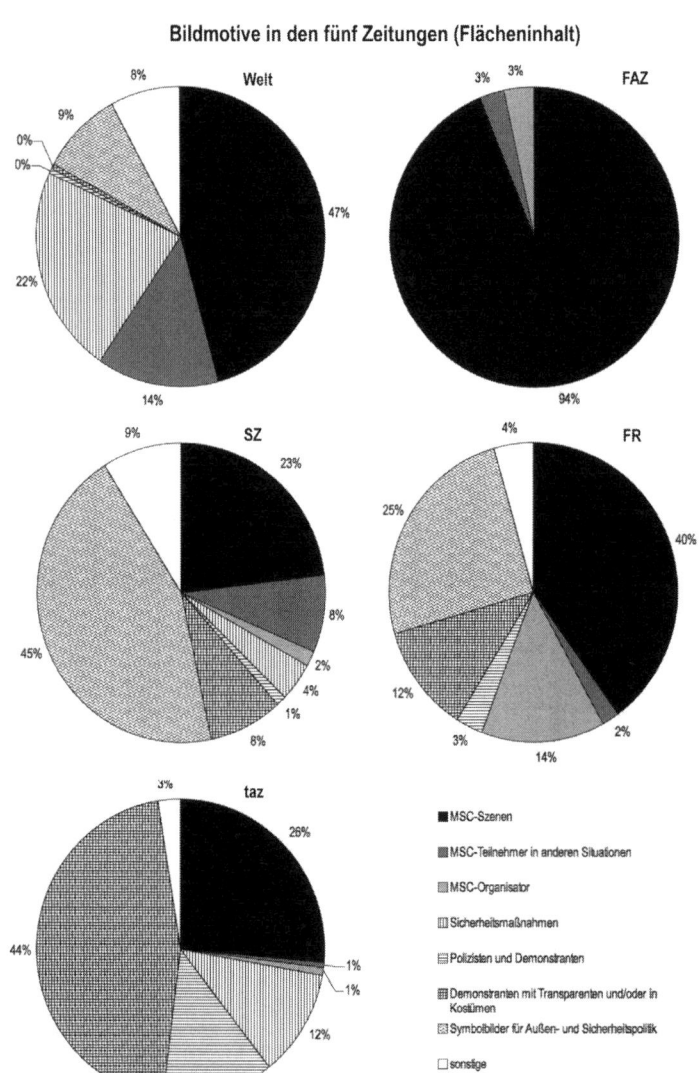

Grundlage der Prozentwerte ist der Flächeninhalt der Bilder.

Bei den Illustrationen stellt sich die Lage ähnlich dar. Insgesamt wurden 131 Bilder gefunden, die meisten davon in der SZ (65), etwa 20 in der *Welt* und der FR, die FAZ und die *taz* liegen mit 13 bzw. 10 Bildern hinten (Tab. 16). Bei den Motiven zeigen sich signifikante Unterschiede, die mit den Unterschieden in der Perspektivenvielfalt mehr oder weniger korrelieren (Abb. 30): Die FAZ zeigt fast ausschließlich Szenen des Konferenzgeschehens (94 % des Bilder-Flächeninhalts), die übrigen Fotos porträtieren MSC-Teilnehmer in anderen Situationen und den MSC-Organisator (je 3 %). Die *Welt* widmet darüber hinaus der Darstellung der Sicherheitsmaßnahmen (22 %) und Symbolfotos zu Außen- und Sicherheitspolitik (9 %) nennenswerten Raum; Demonstranten kommen auch hier nicht vor. Bei der SZ beträgt der Anteil der Symbolfotos ganze 45 Prozent, verursacht durch die MSC-Sonderbeilage. Auf immerhin 8 Prozent ihrer Bilder zeigt die SZ Demonstranten mit Transparenten bzw. in Kostümen und somit teilweise ihre Anliegen. Dieser Anteil klettert in der FR auf 12 Prozent und in der *taz* sogar auf 45 Prozent.

TABELLE 16
Anzahl der Bildmotive in den fünf Zeitungen

Bildmotiv	Welt	FAZ	SZ	FR	taz	gesamt
MSC-Szenen	11	10	13	7	2	43
MSC-Teilnehmer in anderen Situationen	2	1	13	3	1	20
MSC-Organisator	0	2	3	2	1	8
Sicherheitsmaßnahmen	3	0	4	0	1	8
Polizisten und Demonstranten	1	0	2	1	1	5
Demonstranten mit Transparenten und/oder in Kostümen	1	0	7	4	3	15
Symbolbilder für Außen- und Sicherheitspolitik	1	0	16	3	0	20
Sonstige	2	0	7	2	1	12
gesamt	21	13	65	22	10	131

Die umfangreichste Protestberichterstattung in absoluter Zeichenanzahl weist die SZ auf (Abb. 28); sie erwähnt die Proteste in 16 der 87 Beiträge (d. h. in 18 %). Jedoch wird durch die Platzierung der Beiträge den Protesten eindeutig der Rang eines lokalen Phänomens zugewiesen. Während die MSC auf der Titelseite, im Politikteil und in der Sonderbeilage behandelt wird, schaffen es die Proteste nur einmal auf die Titelseite (mit dem letzten Satz eines Artikels: »Eine Demonstration mit mehreren Tausend Teilnehmern gegen die Tagung verlief friedlich.«[77]) und dreimal in die Sonderbeilage, davon zweimal in Interviews mit dem MSC-Organisator, der seine Sicht auf die Proteste erläutert. Dagegen finden sich 12 Beiträge auf der hinteren Seite ›München/Bayern‹. Im Vergleich behandeln somit die FR und die *taz* die Proteste höherrangig: die diesbezügliche Berichterstattung ist zwar vom Umfang her geringer, findet aber im Politikteil statt.

Neben dem geringen Umfang und der ungünstigen Platzierung erfahren die Proteste in der *SZ* und der *Welt* eine Fortsetzung der Marginalisierung mit anderen Mitteln, nämlich sprachlichen. So wird auf der SZ-Lokalseite in einem launigen Kommentar über die Demonstranten festgestellt, dass »man fast jeden einzeln kennt« (Joachim Käppner: Rituale statt Denken, SZ vom 12.2.2007) – der Autor muss bei mehreren Tausend Teilnehmern einen beachtlichen Bekanntenkreis haben. Drei Jahre später spielt auf der gleichen Lokalseite der Außenpolitikressortleiter der SZ – und MSC-Teilnehmer – Stefan Kornelius die Masse der Demonstranten mit einer falschen Zahl herunter:

> »Das Treffen von 300 Außen- und Sicherheitspolitikern hat in den vergangenen Jahren an Reibungsfläche verloren. Im vergangenen Jahr waren lediglich 500 Demonstranten auf der Straße« (Stefan Kornelius: Neue Töne aus dem Bayerischen Hof, SZ vom 3.2.2010).

Dass im Jahr zuvor weitaus mehr Demonstranten auf der Straße waren, hätte der Autor aus dem Archiv der eigenen Zeitung erfahren können; denn im Februar 2009 hatte diese berichtet: »München erlebte wieder sein Siko-Wochenende, und rund 3500 Nato-Gegner marschierten laut Polizei am Samstag durch die Innenstadt« (abec/wim: Ein Spiel um Katz und Maus, SZ vom 9.2.2009).[78]

Auch in der *Welt* schreibt man lieber über wenige als über viele Demonstranten. In einem Beitrag mit Anekdoten rund um die MSC 2007 aus der Feder von Chefkorrespondent – und MSC-Teilnehmer – Michael Stürmer heißt es:

---

77 Christiane Schlötzer: Amerika will auf Alleingänge verzichten, SZ vom 9.2.2009.
78 Übereinstimmend hieß es im *Münchner Merkur*: »Laut Polizeivizepräsident Robert Kopp kamen rund 3500 Demonstranten am Samstag auf dem Marienplatz zusammen und zogen anschließend durch die Innenstadt. Die Veranstalter sprachen von 6000 Teilnehmern« (Sven Rieber: Schwarz-bunter Protest gegen Nato, *Münchner Merkur* vom 9.2.2009).

> »Auch Demos sind nicht mehr, was sie mal waren. Auf dem Stachus am nasskalten Vorabend ein Häuflein Demonstranten, deren Einpeitscher mehrfach den Faden verliert, als er gegen die Kriegskonferenz wettert. Die Polizei ist in der Überzahl« (Michael Stürmer: Am Rande notiert, *Welt* vom 15.2.2007).

Der Autor beschreibt hier eine kleinere Protestveranstaltung am Freitagabend, nicht jedoch die Hauptdemonstration am Samstagnachmittag, an der laut Polizei 3.000 und laut Veranstaltern 7.000 Menschen teilnahmen, wie dieselbe Zeitung drei Tage zuvor in einer Kurzmeldung mitteilte.[79]

Wie aus Tab. 14 hervorgeht, widmen allein die SZ, die FR und die *taz* einen Teil ihrer Berichterstattung dem Diskurs und den Argumenten der Protestierenden (›Proteste von innen‹). Dabei beschränken sie sich jedoch auf die kurze Erwähnung einiger Forderungen:

> »Die Konferenzgegner rufen zum Protest auf, weil das Treffen der Vorbereitung unmittelbar bevorstehender, weltweiter Kriegseinsätze der Nato-Staaten diene« (Wolfgang Görl: Münchens liebste Rituale, SZ vom 8.2.2007).

> »Der Protest richtete sich in diesem Jahr vor allem gegen die geplante Entsendung von sechs deutschen Tornado-Kampfflugzeugen nach Afghanistan. Bei der Auftaktkundgebung am Marienplatz hatte der Europaabgeordnete der Linkspartei, Tobias Pflüger, den Rückzug der Bundeswehr aus Afghanistan gefordert. Zudem kritisierte Pflüger Bundesaußenminister Frank-Walter Steinmeier wegen ›Folterkomplizenschaft‹ im Fall Kurnaz« (Claudia Wessel, Monika Maier-Albang: 46 Festnahmen bei der Friedens-Demo, SZ vom 12.2.2007).

> »Sie [die Redebeiträge bei der Auftaktveranstaltung – UK] sind von Aufrufen geprägt, auch im April in Straßburg, Baden-Baden und Kehl gegen das 60-jährige Bestehen der Nato zu demonstrieren. Die Redner werfen dem Verteidigungsbündnis Kriegstreiberei vor und fordern die Auflösung der Nato« (abec/wim: Ein Spiel um Katz und Maus, SZ vom 9.2.2009).

> »Die Proteste richteten sich auch gegen die geplante Entsendung von sechs deutschen ›Tornado‹-Flugzeugen nach Afghanistan. ›Deutschland wird am

---

79 dpa: Proteste gegen Sicherheitskonferenz weitgehend friedlich, *Welt* vom 12.2.2007.

Hindukusch beschädigt‹ und ›Menschen zu ernähren ist billiger, als Menschen zu ermorden‹, war auf Transparenten zu lesen« (dpa: Proteste gegen Nato und den »Tornado«-Einsatz in Afghanistan, *taz* vom 12.2.2007).

»Erstmals darf ein Friedensaktivist durch die Absperrung und in den Bayerischen Hof [...]: Der 47-jährige Thomas Mohr von der kirchlichen Friedensbewegung Pax Christi ist als Beobachter dabei. Er will die Konferenz der Verteidigungs- und Außenpolitiker zu einer ›Konferenz für Frieden und Gerechtigkeit‹ machen« (Iris Hilbert: Pax Christi und die Nato, FR vom 7./8.2.2009).

Eine Ausnahme bestätigt diese Regel: Einmal widmet die *sz*-Lokalseite den Äußerungen der Protestierenden mehr als drei zusammenhängende Sätze:

»Claus Schreer, Linksaktivist und einer der Organisatoren des Aktionsbündnisses, sprach der Sicherheitskonferenz die Legitimation ab. ›Dort versammeln sich die Top-Manager der weltweit größten Rüstungskonzerne, die mit Massenmord ihre Profite steigern.‹ Die Kritik der Demonstranten richtete sich vor allem gegen das deutsche Militär-Engagement in Afghanistan. ›Die Bundeswehr‹, rief Schreer, ›versinkt immer tiefer im Morast des von der US-Regierung begonnen [sic!] Krieges.‹

Tobias Pflüger, der als Parteiloser für die Linke im Europaparlament sitzt, kritisierte, dass die Öffentlichkeit schleichend an die Ausweitung des deutschen Engagements im Süden Afghanistans gewöhnt werden solle. Die Lösung könne aber nur sein: ›Der sofortige Rückzug der Truppen.‹ In Anspielung auf die Friedensmedaille, die im Bayerischen Hof an einen kanadischen Nato-Soldaten verliehen wurde, ehrte das Aktionsbündnis den US-Deserteur Chris Capps. Pflüger rief auf dem Marienplatz die deutschen Soldaten auf, den Dienst ebenso zu verweigern oder zu desertieren« (Bernd Kastner: Demonstration im Wanderkessel, *sz* vom 11.2.2008).

Darüber hinaus bescheren interne Querelen den Protestierenden einige Beachtung. Alle drei Zeitungen skizzieren einen Dissens innerhalb der Protestszene, der sich darum drehte, ob man mit dem MSC-Organisator in Dialog treten und Einladungen als Konferenzbeobachter annehmen solle oder nicht.

»Für Verstimmungen bei der Friedensbewegung sorgte auch, dass Thomas Mohr von Pax Christi auf Einladung des Konferenzleiters Wolfgang Ischinger an der Tagung als Beobachter teilnimmt. Hagen Pfaff vom globalisierungskritischen Netzwerk Attac, der mit dem Linksextremisten Claus Schreer die Proteste organisiert, sagte: ›Wir wollen die Veranstaltung nicht verbessern, sondern abschaffen.‹ Mohr, so der Vorwurf von Pfaff und Schreer, lasse sich von Ischinger ›als Feigenblatt missbrauchen‹« (Berthold Neff: Kriegsschmiede oder Friedenschance? sz vom 7./8.2.2009).

»Nicht alle Gegner des Treffens unterstützen Mohr. Der Cheforganisator der Proteste, Claus Schreer, betont: ›Wir werden nicht das pazifistische Feigenblatt für diese Veranstaltung spielen‹« (Iris Hilbert: Pax Christi und die Nato, fr vom 7./8.2.2009).

»Im Juli musste die Münchener Attac-Gruppe ein Streitgespräch mit Ischinger abbrechen. Aktivisten vom linken ›Arbeitskreis Internationalismus‹ hatten ihn niedergepfiffen. ›Wenn man auf Ischingers pr-Taktik eingeht, macht man sich zum nützlichen Idioten‹, meint Hans-Georg Eberl vom damals so lauten Arbeitskreis. Ischinger habe in öffentlichen Äußerungen klargemacht, dass er für Kriegspolitik stehe. Man habe keinen Dialog führen wollen, sondern lediglich öffentlich streiten, wehrt sich Hagen Pfaff von Attac, ›doch darüber gibt es im Aktionsbündnis einen gewissen Dissens‹. Darum hat seine Attac-Gruppe den Demo-Aufruf gegen die Konferenz 2010 nicht unterzeichnet. Sie demonstriert aber mit. Was wiederum Demo-Organisator Schreer ›unklug und völlig falsch‹ nennt« (Bernhard Hübner: Die Angst vor dem Feigenblatt, taz vom 30./31.1.2010).

Keine Zeitung interessiert sich dagegen für den konstruktivsten Teil des Protestgeschehens: die Friedenskonferenz. Jedenfalls erfahren die Leser der Leitmedien davon nur vermittels einiger inhaltsleerer Erwähnungen. In der fr kommt sie einmal vor, in der taz zweimal und auch in der sz zweimal (auf der Lokalseite):

»Bereits am vorigen Wochenende tagte als Gegenveranstaltung eine Friedenskonferenz in München« (Karin Ceballos Betancur: Eine Generalprobe? Nein danke, fr vom 7.2.2007).

DIE MÜNCHNER SICHERHEITSKONFERENZ UND IHRE GEGNER
IN DEN LEITMEDIEN

»Parallel zur Siko tagte im Alten Rathaus die Friedenskonferenz mit Referenten wie dem Träger des Alternativen Nobelpreises Professor Hans-Peter Dürr und dem ehemaligen UNO-Irak-Koordinator Hans-Christof Sponeck« (Max Hägler: Gewaltverzicht beim Grünen Block, *taz* vom 11.2.2008).

»Am Freitagabend begann im Alten Rathaus die ›Friedenskonferenz‹, die am Samstag fortgesetzt wird« (Bernd Kastner: Satirischer Jubel, *SZ* vom 9./10.2.2008).

Wieder gibt es eine Ausnahme. Auf der *SZ*-Lokalseite wird der Diskurs auf der Friedenskonferenz angerissen, wenn auch reichlich holzschnittartig:

»›Wege zu Sicherheit ohne militärische Gewalt‹ – eine Podiumsdiskussion zu diesem Thema war eine der letzten Veranstaltungen der ›Internationalen Münchner Friedenskonferenz 2007‹, welche die Sicherheitskonferenz begleitet hat. Friedensforscher Jan Oberg aus Schweden, Wolfgang Lohbeck von Greenpeace und Professor Hans-Peter Dürr, Träger des alternativen Nobelpreises 1987, sprachen sich für absolute Gewaltlosigkeit im Umgang mit Konflikten aus. Was man tun solle, wenn Verhandlungen scheitern? ›Weiterverhandeln.‹ Es gebe nirgendwo und niemals einen Grund für einen ›gerechten Krieg‹, wie ihn etwa die USA führten« (Claudia Wessel, Monika Maier-Albang: 46 Festnahmen bei der Friedens-Demo, *SZ* vom 12.2.2007).

7.4.2 Bewertungen der MSC und der Proteste

Um die Hypothesen 3 und 4 über die Bewertungen und die (De-)Legitimierung von MSC und Protesten zu überprüfen, wurde ermittelt, in wie vielen Beiträgen die Autoren eine positive oder negative Tendenz gegenüber der MSC und den Protesten erkennen ließen. Grundsätzlich sind relativ wenige Beiträge mit Wertungen zu verzeichnen, wie in Tab. 17 zu sehen. Dabei sticht die *SZ* zahlenmäßig mit positiven Argumenten für die MSC (in 11 Artikeln) heraus – sie hat durch die Sonderbeilage und den regelmäßig teilnehmenden Außenpolitikressortleiter auch das sichtbar engste Verhältnis zur Konferenz. Augenfällig ist die ›Wasserscheide‹ zwischen den elitennäheren und den elitenferneren Blättern. In *Welt*, *FAZ* und *SZ* werden die MSC stets positiv und die Proteste fast durchweg negativ bewertet, in der *FR* und der *taz* ist es andersherum (mit der Ausnahme, dass sich die FR jeglicher Beurteilung der Proteste enthält und die *taz* auch nur implizit positiv wertet).

Im Folgenden werden die entsprechenden Textbeispiele angeführt und kommentiert.

TABELLE 17
Positive und negative Bewertungen der MSC und der Proteste*

Wertung	Welt	FAZ	SZ	FR	taz
MSC explizit positiv	0	0	11	0	0
MSC implizit positiv	1	2	1	0	0
MSC explizit negativ	0	0	0	2	2
MSC implizit negativ	0	0	0	2	1
Proteste explizit positiv	0	0	0	0	0
Proteste implizit positiv	0	0	1	0	1
Proteste explizit negativ	0	0	3	0	0
Proteste implizit negativ	1	2	1	0	0

* Die Anzahl meint die Anzahl der Beiträge, in denen die Wertungen vorkamen Es gab keine Beiträge, in denen über die MSC bzw. die Proteste sowohl positive als auch negative Argumente angeführt wurden; die Tendenz war immer eindeutig. Sofern es in einem Beitrag sowohl implizite als auch explizite Wertungen in einer Richtung gab, wurde der Beitrag lediglich unter ›explizit positiv‹ eingeordnet, da explizit stärker ist als implizit.

7.4.2.1 *Welt*

In der *Welt* wird die MSC an einer Stelle implizit positiv bewertet, und zwar in einem Atemzug mit einer implizit negativen Bewertung der Proteste:

> »Auch Demos sind nicht mehr, was sie mal waren. Auf dem Stachus am nasskalten Vorabend *ein Häuflein* Demonstranten, deren *Einpeitscher mehrfach den Faden verliert*, als er gegen die *Kriegskonferenz wettert*« (Michael Stürmer: Am Rande notiert, *Welt* vom 15.2.2007, alle Kursivierungen in den Zitaten von UK).

Den Protesten wird Bedeutungslosigkeit und ihrem Führungspersonal ein Mangel an rhetorischen Fähigkeiten attestiert; durch das negativ emotionalisierende Verb ›wettern‹, das Unsachlichkeit bzw. Irrationalität des Sprechers assoziiert, wird zugleich das Protestargument ›Kriegskonferenz‹ zurückgewiesen bzw. in sein Gegenteil verkehrt.

7.4.2.2 FAZ

Die FAZ bewertet die MSC ebenfalls einmal implizit positiv im Zusammenhang mit einer implizit negativen Äußerung über die Protestierenden. In einem Bericht über die Konferenz 2010 erwähnt der Autor (FAZ-Mitherausgeber Berthold Kohler), dass die komplette Abrüstung von Atomwaffen diskutiert wurde, dass aber weder Russland noch der deutsche Verteidigungsminister noch der Nato-Generalsekretär »gleich auf die nukleare Abschreckung verzichten wollen, schon gar nicht einseitig«, und fährt fort:

> »So werden die Demonstranten auf dem Münchner Marienplatz im nächsten Jahr wieder Anlass haben, die Sicherheitskonferenz *als Versammlung der ›Kriegstreiber‹ und ›Wettrüster‹ zu beschimpfen*. Von dieser *treuen Protestler-Truppe* hätten die Teilnehmer kaum etwas gehört, wenn nicht der Münchner Oberbürgermeister Ude der Konferenz beim Abendessen in einer für einen Gastgeber ungewohnt deutlichen Weise zu verstehen gegeben hätte, dass er das Treiben vor seinem Rathaus nicht für eine *reine Spinnerveranstaltung* hält. [...] An diesem Abend hat der Oberbürgermeister das Glück, dass nach ihm noch der Iraner spricht« (Berthold Kohler: Wenigstens ein Handschlag nach dem Griff ins Leere, FAZ vom 8.2.2010).

Die Proteste werden durch mehrfache emotionalisierende Wortwahl delegitimiert; zugleich wird durch eine Präsupposition (die nukleare Null-Lösung ist nach menschlichem Ermessen nicht sofort machbar) festgestellt, dass die MSC eben keine Versammlung der Kriegstreiber und Wettrüster ist.

Die FAZ schlägt sich auch auf die Seite des MSC-Organisators Horst Teltschik, als dieser Anfang 2007 gegenüber dem BAYERISCHEN RUNDFUNK eine demokratietheoretisch heikle Aussage über die Demonstrationen trifft: »Es ist die Tragik jeder Demokratie, dass bei uns jeder seine Meinung öffentlich vertreten darf und dass man politisch Verantwortliche in einer Demokratie schützen muss. In Diktaturen würde so etwas nicht passieren« (O. A. 2007). Die FAZ ordnet dies wohlwollend ein:

> »[...] Teltschik hat nie verhehlt, dass er *seine Kräfte lieber auf inhaltliche Fragen konzentrieren* würde. In einem Interview mit dem Bayerischen Rundfunk

> hat er dieser Haltung allerdings allzu leichtfertigen Ausdruck gegeben [...].
> [...] Tatsächlich hat sich der 6sechsundsechzig [sic!] Jahre alte Vater zweier Kinder jahrzehntelang in selbstreferentiellen Systemen bewegt, denen eine Neigung zu einem elitären Demokratiebegriff nachgesagt wird. In dieser Zeit hat er gelernt, *wie wichtig für das Funktionieren einer Demokratie das persönliche Gespräch unter Ausschluss der Öffentlichkeit ist*. [...] Es darf kein Zweifel bestehen, dass eine Demokratie Widerspruch aushalten können muss. Sie muss allerdings auch in der Lage sein, sich gegen *ihre Gegner* zu wehren: Das ist der Kern des Konzepts der ›wehrhaften Demokratie‹« (Timo Frasch: Angestrengter Demokrat, FAZ vom 9.2.2007).

Die Demonstranten werden implizit als Störenfriede bewertet, die die Kräfte wichtiger Akteure binden – wenn nicht gar als Feinde der Demokratie, die nur mit vertraulichen Hintergrundgesprächen funktionieren kann.

7.4.2.3 SZ

In 11 Beiträgen der SZ lassen die Autoren eine explizit positive Haltung gegenüber der MSC erkennen, vor allem was die Bedeutung der Veranstaltung und die Qualitäten ihres Leiters betrifft (in drei Fällen sind die Autoren allerdings keine Journalisten, sondern Teilnehmer der MSC):

> »Die Münchner Sicherheitskonferenz wird 2009 behutsam renoviert: Der neue Konferenz-Chef Wolfgang Ischinger hat neue Diskussionsformate eingeführt, die Teilnehmerzahl aber nicht erweitert. Vor allem aber wird in diesem Jahr wieder deutlich, dass die Konferenz zum *außenpolitischen Pflichtprogramm der Akteure aus aller Welt* gehört« (Stefan Kornelius: Im Zeichen des neuen Amerika, SZ vom 4.2.2009).

> »Die Wahl [zum Tagungsleiter – UK] fiel nun auf Wolfgang Ischinger, 61, eine naheliegende und von Konferenzteilnehmern mit einhelliger Zustimmung aufgenommene Entscheidung. (...) Also ließ er sich freistellen von seinen Pflichten [im Auswärtigen Amt – UK], denn die Konferenz will er als *unabhängiger Geist* leiten. Die wichtigsten Voraussetzungen dafür bringt er mit: *beste Kontakte* in die Schaltzentralen von Washington bis Tokio, das *richtige Gespür* für die politische Botschaft, Selbstbewusstsein und das *nötige Quentchen* Eitelkeit, ohne das es keinen Spaß macht, zwei Tage auf der Bühne zu stehen« (Stefan Kornelius: Mann mit besten Kontakten, SZ vom 11.2.2008).

»Seit langem ist die Münchner Konferenz das *weltweit wichtigste internationale Treffen* in der Sicherheitspolitik« (Richard Holbrooke: Der Ernstfall für die Nato, SZ vom 8.2.2007; Holbrooke war Teilnehmer der MSC – UK).

»Deswegen ist eine Konferenz, ist das Palaver *wichtig*. (...) die Welt kann *nicht genug haben* von diesen Sicherheitskonferenzen« (Stefan Kornelius: Münchens Loja Dschirga, SZ vom 5.2.2010).

»Längst ist ja die Sicherheitskonferenz nicht mehr jene ›Wehrkundetagung‹ aus dem Kalten Krieg, auf der Nato-Militärs eifrig sowjetische Waffen zählten und gemeinsam mit Vertretern der einschlägigen Industrie nach Nachrüstung riefen (...). Die Sicherheitskonferenz heute ist *eben keine Hauptversammlung eines exklusiven Militaristenklubs, sondern eine der wichtigsten und höchstkarätig besetzten Gipfeltreffen* für weltweite Sicherheitspolitik – in der auch politische Gegner aufeinandertreffen. Iraner auf Amerikaner, Russen auf Ukrainer« (Jan Bielicki: Die Welt zu Gast bei Grantlern, SZ vom 6.2.2009).

In drei Beiträgen werden die Proteste bzw. die Protestierenden explizit negativ bewertet. Zwar wird die Legitimität von Protesten im Allgemeinen bejaht, den Protestierenden jedoch ein Mangel an Realitätssinn und politischem Verstand zugeschrieben:

»Natürlich ist es völlig legitim, gegen die Politik einzelner, auch vieler Teilnehmer zu protestieren. *Diesen Unmut gegen die Konferenz selber zu richten, ist dagegen unsinnig.* Sogar ihre Gegner müssten sie begrüßen – als willkommenen Anlass, den dort vertretenen Mächtigen eigene Positionen entgegenzustellen und dafür Aufmerksamkeit zu bekommen wie selten« (Jan Bielicki: Die Welt zu Gast bei Grantlern, SZ vom 6.2.2009).

»Sie [die Demonstranten – UK] haben aber ihrerseits, jedenfalls die üblichen Verdächtige [sic!] unter ihnen, seit Jahren *erfolgreich jedes Nachdenken darüber eingestellt*, ob es wirklich so schlecht ist, wenn Amerikaner, Russen, Israelis und Iraner direkt miteinander sprechen statt übereinander zu reden. Als die Friedensbewegung noch Anhänger und *politischen Verstand in messbaren Größen* besaß, gehörte die Forderung nach Verhandlungen statt Konfrontation zu ihrem festen Repertoire. [...] Das aber ist lang vorbei. Die ›Siko‹ ist das Werk finsterer Mächte, Nato ist Krieg, Polizei ist Gewalt. Das Schöne

> an der Freiheit ist halt, dass jedermann das Recht hat, seine *lieb gewordenen Rituale öffentlich zu pflegen*« (Joachim Käppner: Rituale statt Denken, SZ vom 12.2.2007).

> »Die meisten Punkte sammelte Ischinger [der MSC-Organisator – UK] im vergangenen Juli, als eine Attac-Veranstaltung von einer linken Gruppe gesprengt und Ischinger bedrängt und am Reden gehindert wurde. *Wer so viel Intoleranz zeigt, der darf für sich keine höhere Moral in Anspruch nehmen*, zumal die Sache mit der Moralkeule allemal schwierig wird, wenn man die bisunter *grobe Rhetorik* durchleuchtet: Noch immer nennt sich ein Gegnerkreis ›Aktionsbündnis gegen die Nato-Sicherheitskonferenz‹, obwohl die Nato mit der Konferenz nichts zu tun hat« (Stefan Kornelius: Neue Töne aus dem Bayerischen Hof, SZ vom 3.2.2010).

Im zweiten Zitat wird zudem mit dem Stilmittel der Ironisierung (»Die ›Siko‹ ist das Werk finsterer Mächte«) die MSC wieder implizit positiv bewertet.

Als implizit positive Bewertung der Proteste wurde die journalistisch unübliche Anführung des Professorentitels eines Friedenskonferenzdiskutanten registriert (s. das letzte Zitat in Kap. 7.3.1). Dieses eine Wort dürfte jedoch weit weniger ins Gewicht fallen als ein implizit negativer Artikel, der gleich im Einstieg das jugendliche Alter der Demonstranten betont und damit deren Glaubwürdigkeit als politische Akteure in Zweifel zieht:

> »›Give Peace a Tschäns‹ fordern Tiziana und Sophi auf einem selbstgemalten Transparent, das sie hochhalten, als der Zug am Gärtnerplatz vorbeizieht. *Die beiden Mädchen sind neun, und damit wohl die jüngsten Demonstrantinnen des Wochenendes*. Ein breites Spektrum von Kritikern der Sicherheitskonferenz hatte sich auch in diesem Jahr in München versammelt – wobei friedensbewegte Christen und Globalisierungskritiker von Attac bei der Demonstration am Samstagnachmittag eher schwach vertreten waren; dafür folgten auffällig viele und *auffällig junge* Demonstranten den Fahnen radikal linker Organisationen« (Claudia Wessel, Monika Maier-Albang: 46 Festnahmen bei der Friedens-Demo, SZ vom 12.2.2007).

7.4.2.4 FR

In zwei FR-Beiträgen werden Aspekte der MSC explizit negativ bewertet. Kritik wird an der Agenda und der Einladepolitik geübt:

> »Die *Tagesordnung ist allgemein gehalten.* [...] *Präzise Fragestellungen stören,* wenn hohe Entscheidungsträger kommen und das Wort ergreifen. Sie haben oft ihre eigene Agenda. Vage Themen lassen dafür Platz. Auffällig ist, dass *wichtige strittige Themen wie der Balkan, Afghanistan oder der Irak fehlen.* Mangelnde Aktualität ist nicht der Grund« (Otfried Nassauer: Das Orakel von München, FR vom 7.2.2007).

> »Besonders die Deutschen sind es, die jetzt aus ihrer Beisitzerrolle am Tisch der Großen heraus nun den alten, militärfixierten Sicherheitsbegriff für überholt erklären. [...] Dass dieser Denkansatz in München herausragte, hat auch mit der *militärlastigen Einladungsliste* der Sicherheitskonferenz zu tun. Doch selbst das macht nachdenklich: Diejenigen, die sich Sicherheitspolitiker nennen, registrieren nur noch Teile des Problems« (Richard Meng: Grund zur Sorge, FR vom 12.2.2007).

Durch Sprache und Stil wird an zwei weiteren Stellen impliziert, dass man die MSC und ihre Teilnehmer nicht allzu ernst nehmen muss:

> »›Keine Ausreden mehr‹, hat Ischinger als markiges Motto für das diesjährige *Klassentreffen der transatlantischen Glaubensgemeinschaft* ausgegeben« (Steffen Hebestreit: Reden ist gut, handeln besser, FR vom 6./7.2.2010).

> »Zum 45. Mal *pilgern* Politiker und Publizisten zur Sicherheitskonferenz« (Thomas Kröter: Munition für Debatten, FR vom 6.2.2009).

Über die Proteste wird stets neutral berichtet.

7.4.2.5 taz

In drei Beiträgen wertet die *taz* die MSC negativ, einmal implizit durch das Stilmittel der Ironisierung und zweimal explizit:

> »Weiterhin ausgeladen bleibt bei der *ausdrücklich ›privaten‹* Veranstaltung die Linkspartei. Alle anderen Fraktionen im Bundestag haben Einladungskontingente bekommen, die heiß umkämpft waren« (Ulrike Winkelmann: Ein bisschen »Change« in München, *taz* vom 6.2.2009).

> »taz: Ist die Sicherheitskonferenz nicht ein *Überbleibsel der alten, westzentrierten Politik*?
> Ulrike Guérot: Ja, das stimmt. Vieles auf dieser Veranstaltung atmet immer noch die ›guten alten Nato-Zeiten‹« (Ulrike Winkelmann: »Ein neuer Ton«, *taz* vom 9.2.2009).

> »Für Friedensaktivisten und Kriegsgegner ist die Sicherheitskonferenz seit Jahren pure Provokation. Finanziert von der Bundesregierung, *gesponsert von Rüstungskonzernen*, abgesichert von tausenden Polizisten, diskutieren Verteidigungspolitiker und Militärstrategen im edlen Hotel ›Bayerischer Hof‹ darüber, wie sich *die Welt mit militärischen Mitteln sicherer machen* lässt. Kriegsgegner müssen traditionell draußen bleiben« (Bernhard Hübner: Die Angst vor dem Feigenblatt, *taz* vom 30./31.1.2010).

Bezüglich der Proteste findet sich in einem Beitrag ein Stilmittel für eine implizit positive Bewertung, nämlich die Statusaufwertung eines Akteurs durch die journalistisch unübliche Anführung eines akademischen Titels:

> »Parallel zur Siko tagte im Alten Rathaus die Friedenskonferenz mit Referenten wie dem Träger des Alternativen Nobelpreises *Professor* Hans-Peter Dürr und dem ehemaligen UNO-Irak-Koordinator Hans-Christof Sponeck« (Max Hägler: Gewaltverzicht beim Grünen Block, *taz* vom 11.2.2008).

7.5 Zwischenfazit

Die Inhaltsanalyse hat eine deutliche Zweiteilung der Zeitungen ergeben. Die *Welt*, die FAZ und die SZ bildeten den Diskurs auf der MSC umfangreich ab und bewerteten die Institution MSC durchweg neutral bis positiv, während sie die Proteste ignorierten (FAZ), marginalisierten (*Welt*) oder als reines Lokalphänomen behandelten (SZ) und dabei teilweise stark negativ bewerteten. Wenn die SZ auf ihrer Lokalseite den Protesten Raum gab, dann mehr deren äußeren als den inhaltlichen Aspekten.

Die FR und die *taz* dagegen übten Kritik an einzelnen Aspekten der Institution MSC und verwendeten einen größeren Anteil ihrer Berichterstattung auf das Protestgeschehen. Wenn sie den Anliegen der Kritiker Raum gaben, beschränkten sie sich jedoch meist auf das Zitieren von Schlagworten der Demonstranten; der Diskurs auf der Alternativveranstaltung, der Münchner Friedenskonferenz, fand auch bei ihnen so gut wie keine Beachtung. Mit Bewertungen der Proteste hielten sich die beiden Zeitungen zurück.

Die *Welt*, die FAZ und die SZ bestätigten somit die Vorhersagen zum Verhalten von Leitmedien gegenüber Protesten, die den Elitendiskurs herausfordern (Kap. 3.7.), die FR und die *taz* nicht. Das kann einerseits damit zusammenhängen, dass bei den erstgenannten drei Zeitungen Verflechtungen mit der MSC vorliegen (Journalisten der SZ, *Welt* und FAZ als reguläre Konferenzteilnehmer; die SZ zudem als Produzentin einer Sonderbeilage), andererseits dass sie generell mehr auf ein Elitenpublikum zielen als FR und *taz*. Die relevanten Pressure Groups, die das Medienverhalten in diesem Fall am meisten beeinflussen dürften, wären somit hochrangige Quellen (MSC-Veranstalter und Teilnehmer) und die Rezipienten – was die entsprechenden Theoriebausteine in Kap. 3.7 bestätigt.

8. FAZIT

8.1 Zusammenfassung

Diese Arbeit ist der Frage nachgegangen, ob es einen Zusammenhang gibt zwischen einer personellen oder institutionellen Nähe deutscher Leitmedien zu Eliten aus Politik und Wirtschaft und ihrer Berichterstattung. Ausgegangen wurde von einem Forschungsstand, der zum Einen zwischen Journalisten und Politikern statt der demokratietheoretisch erwartbaren Distanz ein oftmals symbiotisches Verhältnis konstatiert hatte. Zum Anderen waren bei wichtigen Themen wie Kriegen (Kosovo, Irak, Afghanistan) oder makroökonomische Ordnung (Finanzkrise) ›Indexing‹-Effekte festgestellt worden: dass die Medien die Meinungsverteilung innerhalb der politischen Elite ›spiegelten‹, jedoch diesen Rahmen kaum verließen. Überdies gab es Hinweise, dass sich die Leitmedien bei bestimmten Politikthemen auf Akteure aus dem politischen Machtzentrum konzentrierten und Akteure aus der zivilgesellschaftlichen Peripherie kaum zu Wort kommen ließen.

Da die Ursachen für diese vermutete Elitenorientierung aufgespürt werden sollten, lag es nahe, statt eines funktionalen Theorieansatzes einen kausalen zu wählen. Da ein geeigneter deutscher Ansatz fehlte, wurde die Indexing-Hypothese des US-Medienwissenschaftlers Lance Bennett aus Ausgangspunkt gewählt und zu den ebenfalls amerikanischen Ansätzen des Propagandamodells, der Guard Dog Perspective und des Protestparadigmas in Beziehung gesetzt. Letztere treffen ähnliche Vorhersagen über das Medienverhalten wie die Indexing-Hypothese, nämlich dass sich der Diskurs in den Medien innerhalb der Bandbreite des Elitendiskurses abspielt und abweichende Meinungen marginalisiert werden. Während Bennett die Ursache jedoch in einer unbewusst verfolgten Daumenregel der

Journalistenprofession sieht, heben die anderen Ansätze (auch) auf die politische Ökonomie der Medien und ihre Verflechtungen mit der politischen und wirtschaftlichen Führungsschicht v. a. durch Eigentümerschaft, Werbefinanzierung und Quellenabhängigkeit ab.

Dem Forschungsstand zur Indexing-Hypothese und den Unterschieden zwischen deutschem und amerikanischem Mediensystem Rechnung tragend, wurde für eine deutsche Theorie das abgewandelte Postulat des ›Power Indexing‹ gewählt: Medien zeigen nicht zwangsläufig die Meinungsverteilung innerhalb der *nationalen* politischen Elite an, sondern bewegen sich im Rahmen der Diskussion jener Akteure, die auf den Fortgang des Geschehens den größten Einfluss haben – das können auch internationale bzw. ausländische Akteure sein oder auch Akteure, die nicht dem politischen System im engeren Sinne angehören (Kap. 3.7). Das Modell erklärt dieses Medienverhalten mithilfe von Pressure Groups und sozialen Netzwerken. Auf die Breite der Nachrichten- und Meinungsspanne eines Leitmediums haben demnach Eigentümer, Werbekunden, hauptsächliche Quellen und die Zielgruppe des Mediums potenziellen Einfluss; wobei in Deutschland Eigentümer und Werbekunden als Faktoren für Elitenkonformität weniger ausschlaggebend als in den USA sein dürften. Am bedeutsamsten sollte also das wechselseitige Abhängigkeitsverhältnis zwischen Journalisten und ihren Quellen sowie die Orientierung auf die Rezipienten sein; je mehr Quellen und Rezipienten eines Mediums im Elitenmilieu zu verorten sind, desto stärker dürfte die Konformität mit dem Elitendiskurs – im Sinne eines vorauseilenden Gehorsams – ausgeprägt sein.

Um diese theoretischen Überlegungen ansatzweise empirisch zu überprüfen, wurden drei Teilstudien durchgeführt. Die erste, eine soziale Netzwerkanalyse, zielte auf die deutschen Journalismuseliten und ihre persönlichen Verbindungen zu Eliten aus der nationalen und internationalen Politik und Wirtschaft, d. h., sie fragte hauptsächlich nach Beziehungen zwischen Journalisten und Quellen. Es wurde festgestellt, dass die leitenden Redakteure der deutschen Leitmedien der Jahre 2007 bis 2009 außerhalb ihrer unmittelbaren journalistischen Pflichten vielfältig mit Politik- und Wirtschaftseliten verbunden waren (Kap. 5). Bei jedem dritten wurden entsprechende Kontaktpotenziale festgestellt, die durch Hintergrundkreise, Stiftungen, Think Tanks, Policy Discussion Groups oder nicht öffentliche Konferenzen vermittelt waren. Das zentrale Ergebnis der Netzwerkanalyse war die Einbindung von vier außenpolitisch tonangebenden Redakteuren von *Süddeutscher Zeitung*, *Frankfurter Allgemeiner*

Zeitung, *Welt* und *Zeit* in außen- und sicherheitspolitische Strukturen mit Bezügen zu Bundesregierung, Nato und USA. Diese Netzwerke können als Ausdruck der Bemühung der Journalisten um hochrangige Quellen, um Informationen und Orientierungswissen aus dem Umfeld jener Akteure, die den größten Einfluss auf das aktuelle außen- und sicherheitspolitische Geschehen haben, gesehen werden.

Doch dieses journalistisch durchaus ehrenwerte Bemühen hat bedenkliche Begleiterscheinungen: Eine Frame-Analyse der Kommentare und Leitartikel jener vier Journalisten (Kap. 6) zeigte eine Korrelation zwischen den Nato- und US-nahen Netzwerken und der Argumentation. Sie verwendeten unkritisch den ›erweiterten Sicherheitsbegriff‹ und argumentierten für ein stärkeres militärisches Engagement Deutschlands v. a. in Afghanistan, das von der Nato und den USA gewünscht, von der deutschen Bevölkerung jedoch mehrheitlich abgelehnt wird. Diese ablehnende Haltung der Bevölkerung wurde teilweise diffamiert und der Bundesregierung eine verstärkte Überzeugungsarbeit am Volk empfohlen. In den Kommentaren selbst fanden sich Elemente von Propaganda; eine Auseinandersetzung mit Einwänden und Kritik fand nicht statt.

Um die Datenbasis im außen- und sicherheitspolitischen Themenfeld zu verbreitern und die Anhaltspunkte für eine Elitenorientierung zu entindividualisieren, wurde anschließend die Berichterstattung von SZ, FAZ, *Welt*, FR und *taz* über die Münchner Sicherheitskonferenz, ihre Gegner und die Alternativveranstaltung Münchner Friedenskonferenz inhaltsanalytisch untersucht. Der Befund: Die *Welt*, FAZ und SZ, aus deren Redaktionen jeweils ein hochrangiger Journalist auch regulärer Teilnehmer der MSC war, bildeten detailliert den Diskurs der außen- und sicherheitspolitischen Eliten auf der Sicherheitskonferenz ab, hinterfragten diesen Rahmen jedoch nicht und ignorierten, marginalisierten oder delegitimierten die Protestierenden und die Friedenskonferenz (Kap. 7). Der hier vorhandene Marktplatz der Ideen wurde von ihnen weder umfassend noch fair abgebildet: Alternative Diskurse, die den Elitendiskurs infrage stellten, wurden – wenn man es sozialpsychologisch interpretieren will – abgewehrt bzw. verdrängt[80]. Da die untersuchte Berichterstattung zwar auch, aber

---

80 Den Gedanken, dass Journalismus mit seinen gegenwärtigen Selektionsroutinen den »Abwehr- und Verdrängungsmechanismus der kybernetischen Gesellschaft« darstelle, hat Bröer (1994: 45ff.) unter Bezug auf Erich Fromms Sozialpsychologie entwickelt.

nicht nur von den zuvor beleuchteten gut vernetzten Journalisten geleistet wurde, kann dieser Befund nicht mehr nur mit einer direkten persönlichen Einbettung der Berichterstatter im Elitenmilieu erklärt werden; er weist vielmehr auf eine generelle Elitenorientierung dieser Redaktionen zumindest in diesem Themenfeld hin.

8.2 Diskussion und Forschungsdesiderata

Diese Arbeit war an Ursachen für bestimmte Auffälligkeiten in der Medienberichterstattung interessiert; jedoch sind im Fortgang der Argumentation die Grenzen kausaler Erklärungslogik deutlich geworden. Die Korrelationen zwischen Elitennetzwerken und Medieninhalten können zwar plausibel als Zusammenhänge interpretiert werden, wenn man Theoreme von Sozialkapital und Schweigespirale mitdenkt; eine einfache Kausalität hingegen kann aus den Befunden nicht abgeleitet werden. Wenn Kommentare und Leitartikel den Elitendiskurs fortschreiben und dessen Prämissen nicht kritisch hinterfragen, muss das nicht heißen, dass sie von unsichtbaren Händen mitgeschrieben wurden bzw. dass eine kognitive Vereinnahmung durch das Milieu vorliegt; es kann genauso gut heißen – und das legt das Homophilie-Konzept nahe –, dass die Netzwerke aufgrund einer bereits vorhandenen geistigen Nähe zwischen Journalist und Eliten überhaupt erst entstanden sind. Ebenso verhält es sich mit weiteren Indikatoren für Elitennähe von Medien etwa durch Werbekunden, Eigentümer oder die Zielgruppe. Wenn die *taz* den Demonstrationen gegen die Münchner Sicherheitskonferenz mehr Raum gibt als die *Welt*, dann nicht unbedingt deshalb, weil die genossenschaftlich organisierte *taz* auf ein links-alternatives Publikum zielt und die zu einem Konzern gehörende *Welt* stark auf Politik- und Wirtschaftseliten. Genauso plausibel ist, dass die *taz* von Akteuren gegründet wurde, die zivilgesellschaftlichen Protesten mehr Öffentlichkeit verleihen wollten, dass die Genossenschaft die einzig mögliche Form der Finanzierung war und dass sich für den Öko- und Graswurzel-Themenmix einfach nur wenige Machthaber interessieren. An der kausalen Ausrichtung der Theoriebausteine in Kap. 3.7 müssten also, wollte man sie zu einer Theorie weiterentwickeln, Modifikationen vorgenommen werden.

Außerdem sollten, um den komplexen Funktions- und Wirkungszusammenhängen einigermaßen gerecht zu werden, neben der personellen oder institutionellen Nähe von Medien zu Eliten weitere eventuell intervenierende Variablen im Modell berücksichtigt werden. Infrage kommen hier etwa die publizistische Linie eines Mediums, die geografische Nähe einer Redaktion zum Ort des Geschehens (s. Münchner Sicherheitskonferenz und die *Süddeutsche Zeitung*) oder auch sozialpsychologische Faktoren, die bereits teilweise angeschnitten wurden. Wie wichtig etwa ist für die Karriere von Journalisten ihr Sozialkapital unter Politik- und Wirtschaftseliten, und wie wichtig ist im Vergleich dazu ihre handwerkliche Kompetenz? Wenn für das Entstehen karriereförderender Netzwerke vor allem Homophilie – also ähnliche Werte und Einstellungen – eine Rolle spielt, haben dann vielleicht Journalisten, deren Grundhaltungen mit denen von Eliten übereinstimmen, bessere Aufstiegschancen in den Redaktionen, weil sie stets gut informiert sind und mit hochrangigen Quellen und Interviewpartnern bei ihren Vorgesetzten punkten können?[81] Welche Rolle spielen Konformitätsdruck und Schweigespiraleffekte innerhalb von Redaktionen (vgl. die diesbezügliche Befragung von BÄHR 2008)? Welche Mechanismen wirken im journalistischen Elitenmilieu, das sich seit der Jahrtausendwende in Form von immer mehr Branchentagungen, Galas, Bällen, Preisverleihungen und prominenzdefinierenden Klatschpublikationen herausgebildet hat? Dieses Milieu ist definitiv keine Wurmfortsatzelite von Politik und Wirtschaft, scheint aber nach Anerkennung und Akklamation vonseiten anderer Eliten zu heischen, ablesbar etwa an Festrednern und Gästen bei Preisverleihungen. Möglicherweise können Theorien sozialer Milieus für den hier verfolgten Ansatz fruchtbar gemacht werden.

Schließlich müssten Aussagen über den Zusammenhang zwischen Netzwerken und Medieninhalten auch in individualpsychologischer Richtung differenziert werden. Zwei identisch vernetzte Journalisten können unterschiedlich kritisch mit ihrem sozialen Umfeld umgehen, je nachdem wie sie psychisch konstituiert sind. Ein Journalist mit starkem, gefestigtem Ich – das nicht mit einem aufgeblähten Ego zu verwechseln ist – wird souveräner mit seinen hochrangigen Quellen umgehen und auf Konfor-

---

81 Man könnte vermuten, dass die besten Karrierechancen solche Journalisten haben, die zwar in spezifischen Themen andere Meinungen als Eliten haben – die somit die sozial erwünschte Rolle des ›kritischen Journalisten‹ ausfüllen und sich Scharmützel mit bestimmten Elitefraktionen liefern können –, aber deren grundsätzliche Werte mit dem Elitenmilieu kompatibel sind (vgl. die Unterscheidung von lebenslang unveränderlichen Werten, mittelfristigen Einstellungen und wenig stabilen Meinungen bei Inglehart [1977] und in der anschließenden Wertewandel-Debatte der Soziologie).

mitätsdruck widerständiger reagieren; dagegen wird sich ein narzisstisch bedürftiger Journalist mit einem »Loch im Selbst« (Erich Fromm) eher an das Meinungsklima der Umgebung anpassen, um seine Bezugspersonen als Spiegel der eigenen Größe und Schönheit nicht zu verlieren. Die einschlägige Literatur der Psychoanalytiker (exemplarisch: MILLER 1983; FROMM 2011) öffnet die Augen für diese Problematik; und Guido Bröer stellt in seiner Erich-Fromm-Adaption auf den Journalismus deutlich heraus, dass das journalistische Milieu sowohl Narzissmus fördert als auch narzisstisch bedürftige Berufsanfänger anzieht (BRÖER 1994: 59-67). Jedoch stößt empirische Journalismusforschung methodisch hier an Grenzen.[82]

Aufschlussreich wäre es weiterhin, die Berichterstattung in anderen Themenfeldern mit einer Kluft zwischen Elite und Bevölkerung zu untersuchen, um zu überprüfen, wie weit dort die Übernahme von Prämissen und blinden Flecken des Elitendiskurses sowie die Abwehr alternativer Diskurse und Ideen geht und mit welchen Merkmalen der betreffenden Medien, Redaktionen oder Journalisten dies korreliert. Mögliche Themen sind:

- Die europäische Integration, die mit dem österreichischen Politikwissenschaftler Max Haller (2009a und 2009b) als Eliteprojekt bezeichnet werden kann, von dem vor allem die nationalen Politikeliten, der EU-Apparat und die Wirtschaft profitieren, dem die Bevölkerungen vieler EU-Mitgliedsstaaten jedoch viel Skepsis und Ablehnung entgegenbringen – dokumentiert etwa in den Referenden zur EU-Verfassung. Bereits die Netzwerkanalyse in dieser Arbeit hat personelle Verflechtungen von Journalismuseliten mit pro-europäischen Kräften aufgezeigt: Josef Joffe (*Zeit*) war Mitglied im Beirat der Zeitschrift *Europe's World*, einer Plattform zur Selbstverständigung europäischer Politiker und Publizisten; Michael Stürmer (*Welt*) war Mitglied im European Council on Foreign Relations, der die Entwicklung einer EU-Außenpolitik fördert; und Klaus-Dieter Frankenberger (*FAZ*) saß im Direktorium des Instituts

---

82 Hömberg konstatiert zu Recht, dass der Journalistenberuf inzwischen in vielerlei Hinsicht gut erforscht ist, nur »die psychischen und erst recht die spirituellen Dimensionen dieses Berufs waren bisher kein Thema« (HÖMBERG 2003: 381). Dies mag einerseits an mangelndem Erkenntnisinteresse der Scientific Community liegen, aber auch an der beschränkten Reichweite der Methoden empirischer Sozialforschung in den Tiefen des menschlichen Innenraums: Fragebögen und Interviews würden vermutlich an der unbewussten Abwehr selbst gutwilliger Probanden scheitern.

für Europäische Politik, das die europäische Integration vorantreiben will (s. Anhang 3).
- Grundfragen der makroökonomischen Ordnung: Welche Medien haben etwa nach der Finanzkrise 2008/09 ernsthaft gefragt, inwieweit ein Wirtschaftssystem mit integriertem Wachstumszwang zukunftsfähig ist – so wie es die *Zeit* mit einem Dossier tat (UCHATIUS 2009)? Auch hier dürfte es eine Kluft zwischen Elite und Bevölkerung geben. Denn während an einer substanziellen Änderung der makroökonomischen Spielregeln nur die wenigsten Mitglieder der Politik- und Wirtschaftselite ein Interesse haben dürften, befürworteten in einer repräsentativen Emnid-Umfrage vom Juli 2010 im Auftrag der Bertelsmann Stiftung 88 Prozent der Deutschen eine neue Wirtschaftsordnung, in der Umweltschutz, sorgsamer Umgang mit Ressourcen und sozialer Ausgleich einen höheren Stellenwert hat; fast ebenso viele sprachen sich dafür aus, auch die individuelle Lebensweise entsprechend zu überdenken (BERTELSMANN STIFTUNG 2010). Auf die sogenannten Selbstheilungskräfte des Marktes vertraute nur noch jeder Vierte (ebd.).[83]
- Wirtschaftspolitische Ideen, die aus der Zivilgesellschaft kommen. Interessant wäre etwa eine Medienresonanzanalyse des Vorschlags einer Finanztransaktionssteuer auf internationale Devisengeschäfte, wie sie erstmals 1972 vom US-Ökonomen James Tobin vorgeschlagen und seit 1997 vom globalisierungskritischen Netzwerk Attac gefordert wird. 2009 warb ein Zusammenschluss vieler gesellschaftlicher Kräfte mit einer Kampagne namens ›Steuer gegen Armut‹ für die Einführung, und eine Online-Petition an den Deutschen Bundestag war mit über 50 000 Unterzeichnern erfolgreich. Laut den Vorhersagen der Theorie zur Elitenorientierung müssten deutsche Leitmedien erst Anfang 2010 in größerem Umfang über diese Idee berichtet haben, als sich die EU für die Steuer aussprach, um Mittel

---

83 Auch andere Umfragen zeigen, dass das Unbehagen gegenüber dem Wirtschaftssystem wächst: Im April 2008 – also noch vor der Finanzkrise – gaben nur 51 Prozent der Westdeutschen und 33 Prozent der Ostdeutschen an, der sozialen Marktwirtschaft zu vertrauen, so eine Umfrage des Leipziger Instituts für Marktforschung im Auftrag der *Leipziger Volkszeitung* (KECKE 2008). In Sachsen als wirtschaftlich stärkstem neuem Bundesland hatten 1990 noch 85 Prozent Sympathie für den Begriff ›Marktwirtschaft‹, 2009 nur noch 63 Prozent, ergaben Emnid-Umfragen im Auftrag der Sächsischen Staatskanzlei (DONSBACH/FÖRSTER 2010: 52).

für den Klimaschutz zu generieren, und ein Konflikt innerhalb der deutschen Politikelite folgte.
- Gegenveranstaltungen zu Elitentreffen analog zur hier untersuchten Münchner Friedenskonferenz: etwa die Gegengipfel zu den G8-Gipfeln oder das Weltsozialforum, die globalisierungskritischen Antipoden zum Jahrestreffen des Weltwirtschaftsforums in Davos (zu Letzterem vgl. die Untersuchung von Bennett et al. [2004] für die US-Presse).

Befunde solcher Forschungen müssten in Beziehung gesetzt werden zu einem empirisch unterfütterten Elitemedienkonzept (Vorschläge dazu wurden bereits in Kap. 4.4 gemacht). Erst wenn durch Daten belegt ist, welche Medien vorrangig auf Eliten zielen, kann entschieden werden, inwieweit der Elitegrad der Zielgruppe zusammenhängt mit dem Grad der Konformität mit dem Elitendiskurs.

8.3 Folgerungen für die journalistische Ethik

Wenn in dieser Arbeit das Verhältnis von Leitmedien zu Politik- und Wirtschaftseliten fokussiert und das Medienverhalten in einem Themenfeld mit einer Kluft zwischen Elite und Bevölkerung untersucht wurde, so soll damit nicht impliziert werden, dass die Vernunft stets aufseiten der Bevölkerungsmehrheit wäre. Selbst der Dualismus Elite–Bevölkerung, der in dieser Arbeit zum Zweck der Analyse konstruiert worden ist, muss am Ende wieder aufgelöst werden, denn natürlich sind Eliten ein Teil der Bevölkerung und als Träger von Verantwortung und Macht ein überaus wichtiger dazu. Es geht somit nicht darum, dass Journalisten um jeden Preis Politik- und Wirtschaftseliten meiden und aus Prinzip immer ›dagegen‹ sein sollen; den Diskurs der Eliten kritisch zu hinterfragen meint nicht, ihn aus einer Fundamentalopposition heraus zu verachten und zu negieren (wie es etwa in der radikal linken Presse üblich ist). Eliten bilden auch keinen monolithischen Block, der zu allen Zeiten geschlossen agiert; ihre Meinungsverschiedenheiten sind es wohl wert, rapportiert zu werden. Nur darf nie vergessen werden, dass die Träger des politischen und wirtschaftlichen Systems immer Interesse am Erhalt des Systems sowie ihrer eigenen Macht und Privilegien haben und somit auch ein Interesse, über bestimmte Themen oder Themenaspekte verstärkt zu sprechen und über andere nicht. Ein Schweigen über bestimmte Aspekte muss dabei nicht zwingend ein bewusstes Verschweigen sein, sondern kann auch der Unbewusstheit bzw. dem ›blinden Fleck‹ der eigenen Perspektive geschuldet sein.

Normativ vertritt diese Arbeit somit den Standpunkt, dass Qualitätsjournalismus den Elitendiskurs transzendieren sollte, d. h. dessen Argumente umfassen und kritisch würdigen, aber über ihn hinausgehen sollte. Er sollte somit eine eigene Sicht auf die gesellschaftlichen Probleme entwickeln, von einer funktional höheren Warte aus, als sie die Träger von Macht und Verantwortung in Politik und Wirtschaft aufgrund ihrer Eigeninteressen und ihres Gebundenseins an die jeweiligen Teilsysteme einnehmen können.[84]

Dieses Rollenselbstverständnis ist so alt wie der moderne, demokratietheoretisch legitimierte Journalismus und stammt aus dem angloamerikanischen Raum. Bereits Mitte des 19. Jahrhunderts beschrieb die Londoner *Times* unter dem herausragenden Chefredakteur John Thadeus Delane ihr Verhältnis zur Politikelite so:

> »We do not interfere with the duties of statesmen; our vocation is, in one respect, inferior to theirs, for we are unable to wield the power or represent the collective dignity of the country; but in another point of view it is superior, for, unlike them, we are able to speak the whole truth without fear or favour« (Leitartikel in der *Times* vom 7.2 1852, o. A. 1939: 158).

Ähnlich argumentierte 50 Jahre später in den USA Joseph Pulitzer, der Stifter des weltweit renommiertesten Journalistenpreises und Vater der hochschulgebundenen Journalistenausbildung:

> »A Journalist is the lookout on the bridge of the ship of state. He notes the passing sail, the little things of interest that dot the horizon in fine weather. He reports the drifting castaway whom the ship can save. He peers through fog and storm to give warning of dangers ahead« (PULITZER 1904: 656).

Auch wenn Pulitzer (versehentlich?) den Ausguck, der hoch oben in den Mastkorb gehört, auf die Brücke stellt, macht es die Schiffsmetapher plastisch: Der Journalist soll mit unverstelltem Blick beobachten und un-

---

84 Es versteht sich, dass die Freiheit von Zwängen aus *Strong-Tie-Netzwerken* eine notwendige, aber nicht hinreichende Bedingung für die Verwirklichung dieses Anspruchs ist. Weitere Voraussetzungen sind vor allem die verfügbare Zeit für Recherche und Reflexion sowie das Vorhandensein von Sachkompetenz bzw. Fachwissen. Eher kontraproduktiv wirken da wahrscheinlich Beschleunigungstendenzen im Journalismus (vgl. NEUBERGER 2010; KRÜGER 2009) und der Stellenabbau in den Redaktionen.

abhängig von den Interessen der Steuermänner und Kapitäne aus Politik und Wirtschaft berichten und analysieren – im Interesse des ganzen Schiffs.

Wenn nun die Befunde dieser Studie auf eine Einbindung von Journalisten im Elitenmilieu und auf fehlende Kritik und Kontrolle hindeuten (auch wenn Ursache und Wirkung nicht klar benannt werden können), dann legt das nahe, einen Sicherheitsabstand zwischen Journalisten und Eliten zu definieren und zu normieren. Dieser Abstand müsste in einer offenen Debatte gefunden werden, einer nicht nur brancheninternen, sondern einer, die auch interessierte Teile der Zivilgesellschaft einbezieht, denn es geht letztlich um die journalistische Funktions- und Leistungserfüllung für die Gesellschaft. In dieser Arbeit wird die Auffassung vertreten, dass Journalisten – zumal leitende – keine Aufgaben in Beiräten, Kuratorien und vor allem in vertraulichen Politikplanungskörperschaften wahrnehmen sollten, wenn diese Tätigkeiten thematische oder personelle Berührungspunkte mit ihrem Berichterstattungsfeld haben. Konkret bedeutet dies, dass sich ein Außenpolitikressortleiter zwar ehrenamtlich im Bürgerverein seines Stadtviertels für die Verschönerung seines Wohnumfeldes engagieren dürfte, aber nicht in einem Eliteverein zur Förderung der transatlantischen Beziehungen. Für Chefredakteure müsste, da sie die Gesamtverantwortung für die Berichterstattung ihres Mediums haben, die Abstinenz noch weiter reichen. Als Orientierung könnte die Regelung aus dem Code of Conduct der *New York Times* (siehe Kap. 5.4) dienen.

Ist in einer Debatte eine Grenzmarkierung gefunden, müsste sie in den Pressekodex des Deutschen Presserats und in andere Kodizes aufgenommen werden, die allesamt noch keine Aussagen zu diesen Fragen treffen (wie in Kap. 5.4 dargestellt). Auch in der journalistischen Aus- und Weiterbildung müssten diese Grenzen behandelt und diskutiert werden.

Wenn der Journalismus auf diese Weise seinen Abstand zu den einflussreichsten Akteuren des aktuellen Geschehens vergrößert, wird er sich vielleicht von der Vorstellung verabschieden müssen, stets die neuesten Frontverschiebungen im Elitendiskurs vermelden zu können und die heißesten Indiskretionen aus dem Zentrum der Macht zugetragen zu bekommen. Aber sein Publikum würde es ihm wahrscheinlich danken, wenn er statt hochrangiger, aber aussageschwacher Interviewpartner einen unbequemen, eigenständigen und im besten Sinne kritischen Diskurs bietet. Denn das wäre ein wirklicher Elite-Journalismus: keiner, der im Kraftfeld der Politik- und Wirtschaftseliten gefangen ist, sondern einer, der mehr sieht als diese und von dem auch deren Diskurs profitieren kann.

Literatur

O. A.: *The History of the Times. Band 2: The Tradition established, 1841-1884*. London [Office of The Times] 1939

O. A.: Sicherheitskonferenz: Aufruhr um Teltschiks Demonstranten-Schelte. In: *Spiegel Online*, 08.02.2007, http://www.spiegel.de/politik/deutschland/0,1518,465296,00.html [01.06.2012]

O. A.: Medien-Tagung: Kritik an ARD und ZDF. In: *Leipziger Volkszeitung* vom 25.02.2008a, S. 15

O. A.: Tilgner verlässt das ZDF. In: *Migros Magazin*, 7, 2008b, S. 28

O. A.: Wohin des Weges? Der Wirtschaftsjournalismus zwischen Finanz- und Wirtschaftskrise. In: *message*, 1, 2009, S. 8-9

O. A.: Sicherheitspolitik und Wirtschaftsinteressen: Guttenberg verteidigt Köhlers umstrittene Thesen. In: *Spiegel Online*, 09.11.2010, http://www.spiegel.de/politik/deutschland/0,1518,728127,00.html [01.06.2012]

ACHBAR, MARK: *Noam Chomsky – Wege zur intellektuellen Selbstverteidigung. Medien, Demokratie und die Fabrikation von Konsens*. Grafenau [Trotzdem] 1996

ADAM, SILKE: *Symbolische Netzwerke in Europa. Der Einfluss der nationalen Ebene auf europäische Öffentlichkeit. Deutschland und Frankreich im Vergleich*. Köln [Herbert von Halem] 2007

ADAM, SILKE: Massenmedien als Herausforderer oder Agenturen nationaler Eliten? Eine Analyse der deutschen und französischen EU-Erweiterungsdebatte. In: PFETSCH, BARBARA; ADAM, SILKE (Hrsg.): *Massenmedien als politische Akteure. Konzepte und Analysen*. Wiesbaden [VS] 2008a, S. 116-143

ADAM, SILKE: Medieninhalte aus der Netzwerkperspektive. Neue Erkenntnisse durch die Kombination von Inhalts- und Netzwerkanalyse. In: *Publizistik*, 2, 2008b, S. 180-199

AKTIONSBÜNDNIS GEGEN DIE NATO-SICHERHEITSKONFERENZ: *Aufruf zu Protesten gegen die Nato-Militärtagung am 09./10. Februar 2007 in München.* http://www.sicherheitskonferenz.info/dokumente/2007–02-aufruf-sicherheitskonferenz.pdf [08.03.2011]

ALTHAUS, SCOTT L.: When News Norms Collide, Follow the Lead: New Evidence for Press Independence. In: *Political Communication*, 3, 2003, S. 381-414

ALTHAUS, SCOTT L.; EDY, JILL A.; ENTMAN, ROBERT M.; PHALEN, PATRICIA: Revising the Indexing Hypothesis: Officials, Media, and the Libya Crisis. In: *Political Communication*, 4, 1996, S. 407-421

ALTMEPPEN, KLAUS-DIETER: Journalismus und Macht: Ein Systematisierungs- und Analyseentwurf. In: ALTMEPPEN, KLAUS-DIETER; HANITZSCH, THOMAS; SCHLÜTER, CARSTEN (Hrsg.): *Journalismustheorie: Next Generation. Soziologische Grundlegung und theoretische Innovation.* Wiesbaden [VS] 2007, S. 421-447

ANDA, BELA: Medien, Meinung, Macher. Interview mit Rudolf Hetzel und Tobias Kahler. In: *Politik & Kommunikation*, 3, 2003, S. 22-23

ARBEITSSTAB DR. SOMMER: *Die Bundeswehr und ihr Umgang mit Gefährdungen und Gefahrstoffen. Uranmunition, Radar, Asbest.* Berlin, Bonn [Bundesministerium der Verteidigung]. http://gruppen.tu-bs.de/studver/StudResK/bericht_uran.pdf. 2001 [01.06.2012]

ARLT, HANS-JÜRGEN; STORZ, WOLFGANG: *Wirtschaftsjournalismus in der Krise. Zum massenmedialen Umgang mit Finanzmarktpolitik.* Frankfurt/M. [Otto Brenner Stiftung] 2010

ARNOLD, KLAUS: *Qualitätsjournalismus. Die Zeitung und ihr Publikum.* Konstanz [UVK] 2009

ASMUS, RONALD D.: Kein Kult der Zurückhaltung mehr. Das Meinungsbild der deutschen Elite zur Außen- und Sicherheitspolitik. In: *Frankfurter Allgemeine Zeitung* vom 11.04.1996, S. 11

AUBOURG, VALÉRIE: Organizing Atlanticism: The Bilderberg Group and the Atlantic Institute, 1952-1963. In: SCOTT-SMITH, GILES; KRABBENDAM, HANS (Hrsg.): *The Cultural Cold War in Western Europe 1945-60.* London [Frank Cass Publishers] 2004, S. 92-105

AUBOURG, VALÉRIE: Transatlantische Geschäftsbeziehungen. Die Bilderberg-Gruppe. In: GEHLER, MICHAEL; KAISER, WOLFRAM; LEUCHT, BRIGITTE (Hrsg.): *Netzwerke im europäischen Mehrebenensystem. Von 1945 bis zur Gegenwart.* Wien, Köln, Weimar [Böhlau] 2009, S. 69-86

AXEL SPRINGER VERLAG: *Leitlinien der journalistischen Unabhängigkeit bei Axel Springer*. http://www.axelspringer.de/artikel/Leitlinien-der-journalistischen-Unabhaengigkeit-bei-Axel-Springer_40856.html. 2003 [01.06.2012]

BAETZ, BRIGITTE: Netzwerk der Macht. In: *journalist*, 12, 2004, S. 30-32

BÄHR, JULIA: *Meinungsmache unter Meinungsmachern. Eine Untersuchung des Konformitätsdrucks in Redaktionen anhand von qualitativen Leitfadeninterviews*. Saarbrücken [VDM Verlag Dr. Müller] 2008

BARTH, THOMAS; SCHÖLLER, OLIVER: Der Lockruf der Stifter. Bertelsmann und die Privatisierung der Bildungspolitik. In: *Blätter für deutsche und internationale Politik*, 11, 2005, S. 1339-1348

BAUER, RUDOLPH: Bertelsmann: Kommerz statt Kommune. In: *Blätter für deutsche und internationale Politik*, 7, 2006, S. 863-869

BECKER, ASTRID: »Die Friedensbewegung muss differenzieren«, Interview mit Thomas Mohr. In: *Süddeutsche Zeitung* (Münchner Ausgabe) vom 09.02.2009, http://www.sueddeutsche.de/muenchen/sicherheitskonferenz-die-friedensbewegung-muss-differenzieren-1.480100 [01.06.2012]

BENDER, PETER: Deutsche Außenpolitik: Vernunft und Schwäche. In: *Aus Politik und Zeitgeschichte*, 43, 2008, S. 3-6

BENNETT, W. LANCE: Toward a Theory of Press-State Relations in the United States. In: *Journal of Communication*, 2, 1990, S. 103-125

BENNETT, W. LANCE; LAWRENCE, REGINA G.; LIVINGSTON, STEVEN: None Dare Call It Torture: Indexing and the Limits of Press Independence in the Abu Ghraib Scandal. In: *Journal of Communication*, 3, 2006, S. 467-485

BENNETT, W. LANCE; LAWRENCE, REGINA G.; LIVINGSTON, STEVEN: *When the Press Fails: Political Power and the News Media from Iraq to Katrina*. Chicago [University of Chicago Press] 2007

BENNETT, W. LANCE; PICKARD, VICTOR W.; IOZZI, DAVID P.; SCHROEDER, CARL L.; LAGOS, TASO; CASWELL, C. EWANS: Managing the Public Sphere: Journalistic Construction of the Great Globalization Debate. In: *Journal of Communication*, 3, 2004, S. 437-455

BERTELSMANN STIFTUNG: *Kurzbericht: Bürger wollen kein Wachstum um jeden Preis*. http://www.bertelsmann-stiftung.de/bst/de/media/xcms_bst_dms_32005_32006_2.pdf. 2010 [01.06.2012]

BÖCKENFÖRDE, STEPHAN: Sicherheitspolitischer Paradigmenwechsel von Verteidigung zu Schutz. In: *Europäische Sicherheit*, 8, 2007, S. 21-25

BÖCKENFÖRDE, STEPHAN: Militärpolitik/Sicherheitspolitik. In: WOYKE, WICHARD (Hrsg.): *Handwörterbuch Internationale Politik*. 11. Auflage. Opladen, Farmington Hills [Verlag Barbara Budrich] 2008, S. 352-364

BÖCKING, TABEA: *Strategisches Framing. Gesellschaftliche Akteure und ihre Einflussnahmeversuche auf die mediale Debatte über die embryonale Stammzellforschung in Deutschland 2000 bis 2002*. Köln [Herbert von Halem] 2009

BONFADELLI, HEINZ: *Medienwirkungsforschung I. Grundlagen und theoretische Perspektiven*. 3. Auflage. Konstanz [UVK] 2004

BONK, CHRISTIANE: Der Berliner Presse Club als Traditionsträger. In: FISCHER, EVELYN (Hrsg.): *Unter 3. Berliner Presse Club – Geschichte einer Institution*. Berlin [ddb] 2007, S. 13-17

BOURDIEU, PIERRE: *Über das Fernsehen*. Frankfurt/M. [Suhrkamp] 1998

BÖTHLING, HOLGER: Der Chronist. In: *Politik & Kommunikation*, 9, 2008, S. 46-47

BRAUCK, MARKUS; HORNIG, FRANK; HÜLSEN, ISABELL: Die Beta-Blogger. In: *Der Spiegel* vom 21.07.2008, S. 94-96

BROCK, LOTHAR: Neue Sicherheitsdiskurse. Vom »erweiterten Sicherheitsbegriff« zur globalen Konfliktintervention. In: *Wissenschaft und Frieden*, 4, 2005, S. 18-21

BRODER, HENRYK M.: Nachwort. In: BRODER, HENRYK M. (Hrsg.): *Die Schere im Kopf. Von Zensur und Selbstzensur*. Köln [Bund] 1976, S. 198-202

BRÖER, GUIDO: *Journalismus als Lebensform. Wege aus der Fremdheit im journalistischen Alltag*. Münster [Agenda] 1994

BROSDA, CARSTEN: *Diskursiver Journalismus. Journalistisches Handeln zwischen kommunikativer Vernunft und mediensystemischem Zwang*. Wiesbaden [VS] 2008

BRÖSSLER, DANIEL: Köhler verstört Regierung und Opposition. In: *Süddeutsche Zeitung* vom 28.05. 2010a, S. 1

BRÖSSLER, DANIEL: Wenn einer den Krieg erklärt. In: *Süddeutsche Zeitung*, 29./30.05. 2010b, S. 2

BROST, MARC: Das muss man doch wagen dürfen! In: *Die Zeit* vom 19.08.2010, S. 21

BÜCHER, KARL: *Gesammelte Aufsätze zur Zeitungskunde*. Tübingen [Laupp-sche Buchhandlung] 1926

BUDE, HEINZ: Auf der Suche nach Elite. In: *Kursbuch* Nr. 139, 2000, S. 9-16

BÜHL, ACHIM: *SPSS 16. Einführung in die moderne Datenanalyse*. 11. Auflage. München [Pearson] 2008

BULMAHN, THOMAS: *Bevölkerungsbefragung 2008. Sicherheits- und verteidigungspolitisches Meinungsklima in Deutschland*. Strausberg [Sozialwissenschaftliches Institut der Bundeswehr]. http://rk-gelnhausen.de/content/download/Bw%20-%20SiPol%20Meinungsbild%20-%20Umfrage%20Nov2008.pdf [01.06.2012]

BUNDESAKADEMIE FÜR SICHERHEITSPOLITIK (Hrsg.): *Sicherheitspolitik in neuen Dimensionen. Kompendium zum erweiterten Sicherheitsbegriff*. Hamburg [Mittler & Sohn] 2001

BUNDESMINISTERIUM DER VERTEIDIGUNG: *Verteidigungspolitische Richtlinien für den Geschäftsbereich des Bundesministers der Verteidigung*. http://www.asfrab.de/fileadmin/user_upload/media/pdf/VPR1992.pdf. 1992 [01.06.2012]

BUNDESMINISTERIUM DER VERTEIDIGUNG: *Verteidigungspolitische Richtlinien für den Geschäftsbereich des Bundesministers der Verteidigung*. http://www.polit-bits.de/2003/materials03/VPR.pdf. 2003 [01.06.2012]

BUNDESMINISTERIUM DER VERTEIDIGUNG: *Weißbuch 2006 zur Sicherheitspolitik Deutschlands und zur Zukunft der Bundeswehr*. https://www.bmvg.de/de/themen/weissbuch. 2006 [01.06.2012]

BUNDESREGIERUNG: *Aktionsplan »Zivile Krisenprävention, Konfliktlösung und Friedenskonsolidierung«*. http://www.auswaertiges-amt.de/diplo/de/Aussenpolitik/Themen/Kri-senpraevention/Downloads/Aktionsplan-De.pdf. 2004 [01.06.2012]

BUNDESREGIERUNG: *Einsatz der Bundeswehr bei der Münchner Sicherheitskonferenz 2010 und Verwendung von Bundesmitteln*. Bundestags-Drucksache 17/581 vom 28.01.2010. http://dip21.bundestag.de/dip21/btd/17/005/1700581.pdf [01.06.2012]

BUNDESVERBAND DEUTSCHER ZEITUNGSVERLEGER: *Zeitungen 2010/2011*. Berlin [BDZV] 2010

BÜRKLIN, WILHELM; REBENSDORF, HILKE et al.: *Eliten in Deutschland. Rekrutierung und Integration*. Opladen [Leske + Budrich] 1997

BURT, RONALD S.: Structural Holes. *The Social Structure of Competition*. Cambridge [Harvard University Press] 1992

BUSSEMER, THYMIAN: *Propaganda. Konzepte und Theorien*. 2. Auflage. Wiesbaden [VS] 2008

CARRAGEE, KEVIN M.; ROEFS, WIM: The Neglect of Power in Recent Framing Research. In: *Journal of Communication*, 2, 2004, S. 214-233

CDU/CSU-FRAKTION (2008): *Eine Sicherheitsstrategie für Deutschland. Beschluss der CDU/CSU-Bundestagsfraktion vom 6. Mai 2008*. http://www.

cducsu.de/Titel__Themen_des_Tages/TabID__1/SubTabID__5/InhaltTypID__4/InhaltID__9735/Inhalte.aspx [01.06.2012]
CELLER APPELL. http://www.bmvg.de/fileserving/PortalFiles/C1256EF40036B05B/W27FBL5W774INFODE/Celler_Appell.pdf. 2008 [15.09.2010]
CHAN, JOSEPH MAN; LEE, CHIN-CHUAN: The Journalistic Paradigm on Civil Protests: A Case Study of Hong Kong. In: ARNO, ANDREW; DISSANAYAKE, WIMAL (Hrsg.): *The News Media in National and International Conflict.* Coulder [Westview] 1984, S. 183-202
CHOMSKY, NOAM: Warum die Mainstream-Medien »Mainstream« sind. In: CHOMSKY, NOAM: *Die politische Ökonomie der Menschenrechte. Politische Essays und Interviews.* Grafenau [Trotzdem] 2000, S. 126-138
CHOMSKY, NOAM: Media Control. *Wie die Medien uns manipulieren.* Hamburg; Berlin [Europa] 2003
CLEMENT, ROLF: Die neue Bundeswehr als Instrument deutscher Außenpolitik. In: *Aus Politik und Zeitgeschichte,* B 11, 2004, S. 40-46
DAASE, CHRISTOPHER: Der erweiterte Sicherheitsbegriff und die Diversifizierung amerikanischer Sicherheitsinteressen. Anmerkungen zu aktuellen Tendenzen in der sicherheitspolitischen Forschung. In: *Politische Vierteljahresschrift,* 3, 1991, S. 425-451
DAASE, CHRISTOPHER: *Der erweiterte Sicherheitsbegriff. Working Paper 1/2010.* Herausgegeben vom Projekt »Sicherheitskultur im Wandel«. http://www.sicherheitskultur.org/fileadmin/files/WorkingPapers/01-Daase.pdf [01.06.2012]
DAHINDEN, URS: Framing. *Eine integrative Theorie der Massenkommunikation.* Konstanz [UVK] 2006
DEUTSCHER PRESSERAT: *Publizistische Grundsätze (Pressekodex). Richtlinien für die publizistische Arbeit nach den Empfehlungen des Deutschen Presserats.* Fassung vom 3.12.2008, http://www.presserat.info/uploads/media/Pressekodex_01.pdf [01.06.2012]
DIE LINKE: *Einsatz der Bundeswehr bei der Münchner Sicherheitskonferenz 2010 und Verwendung von Bundesmitteln. Kleine Anfrage der Fraktion Die Linke.* Bundestags-Drucksache 17/433 vom 13.01.2010, http://dipbt.bundestag.de/dip21/btd/17/004/1700433.pdf [01.06.2012]
DIMITROVA, DANIELA V.; STRÖMBÄCK, JESPER: Look who's talking. Use of sources in newspaper coverage in Sweden and the United States. In: *Journalism Practice,* 1, 2009, S. 75-91

DOHLE, MARCO; HARTMANN, THILO: Alles eine Frage hoher Reichweite? Eine experimentelle Untersuchung zur Ursache der Entstehung von Hostile-Media-Effekten. In: *Medien & Kommunikationswissenschaft*, 1, 2008, S. 21-41

DONOHUE, GEORGE A.; TICHENOR, PHILLIP; OLIEN, CLARICE N.: A Guard Dog Perspective on the Role of Media. In: *Journal of Communication*, 2, 1995, S. 115-132

DONSBACH, WOLFGANG: Journalismus versus journalism – ein Vergleich zum Verhältnis von Medien und Politik in Deutschland und in den USA. In: DONSBACH, WOLFGANG; JARREN, OTFRIED; KEPPLINGER, HANS MATHIAS; PFETSCH, BARBARA (Hrsg.): *Beziehungsspiele – Medien und Politik in der öffentlichen Diskussion. Fallstudien und Analysen*. Gütersloh [Bertelsmann Stiftung] 1993, S. 283-315

DONSBACH, WOLFGANG; FÖRSTER, CAROLINE: *Die Sachsen im wiedervereinigten Deutschland. Erfahrungen und Einstellungen auf der Grundlage von 20 Jahren demoskopischer Forschung*. Dresden [TUDpress] 2010

DONSBACH, WOLFGANG; WOLLING, JENS; BLOMBERG, CONSTANZE VON: Repräsentation politischer Positionen im Mediensystem aus der Sicht deutscher und amerikanischer Journalisten. In: HÖMBERG, WALTER; PÜRER, HEINZ (Hrsg.): *Medientransformation*. Konstanz [UVK] 1996, S. 343-356

EDGLEY, ALISON: Manufacturing Consistency: Social Science, Rhetoric and Chomsky's Critique. In: *Westminster Papers in Communication and Culture*, 2, 2009, S. 23-42

EILDERS, CHRISTIANE: Die Darstellung von Protesten in ausgewählten deutschen Tageszeitungen. In: RUCHT, DIETER (Hrsg.): *Protest in der Bundesrepublik. Strukturen und Entwicklungen*. Frankfurt/M. [Campus] 2001, S. 275-311

EILDERS, CHRISTIANE; LÜTER, ALBRECHT: Germany at War. Competing Framing Strategies in German Public Discourse. In: *European Journal of Communication*, 3, 2000, S. 415-428

EILDERS, CHRISTIANE; LÜTER, ALBRECHT: Gab es eine Gegenöffentlichkeit während des Kosovo-Krieges? Eine vergleichende Analyse der Deutungsrahmen im deutschen Mediendiskurs. In: ALBRECHT, ULRICH; BECKER, JÖRG (Hrsg.): *Medien zwischen Krieg und Frieden*. Baden-Baden [Nomos] 2002, S. 103-122

ELLUL, JACQUES: *Propaganda. The Formation of Men's Attitudes*. New York [Vintage] 1973

ENTMAN, ROBERT: A Reply. In: *Journal of Communication*, 3, 1990, S. 190-192

ENTMAN, ROBERT: Framing. Toward Clarification of a Fractured Paradigm. In: *Journal of Communication*, 4, 1993, S. 51-58

ENZENSBERGER, HANS MAGNUS: Journalismus als Eiertanz. Beschreibung einer Allgemeinen Zeitung für Deutschland. In: ENZENSBERGER, HANS MAGNUS: *Einzelheiten I: Bewußtseins-Industrie*. Frankfurt/M. [Suhrkamp] 1967, S. 18-73

ERLHOFER, SEBASTIAN: Missing Data in der Netzwerkanalyse. In: STEGBAUER, CHRISTIAN (Hrsg.): *Netzwerkanalyse und Netzwerktheorie. Ein neues Paradigma in den Sozialwissenschaften*. Wiesbaden [vs] 2008, S. 251-260

EUROPÄISCHE UNION: *European Security Strategy. A Secure Europe in a Better World*. http://www.ag-friedensforschung.de/themen/Europa/strategy.pdf. 2003 [01.06.2012]

FEUSS, SEBASTIAN: Nur für Ihren Hinterkopf. In: *message*, 3, 2008, S. 10-21

FISCHER, EVELYN: *Unter 3. Berliner Presse Club – Geschichte einer Institution*. Berlin [ddb] 2007

FLOTTAU, RENATE: Roulette des Todes. In: *Der Spiegel* vom 22.1.2001, S. 26

FLOTTAU, RENATE; FOLLATH, ERICH; KLUSSMANN, UWE; MASCOLO, GEORG; MAYR, WALTER; NEEF, CHRISTIAN: Die Revolutions-GmbH. In: *Der Spiegel* vom 14.11.2005, S. 178-199

FREY, PETER; RENZ, MICHAEL: Die Rolle der Medien in internationalen Konflikten. In: BUNDESAKADEMIE FÜR SICHERHEITSPOLITIK (Hrsg.): *Sicherheitspolitik in neuen Dimensionen. Kompendium zum erweiterten Sicherheitsbegriff*. Hamburg [Mittler & Sohn] 2001, S. 903-912

FRIED, NICO: Stille Pest. In: *Süddeutsche Zeitung* vom 30.11.2010, S. 3

FRIEDMANN, JAN; GOETZ, JOHN; NEUKIRCH, RALF; ROSENBACH, MARCEL; STARK, HOLGER: Angela »Teflon« Merkel. In: *Der Spiegel* vom 29.11.2010, S. 20-31

FRIEDRICH-NAUMANN-STIFTUNG: *Das Meinungsbild der Elite in Deutschland zur Außen- und Sicherheitspolitik. Eine Studie von Infratest Burke Berlin im Auftrag des Liberalen Institutes der Friedrich-Naumann-Stiftung in Kooperation mit der RAND Corporation USA*. Unveröffentlichtes Manuskript, 1996

FRIEDRICHS, HANNS JOACHIM: *Journalistenleben*. München [Droemer Knaur] 1994

FRÖHDER, CHRISTOPH MARIA: Wenn die Kräfte schwinden. In: *Message*, 1, 2011, S. 10-18

FROMM, ERICH: *Haben oder Sein. Die seelischen Grundlagen einer neuen Gesellschaft*. München [dtv] 2011

FRÜH, WERNER: *Inhaltsanalyse. Theorie und Praxis*. 6. Auflage. Konstanz [UVK] 2007

FUCHS, DIETER; GERHARDS, JÜRGEN; NEIDHARDT, FRIEDHELM: Öffentliche Kommunikationsbereitschaft. Ein Test zentraler Bestandteile der Theorie der Schweigespirale. In: *Zeitschrift für Soziologie*, 4, 1992, S. 284-295

GÄBLER, BERND; HUBER, JOACHIM: Im Griff der »Freundeskreise«. In: *Der Tagesspiegel* vom 13.03.2009, http://www.tagesspiegel.de/medien/vor-der-zdf-fernsehratssitzung-im-griff-der-freundeskreise/1471908.html [01.06.2012]

GALTUNG, JOHAN: *Priorität der Konfliktlösung ohne Gewalt an Beispielen: USA/UK vs. Al-Qaida, Irak und Iran*. Rede auf der Internationalen Münchner Friedenskonferenz 2.-10.2.2007. http://www.friedenskonferenz.info/archiv/2007/broschuere.pdf [01.06.2012]

GAUWEILER, PETER; WIMMER, WILLY: *Antragsschrift im Organstreitverfahren der Bundestagsabgeordneten Gauweiler und Wimmer gegen die Bundesregierung und den Deutschen Bundestag*. http://www.peter-gauweiler.de/pdf/OrganstreitAfghanistan.pdf. 09.03.2007 [01.06.2012]

GEHRS, OLIVER: *Der Spiegel-Komplex. Wie Stefan Aust das Blatt für sich wendete*. München [Droemer] 2005

GERHARDS, JÜRGEN: Politische Öffentlichkeit. Ein system- und akteurstheoretischer Bestimmungsversuch. In: NEIDHARDT, FRIEDHELM (Hrsg.): *Öffentlichkeit, öffentliche Meinung, soziale Bewegungen*. Opladen [Westdeutscher Verlag] 1994, S. 77-105

GIESSMANN, HANS J.; WAGNER, ARMIN: Auslandseinsätze der Bundeswehr. In: *Aus Politik und Zeitgeschichte*, 48, 2009, S. 3-9.

GIJSWIJT, THOMAS W.: *Uniting the West. The Bilderberg Group, the Cold War and European Integration, 1952-1966*. Dissertation [Universität Heidelberg] 2007

GILL, STEPHEN: *American Hegemony and the Trilateral Commission*. Cambridge [Cambridge University Press] 1990

GLOTZ, PETER; LANGENBUCHER, WOLFGANG R.: *Der mißachtete Leser. Zur Kritik der deutschen Presse*. Köln, Berlin [Kiepenheuer und Witsch] 1969

GÖRLACH, ALEXANDER: »Wir brauchen eine europäische Armee«. Interview mit Wolfgang Ischinger. In: *The European*, 04.05.2010, http://www.theeuropean.de/wolfgang-ischinger/3017-sicherheitspolitik [01.06.2012]

GÖTZENBRUCKER, GERIT: Soziale Netzwerkanalyse als Methode für die Publizistik- und Kommunikationswissenschaft. In: *Medien Journal*, 2, 2008, S. 62-73

GÖTZENBRUCKER, GERIT: *Soziale Netzwerke in Unternehmen. Potenziale computergestützter Kommunikation in Arbeitsprozessen*. Wiesbaden [DUV] 2005

GÖTZENBRUCKER, GERIT: *Soziale Netzwerke und Internet-Spielewelten. Eine empirische Analyse der Transformation virtueller in realweltliche Gemeinschaften am Beispiel von MUDs*. Wiesbaden [Westdeutscher Verlag] 2001

GRANOVETTER, MARK: *Getting A Job. A Study of Contacts and Careers*. Chicago, London [University of Chicago Press] 1974

GRANOVETTER, MARK: The Strength of Weak Ties. In: *American Journal of Sociology*, 6, 1978, S. 1360-1380

GRANOVETTER, MARK: Economic Action and Social Structure: the Problem of Embeddedness. In: *American Journal of Sociology*, 3, 1985, S. 481-493

HAAS, JESSICA; MÜTZEL, SOPHIE: Netzwerkanalyse und Netzwerktheorie in Deutschland. Eine empirische Übersicht und theoretische Entwicklungspotenziale. In: STEGBAUER, CHRISTIAN (Hrsg.): *Netzwerkanalyse und Netzwerktheorie. Ein neues Paradigma in den Sozialwissenschaften*. Wiesbaden [vs] 2008, S. 49-62

HABERMAS, JÜRGEN: *Theorie des kommunikativen Handelns. Zweiter Band: Zur Kritik der funktionalistischen Vernunft*. Frankfurt/M. [Suhrkamp] 1988

HACHMEISTER, LUTZ: Das Problem des Elite-Journalismus. In: HACHMEISTER, LUTZ; SIERING, FRIEDEMANN (Hrsg.): *Die Herren Journalisten. Die Elite der deutschen Presse nach 1945*. München [Beck] 2002, S. 7-34

HACHMEISTER, LUTZ: *Nervöse Zone. Politik und Journalismus in der Berliner Republik*. München [DVA] 2007

HACHMEISTER, LUTZ: Konkrete Kommunikationsforschung. In: *Publizistik*, 4, 2008, S. 477-487

HAGEN, LUTZ M.: Die opportunen Zeugen. Konstruktionsmechanismen von Bias in der Zeitungsberichterstattung über die Volkszählungsdiskussion. In: *Publizistik*, 4, 1992, S. 444-460

HALLER, MAX: *Die europäische Integration als Elitenprozess: Das Ende eines Traums?* Wiesbaden [VS] 2009a

HALLER, MAX: Die europäische Integration als Elitenprojekt. In: *Aus Politik und Zeitgeschichte*, 23-24, 2009b, S. 18-23

HALLER, MICHAEL: Die Idee des neutralen Beobachters. Über das Paradigma des modernen Informationsjournalismus und die damit verbundenen Probleme. In: DUVE, FREIMUT; HALLER, MICHAEL (Hrsg.): *Leitbild Unabhängigkeit. Zur Sicherung publizistischer Verantwortung.* Konstanz [UVK] 2004, S. 13-30

HALLER, MICHAEL: Kundendienst statt Journalismus? In: *message*, 3, 2005, S. 14-19

HALLER, MICHAEL: *Recherchieren.* 7. Auflage. Konstanz [UVK] 2008

HALLER, MICHAEL; BENTELE, GÜNTER: »Habicht über den Hühnern«. Ein Streitgespräch über das Verhältnis von Journalismus und PR. In: *message*, 3, 2006, S. 50-57

HALLIN, DANIEL: *We Keep America on Top of the World.* London, New York [Routledge] 1994

HARTMANN, MICHAEL: *Der Mythos von den Leistungseliten. Spitzenkarrieren und soziale Herkunft in Wirtschaft, Politik, Justiz und Wissenschaft.* Frankfurt/M. [Campus] 2002

HATZEL, ISABEL; ÜSCHNER, PATRIC: Transparentes Parlament. Informelle Netzwerke der Bundestagsabgeordneten. In: STEGBAUER, CHRISTIAN (Hrsg.): *Netzwerkanalyse und Netzwerktheorie. Ein neues Paradigma in den Sozialwissenschaften.* Wiesbaden [VS] 2008, S. 455-466

HERMAN, EDWARD S.: The Propaganda Model: A Retrospective. In: *Journalism Studies*, 1, 2000, S. 101-112

HERMAN, EDWARD S.; CHOMSKY, NOAM: *Manufacturing Consent. The Political Economy of the Mass Media.* New York [Pantheon] 2002

HERMAN, EDWARD S.; CHOMSKY, NOAM: Reply to Kurt and Gladys Engel Lang. In: *Political Communication*, 1, 2004, S. 103-107

HERMAN, EDWARD S.; CHOMSKY, NOAM: The Propaganda Model after 20 Years: Interview with Edward S. Herman and Noam Chomsky. In: *Westminster Papers in Communication and Culture*, 2, 2009, S. 12-22

HESSEL, ALEXANDER: Wenn das Konzert der Medien eintöniger wird. Die US-amerikanische Öffentlichkeit im Bann der Schweigespirale. In: HALLER, MICHAEL (Hrsg.): *Das freie Wort und seine Feinde. Zur Pressefreiheit in den Zeiten der Globalisierung.* Konstanz [UVK] 2003, S. 46-59

HILS, JOCHEN: Asymmetrische Kommunikation? »Newsbeats«, »sound bites« und US-Fernsehnachrichten im Vorfeld des Golf- und des Kosovokrieges. In: ALBRECHT, ULRICH; BECKER, JÖRG: *Medien zwischen Krieg und Frieden*. Baden-Baden [Nomos] 2002, S. 75-95

HIPPLER, JOCHEN: USA und Europa: unterschiedliche Sicherheitspolitiken. In: HAUCHLER, INGOMAR; MESSNER, DIRK; NUSCHELER, FRANZ (Hrsg.): *Globale Trends 2004 – Fakten, Analysen, Prognosen*. Frankfurt/M. [Stiftung Entwicklung und Frieden] 2003, S. 293-307

HOCKE, PETER: *Massenmedien und lokaler Protest. Eine empirische Fallstudie zur Medienselektivität in einer deutschen Bewegungshochburg*. Wiesbaden [Westdeutscher Verlag] 2002

HOFFMANN, JOCHEN: *Inszenierung und Interpenetration. Das Zusammenspiel von Eliten aus Politik und Journalismus*. Wiesbaden [Westdeutscher Verlag] 2003

HOFFMANN-LANGE, URSULA: *Eliten, Macht und Konflikt in der Bundesrepublik*. Opladen [Leske + Budrich] 1992

HOLZBERGER, RUDI: *Zeitungsdämmerung. Wie Journalisten die Welt verpacken – eine Kritik der journalistischen Praxis*. München [Ölschläger] 1991

HÖMBERG, WALTER: Publizisten und Mönche. Begegnungen in Königsmünster. In: *Communicatio Socialis*, 4, 2003, S. 381-387

HUBER, MÁRIA: Demokratieexport nach Osteuropa: US-Strategien in der Ukraine. In: *Blätter für deutsche und internationale Politik*, 12, 2005, S. 1463-1472

HUBER, MÁRIA: Der große Regulator. In: *message*, 1, 2007, S. 18-21

ILSEMANN, SIEGESMUND VON: Tödlicher Staub. In: *Der Spiegel* vom 15.1. 2001a, S. 118-123

ILSEMANN, SIEGESMUND VON: Waffen aus der Atomfabrik. In: *Der Spiegel* vom 22.1. 2001b, S. 24-25

ILSEMANN, SIEGESMUND VON: Der Aufhänger fehlt. In: *message*, 2, 2008, S. 7

INGLEHART, RONALD: *The Silent Revolution. Changing Values and Political Styles Among Western Publics*. Princeton [Princeton University Press] 1977

ISCHINGER, WOLFGANG: Sicherheit im 21. Jahrhundert: Warum wir die Münchner Sicherheitskonferenz brauchen. In: KÖRBER-STIFTUNG (Hrsg.): *Reflexion und Initiative. Band VII zur Arbeit der Körber-Stiftung*. Hamburg [Körber Stiftung] 2009, S. 40-43

JABERG, SABINE: Hat die Friedensnorm des Grundgesetzes ausgedient? Deutsche Sicherheits- und Verteidigungsprogrammatik und EKD-Friedensdenkschrift im Vergleich. In: DÖRFLER-DIERKEN, ANGELIKA; PORTUGALL, GERD (Hrsg.): *Friedensethik und Sicherheitspolitik. Weißbuch 2006 und EKD-Friedensdenkschrift 2007 in der Diskussion*. Wiesbaden [VS] 2010, S. 27-52

JÄCKEL, MICHAEL: *Medienwirkungen. Ein Studienbuch zur Einführung*. 3. Auflage. Wiesbaden [VS] 2005

JANSEN, DOROTHEA: Netzwerke und soziales Kapital. Methoden zur Analyse struktureller Einbettung. In: WEYER, JOHANNES (Hrsg.): *Soziale Netzwerke. Konzepte und Methoden der sozialwissenschaftlichen Netzwerkforschung*. München, Wien [Oldenbourg] 2000, S. 35-62

JANSEN, DOROTHEA: *Einführung in die Netzwerkanalyse. Grundlagen, Methoden, Forschungsbeispiele*. 3. Auflage. Wiesbaden [VS] 2006

JARREN, OTFRIED; DONGES, PATRICK: *Politische Kommunikation in der Mediengesellschaft. Eine Einführung*. 2. Auflage. Wiesbaden [VS] 2006

JARREN, OTFRIED; VOGEL, MARTINA: Gesellschaftliche Selbstbeobachtung und Koorientierung. Die Leitmedien der modernen Gesellschaft. In: MÜLLER, DANIEL; LIGENSA, ANNEMONE; GENDOLLA, PETER (Hrsg.): *Leitmedien. Konzepte – Relevanz – Geschichte*. Band 1. Bielefeld [Transcript] 2009, S. 71-92

JÖRGES, HANS-ULRICH: *Embedded in Berlin*. Vortrag auf dem Kongress »Strukturwandel der Öffentlichkeit 2.0« der Bundeszentrale für politische Bildung vom 01.-02.12.2003. http://www.bpb.de/veranstaltungen/3VTW3C,0,0,Embedded_in_Berlin.html [01.06.2012]

JUNGBLUTH, RÜDIGER: Fragen der Ehre. In: *Die Zeit* vom 24.07.2008, S. 25

KAINA, VIKTORIA: Deutschlands Eliten zwischen Kontinuität und Wandel. Empirische Befunde zu Rekrutierungswegen, Karrierepfaden und Kommunikationsmustern. In: *Aus Politik und Zeitgeschichte,* B 10, 2004, S. 8-15

KAISER, KARL: Die neue Weltpolitik. Folgerungen für Deutschlands Rolle. In: KAISER, KARL; SCHWARZ, HANS-PETER (Hrsg.): *Weltpolitik im neuen Jahrhundert*. Baden-Baden [Nomos] 2000, S. 591-605

KAPPES, CHRISTOPH: Unbedingt abwehrbereit. In: *Süddeutsche Zeitung* vom 06.12.2006, S. 17

KAZIM, HASNAIN: O-Wort-Tabu bei Illner. In: *Spiegel Online*, 6. Juni 2008, http://www.spiegel.de/kultur/gesellschaft/0,1518,558021,00.html [01.06.2012]

KECKE, ANITA: Zur Polizei das meiste Vertrauen. In: *Leipziger Volkszeitung* vom 22.4.2008, S. 4

KENNIS, ANDREW: Synthesizing the Indexing and Propaganda Models: An Evaluation of US News Coverage of the Uprising in Ecuador, January 2000. In: *Communication and Critical/Cultural Studies*, 4, 2009, S. 386-409

KEPPLINGER, HANS MATHIAS: *Die aktuelle Berichterstattung des Hörfunks. Eine Inhaltsanalyse der Abendnachrichten und politischen Magazine.* Freiburg, München [Karl Alber] 1985

KEPPLINGER, HANS MATHIAS: Publizistische Konflikte. Begriffe, Ansätze, Ergebnisse. In: NEIDHARDT, FRIEDHELM (Hrsg.): *Öffentlichkeit, Öffentliche Meinung, Soziale Bewegungen.* Opladen [Westdeutscher Verlag] 1994, S. 214-233

KEPPLINGER, HANS MATHIAS: Problemdimensionen des Journalismus. Wechselwirkung von Theorie und Empirie. In: LÖFFELHOLZ, MARTIN (Hrsg.): *Theorien des Journalismus. Ein diskursives Handbuch.* 2. Auflage. Wiesbaden [VS] 2004, S. 87-105

KLAEHN, JEFFREY: A Critical Review and Assessment of Herman and Chomsky's »Propaganda Model«. In: *European Journal of Communication*, 2, 2002, S. 147-182

KLAEHN, JEFFREY (Hrsg.): *Filtering the News. Essays on Herman and Chomsky's Propaganda Model.* Montreal [Black Rose] 2005

KLEIN, INGOMAR: Verteidigung deutscher Interessen am Hindukusch? Wozu der Trick mit der »erweiterten« Sicht dient. In: *Disput*, 10, 2003, http://archiv2007.sozialisten.de/politik/publikationen/disput/view_html?zid=2898&bs=1&n=7 [01.06.2012]

KLÖCKNER, MARCUS: *Machteliten und Elitenzirkel. Eine soziologische Auseinandersetzung.* Saarbrücken [VDM Verlag Dr. Müller] 2007

KÖHLER, WOLFGANG: Im Blindflug durch die Krise. In: *message*, 1, 2009, S. 10-16

KORNBLUM, JOHN C.: *Die Zukunft der transatlantischen Beziehungen. USA und Europa vor neuen Chancen und Herausforderungen.* Köln [Arbeitgeberverband der Metall- und Elektroindustrie] 1999

KRAMP, LEIF; WEICHERT, STEPHAN: *Journalismus in der Berliner Republik – Wer prägt die politische Agenda in der Bundeshauptstadt?* Wiesbaden [Netzwerk Recherche] 2008a

KRAMP, LEIF; WEICHERT, STEPHAN: Berliner Hintergrundzirkel auf einen Blick. In: *message*, 3, 2008b, S. 13

KRAMP, LEIF; WEICHERT, STEPHAN: *Die Meinungsmacher. Über die Verwahrlosung des Hauptstadtjournalismus*. Hamburg [Hoffmann und Campe] 2010

KREUTLER, MARCUS: *Ein Code of Ethics für das FEJS. Eine vergleichende Untersuchung journalistischer Ethikkodizes aus 44 europäischen Ländern und Ausarbeitung eines Code of Ethics für das Forum for European Journalism Students*. Unveröffentlichte Studienarbeit [TU Dortmund] 2007

KRÜGER, UWE: »Es war unterschwellig ideologisch begründet.« Interview mit Mária Huber. In: *message*, 1, 2005, S. 12

KRÜGER, UWE: Funkstille über Strahlungsschäden. In: *message*, 1, 2007a, S. 54-59

KRÜGER, UWE: Alpha-Journalisten embedded? In: *message*, 3, 2007b, S. 54-61

KRÜGER, UWE: »Nicht sendbar«. In: *message*, 1, 2008, S. 58-59

KRÜGER, UWE: Das Wettrennen im Hamsterrad. In: *message*, 3, 2009, S. 10-17

KRYSMANSKI, HANS-JÜRGEN: *Hirten und Wölfe. Wie Geld- und Machteliten sich die Welt aneignen oder: Einladung zum Power Structure Research*. Münster [Westfälisches Dampfboot] 2004

KUNCZIK, MICHAEL: *Public Relations. Konzepte und Theorien*. 5. Auflage. Köln, Weimar, Wien [Böhlau] 2010

LANG, KURT; LANG, GLADYS ENGEL: Noam Chomsky and the Manufacture of Consent for American Foreign Policy. In: *Political Communication*, 1, 2004, S. 93-101

LANGE, HANS-JÜRGEN: Sicherheitsbegriff, erweiterter. In: LANGE, HANS-JÜRGEN (Hrsg.): *Wörterbuch zur Inneren Sicherheit*. Wiesbaden [VS] 2006, S. 287-292

LAZARSFELD, PAUL F.; MERTON, ROBERT K.: Friendship as a Social Process: A Substantive and Methodological Analysis, In: BERGER, MORROE; ABEL, THEODORE; PAGE, CHARLES H. (Hrsg.): *Freedom and Control in Modern Society*. New York, Toronto, London [Van Nostrand] 1954, S. 18-66

LEIDINGER, CHRISTIANE: *Medien, Herrschaft, Globalisierung. Folgenabschätzung zu Medieninhalten im Zuge transnationaler Konzentrationsprozesse.* Münster [Westfälisches Dampfboot] 2003

LEIF, THOMAS; SALDEN, JULIA: Strippenzieher und Hinterzimmer – Meinungsmacher im Berliner Medienzirkus. In: *Zapp Spezial*, NDR-Fernsehen vom 08.03.2006, 23.00 Uhr

LEINEMANN, JÜRGEN; SCHNIBBEN, CORDT: Cool bleiben, nicht kalt. Der Fernsehmoderator Hanns Joachim Friedrichs über sein Journalistenleben. In: *Der Spiegel* vom 27.03.1995, S. 112-119

LESMEISTER, CHRISTIANE: *Informelle politische Kommunikationskultur. Hinter den Kulissen politisch-medialer Kommunikation.* Wiesbaden [VS] 2008

LEYENDECKER, HANS: *Die Korruptionsfalle. Wie unser Land im Filz versinkt.* 2. Auflage. Reinbek b. Hamburg [Rowohlt] 2004

LIANOS, MANUEL: Die heimlichen Meinungsmacher. In: *Politik & Kommunikation*, 3, 2003a, S. 14-20

LIANOS, MANUEL: Die vernetzte Republik. Salons und Netzwerke in Berlin. In: *Politik & Kommunikation*, 5, 2003b, S. 14-17

LICHTER, ROBERT S.; ROTHMAN, STANLEY; LICHTER, LINDA S.: *The Media Elite. America's New Powerbrokers.* Bethesda [Adler & Adler] 1986

LIEPELT, KLAUS; LIETZ, HAIKO: Das unsichtbare Netz im Bundestag. In: *Handelsblatt* vom 14.12.2005, http://www.handelsblatt.com/technologie/forschung-medizin/geisteswisseschaften/sozialebeziehungen-das-unsichtbare-netz-im-bundestag-seite-all/2588486-all.html [01.06.2012]

LIETZ, HAIKO: Die Mächtigen kontrollieren. In: *message* (Werkstatt), 3, 2006, S. 4-7

LIPPMANN, WALTER: *Die öffentliche Meinung.* Bochum [Universitätsverlag Dr. Brockmeyer] 1990

LIVINGSTON, STEVEN; BENNETT, W. LANCE: Gatekeeping, Indexing, and Live-Event News: Is Technology Altering the Construction of News? In: *Political Communication*, 4, 2003, S. 363-380

LÖBLICH, MARIA; SCHEU, ANDREAS MATHIAS: Writing the History of Communication Studies: A Sociology of Science Approach. In: *Communication Theory*, 1, 2011, S. 1-23

LÖHE, FABIAN: Stenografen und Lügner. In: message, 1, 2006, S. 40-43

LOWTZOW, CAROLINE VON: »Das ist kein Kaffeekränzchen.« Interview mit Hagen Pfaff. In: *Jetzt.de*, 02.02.2006, http://jetzt.sueddeutsche.de/texte/anzeigen/263866 [01.06.2012]

LUDES, PETER: Kollektives Gedächtnis und kollektive Vernachlässigung. In: LUDES, PETER; SCHANZE, HELMUT (Hrsg.): *Medienwissenschaften und Medienwertung*. Opladen [Westdeutscher Verlag] 1999, S. 171-196

LUDWIG, KLEMENS: *Augenzeugen lügen nicht. Journalistenberichte: Anspruch und Wirklichkeit*. München [Beck] 1992

LUHMANN, NIKLAS: Öffentliche Meinung. In: LANGENBUCHER, WOLFGANG R. (Hrsg.): *Politik und Kommunikation. Über die öffentliche Meinungsbildung*. München [Piper] 1979, S. 29-61

MACHILL, MARCEL; BEILER, MARKUS; SCHMUTZ, JOCHEN: The Influence of Video News Releases on the Topics Reported in Science Journalism. In: *Journalism Studies*, 6, 2006, S. 869-878

MACHILL, MARCEL; BEILER, MARKUS; ZENKER, MARTIN: *Journalistische Recherche im Internet. Bestandsaufnahme journalistischer Arbeitsweisen in Zeitungen, Hörfunk, Fernsehen und Online*. Berlin [Vistas] 2008

MARISCHKA, CHRISTOPH: *Rüsten für den globalen Bürgerkrieg*. Tübingen [Informationsstelle Militarisierung] 2007, http://www.imi-online.de/download/IMI-Studie-2007–08.pdf [01.06.2012]

MARTIN, ULI; BÄHR, GÜNTHER; STEINKÜHLER, KARL-HEINZ: Reden ist Gold. In: *Focus* vom 19.11.2007, http://www.focus.de/kultur/medien/prominente-reden-ist-gold_aid_226049.html [01.06.2012]

MATHES, RAINER; CZAPLICKI, ANDREAS: Meinungsführer im Mediensystem: »Top-down«- und »Bottom-up«-Prozesse. In: *Publizistik*, 2, 1993, S. 153-166

MATTHES, JÖRG: *Framing-Effekte. Zum Einfluss der Politikberichterstattung auf die Einstellungen der Rezipienten*. München [Verlag Reinhard Fischer] 2007

MAURER, TORSTEN; VOGELGESANG, JENS; WEISS, MORITZ; WEISS, HANS-JÜRGEN: Aktive oder passive Berichterstatter? Die Rolle der Massenmedien während des Kosovo-, Afghanistan- und Irakkriegs. In: PFETSCH, BARBARA; ADAM, SILKE (Hrsg.): *Massenmedien als politische Akteure. Konzepte und Analysen*. Wiesbaden [VS] 2008, S. 144-167

MCLEOD, DOUGLAS M.; DETENBER, BENJAMIN H.: Framing Effects of Television News Coverage of Social Protest. In: *Journal of Communication*, 3, 1995, S. 3-23

MCLEOD, DOUGLAS M.; HERTOG, JAMES K.: Anarchists Wreak Havoc in Downtown Minneapolis: A Multi-level Study of Media Coverage of Radical Protest. In: *Journalism & Mass Communication Monographs*, 151, 1995, S. 1-48

MCLEOD, DOUGLAS M.; HERTOG, JAMES K.: Social Control, Social Change and the Mass Media's Role in the Regulation of Protest Groups. In: DEMERS, DAVID; VISWANATH, K. (Hrsg.): *Mass Media, Social Control, and Social Change: A Macrosocial Perspective*. Ames [Iowa State University Press] 1999, S. 305-330

MCPHERSON, MILLER; SMITH-LOVIN, LYNN; COOK, JAMES: Birds of a Feather. Homophily in Social Networks. In: *Annual Review of Sociology*, 2001, S. 415-444

MEIER, TATJANA; NIGGESCHMIDT, MARTIN: »Keine Zwänge«. In: *Message*, 3, 2005, S. 20-22

MEIERS, FRANZ-JOSEF: Zur Transformation der Bundeswehr. In: *Aus Politik und Zeitgeschichte*, 21, 2005, S. 15-22

MERMIN, JONATHAN: *Debating War and Peace. Media coverage of U.S. Intervention in the Post-Vietnam Era*. Princeton [Princeton University Press] 1999

MILLER, ALICE: *Das Drama des begabten Kindes und die Suche nach dem wahren Selbst*. Frankfurt/M. [Suhrkamp] 1983

MILLS, CHARLES WRIGHT: *The Power Elite*. Oxford [Oxford University Press] 1956

MOHR, THOMAS: *Als Beobachter bei der Münchner Sicherheitskonferenz 2010*. http://www.mskveraendern.de/cms/upload/pdf/Beobachterbericht_2010.pdf. 2010 [01.06.2012]

MULLEN, ANDREW: Editorial. In: *The Herman-Chomsky Propaganda Model Twenty Years On. Westminster Papers in Communication and Culture*, 2, 2009, S. 1-11

MULLEN, ANDREW: Bringing Power Back In: The Herman-Chomsky Propaganda Model, 1988-2008. In: KLAEHN, JEFFERY (Hrsg.): *The Political Economy of Media and Power*. New York [Peter Lang] 2010, S. 207-234

MÜLLER, ALBRECHT: *Meinungsmache. Wie Wirtschaft, Politik und Medien uns das Denken abgewöhnen wollen*. München [Droemer Knaur] 2009

MÜLLER, HANS-DIETER: Die Arbeitswelt – kein Thema für die Presse? In: SPOO, ECKART (Hrsg.): *Die Tabus der bundesdeutschen Presse*. München [Hauser] 1971, S. 11-19

MÜNKLER, HERFRIED: *Der Wettbewerb der Sinnproduzenten – zum Kampf um die Deutungshoheit*. Vortrag zur ersten Fore/sight-Impulskonferenz der Alfred-Herrhausen-Gesellschaft, München, 26./27.11.2004. http://www.cap.lmu.de/download/foresight/foresight-muenkler.pdf [01.06.2012]

MÜNKLER, HERFRIED; BOHLENDER, MATTHIAS; STRASSENBERGER, GRIT: Einleitung. In: MÜNKLER, HERFRIED; BOHLENDER, MATTHIAS; STRASSENBERGER, GRIT (Hrsg.): *Deutschlands Eliten im Wandel*. Frankfurt/M. [Campus] 2006, S. 11 - 21

NATO: *Das Strategische Konzept des Bündnisses.* http://www.nato.diplo.de/contentblob/2153424/Daten/324331/StrategKonzWash1999_DownlDat.pdf. 1999 [01.06.2012]

NEFF, BERTHOLD: Sicherheitskonferenz – Kriegsschmiede oder Friedenschance? In: *Süddeutsche Zeitung* vom 7./8.2.2009, http://www.sueddeutsche.de/muenchen/sicherheitskonferenz-kriegsschmiede-oder-friedenschance-1.484319 [01.06.2012]

NETZWERK RECHERCHE: *Medienkodex*. http://www.netzwerkrecherche.de/files/nr-medienkodex.pdf. 2006 [01.06.2012]

NEUBERGER, CHRISTOPH: »Jetzt« ist Trumpf. Beschleunigungstendenzen im Internetjournalismus. In: WESTERBARKEY, JOACHIM (Hrsg.): *EndZeitKommunikation. Diskurse der Temporalität*. Münster [Lit-Verlag] 2010, S. 203 - 222

NEW YORK TIMES: *The New York Times Company Policy on Ethics in Journalism.* http://www.nytco.com/press/ethics.html. 2005 [01.06.2012]

NIGGEMEIER, STEFAN: Nikolaus Brender und die Heuchler. In: *Stefan-Niggemeier.de*, 25.11.2009. http://www.stefan-niggemeier.de/blog/nikolaus-brender-und-die-heuchler [01.06.2012]

NOELLE-NEUMANN, ELISABETH: *Die Schweigespirale. Öffentliche Meinung – Unsere soziale Haut*. München, Zürich [Piper] 1980

NOLLERT, MICHAEL: Transnationale Wirtschaftseliten: Das Netzwerk des European Roundtable of Industrialists. In: HITZLER, RONALD; HORNBOSTEL, STEFAN; MOHR, CORNELIA (Hrsg.): *Elitenmacht*. Wiesbaden [VS] 2004, S. 91 - 102

PAPPI, FRANZ URBAN: Netzwerkansätze in der Eliteforschung. In: STEGBAUER, CHRISTIAN (Hrsg.): *Handbuch Netzwerkforschung*. Wiesbaden [VS] 2010, S. 587 - 600

PFETSCH, BARBARA: *Politische Kommunikation in den USA und Deutschland.* (electronic ed.) Bonn [Friedrich-Ebert-Stiftung] 2001. http://library.fes.de/fulltext/asfo/00981toc.htm [01.06.2012]

PFETSCH, BARBARA: *Politische Kommunikationskultur. Politische Sprecher und Journalisten in der Bundesrepublik und den USA im Vergleich*. Wiesbaden [Westdeutscher Verlag] 2003

PFETSCH, BARBARA: Geschlossene Gesellschaft? Akteursensembles und Akteursbewertungen in Pressekommentaren. In: EILDERS, CHRISTIANE; NEIDHARDT, FRIEDHELM; PFETSCH, BARBARA: *Die Stimme der Medien. Pressekommentare und politische Öffentlichkeit in der Bundesrepublik.* Wiesbaden [vs] 2004, S. 74-105

PFETSCH, BARBARA; EILDERS, CHRISTIANE; NEIDHARDT, FRIEDHELM; GRÜBL, STEPHANIE: Das »Kommentariat«. Rolle und Status einer Öffentlichkeitselite. In: EILDERS, CHRISTIANE; NEIDHARDT, FRIEDHELM; PFETSCH, BARBARA (Hrsg.): *Die Stimme der Medien. Pressekommentare und politische Öffentlichkeit in der Bundesrepublik.* Wiesbaden [vs] 2004, S. 39-73

PIJL, KEES VAN DER: *Vordenker der Weltpolitik. Einführung in die internationale Politik aus ideengeschichtlicher Perspektive.* Opladen [Leske + Budrich] 1996

PIJL, KEES VAN DER: *Transnational Classes and International Relations.* London, New York [Routledge] 1998

PLICKERT, PHILIP: *Wandlungen des Neoliberalismus. Eine Studie zu Entwicklung und Ausstrahlung der Mont Pèlerin Society.* Stuttgart [Lucius & Lucius] 2008

POHR, ADRIAN: Indexing im Einsatz. Eine Inhaltsanalyse der Kommentare überregionaler Tageszeitungen in Deutschland zum Afghanistankrieg 2001. In: *Medien und Kommunikationswissenschaft*, 2-3, 2005, S. 261-276

POPPER, KARL R.: *Die offene Gesellschaft und ihre Feinde. Band II: Falsche Propheten. Hegel, Marx und die Folgen.* 8. Auflage. Tübingen [Mohr Siebeck] 2003

PÖTTKER, HORST: Initiative Nachrichtenaufklärung: Zwölf Thesen über das öffentliche (Ver-)Schweigen. In: LUDES, PETER; SCHANZE, HELMUT (Hrsg.): *Medienwissenschaften und Medienwertung.* Opladen [Westdeutscher Verlag] 1999, S. 161-169

PÖTTKER, HORST: Kommunikationsstörungen? Zur Systematik der sozialen Beziehung zwischen Politikern und Journalisten. In: SARCINELLI, ULRICH; TENSCHER, JENS (Hrsg.): *Machtdarstellung und Darstellungsmacht. Beiträge zur Theorie und Praxis moderner Politikvermittlung.* Baden-Baden [Nomos] 2003, S. 149-167

PUHE, HENRY; WÜRZBERG, GERD: *Lust & Frust. Das Informationsverhalten des deutschen Abgeordneten. Eine Untersuchung.* Köln [informedia] 1989

PULITZER, JOSEPH: The College of Journalism. In: *The North American Review*, 5, 1904, S. 641-680

QUANDT, TORSTEN: *Journalisten im Netz. Eine Untersuchung journalistischen Handelns in Online-Redaktionen. Handeln – Strukturen – Netze.* Wiesbaden [VS] 2005

QUANDT, TORSTEN: Netzwerkansätze: Potenziale für die Journalismusforschung. In: ALTMEPPEN, KLAUS-DIETER; HANITZSCH, THOMAS; SCHLÜTER, CARSTEN (Hrsg.): *Journalismustheorie: Next Generation. Soziologische Grundlegung und theoretische Innovation.* Wiesbaden [VS] 2007, S. 371-392

RANDOW, GERO VON: Das Uran-Syndrom. In: *Die Zeit* vom 18.01.2001a, S. 9

RANDOW, GERO VON: Uransyndrom: Die Blamage der Alarmisten. In: *Die Zeit* vom 28.06.2001b, S. 5

RAUPP, JULIANA: Determinationsthese. In: BENTELE, GÜNTER; FRÖHLICH, ROMY; SZYSZKA, PETER (Hrsg.): *Handbuch Public Relations. Wissenschaftliche Grundlagen und berufliches Handeln.* 2. Auflage. Wiesbaden [VS] 2008, S. 192-208

REINEMANN, CARSTEN: *Medienmacher als Mediennutzer. Kommunikations- und Einflussstrukturen im politischen Journalismus der Gegenwart.* Köln/Weimar, Wien [Böhlau] 2003

RELJIC, DUSAN: Der Kosovo-Krieg und die deutschen Medien. In: ALBRECHT, ULRICH; BECKER, JÖRG (Hrsg.): *Medien zwischen Krieg und Frieden.* Baden-Baden [Nomos] 2002, S. 64-74

RIESMEYER, CLAUDIA: *Wie unabhängig ist Journalismus? Zur Konkretisierung der Determinationsthese.* Konstanz [UVK] 2007

RINKE, EIKE MARK: Schaden für die Öffentlichkeit. In: *message*, 4, 2008, S. 7

RINKE, EIKE MARK; SCHLACHTER, MICHAEL; AGEL, FABIAN; FREUND, CHRISTINA; GÖTZ, TIMO; TÄUBER, ULRIKE; WÄCHTER, CHRISTIAN: *Netzwerk Berlin. Informelle Interpenetration von Politik und Journalismus.* München [Meidenbauer] 2006

ROHDE, REINHARD: *Celler Trialog. Analyse einer jährlichen Tagung des militärisch-industriellen Komplexes. Eine Recherche im Auftrag der Rosa-Luxemburg-Stiftung Niedersachsen.* http://www.nds.rosalux.de/fileadmin/ls_ni/dokumente/publikationen/Celler_Trialog_-_Analyse_einer_j_hrlichen_Tagung_des_milit_risch-industriellen_Komplexes.pdf. 2009 [01.06.2012]

RÖPER, HORST: Zeitungen 2010. Rangverschiebung unter den größten Verlagen. Daten zur Konzentration der Tagespresse in der Bundesrepublik Deutschland im 1. Quartal 2010. In: *Media Perspektiven*, 5, 2010, S. 218-234

ROSSUM, WALTER VON: Mit Macht auf Sendung. In: *Der Freitag* vom 03.12.2009, http://www.freitag.de/wochenthema/0949-bildung-tagesschau-oeffentlich-rechtlicher-rundfunk [01.06.2012]

RUPRECHT, ANNE; GROSSPIETSCH, TIMO: Nebenverdienste – Wie Fernsehmoderatoren ihre Prominenz vermarkten. In: *Zapp – Das Medienmagazin*, NDR-Fernsehen vom 17.06.2009, 23.00 Uhr

RUSS-MOHL, STEPHAN: *Kreative Zerstörung. Niedergang und Neuerfindung des Zeitungsjournalismus in den USA*. Konstanz [UVK] 2009

SAFFARNIA, PIERRE: Determiniert Öffentlichkeitsarbeit tatsächlich den Journalismus? Empirische Belege und theoretische Überlegungen gegen die PR-Determinierungsannahme. In: *Publizistik*, 3, 1993, S. 412-425

SALDEN, JULIA; JAZBINSEK, DIETMAR: Gute Kontakte – Die Tabakindustrie und die Journalisten. In: *Zapp – Das Medienmagazin*, NDR-Fernsehen vom 28.03.2007, 23.00 Uhr

SANDSCHNEIDER, EBERHARD: Demokratieförderung von außen. In: *Internationale Politik*, 5, 1997, S. 11-18

SARCINELLI, ULRICH: Mediale Politikdarstellung und politisches Handeln: Analytische Anmerkungen zu einer notwendigerweise spannungsreichen Beziehung. In: JARREN, OTFRIED (Hrsg.): *Politische Kommunikation in Hörfunk und Fernsehen. Elektronische Medien in der Bundesrepublik Deutschland*. Opladen [Westdeutscher Verlag] 1994, S. 35-50

SARCINELLI, ULRICH: *Politische Kommunikation in Deutschland. Medien und Politikvermittlung im demokratischen System*. 3. Auflage. Wiesbaden [VS] 2011

SAUER, MARTINA: *Gesellschaftliche Steuerungschancen durch Eliteintegration. Kommunikation und Kooperation bundesdeutscher Funktionsträger vor dem Hintergrund funktionaler Differenzierung*. Opladen [Leske + Budrich] 2000

SCATAMBURLO-D'ANNIBALE: In ›Sync‹. Bush's War Propaganda Machine and the American Mainstream Media. In: KLAEHN, JEFFREY (Hrsg.): *Filtering the News. Essays on Herman and Chomsky's Propaganda Model*. Montreal [Black Rose] 2005, S. 21-62

SCHECHTER, DANNY: Der Journalismus hat in Teilen versagt. In: *message*, 1, 2009, S. 18 - 23

SCHENK, MICHAEL: *Medienwirkungsforschung*. 3. Auflage. Tübingen [Mohr Siebeck] 2007

SCHENK, MICHAEL: *Soziale Netzwerke und Massenmedien. Untersuchungen zum Einfluss persönlicher Kommunikation*. Tübingen [Mohr] 1995

SCHERER, HELMUT: Das Verhältnis von Einstellungen und Redebereitschaft in der Theorie der Schweigespirale. In: WILKE, JÜRGEN (Hrsg.): *Öffentliche Meinung. Theorie, Methoden, Befunde. Beiträge zu Ehren von Elisabeth Noelle-Neumann*. Freiburg, München [Karl Alber] 1992, S. 103 - 121

SCHEU, ANDREAS: *Adornos Erben in der Kommunikationswissenschaft. Eine Verdrängungsgeschichte?* Köln [Herbert von Halem] 2012

SCHEU, ANDREAS; WIEDEMANN, THOMAS: Kommunikationswissenschaft als Gesellschaftskritik. Die Ablehnung linker Theorien in der deutschen Kommunikationswissenschaft am Beispiel Horst Holzer. In: *Medien & Zeit*, 4, 2008, S. 9 - 17

SCHEUFELE, BERTRAM: *Frames – Framing – Framing-Effekte. Theoretische und methodische Grundlegung des Framing-Ansatzes sowie empirische Befunde zur Nachrichtenproduktion*. Wiesbaden [Westdeutscher Verlag] 2003

SCHICHA, CHRISTIAN: Kritische Medientheorien. In: WEBER, STEFAN (Hrsg.): *Theorien der Medien. Von der Kulturkritik bis zum Konstruktivismus*. Konstanz [UVK] 2003, S. 108 - 131

SCHIFFER, SABINE: Das leise Sterben nach dem Krieg. In: *Message*, 1, 2008, S. 52 - 57

SCHIRRMACHER, FRANK: Ich war auf Ackermanns Party. In: *Faz.net*, 26.08.2009. http://www.faz.net/s/Rub4D6E6242947140018FC-1DA8D5E0008C5/Doc~E8BFFF0E27B604536BFBAD9EDDBD6EA34~ATpl~Ecommon~Scontent.html [01.06.2012]

SCHMIDT, HELMUT: *Menschen und Mächte*. Ullstein [Berlin] 1987

SCHNEDLER, THOMAS: *Getrennte Welten? Journalismus und PR in Deutschland. Argumente zur Debatte um den Medienkodex des netzwerk recherche* (nr-Werkstatt Nr. 4). Wiesbaden [Netzwerk Recherche] 2006

SCHNEDLER, THOMAS: Rollentausch. In: *message*, 1, 2010, S. 49 - 51

SCHNORF, SEBASTIAN: *Diffusion in sozialen Netzwerken der Mobilkommunikation*. Konstanz [UVK] 2007

SCHREER, CLAUS: *Nato-Propaganda und Säbelrasseln auf der Münchner »Sicherheitskonferenz«*. http://www.gegen-krieg-und-rassismus.de/SIKO-Auswertung-2010.pdf. 2010 [01.06.2012]
SCHULER, THOMAS: *Bertelsmann Republik Deutschland. Eine Stiftung macht Politik*. Frankfurt/M. [Campus] 2010
SCHULZ, KLAUS D.: *Unternehmerinteresse und Wirtschaftssystem. Beiträge der Unternehmer zur politischen Entwicklung der Bundesrepublik Deutschland*. Frankfurt/M. [Haag + Herchen Verlag] 1986
SCHULZ, WINFRIED: *Politische Kommunikation. Theoretische Ansätze und Ergebnisse empirischer Forschung*. 2. Auflage. Wiesbaden [VS] 2008
SINCLAIR, UPTON: *The Brass Check. A Study of American Journalism*. Urbana und Chicago [University of Illinois Press] 2003
SKLAR, HOLLY (Hrsg.): *Trilateralism: The Trilateral Commission and Elite Planning for World Management*. Boston [South End Press] 1980
SKRIVER, ANSGAR: Tabus in der Auslandsberichterstattung. In: SPOO, ECKART (Hrsg.): *Die Tabus der bundesdeutschen Presse*. München [Hauser] 1971, S. 112 - 119
SPETH, RUDOLF: Lobbyismus als Elitenintegration? Von Interessenvertretung zu Public Affairs-Strategien. In: MÜNKLER, HERFRIED; STRASSENBERGER, GRIT; BOHLENDER, MATTHIAS (Hrsg.): *Deutschlands Eliten im Wandel*. Frankfurt/M. [Campus] 2006, S. 221 - 236
STAAB, JOACHIM FRIEDRICH: *Nachrichtenwert-Theorie. Formale Struktur und empirischer Gehalt*. Freiburg, München [Karl Alber] 1990
STAMMER, OTTO: Das Elitenproblem in der Demokratie. In: *Schmollers Jahrbuch für Gesetzgebung, Verwaltung und Volkswirtschaft*, 1951, S. 10 - 40
STEGBAUER, CHRISTIAN: *Grenzen virtueller Gemeinschaft. Strukturen internetbasierter Kommunikationsforen*. Wiesbaden [Westdeutscher Verlag] 2001
STEGBAUER, CHRISTIAN: *Wikipedia. Das Rätsel der Kooperation*. Wiesbaden [VS] 2009
STUMBERGER, RUDOLF: Sicherheitskonferenz – Unterstützung in Bataillonsstärke. In: *Stern.de*, 09.02.2007, http://www.stern.de/politik/deutschland/sicherheitskonferenz-unterstuetzung-in-bataillonsstaerke-582209.html [01.06.2012]
STÜRMER, MICHAEL: Geschichte eines strategischen Kaffeekränzchens. In: *Welt am Sonntag* vom 08.02.2009. http://www.welt.de/politik/article3164986/Geschichte-eines-strategischen-Kaffeekraenzchens.html [01.06.2012]

THOMS, EVA-MARIA: Unter Druck. In: *Message*, 4, 2001, S. 37-42

THUNERT, MARTIN: Think Tanks in Germany: Their Resources, Strategies and Potential. In: *Zeitschrift für Politikberatung*, 1, 2008, S. 32-52

TILGNER, ULRICH: Schulterklopfen am Hindukusch. In: *message*, 4, 2009, S. 36-41

TILLACK, HANS-MARTIN: *Die korrupte Republik. Über die einträgliche Kungelei von Politik, Bürokratie und Wirtschaft*. Hamburg [Hoffmann und Campe] 2009

UCHATIUS, WOLFGANG: Wir könnten auch anders. In: *Die Zeit* vom 20.05.2009, S. 15-18

VARGA VON KIBÉD, MATTHIAS; SPARRER, INSA: *Ganz im Gegenteil. Tetralemmaarbeit und andere Grundformen systemischer Strukturaufstellungen. Für Querdenker und solche, die es werden wollen*. 6. Auflage. Heidelberg [Carl Auer Verlag] 2009

VOGEL, ANDREAS: Zeitschriftenmarkt: WAZ-Gruppe schließt zu dominierenden Konzernen auf. Daten zum Markt und zur Konzentration der Publikumspresse in Deutschland im 1. Quartal 2010. In: *Media Perspektiven*, 6, 2010, S. 296-315

VOGEL, STEFFEN: Dem Affen Zucker geben. Interview mit Michael Haller. In: *Der Freitag* vom 31.08.2007, S. 11

VOIGT, KARSTEN D.: Begründung eines neuen Atlantizismus. Von Partnerschaft zu euroatlantischer Gemeinschaft. In: *Internationale Politik*, 3, 2000, S. 3-10

VOLKMANN, UTE: *Legitime Ungleichheiten. Journalistische Deutungen vom »sozialdemokratischen Konsens« zum »Neoliberalismus«*. Wiesbaden [VS] 2006

WALDMANN, PETER: Elite/Elitetheorie. In: NOHLEN, DIETER (Hrsg.): *Kleines Lexikon der Politik*. München [Beck] 2001, S. 73-77

WALPEN, BERNHARD: *Die offenen Feinde und ihre Gesellschaft. Eine hegemonietheoretische Studie zur Mont Pèlerin Society*. Hamburg [VSA] 2004

WASSERMAN, STANLEY; FAUST, KATHERINE: *Social Network Analysis: Methods and Applications*. Cambridge [Cambridge University Press] 1994

WAZ: *Verhaltenskodex*. http://www.initiative-qualitaet.de/fileadmin/IQ/Archiv/Rundmails/iq_rundmail_19_kodex.pdf. 2007 [01.06.2012]

WEICHERT, STEPHAN; ZABEL, CHRISTIAN: Die Seele des Alpha-Journalisten. Zum Selbstverständnis der journalistischen Funktions- und Leistungselite. In: WEICHERT, STEPHAN; ZABEL, CHRISTIAN (Hrsg.):

Die Alpha-Journalisten. Deutschlands Wortführer im Porträt. Köln [Herbert von Halem] 2007, S. 14-53

WEILAND, SEVERIN: Bundeswehrreform: Struck bastelt an eigenen Schulterklappen. In: *Spiegel Online*, 05.12.2002, http://www.spiegel.de/politik/deutschland/0,1518,225810,00.html [01.06.2012]

WEISCHENBERG, SIEGFRIED: *Journalistik. Theorie und Praxis aktueller Medienkommunikation. Band 1: Mediensysteme, Medienethik, Medieninstitutionen.* 2. Auflage. Opladen [Westdeutscher Verlag] 1998

WEISCHENBERG, SIEGFRIED: Wahlverwandte. In: *journalist*, 8, 2002, S. 10-15

WEISCHENBERG, SIEGFRIED; LÖFFELHOLZ, MARTIN; SCHOLL, ARMIN: »Journalismus in Deutschland« II. Merkmale und Einstellungen von Journalisten. In: *Media Perspektiven*, 4, 1994, S. 154-167

WEISCHENBERG, SIEGFRIED; MALIK, MAJA; SCHOLL, ARMIN: *Die Souffleure der Mediengesellschaft. Report über die Journalisten in Deutschland.* Konstanz [UVK] 2006

WENZLER, MICHEL: *Journalisten und Eliten. Das Entstehen journalistischer Nachrichten über Energie- und Kulturpolitik.* Konstanz [UVK] 2009

WESTERBARKEY, JOACHIM: Kritische Ansätze: ausgewählte Paradigmen. In: BENTELE, GÜNTER; FRÖHLICH, ROMY; SZYSZKA, PETER (Hrsg.): *Handbuch der Public Relations. Wissenschaftliche Grundlagen und berufliches Handeln.* 2. Auflage. Wiesbaden [VS] 2008, S. 177-191

WHITE HOUSE: *National Security Strategy 2010.* 2010. http://www.whitehouse.gov/sites/default/files/rss_viewer/national_security_strategy.pdf [01.06.2012]

WILFORD, HUGH: CIA Plot, Socialist Conspiracy, or New World Order? The Origins of the Bilderberg Group, 1952-1955. In: *Diplomacy and Statecraft*, 14, 3, 2003, S. 70-82

WILKE, JÜRGEN: Historische und intermediale Entwicklung von Leitmedien. Journalistische Leitmedien in Konkurrenz zu anderen. In: MÜLLER, DANIEL; LIGENSA, ANNEMONE; GENDOLLA, PETER (Hrsg.): *Leitmedien. Konzepte – Relevanz – Geschichte.* Band 1. Bielefeld [Transcript] 2009, S. 29-52

WÜBBEN, JOSY: PR-Schule – Journalisten als Aushängeschilder. In: *Zapp – Das Medienmagazin*, NDR-Fernsehen vom 16.09.2009, 23.00 Uhr

ZALLER, JOHN; CHIU, DENNIS: Government's Little Helper. U. S. Press Coverage of Foreign Policy Crises, 1946-1999. In: NACOS, BRIGITTE L.; SHAPIRO, ROBERT Y.; ISERNIA, PIERANGELO (Hrsg.): *Decisionmaking in* a Glass House. Mass Media, Public Opinion, and American and European Foreign Policy in the 21st Century. Lanham, Oxford [Rowman & Littlefield] 2000, S. 61-84

ZENTRALVERBAND DER DEUTSCHEN WERBEWIRTSCHAFT: *Werbung in Deutschland 2008.* Berlin [Edition ZAW] 2008

ZENTRALVERBAND DER DEUTSCHEN WERBEWIRTSCHAFT: *Werbung in Deutschland 2009.* Berlin [Edition ZAW] 2009

ZENTRALVERBAND DER DEUTSCHEN WERBEWIRTSCHAFT: *Werbung in Deutschland 2010.* Berlin [Edition ZAW] 2010

ZETSCHE, ANNE: *Die Atlantik-Brücke. Geschichte eines transatlantischen, transnationalen Netzwerks.* Unveröffentlichte Magisterarbeit [FU Berlin] 2009

ZOLLMANN, FLORIAN: Is it Either Or? Professional Ideology vs. Corporate-media Constraints. In: *Westminster Papers in Communication and Culture*, 2, 2009, S. 97-118

ZUDEICK, PETER: Ein Schmiergeld namens Nähe. Die politischen Wahlverwandtschaften der Bonner Journalisten. In: *Transatlantik*, 1, 1987, S. 25-29

9. ANHANG

9.1 Grundgesamtheit der Journalismuseliten 2007-2009

Im Folgenden sind jene 219 Personen aufgeführt, die als Positionseliten der deutschen Leitmedien zwischen dem 01.01.2007 und dem 31.12.2009 ermittelt werden konnten. Wenn es in diesem Zeitraum Personalwechsel auf diesen Positionen gegeben hat, sind diese angegeben. Kursiviert sind die Namen der 64 Journalisten, bei denen Verbindungen zu Eliten aus Politik und Wirtschaft gefunden wurden, die in die Netzwerkanalyse eingingen.

- ARD (*Tagesschau* und *Tagesthemen*)

Vorsitzender der ARD: *Fritz Raff*, ab 01.01.2009 *Peter Boudgoust*
ARD aktuell:
Erster Chefredakteur: Dr. Kai Gniffke
Zweiter Chefredakteur: Thomas Hinrichs
ARD-Hauptstadtstudio: Thomas Roth, ab 01.05.2007 *Ulrich Deppendorf*, Rainald Becker (stellv.)

- *Bild*

Herausgeber und Chefredakteur: *Kai Diekmann*
Stellvertreter des Chefredakteurs: Alfred Draxler, *Jörg Quoos*
Chefredaktion: Matthias Brügelmann, Thomas Drechsler-Marquardt, Martin Heidemanns, Florian von Heintze, Marion Horn, Michael Paustian, Günter Quandt, Karsten Witzmann
Ressortleiter Politik und Wirtschaft: *Oliver Santen*, Jan Schäfer (Stellv.)
(Anfang 2007: Georg Streiter, Wirtschaft: *Oliver Santen*, stellv. Stefan Ernst)
Nachrichten Inland: Wolfgang Ainetter, Christoph Hülskötter (2007: Carsten Gensing)

Nachrichten Ausland: Michel Rauch
Chefreporter: Guido Brandenburg, Kai Feldhaus, Josef Ley, Mark Pittelkau, Julian Reichelt, Hans-Wilhelm Saure, Mathias Sonnenberg, Hans-Jörg Vehlewald
Leiter Hauptstadtbüro: *Nikolaus Blome*, Rolf Kleine
- Bild.de
Chefredakteur: Manfred Hart (ab 04/2007)
- *Financial Times Deutschland*
Chefredakteur: *Steffen Klusmann*
Stellv. Chefredakteure: *Sven O. Clausen*, Stefan Weigel
Politik/Berliner Büro: *Andreas Theyssen*
Unternehmen: *Guido Warlimont*
Finanzen: Tim Bartz
- *Focus*
Herausgeber: *Helmut Markwort*
Chefredakteure: *Helmut Markwort*, Uli Baur
Stellvertretender Chefredakteur: Stephan Paetow
Deutsche Politik: *Helmut Markwort*, Herbert Roßler-Kreuzer (stellv.)
Deutschland: Uli Baur, Markus Krischer (stellv.)
Parlamentsredaktion: *Henning Krumrey*, ab 09.02.2009 Kayhan Özgenc
Wirtschaft: Uli Dönch
- *Frankfurter Allgemeine Zeitung*
Herausgeber: *Werner D'Inka, Dr. Günther Nonnenmacher, Berthold Kohler, Frank Schirrmacher*, Holger Steltzner
Innenpolitik: Stefan Dietrich
Außenpolitik: *Klaus-Dieter Frankenberger*
Nachrichten: Dr. Jasper von Altenbockum
Wirtschaftsberichterstattung: Holger Appel
Wirtschaftspolitik: Heike Göbel
Unternehmen: *Carsten Knop*
Finanzmarkt: Gerald Braunberger
Büroleiter Berlin: *Günter Bannas*
- *Frankfurter Rundschau*
Chefredakteure: *Dr. Uwe Vorkötter*, (ab 01.06.2009) Joachim Frank und Rouven Schellenberger
Mitglied der Chefredaktion: Stephan Hebel

Stellvertretender Chefredakteur: Brigitte Fehrle (bis 31.07.2007), *Rouven Schellenberger* (bis 31.05.2009), 2007 auch Axel Bernatzki, *Dr. Richard Meng*
Ressortleiter Politik: *Burkhard von Pappenheim*, ab 01.05.2009 Rouven Schellenberger
Ressortleiter Wirtschaft: Werner Balsen, ab 01.10.2007 Robert von Heusinger
Berliner Büro: *Dr. Richard Meng*, ab 01.12.2007 *Karl Doemens*
- N-TV

Chefredakteur: Volker Wasmuth
Stellv. Chefredakteur: Martin Kerscher
- *Spiegel*

Chefredakteur: *Stefan Aust*, ab 05.02.2008 *Georg Mascolo* und *Mathias Müller von Blumencron*
Stellv. Chefredakteure: Dr. Martin Doerry, Joachim Preuß (dieser bis 04.02.2008)
Deutsche Politik/Hauptstadtbüro/Berliner Büro: Gabor Steingart, Dirk Kurbjuweit, *Georg Mascolo*, Markus Feldenkirchen, Konstantin von Hammerstein, Stefan Berg, Holger Stark, *Jan Fleischhauer*, Rafaela von Bredow, Michael Sauga, Dietmar Pieper, Hans-Ulrich Stoldt
Deutschland: Clemens Höges, Konstantin von Hammerstein, Alfred Weinzierl, Rafaela von Bredow
Wirtschaft: *Armin Mahler*, Thomas Tuma
Ausland: Hans Hoyng, Dr. Gerhard Spörl, Dr. Christian Neef
(Aufgrund massiver Umstrukturierungen der Ressorts Deutsche Politik, Hauptstadtbüro, Berliner Büro und Deutschland im Untersuchungszeitraum wird auf die Angabe von Zeitangaben zu Personalwechseln verzichtet. Aufgeführt sind alle Personen, die in den entsprechenden Ressort zumindest zeitweise Leiter oder stellvertretender Leiter waren.)
- *Spiegel Online*

Chefredakteur: *Mathias Müller von Blumencron*, ab 05.02.2008 Rüdiger Ditz
Geschäftsführende Redakteure: Wolfgang Büchner, Rüdiger Ditz
Stellvertretende Chefredakteurin: ab 6/09 Jule Lutteroth
Chef vom Dienst: ab 07/2008 Florian Harms, Carlo Ingelfinger, ab 01/2008 Stefan Plöchinger, ab 07/2008 Matthias Streitz, ab 06/2009 Jörn Sucher

Politik/Berlin: Harald Schumann, Claus Christian Malzahn, stellv. Alwin Schröder, Roland Nelles
Wirtschaft: Carsten Matthäus, ab 07/2008 Jörn Sucher, ab 06/2009 Susanne Amann und Anselm Waldermann
Chefreporter: Matthias Gebauer

- *Stern*

Chefredaktion: *Thomas Osterkorn*, Andreas Petzold, ab 01.09.2007 auch *Hans-Ulrich Jörges*
Chefs vom Dienst: Andreas Projahn, Dirk Seeger, bis 31.05.2007 auch Wilfried Krause
Politik und Wirtschaft: Norbert Höfler, Lorenz Wolf-Doettinchem, stellv. Jan Boris Wintzenburg
Ausland: Hans-Hermann Klare, Peter Meroth
Deutschland und Gesellschaft: Florian Gless, Ulla Hockerts
Berliner Büro: *Hans-Ulrich Jörges*, seit 08/2007 *Andreas Hoidn-Borchers*, stellv. Dr. Dieter Krause, Axel Vornbäumen

- *Süddeutsche Zeitung*

Chefredakteur: *Hans Werner Kilz*
Stellv. Chefredakteure: Kurt Kister, Ernst Fischer (bis 31.05.2007), Wolfgang Krach (ab 01.06.2007)
Außenpolitik: *Stefan Kornelius*, Christiane Schlötzer (stellv.)
Innenpolitik: *Dr. Heribert Prantl*, Peter Fahrenholz (stellv.)
Leitender politischer Redakteur: Hans Leyendecker
Wirtschaft: *Dr. Marc Beise*, Ulrich Schäfer
Büroleiter Berlin: *Christoph Schwennicke*, ab 15.10.2007 *Nico Fried*, Claus Hulverscheidt (Wirtschaft)

- sueddeutsche.de

Chefredakteur: Hans-Jürgen Jakobs
Stellv. Chefredakteur: Dr. Bernd Graff, bis Anfang 2009 auch Thomas Becker
Chef vom Dienst: Carsten Matthäus
Politik: Peter Lindner
Wirtschaft und Finanzen: ab 09/2007 *Melanie Ahlemeier*

- tagesschau.de

Redaktionsleitung: Jörg Sadrozinski
Stellv. Leiter: Niels Rasmussen, später Sabine Klein

- *taz*

Chefredaktion: *Bascha Mika*, ab 20.07.2009 Ines Pohle

Stellv. Chefredakteur: Rainer Metzger, bis 07/2009 Peter Unfried
Chefreporter: Peter Unfried
Chef vom Dienst: Klaus Hillenbrand
Inland: Ralph Bollmann (bis April 2008), Ulrich Schulte
Wirtschaft und Umwelt: *Malte Kreutzfeldt*
Ausland: Beate Seel
Parlamentsbüro: *Jens König*, ab 05/2008 Ralph Bollmann
- Welt

Chefredakteur: *Thomas Schmid*
stellv. Chefredakteurin: *Andrea Seibel*
Leitender Redakteur: *Marcus Heithecker*
Innenpolitik: *Margaret Heckel*, ab 01.07.2009 Torsten Krauel, Stellv. Frank Käßner (2007 zusätzlich Hans-Jürgen Leersch, Dietrich Menkens)
Außenpolitik: Dr. Jacques Schuster, ab 01.10.2007 Clemens Wergin, Stellv. Dietrich Alexander
Wirtschaft, Finanzen & Immobilien: *Jörg Eigendorf*, Thomas Exner
Chefkorrespondent: *Prof. Dr. Michael Stürmer*, 2007 außerdem Dr. Konrad Adam, Mariam Lau und *Jochim Stoltenberg*
Vorsitz der Chefredakteursrunde von Welt, Welt am Sonntag und Berliner Morgenpost (bis 31.03.2008): *Christoph Keese*
- Welt Online

Chefredakteur: *Christoph Keese* (bis 2008), *Thomas Schmid*
Stellv. Chefredakteur: Oliver Michalsky (ab April 2008)
Mitglieder der Redaktionsleitung: Wolfgang Scheida (ab 07/2007), Katrin Scheib (2007/2008), Antonia Beckermann (ab 04/2009), Grischa Rodust (ab 2009), Till Schwertfeger, Brenda Strohmaier
Politik: Antonia Beckermann (bis 04/2009)
Wirtschaft, Finanzen und Webwelt: Oliver Haustein-Teßmer, ab 2008 Steffen Range
- ZDF (*heute* und *heute-journal*)

Intendant: *Markus Schächter*
Chefredakteur: Nikolaus Brender
Stellvertretender Chefredakteur und Leiter der Hauptredaktion Aktuelles: *Klaus-Peter Siegloch*, ab 01.06.2007 Elmar Theveßen
Redaktionsleiter *heute*: Bettina Warken, ab 01.01.2009 Luc Walpot, Vertretung: Wolfgang Voigt (2007)
Redaktionsleiter *heute-journal*: *Dr. Claus Kleber*, 01.01.2009 - 31.07.2009 Jan Christoph Metzger, ab 01.08.2009 Anne Reidt

ZDF-Hauptstadtstudio: *Dr. Peter Frey*, Peter Hahne (stellv.)
- *Zeit*

Herausgeber: *Dr. Helmut Schmidt, Dr. Josef Joffe, Dr. Michael Naumann*
Chefredakteur: *Giovanni di Lorenzo*
Stellvertretende Chefredakteure: *Matthias Naß*, Bernd Ulrich
Chef vom Dienst: Iris Mainka
Chefkorrespondent: *Dr. Gunter Hofmann* (bis 2008)
Politik: Martin Klingst, ab 01.08.2007 Bernd Ulrich
Ressortleiter Wirtschaft: *Dr. Uwe Jean Heuser*, Stellv. *Marc Brost* (bis 02/2007)
Berliner Büro: Bernd Ulrich, von 08/2007 bis 02/2009 Brigitte Fehrle, Matthias Geis (kommissarisch)

9.2 Definition der Politik- und Wirtschaftseliten

- Sektor Politik

Bundespräsident
Bundestag: Mitglieder des Präsidiums, Vorsitzende und stellv. Vorsitzende der Ausschüsse, Vorsitzende und stellv. Vorsitzender des Vermittlungsausschusses, Ämter mit Kontrollfunktionen wie Wehrbeauftragter und Datenschutzbeauftragter
Bundestagsfraktionen: Mitglieder der Fraktionsvorstände (Vorsitzender, Stellv., Parlamentarische Geschäftsführer, Vorsitzende der parlamentarischen Arbeitskreise)
Landtagsfraktionen: Fraktionsvorsitzende und ihre Stellvertreter
Bundesexekutive: sämtliche Bundesminister, Staatssekretäre und parlamentarischen Staatssekretäre
Landesexekutive: sämtliche Landesminister, Staatssekretäre und parlamentarischen Staatssekretäre
Bundesparteien: Mitglieder der Präsidien, Generalsekretäre, Bundesgeschäftsführer
Landesparteien: Vorstände der in den Landtagen vertretenen Parteien
Oberbürgermeister von Städten mit mehr als 300.000 Einwohnern
Leiter von wichtigen Bundesbehörden (Bundesagentur für Arbeit, Bundeskriminalamt, Bundesamt für Verfassungsschutz, Bundesnachrichtendienst, Bundeskartellamt)
äquivalente Positionen in anderen Staaten

Führungspositionen in International Government Organizations: Europäische Union, Nato, Internationaler Währungsfond (IWF), Weltbank, Welthandelsorganisation WTO, Uno und deren Unterorganisationen wie Unesco, FAO oder WHO, Internationale Atomenergie-Behörde IAEA, Organisation Erdöl Exportierender Staaten OPEC, Organisation für Sicherheit und Zusammenarbeit in Europa (OSZE).
Bei der EU z. B. gehen folgende Positionen ein:
Europäisches Parlament: Präsident, Vizepräsident, Ausschussvorsitzende und Stellv., Fraktionsvorsitzende und Stellv.
EU-Kommission: Präsident, Vizepräsident und alle Kommissare, Generalsekretäre von Generaldirektionen
- Sektor Wirtschaft

Personen mit Führungs- oder Aufsichtsfunktion aller Unternehmen mit einem Jahresumsatz von mindestens 1 Milliarde Euro (bei Banken die Bilanzsumme). Das können deutsche, ausländische oder transnationale Unternehmen sein, sie können auch ganz oder teilweise in öffentlicher Hand sein. Die Bezeichnung der Elitepositionen variiert nach Unternehmensform und Land. Bei deutschen Aktiengesellschaften zählen alle Vorstände und Aufsichtsräte zur Wirtschaftselite; bei einer GmbH wird die Leitungsfunktion in der Regel von einem Gesellschafterrat und/oder Persönlich haftenden Gesellschaftern wahrgenommen.
Auch die Bundesbank und die Europäische Zentralbank sind in der Auswahl; nicht aufgrund ihrer Bilanzsummen, sondern wegen ihrer besonderen Aufgaben der Sicherung der Währung und der Unterstützung der allgemeinen Wirtschaftspolitik.
Hinzu kommen Führungspositionen in den Spitzenverbänden der Wirtschaft (Präsidium, Vorstand, Geschäftsführer, Generalsekretär):
Bundesvereinigung der Deutschen Arbeitgeberverbände (BDA)
Bundesverband der Deutschen Industrie (BDI)
Deutscher Industrie- und Handelstag (DIHT)
Gemeinschaftsausschuss der Deutschen Gewerblichen Wirtschaft
Zentralausschuss der Deutschen Landwirtschaft
Deutscher Bauernverband
Deutscher Raiffeisenverband
sowie analoge Vereinigungen auf europäischer Ebene und im Ausland, z. B. im Bankenbereich: Schweizerische Bankiervereinigung, European Banking Federation, American Bankers Association

sowie

alle Pressesprecher und Lobbyisten, die sichtbar für oben genannte Organisationen bzw. Positionseliten arbeiten.

9.3 Verbindungen von Journalisten zu Organisationen

Im Folgenden sind alle Verbindungen aus dem Gesamtnetzwerk (Kap. 5.3, Tab. 3) ausführlich dargestellt. Sie sind alphabetisch sortiert: zunächst nach den Medien, innerhalb der Medien nach den Journalisten und für jeden Journalisten nach den Organisationen. Ein Eintrag enthält Allgemeines zur Organisation, die Art der Verbindung des Journalisten zur Organisation (alle Angaben beziehen sich auf den Untersuchungszeitraum 01.01.2002 bis 31.12.2009) sowie eine Aufzählung der Politik- und Wirtschaftseliten, mit denen in dieser Organisation Kontaktpotenzial bestand. Bei einigen Journalisten und Medien sind unter »Sonstiges« weitere Verbindungen aufgeführt, die nicht in die Netzwerkanalyse eingeflossen sind.

9.3.1 ARD

- Boudgoust, Peter (Vorsitzender)

Kulturstiftung Festspielhaus Baden-Baden
Die Stiftung ist Trägerin des Festspielhauses Baden-Baden, des mit 2.500 Plätzen größten Opern- und Konzerthauses in Deutschland. Außerdem verleiht sie den Herbert-von-Karajan-Musikpreis.
    Boudgoust war Mitglied im 26-köpfigen Kuratorium der Stiftung.[85] Vorsitzender war der Aufsichtsratschef der Deutschen Bank AG, Clemens Börsig, weitere Mitglieder waren Führungspersonen des Energieversorgers EnBW AG, der Landeskreditbank Baden-Württemberg (L-Bank), der Versicherung Wüstenrot und Württembergische AG, der Robert Bosch GmbH und des Pharmakonzerns Merck KGaG sowie Unternehmensberater Roland Berger. Ein weiterer Freund des Hauses:

---

85 http://www.festspielhaus.de/spiel/freunde-foerderer/gremien [22.6.2010].

Bundesfinanzminister Wolfgang Schäuble, ehrenamtlich Vorsitzender des Vereins Freundeskreis Festspielhaus Baden-Baden.
- Deppendorf, Ulrich (Leiter Hauptstadtstudio)

M100 Sanssouci-Colloquium
Das Colloquium findet seit 2005 jährlich im Rahmen der Medienwoche Berlin-Brandenburg statt und beschreibt sich als ein »Forum, das Europas tonangebende Redakteure, Kommentatoren und Medienbesitzer (Print, TV und Internet) sowie öffentliche Schlüsselfiguren zusammen bringt, um die Rolle und den Einfluss der Medien in europäischen und internationalen Angelegenheiten zu untersuchen« und wurde »initiiert von einer Gruppe führender Persönlichkeiten aus Medien und Politik« (Website). Es wird veranstaltet von der Landeshauptstadt Potsdam und dem Institute for Strategic Dialogue.

Deppendorf war Mitglied im 25-köpfigen journalistischen Beirat[86] des M100 Sanssouci-Colloquiums. Die meisten Beiräte sind Journalisten oder Verleger, mit dabei sind jedoch auch der tschechische Außenminister Fürst Karel zu Schwarzenberg und Louis Schweitzer, Aufsichtsratsvorsitzender des französischen Autoherstellers Renault.

Sonstiges
Deppendorf war häufiger Gast auf Berliner Partys mit Politik- und Wirtschaftseliten: so bei der »Vattenfall Business Night« am 27.11.2008 (u.a. mit Guido Westerwelle, Norbert Lammert und der Unternehmensspitze von Vattenfall), beim »Fischessen am Aschermittwoch« in der Landesvertretung Bayern am 26.2.2009 (auf Einladung der bayerischen Staatsministerin für Bundesangelegenheiten), beim Sommerfest der Allianz Deutscher Produzenten – Film & Fernsehen am 17.6.2009 (u.a. mit Angela Merkel, Peer Steinbrück und Ulrich Wilhelm) und bei der »Stallwächterparty« am 2.7.2009 in der Landesvertretung Baden-Württemberg (u.a. mit Angela Merkel, Günther Oettinger, Arbeitgeberpräsident Dieter Hundt und DGB-Chef Michael Sommer).[87]
- Raff, Fritz (Vorsitzender)

---

86 http://www.m100potsdam.org/Beirat/beirat_start.php [23.6.2010].
87 *Politik & Kommunikation* 1/2009: 64, 3/2009: 71, 6/2009: 72

Welthungerhilfe
Die Welthungerhilfe ist eine der größten privaten Organisationen der Entwicklungszusammenarbeit und der humanitären Hilfe in Deutschland. Sie will Hunger und Armut zu beseitigen und Menschen in Entwicklungsländern Hilfe zur Selbsthilfe geben. Finanziert wird sie durch private Spenden sowie durch Zuwendungen von EU-Kommission, Bundesentwicklungshilfeministerium und UN-Welternährungsprogramm. Schirmherr ist der Bundespräsident.

Fritz Raff war Mitglied des Kuratoriums[88], welches das Präsidium und den Vorstand der Welthungerhilfe »in Fragen der Öffentlichkeitsarbeit, der Werbung und der Positionierung« berät und »neue Kontakte zu Einzelpersonen, Firmen, Institutionen und Netzwerken« erschließt (Website). Mit im 20-köpfigen Beirat waren der Vorstandsvorsitzende des deutschen Solarenergiekonzerns SolarWorld AG, ein Vorstandsmitglied der KfW-Bankengruppe sowie Dr. Ludolf-Georg von Wartenberg, Präsidiumsmitglied des Bundesverbandes der Deutschen Industrie.

Sonstiges ARD
Die ARD war regelmäßiger Ausrichter von Partys, bei denen Politik- und Wirtschaftseliten auf Journalisten trafen: Am 25.4.2007 feierte Thomas Roth seinen Abschied als Leiter des ARD-Hauptstadtstudios mit einer Gala in ebenjenem Studio (u. a. mit Angela Merkel und Frank-Walter Steinmeier). Am 20.9.2007 und 18.9.2008 lud man zum »ARD-Hauptstadttreff« ins Studio zum Feiern (2008 mit dabei: Angela Merkel, Annette Schavan, Volker Kauder, Franz Müntefering, Claudia Roth, Renate Künast, von der ARD: Fritz Raff, Ulrich Deppendorf, Tom Buhrow, Anne Will, Sandra Maischberger).[89]

9.3.2 Bild

- Blome, Nikolaus (Leiter Berliner Büro)

---

88 http://www.welthungerhilfe.de/kuratorium.html [25.06.2010]
89 *Politik & Kommunikation* Juni 2007: 70, Juli/August 2007: 68f., Oktober 2008: 70

Das Ohr
Das Ohr ist ein Berliner Hintergrundkreis, in dem ca. 20 Hauptstadtjournalisten organisiert sind und der regelmäßig Politiker zu vertraulichen Gespräche einladen. Diskutiert werden vor allem außenpolitische Themen; der Name des Kreises leitet sich von den markanten Ohren des ehemaligen Außenministers Hans-Dietrich Genscher ab (FEUSS 2008: 16).
Blome war Mitglied in diesem Kreis (KRAMP/WEICHERT 2008: 61).

Sonstiges
Blome war Partygast bei der »CDU Media Night« am 12.6.2007 im Konrad-Adenauer-Haus in Berlin (u. a. mit Angela Merkel und Ronald Pofalla).[90]

- Diekmann, Kai (Herausgeber und Chefredakteur)

Atlantik-Brücke
Der gemeinnützige Verein wurde 1952 mit dem Ziel gegründet, »eine Brücke zwischen dem Nachkriegsdeutschland und der Siegermacht USA zu schlagen« (Zitat Website); die Schwesterorganisation in den USA war der American Council on Germany (ZETSCHE 2009, s. a. *Zeit*, Joffe). Der Förderung des gegenseitigen Verständnisses dienen »regelmäßige Konferenzen, Kolloquien, Seminare, Vortragsveranstaltungen und Begegnungen im kleinen Kreis« (...) ebenso wie zahlreiche Veröffentlichungen und eine Reihe von Austauschprogrammen«. Der Verein »hat einen zahlenmäßig begrenzten Mitgliederkreis, zu dem über 500 führende Vertreter des wirtschaftlichen, politischen, kulturellen und wissenschaftlichen Lebens in Deutschland sowie Vertreter der wichtigsten Medien gehören. Die Mitgliedschaft wird durch Kooptation erworben.« (Website) Von den Mitgliedern stammen laut Website 250 aus der Wirtschaft, 80 aus der Politik, 48 aus den Medien, 31 aus der Wissenschaft, 17 von Verbänden, Gewerkschaften und Stiftungen und 75 aus freien Berufsgruppen.

---

90 *Politik & Kommunikation* Juli/August 2007: 70

Kai Diekmann war Mitglied des Vorstands der Atlantik-Brücke[91]. Zusammen mit Diekmann waren 2009 im Vorstand folgende Eliten aus der deutschen Politik: Guido Westerwelle (seit dem Amtsantritt als Außenminister 2009 ruht sein Vorstandsmandat), Eckart von Klaeden (seit 2005 Vorsitzender der Arbeitsgruppe Auswärtiges der CDU/CSU-Bundestagsfraktion, seit 2009 Staatsminister bei der Bundeskanzlerin). Aus der Wirtschaft fanden sich im Vorstand hochrangige Vertreter von EADS/Airbus, Commerzbank, Deutscher Bank, Bertelsmann, Bayer Schering Pharma, KarstadtQuelle/Neckermann, RWE und Volkswagen.

Auf der Mitgliederliste von 1997[92] befand sich außerdem Angela Merkel, damals Bundesumweltministerin. Ob sie auch im Untersuchungszeitraum noch Mitglied war, ist dem Verfasser nicht bekannt; zumindest bekam sie im Juni 2009 von der Atlantik-Brücke den Eric-M.-Warburg-Preis für ihren »unermüdlichen Einsatz zur Stärkung der transatlantischen Beziehungen«.[93]

M100 Sanssouci-Colloquium
Diekmann war Mitglied im Beirat (Näheres und Quelle s. ARD, Deppendorf).

Weltwirtschaftsforum (WEF)
Eine in der Nähe von Genf ansässige gemeinnützige Stiftung, die 1971 vom Wirtschaftswissenschaftler Prof. Klaus Schwab gegründet wurde. Das grobe Ziel ist, »den Zustand der Welt zu verbessern«.[94] Aus der Überzeugung heraus, dass die Herausforderungen in der globalisierten Welt »nicht von Regierungen, Wirtschaft oder Zivilgesellschaft allein« bewältigt werden können, will das WEF »leading global communities« aus allen Sektoren schaffen, die miteinander vernetzt auf Augenhöhe kooperieren. Finanziert wird das WEF (Abk. für World Economic Forum)

---

91 http://www.atlantik-bruecke.org/owx_1_0_1_15_1_00000000000000.html [12.11.2009]. Im Juni 2010 verließ Diekmann wegen interner Querelen zwischen Walter Leisler Kiep und Friedrich Merz zusammen mit anderen Mitgliedern den Vorstand. Quelle: http://www.handelsblatt.com/politik/deutschland/abtrittswelle-exodus-im-vorstand-der-atlantik-bruecke;2595846 [01.06.2012]. Bald darauf war er wieder mit von der Partie.
92 http://www.contramotion.com/updates/materials/alb-1997.html [17.6.2010] und die zugrunde liegende Originalliste, die dem Autor vorliegt.
93 http://www.atlantik-bruecke.org/owx_medien/media7/775.pdf [17.6.2010]
94 http://www.weforum.org/en/about/Our%20Organization/index.htm [25.6.2010]

von seinen 1.000 Mitgliedsunternehmen, in der Regel Global Player mit einem Umsatz von über 5 Mrd. US-Dollar. Die wichtigste Veranstaltung ist das Jahrestreffen, das jedes Jahr im Februar im Schweizer Wintersportort Davos stattfindet und fünf Tage dauert. Es nehmen die Spitzen der 1.000 Mitgliedsunternehmen teil sowie eingeladene Politiker, Wissenschaftler, Journalisten, Kulturschaffende, Religionsvertreter und Personen von zivilgesellschaftlichen Organisationen teil. Die Gesamtzahl der Teilnehmer liegt zwischen 2.000 und 3.000 Teilnehmern. Berichterstatter haben Zugang zu allen Veranstaltungen des offiziellen Programms, die auch live als Webcast übertragen werden.

Diekmann nahm 2007, 2008 und 2009 am Jahrestreffen in Davos teil.[95] Mit dabei waren jeweils Staatspräsidenten, Ministerpräsidenten, Kanzler und Minister aus fast allen Staaten sowie Vorstandschefs und Aufsichtsratschefs der größten Unternehmen der Welt.

Sonstiges
Diekmann war häufig auf Partys mit Politik- und Wirtschaftseliten anzutreffen: so bei der Verleihung des »Deutschen Medienpreises« von Media Control am 7.2.2007 in Baden-Baden (u. a. mit Günther Öttinger und den Chefs von EnBW und Commerzbank), bei der »AOL Media Night« in Hamburg am 6.2.2007, bei der »Hamburg Media Night« am 4.6.2007, bei der »Publisher's Night« in der Berliner Repräsentanz der Deutschen Telekom am 15.11.2007, veranstaltet vom Verband Deutscher Zeitschriftenverleger, beim Neujahrsempfang des Axel Springer Verlags am 14.1.2008 in Berlin (u. a. mit Guido Westerwelle, Christian Wulff, Klaus Wowereit), er nahm teil an Josef Ackermanns Geburtstagsparty im Bundeskanzleramt am 22.4.2008 (u. a. mit Angela Merkel, Annette Schavan, dem BASF-Chef Jürgen Hambrecht und Arendt Oetker, Vizepräsident des Bundesverbandes der Deutschen Industrie) sowie an den Preisverleihungen »Der Goldene Prometheus« (19.1.2009) und »p&k Politikaward« (25.11.2009, mit Minister zu Guttenberg als Preisträger) des Helios-Verlags in Berlin.[96]

---

95 Die Listen der teilnehmenden Journalisten der Jahre 2007-2009 wurden von der Pressestelle des Weltwirtschaftsforums zur Verfügung gestellt. Die wichtigsten Teilnehmer aus Politik und Wirtschaft sind auf der offiziellen Website einsehbar.
96 *Politik & Kommunikation* März 2007: 68f., Juli/August 2007: 71, Dezember 2007: 70, Feb. 2007: 69, Februar 2009: 64, Dezember 2009: 64 sowie SCHIRRMACHER 2009

- Quoos, Jörg (stellv. Chefredakteur)

Allgemeiner Hamburger Presseclub
Der Presseclub besteht seit 1970, zählt über 1.050 Mitglieder aus Hamburg und Umgebung und veranstaltet regelmäßig »Diskussionsabende ›off the records‹ exklusiv für unsere Mitglieder, zu denen wir abwechselnd Persönlichkeiten aus den Medien, der Politik und aus dem öffentlichen Leben einladen« (Website). Allerdings liegt das Übergewicht auf Gesprächen mit Medienschaffenden: Die auf der Website verfügbaren Listen der Referenten aus den Jahren 2007 und 2008 führen lediglich einen Spitzenpolitiker auf, nämlich 2008 Bundesumweltminister Sigmar Gabriel.

Quoos war Vorstandsmitglied des Clubs.[97]
- Santen, Oliver (Ressortleiter Politik und Wirtschaft)

Allianz SE
Die Allianz ist der größte Versicherungskonzern der Welt und einer der größten Finanzdienstleister. Laut Geschäftsbericht 2009 hat das Münchner Unternehmen bei einem Umsatz von 97 Milliarden Euro einen Gewinn von 5,3 Milliarden Euro gemacht.

Santen war von 2000 bis 2004 Pressesprecher der Allianz.[98] Danach wurde er stellvertretender Unternehmenssprecher der Axel Springer AG und wechselte anschließend in die Redaktion der Bild-Zeitung.

Sonstiges *Bild*
Bild bzw. der Springer-Verlag lud regelmäßig Politik- und Wirtschaftsseiten ins Berliner Axel-Springer-Haus ein: zum Neujahrsempfang im Januar und zum »Bild- und BamS-Sommerfest« (etwa am 4.7.2007 und am 26.6.2008, jeweils mit Angela Merkel, Josef Ackermann, Peter Struck, Franz-Josef Jung, Guido Westerwelle und Wolfgang Schäuble).[99]

---

97 http://www.hamburger-presseclub.de [15.6.2010]
98 http://www.pressesprecher.com/pdf/sarchiv/11.pdf [18.6.2010]
99 *Politik & Kommunikation* September 2007: 70, September 2008: 68.

9.3.3 Financial Times Deutschland (FTD)

- Clausen, Sven O. (stellv. Chefredakteur)

Weltwirtschaftsforum
Clausen nahm am Jahrestreffen des Weltwirtschaftsforums 2009 in Davos teil. Näheres und Quelle s. *Bild*, Diekmann.

- Klusmann, Steffen (Chefredakteur)

Quadriga Hochschule Berlin
Die Quadriga ist eine 2009 gegründete private Hochschule zur Ausbildung von PR- und Kommunikationsfachleuten. Sie geht zurück auf eine Initiative des Unternehmers Rudolf Hetzel, der den Helios-Verlag leitet, in dem u. a. die Publikationen »Politik & Kommunikation« und »Pressesprecher« erscheinen und die einen jährlichen »Kommunikationskongress« für Journalisten, Lobbyisten und Politiker organisiert. Die Quadriga-Hochschule steht für eine zunehmende Aufweichung der Grenzen zwischen Journalismus und PR bzw. Lobbyismus (Schnedler 2010: 50; Wübben 2009), denn der Gründungspräsident der PR-Hochschule ist Peter Voß, ehemaliger Intendant des SWR, und sowohl im Kuratorium als auch im Rat der Hochschule finden sich Vertreter beider Seiten.

Klusmann war Mitglied im 28-köpfigen Kuratorium der Hochschule.[100] Außerdem dabei: Renate Künast, Vorsitzende der Bundestagsfraktion von Bündnis 90/Die Grünen, Dr. Silvana Koch-Mehrin, seit 2009 Vizepräsidentin des Europäischen Parlaments, Dr. Günter Krings, stellv. Vorsitzender der CDU/CSU-Bundestagsfraktion, Matthias Machnig, 2005-2009 Staatssekretär im Bundesumweltministerium und seit 2009 Thüringer Wirtschaftsminister, Béla Anda, ehemaliger Regierungssprecher und seit 2006 Cheflobbyist der AWD Holding AG, Dr. Christof Ehrhart (2007-2009 PR-Chef von EADS, seit 2009 PR-Chef der Deutschen Post DHL) sowie die Cheflobbyisten bzw. Kommunikationsdirektoren von RWE AG, Siemens AG, SAP AG, Daimler AG, Münchner Rückversicherungsgesellschaft AG, Commerzbank AG und BMW AG. Im achtköpfigen Rat der Hochschule finden sich zudem ein Staatssekretär des Bundesentwicklungshilfeministeriums und der Cheflobbyist der Vattenfall Europe AG.

---

100 http://www.quadriga.eu/hochschule/kuratorium [24.6.2010]

Weltwirtschaftsforum
Klusmann nahm am Jahrestreffen des Weltwirtschaftsforums 2008 in Davos teil. Näheres und Quelle s. *Bild*, Diekmann.
- Theyssen, Andreas (Ressortleiter Politik)

Berliner Presse Club (BPC)
Der älteste Hintergrundkreis in Berlin. Er wurde 1952 gegründet (zur Geschichte s. Bonk 2007) und bezeichnet sich selbst als »ein Zusammenschluss von führenden Journalisten aus Berlin und Brandenburg, von Parlamentsberichterstattern und Auslandskorrespondenten«, der »etwa zwei Dutzend Gäste pro Jahr zum vertraulichen Hintergrundgespräch« bittet. Eingeladen würden »Spitzenvertreter aus Bund und Ländern, aus Kultur, Wirtschaft und Wissenschaft sowie die in Berlin akkreditierten Botschafter aus Ländern, die aktuell im Brennpunkt stehen« (Website).
Theyssen war Mitglied im Vorstand des BPC.[101]

Club Hamburger Wirtschaftsjournalisten
Der Club hat 180 Mitglieder und »bietet Hintergrundinformationen durch Veranstaltungen mit kompetenten und hochkarätigen Referenten, um so die Arbeit speziell der Wirtschaftsjournalisten in Norddeutschland zu unterstützen und neue Kontakt- und Informationsquellen zu erschließen« (Website). Referenten in den Jahren 2007 bis 2009 waren u. a. Bundesfinanzminister Peer Steinbrück sowie die Vorstandschefs von Airbus S. A. S., Bertelsmann AG, RWE AG, Siemens AG, Vattenfall Europe AG, Deutsche Bahn AG, Münchner Rück AG, Adidas AG, Deutsche Lufthansa AG und Daimler AG.
Theyssen war Mitglied im Club[102].
- Warlimont, Guido (Ressortleiter Unternehmen)

Club Hamburger Wirtschaftsjournalisten
Warlimont war stellvertretender Vorsitzender des Clubs. Näheres und Quelle s. FTD, Theyssen.

---

101 http://www.berliner-presse-club.de/main/vorstand [17.6.2010]
102 http://www.clubhamburgerwirtschaftsjournalisten.de/index.php?id=9 [17.6.2010]

Weltwirtschaftsforum
Warlimont nahm am Jahrestreffen des Weltwirtschaftsforums 2007 in Davos teil. Näheres und Quelle s. *Bild*, Diekmann.

9.3.4 Focus

- Krumrey, Henning (Leiter Parlamentsbüro)

Berliner Zukunftssalon
1999 gegründet, bringt der Salon einen ausgewählten Kreis von Personen unter 45 Jahren zusammen (die miteinander im Salon älter werden sollen). Die Teilnehmerzahl liegt bei maximal 50 Gästen. Veranstalter sind Ralf Welt und Bettina Pohle, die zur Gründung des Salons sagten: »Wir wussten, wir brauchen eine neue Form des Dialogs zwischen Politik und Wirtschaft, da in Deutschland alle viel zu sehr in Silos verfangen sind.« Veranstaltungsort ist das Berliner Restaurant »Die Möwe«, Am Festungsgraben 1. Finanziert wird der Salon durch Förderbeiträge großer Unternehmen wie Duales System Deutschland, Infineon, Nord-LB, UPS und SAP.

Henning Krumrey war Mitglied im Salon (LIANOS 2003b: 16f.).
- Markwort, Helmut (Herausgeber und Ko-Chefredakteur)

Deutsche Telekom AG
Europas größtes Telekommunikationsunternehmen mit Sitz in Bonn; laut Geschäftsbericht hat sie 2009 bei einem Umsatz von 64,6 Milliarden Euro einen Gewinn von 6 Milliarden Euro gemacht.

Helmut Markwort war 1997-2002 Mitglied im Medienbeirat der Telekom.[103] Dieser wurde vom damaligen Vorstandsvorsitzenden Ron Sommer gegründet, damit er den Vorstand der Telekom in medienpolitischen Fragen berät; der Beirat verschwand mit Sommers Rücktritt. Neben weiteren Journalisten gehörten dem Beirat auch an: Wolfgang Clement, 1998-2002 Ministerpräsident von Nordrhein-Westfalen und 2002-2005 Bundesminister für Wirtschaft und Arbeit; ein Staatssekretär des Bundesfor-

---

103 Die Mitgliederliste wurde dem Autor von der Pressestelle der Telekom AG am 9.8.2007 übermittelt.

schungsministeriums; der bayerische Wirtschaftsminister; der Chef der Staatskanzlei von Rheinland-Pfalz; der Vizepräsident der Metro Holding AG. Die Mitglieder des Beirats bekamen ein Honorar von 5000 Euro für jährlich zwei Sitzungen, für jede weitere Sitzung 2.500 Euro und darüber hinaus ein Sitzungsgeld von 400 Euro (GEHRS 2005: 227f.).

FC Bayern München
Deutschlands erfolgreichster Fußballverein; er rangiert in der Ewigen Tabelle der Bundesliga auf Platz 1 und gehört auch auf europäischer und globaler Ebene zu den Top-Vereinen. 2002 wurde aus dem FC Bayern München e. V. die professionelle Fußballabteilung ausgegliedert und die Tochtergesellschaft FC Bayern München AG gegründet.

Markwort war Mitglied im Aufsichtsrat der FC Bayern München AG.[104] Unter den insgesamt neun Mitgliedern befinden sich außerdem Edmund Stoiber (bis 2007 bayerischer Ministerpräsident und CSU-Parteivorsitzender), die Vorstandsvorsitzenden der Volkswagen AG, der Audi AG (Fahrzeugpartner des Vereins) und der Adidas AG (Ausrüster des Vereins), ein Vorstand der Deutschen Telekom AG (der Hauptsponsor des Vereins) und der Verwaltungsratsvorsitzende der UniCredit Group.

Münchner Sicherheitskonferenz (MSC)
Ein Treffen von ca. 350 internationalen Sicherheitspolitikern, Diplomaten, Militärs, Rüstungsindustriellen, Vertretern anderer Wirtschaftszweige, Wissenschaftlern und Journalisten. Die meisten Teilnehmer kommen aus NATO- und EU-Staaten, einige aus anderen Ländern wie Russland, China, Indien, Japan oder Iran. Laut Eigenbeschreibung ist sie »das wichtigste unabhängige Forum zum Gedankenaustausch von Entscheidungsträgern der internationalen Sicherheitspolitik« (Website) und findet jedes Jahr im Februar im Münchner Hotel Bayerischer Hof statt. Die Konferenz ging aus der 1962 erstmals durchgeführten Münchner Wehrkundetagung hervor und wird als private Veranstaltung bezeichnet. Dabei genießt sie »die Unterstützung von Bundeskanzlerin Frau Dr. Angela Merkel und der Bundesregierung, die Gastfreundschaft der bayerischen Staatsregierung« und die Hilfe der Bundeswehr, die

---

104 http://www.fcbayern.t-home.de/de/verein/ag/organe [21.6.2010]

die Konferenz gegen Demonstranten abschirmt. Sponsoren sind die Linde AG, BMW, EADS und weitere Firmen.[105]

Die MSC (Abk. der offiziellen Bezeichnung Munich Security Conference) hat eine starke transatlantische Ausrichtung, was zum Beispiel in der Berufung des ehemaligen deutschen Botschafters in den USA, Wolfgang Ischinger, zum Vorsitzenden der MSC sichtbar wird oder auch in der Zusammenarbeit mit dem Atlantic Council of the United States, mit dem zusammen seit 2009 das kleinere, exklusivere MSC Core Group Meeting durchgeführt wird.

Helmut Markwort nahm zwischen 2004 und 2009 jedes Jahr an der Konferenz teil.[106] Mit dabei waren u. a. Bundeskanzlerin Dr. Angela Merkel, Bundesaußenminister Frank-Walter Steinmeier, Bundesinnenminister Dr. Wolfgang Schäuble, der US-Vizepräsident Joseph R. Biden, Frankreichs Präsident Nicolas Sarkozy, NATO-Generalsekretär Jaap de Hoop Scheffer, Weltbank-Präsident Robert B. Zoellick, der Präsident der EU-Kommission José Manuel Barroso sowie Staatspräsidenten, Premierminister und Außenminister vieler anderer Staaten. Teilnehmer aus der Wirtschaft waren u. a. Eliten von Allianz SE, Linde AG, BMW, Daimler, Porsche, EADS, Airbus, des US-Rüstungskonzerns Northrop Grumman, der Münchner Rückversicherungs AG und der HypoVereinsbank.

Reemtsma Liberty Award
Mit diesem Preis werden seit 2007 Auslandskorrespondenten ausgezeichnet, »die sich durch ihre Arbeit für deutschsprachige Medien um die Freiheit der Presse, der Gesellschaft und damit um die Freiheit eines jeden Einzelnen verdient machen« (Website). Gestiftet wird sie von der Reemtsma Cigarettenfabrik GmbH, einer hundertprozentigen Tochter der britischen Imperial Tobacco Group PLC. Reemtsma-Führungspersonal ist denn auch bei den Preisverleihungen dabei. Das NDR-Magazin Zapp kritisierte, dass bei der Preisverleihung Kamerateams nicht erlaubt sind (obwohl es inhaltlich um Pressefreiheit geht) und dass Reemtsma den Preis offensichtlich v. a. deshalb verleiht, um Netzwerke in der Medienlandschaft aufzubauen (SALDEN/JAZBINSEK 2007).

---

[105] http://www.securityconference.de/Partner.56.0.html?&L=1%27 [23.6.2010]
[106] http://www.securityconference.de/Teilnehmer.207.0.html?&L=0 [23.6.2010]

Markwort war Mitglied der elfköpfigen Jury, die aus Journalisten und Medienwissenschaftlern bestand.[107] Bei der ersten Verleihung des Preises am 22. März 2007 im Hotel de Rome in Berlin waren u. a. CDU-Innenpolitiker Wolfgang Bosbach, Kanzleramtschef Thomas de Maizière, die Staatssekretärin im Bundeswirtschaftsministerium Dagmar Wöhrl und Laurenz Meyer dabei.[108]

Weltwirtschaftsforum
Markwort nahm am Jahrestreffen des Weltwirtschaftsforums 2008 in Davos teil. Näheres und Quelle s. *Bild*, Diekmann.

Sonstiges
Markwort war Mitglied der FDP[109] – dies ging nicht in die Netzwerkanalyse ein, da es keine Informationen darüber gibt, ob er in diesem Zusammenhang Kontakt mit Spitzen der Bundes- oder Landes-FDP hat. Zudem war er häufig auf Partys mit Politik- und Wirtschaftseliten anzutreffen: etwa bei der Feier zum 60jährigen Jubiläum des Konkurrenzblattes Spiegel am 8.1.2007 in Hamburg, bei der Verleihung des Henri-Nannen-Preises am 11.5.2007 im Deutschen Schauspielhaus Hamburg, am 3.7.2007 beim hauseigenen »Focus-Fest« in Berlin (u. a. mit Josef Ackermann, Angela Merkel, Franz-Josef Jung), bei der jährlichen »VDZ Publisher's Night« des Verbandes Deutscher Zeitschriftenverleger (15.11.2007, 17.11.2008, 16.11.2009 jeweils in der Berliner Repräsentanz der Deutschen Telekom), beim eigenen Jubiläum »15 Jahre Focus« am 18.1.2008 in der Reithalle München, bei der »CDU Media Night« am 3.6.2008 im Berliner Konrad-Adenauer-Haus und beim »ARD-Hauptstadttreff« am 18.9.2008 in Berlin.[110]

---

107 http://www.liberty-award.de/index.php?id=311 [24.6.2010]
108 *Politik & Kommunikation* April 2007: 67
109 http://www.sueddeutsche.de/kultur/345/492700/text/ [21.6.2010]
110 *Politik & Kommunikation* Februar 2007: 66, Juni 2007: 70, September 2007: 70, Dezember 2007: 70, Februar 2008: 69, Juli/August 2008: 68, Oktober 2008: 70, Dezember 2008: 69, Dezember 2009: 64

9.3.5 Frankfurter Allgemeine Zeitung (FAZ)

- Bannas, Günter (Ressortleiter Berlin)

Wohnzimmerkreis
Der Wohnzimmerkreis ist der wohl intimste aller Berliner Hintergrundkreise. Seine Mitgliederzahl ist auf zehn Journalisten begrenzt; im Rotationsverfahren lädt jeweils eines der Mitglieder einen Spitzenpolitiker und die anderen Journalisten zu sich nach Hause ein und bekocht die Runde. (BÖTHLING 2008: 47) Der Turnus ist monatlich, und die Politiker kommen offenbar gern: »Ob Merkel, Steinmeier, Müntefering, Steinbrück, Schäuble und so weiter und so fort: Sie alle wurden meist mehrmals in den Wohnstuben der Journalisten bewirtet und lernten ihre Familien kennen.« (WEICHERT/KRAMP 2010: 168)

Den Kreis gegründet hat 1997 Günter Bannas selbst zusammen mit einem ZDF-Korrespondenten, weil ihm »die Journalistenkreise, in denen er verkehrte, zu groß und unübersichtlich wurden« (BÖTHLING 2008: 47).

Sonstiges
Bannas nahm an der Burson-Marsteller-Party am 9.11.2009 teil, mit dem die weltweit operierende amerikanische PR-Agentur ihr neues Berliner Büro einweihte.[111]

- D'Inka, Werner (Mitherausgeber)

Frankfurter Presseclub (FPC)
Hier sind über 400 Medienschaffende organisiert, hinzu kommen 121 korporative Mitglieder (Firmen, Verbände, Institutionen), die etwa 450 Mitarbeiter aus dem Bereich PR, aber auch aus der Führungsebene in den Club entsenden. Der FPC wird von den Mitgliedern »als Netzwerk und als Ort benutzt, an dem man wichtige Persönlichkeiten aus Politik, Medien, Wirtschaft, Sport, Kultur und Religion trifft« (Website). Rund 40 Mal im Jahr lädt der FPC Gäste zum Hintergrundgespräch ein. »Irgendwann waren sie alle schon einmal im Club. Bundespräsident, Bundeskanzler, Ministerpräsidenten, Ministerinnen, ihre männliche

---

[111] *Politik & Kommunikation* Dezember 2009: 64

Kollegen, die Sprecher der Parteien, der Regierung, Wirtschaftsbosse, Medienmacher, Promis aus allen gesellschaftlichen Schichten.«

D'Inka war Präsident des FPC.[112] Weitere Mitglieder im achtköpfigen Vorstand waren die Pressechefs der HEAG Südhessische Energie AG und der Stadtverwaltung Frankfurt/Main.

Senckenbergische Naturforschende Gesellschaft
Die Gesellschaft ist Trägerin des Frankfurter Naturmuseums Senckenberg, welches eines der größten Naturkundemuseen in Deutschland ist, sowie des dazugehörigen Forschungsinstituts. Satzungszweck ist es, Naturforschung zu betreiben und die Ergebnisse der Öffentlichkeit zugänglich zu machen. Namensgeber ist der Frankfurter Arzt und Naturforscher Dr. Johann Christian Senckenberg (1707 - 1772).

D'Inka war Mitglied im Kuratorium der Gesellschaft[113], in dem 26 Vertreter v. a. aus Politik und Wirtschaft saßen, u. a. Roland Koch, 1999 - 2010 hessischer Ministerpräsident, Petra Roth, Oberbürgermeisterin von Frankfurt, der Frankfurter Bankier Friedrich von Metzler und Führungspersonal des Bau- und Dienstleistungskonzerns Bilfinger Berger AG (Sitz in Mannheim), der größten deutschen Fondsgesellschaft DWS Investment GmbH (Sitz in Frankfurt), des Autobauers Opel AG (Sitz in Rüsselsheim bei Mainz), des Pharmakonzerns Merck KGaA (Sitz in Darmstadt), des Gas- und Anlagenbau-Konzerns Linde AG sowie der Banken Morgan Stanley und Commerzbank AG (Sitz in Frankfurt).

Sonstiges
D'Inka nahm am Spargelessen des Deutschen Fachjournalisten-Verbands (am 15.5.2009 im Berliner Hotel Adlon Kempinski) teil, an dem BND-Präsident Ernst Uhrlau die Eröffnungsrede hielt.[114]
- Frankenberger, Klaus-Dieter (Ressortleiter Außenpolitik)

Atlantische Initiative
Ein gemeinnütziger Verein, der 2004 in Berlin gegründet wurde, um die transatlantischen Beziehungen zu verbessern, denn »eine starke

---

112 http://www.frankfurterpresseclub.de/28.0.html [21.6.2010]
113 http://www.senckenberg.de/root/index.php?page_id=1428 [24.6.2010]
114 *Politik & Kommunikation* 5/2009: 63

Partnerschaft zwischen Amerika und Europa ist entscheidend, um unsere gemeinsamen Interessen und Werte zu verteidigen« (Website). Der deutsche Verein arbeitet mit einem amerikanischen Äquivalent namens Atlantic Initiative U.S. zusammen.
Frankenberger war Beiratsmitglied der Atlantischen Initiative[115]. Im Beirat saßen außerdem folgende Eliten: Karsten D. Voigt (bis 2010 Auswärtiges Amt), Ruprecht Polenz, seit 2005 Vorsitzender des Auswärtigen Ausschusses des Deutschen Bundestages, Cem Özdemir, seit 2008 Bundesvorsitzender Bündnis 90/Die Grünen, Alexander Graf Lambsdorff, seit 2009 Stellv. Vorsitzender der ALDE-Fraktion im Europäischen Parlament, Eckart von Klaeden (seit 2005 Vorsitzender der Arbeitsgruppe Auswärtiges der CDU/CSU-Bundestagsfraktion, seit 2006 Bundesschatzmeister der CDU, seit 2009 Staatsminister bei der Bundeskanzlerin), Hans-Ulrich Klose (seit 2002 stellvertretender Vorsitzender des Auswärtigen Ausschusses des Bundestages, seit 2010 Koordinator für die deutsch-amerikanische Zusammenarbeit im Auswärtigen Amt). Aus der Wirtschaft kamen Vertreter von Metro AG und Daimler AG.

Bundesakademie für Sicherheitspolitik (BAKS)
Dieser Think Tank im Geschäftsbereich des Bundesverteidigungsministeriums bezeichnet sich selbst als »die höchstrangige, ressortübergreifende Weiterbildungsstätte des Bundes im Bereich der Sicherheitspolitik«. Auftrag der BAKS ist es, »durch gemeinsame Weiterbildung gegenwärtiger und zukünftiger Führungskräfte aus Bundes- und Länderressorts sowie aus dem sicherheitspolitisch relevanten Umfeld ein umfassendes Verständnis für die langfristigen sicherheitspolitischen Interessen der Bundesrepublik Deutschland zu schaffen. (...) Die Bundesakademie stärkt durch ihre Veranstaltungen ein dauerhaftes Netzwerk der Entscheidungsträger und Akteure auf strategischer Ebene.«[116] Die BAKS führt u.a. ein »Medienforum« durch, ein »eintägiges Fachforum zu aktuellen Themen der Sicherheitspolitik für Chefredakteure und Ressortleiter« (Website).

---

115 http://www.atlantic-community.org/index/about/us [16.6.2010]
116 http://www.BAKS.bund.de/cln_136/DE/ueberuns/Auftrag/auftrag_node.html [17.6.2010]

Frankenberger war seit März 2009 Mitglied im Beirat der Bundesakademie für Sicherheitspolitik (BAKS) in Berlin[117]. Die 20 Beiratsmitglieder werden durch den Bundesminister der Verteidigung für die Dauer von drei Jahren berufen und treffen sich in der Regel zweimal jährlich. Weitere Mitglieder sind u. a. ein Abteilungsleiter des Bundesinnenministeriums, der Vorstandsvorsitzende der Bundesagentur für Arbeit, der Aufsichtsratsvorsitzende der Hewlett-Packard Deutschland GmbH und der Cheflobbyist der Allianz SE. Der Beirat wird für die Dauer von drei Jahren durch den Bundesminister der Verteidigung berufen und tritt zweimal im Jahr zusammen. Seine Aufgabe ist es, das Kuratorium der BAKS zu beraten – das Kuratorium wiederum besteht aus der Bundeskanzlerin (Vorsitz) und den Bundesministern der Verteidigung, des Inneren, des Auswärtigen, der Finanzen, der Justiz, für Wirtschaft und Technologie sowie für Entwicklungshilfe.[118]

Institut für Europäische Politik (IEP)
Wurde 1959 gegründet und arbeitet zum Thema der europäischen Integration; Ziel ist es, die europapolitische Debatte zwischen Experten aus Wissenschaft, Politik, Wirtschaft und Medien zu fördern. Es wird von der Europäischen Kommission finanziell unterstützt; die vom Institut herausgegebene Vierteljahreszeitschrift »integration« wird vom Auswärtigen Amt gefördert. Das Institut ist Mitglied im Netzwerk Europäische Bewegung Deutschland, das eng mit der Bundesregierung und allen EU-Akteuren kooperiert.

Frankenberger war Mitglied des Direktoriums.[119] Hier waren u. a. auch ein Staatssekretär des Auswärtigen Amtes, der Vorsitzende des Bundestags-Ausschusses für die Angelegenheiten der Europäischen Union und der Leiter der Abteilung Europapolitik des Bundesfinanzministeriums. Im Kuratorium des Instituts fanden sich u. a. Prof. Dr. Hans-Gert Pöttering, Präsident des Europäischen Parlaments von 2007 bis 2009, Dr. Werner Hoyer, Staatssekretär im Auswärtigen Amt seit

---

117 http://www.baks.bund.de/cae/servlet/contentblob/879324/publicationFile/58203/Mitglieder_Beirat.pdf [17.6.2010]
118 http://www.baks.bund.de/cln_136/DE/ueberuns/Auftrag/Kuratorium/kuratorium_node.html [17.6.2010]
119 http://www.iep-berlin.de/institutsdirektoirum.html [3.9.2010]

2009, sowie Dieter Spöri, Cheflobbyist der Daimler AG von 1999-2008 und bis 2007 Aufsichtsrat beim Software-Konzern SAP.

Münchner Sicherheitskonferenz
Frankenberger hat 2009 an der Konferenz teilgenommen.[120] Näheres und Quelle s. *Focus*, Markwort.

Trilaterale Kommission
Eine private Organisation, die 1973 auf Betreiben von US-Bankier David Rockefeller (damals auch Vorsitzender des New Yorker Council on Foreign Relations) gegründet wurde. Die Aufbauarbeit leistete Rockefeller-Berater und Politikwissenschaftler Zbigniew Brzezinski (heute Berater von US-Präsident Obama). Die Trilaterale Kommission ist ein Spin-off bzw. eine Erweiterung der Bilderberg-Gruppe; während Bilderberg die Elitenkooperation zwischen Nordamerika und Westeuropa intensivierte, nahm die Trilaterale Kommission zusätzlich die aufstrebende Wirtschaftsmacht Japan mit hinein. Auf der offiziellen Website heißt es zu den Gründungsabsichten: »Die Vereinigten Staaten waren nicht länger in einer solch singulären Führungsposition wie in der frühen Nachkriegszeit, und eine stärker geteilte Form der Führung – die Europa und Japan einschloss – war nötig, um das internationale System erfolgreich durch die Herausforderungen der kommenden Jahre zu navigieren.«[121] (Profunde Analysen der frühen Jahre finden sich bei GILL 1990 und SKLAR 1980.) Heute hat die Trilaterale Kommission 390 Mitglieder (160 aus Europa, 120 aus Nordamerika und 110 aus dem asiatisch-pazifischen Raum) aus Politik, Wirtschaft, Medien, Wissenschaft, Gewerkschaften und Nichtregierungsorganisationen. Es gibt ein jährliches Treffen, dessen Beiträge (anders als bei den verschwiegenen Bilderbergern) jeweils in Buchform veröffentlicht werden.

Klaus-Dieter Frankenberger war Mitglied der europäischen Untergruppe der Trilateralen Kommission.[122] Ehrenvorsitzender der europäischen Gruppe war bis zu seinem Tod 2009 der ehemalige Bundeswirtschaftsminister Otto Graf Lambsdorff. An aktiven Politik- und

---

[120] http://www.securityconference.de/Teilnehmer.207.0.html?&L=0 [23.6.2010]
[121] http://www.trilateral.org/about.htm [24.6.2010]
[122] Siehe sein Kurzporträt auf http://www.faz.net/ [24.6.2010]

Wirtschaftseliten der Jahre 2007-2009 waren in dieser Untergruppe dabei: Edelgard Buhlmahn (2005 bis 2009 Vorsitzende des Bundestags-Ausschusses für Wirtschaft und Technologie), die Außenminister von Schweden und Tschechien, der Verteidigungsminister von Spanien, der tschechische Vizepremierminister, der Vizepräsident der Europäischen Zentralbank, der Präsident der niederländischen Zentralbank, Dr. Arendt Oetker (Bundesverband der Deutschen Industrie), die Vorstandsvorsitzenden bzw. Vorstandsmitglieder von British American Tobacco, Siemens, Commerzbank, Bank of Finland, Deutscher Bank, UBS Investment Bank, des Duisburger Mischkonzerns Franz Haniel & Cie. GmbH, des niederländisch-britischen Lebensmittelkonzerns Unilever, Danske Bank (größte dänische Bank), des italienischen Reifenherstellers Pirelli und des griechischen Telekommunikationskonzerns Hellenic Telecoms sowie die Aufsichtsratsvorsitzenden von Daimler und Allianz. In der nordamerikanischen und der asiatisch-pazifischen Untergruppe sind ebenfalls aktive Politik- und Wirtschaftseliten mit von der Partie.[123]

Frankenberger hatte weitere Berührungspunkte mit der transatlantischen Szene: So trat er für den American Council on Germany (Näheres s. *Zeit*, Joffe) im September/Oktober 2004 als Referent auf fünf Veranstaltungen in verschiedenen Städten der USA auf.[124] Im Jahr 2008 bekam er den Medienpreis der Steuben-Schurz-Gesellschaft (die sich als die »älteste deutsch-amerikanische Freundschaftsorganisation« bezeichnet), welcher für Verdienste um die deutsch-amerikanische Verständigung verliehen wird.[125] Im Juni 2005 moderierte Frankenberger für die Gesellschaft auch eine Diskussion mit dem amerikanischen Generalkonsul in Frankfurt/Main.[126] Außerdem nahm er an den Bergedorfer Gesprächskreisen 2002, 2009 und 2010 der Körber-Stiftung teil (Näheres und Quelle s. SZ, Kornelius), die auch außenpolitische Akteure versammelten. Für die CDU/CSU-Bundestagsfraktion moderierte er im Mai 2008 eine Diskussion auf deren Konferenz »Eine Sicherheitsstra-

---

123 Die Mitgliederliste steht nicht auf der offiziellen Website, ist aber vom Autor angefordert worden und liegt vor.
124 www.acgusa.org/review/picture/upload/AnnualReport04.pdf [23.6.2010]
125 http://www.steuben-schurz.org [2.7.2010]
126 http://german.frankfurt.usconsulate.gov/frankfurt-ger/steuben-schurz.html [2.7.2010]

tegie für Deutschland«, mit den Spitzen der Fraktion und den Bundesministern Jung und Schäuble.[127]
- Knop, Carsten (verantw. Redakteur Unternehmen)

Weltwirtschaftsforum
Knop nahm an den Jahrestreffen des Weltwirtschaftsforums 2007, 2008 und 2009 in Davos teil. Näheres und Quelle s. *Bild*, Diekmann.
- Kohler, Berthold (Mitherausgeber)

Münchner Sicherheitskonferenz
Kohler nahm zwischen 2006 und 2009 jedes Jahr an der Konferenz teil.[128] Näheres s. *Focus*, Markwort.
- Nonnenmacher, Dr. Günther (Mitherausgeber)

Centrum für angewandte Politikforschung (CAP)
Wurde 1995 an der Ludwig-Maximilians-Universität München als »Dach praxisorientierter Drittmittelforschung« von Politikwissenschaftler und Politikberater Prof. Dr. Werner Weidenfeld gegründet. Weidenfeld war von 1987-1999 Koordinator der deutsch-amerikanischen Beziehungen im Auswärtigen Amt und saß von 1992-2007 im Vorstand der Bertelsmann Stiftung. Das CAP sieht sich als Netzwerkknoten von »Entscheidern, Wissenschaftlern und Journalisten« und ehrt jedes Jahr »langjährige Kooperationen mit hervorragenden Experten mit der Berufung zum CAP-Fellow«.[129]

Nonnenmacher wurde im Jahr 2004 Fellow des CAP.[130] Zwar finden sich in den Strukturen des CAP keine aktiven Politik- und Wirtschaftsexperten, aber die Nähe Weidenfelds zur Spitzenpolitik (2007 wurde Weidenfeld von der Deutschen Vereinigung für Politikwissenschaft zum einflussreichsten Politikberater des Landes gewählt[131]) und zur Bertelsmann Stiftung (bis 2010 der Hauptfinanzier von CAP-Forschungsprojekten[132]) lässt diese Verbindung als relevant erscheinen.

127 http://www.cducsu.de/Titel__Termine/TabID__29/SubTabID__95/InhaltTypID__10/InhaltID__31/Termine.aspx [1.12.2010]
128 http://www.securityconference.de/Teilnehmer.207.0.html?&L=0 [23.6.2010]
129 http://www.cap-lmu.de/cap/partner_netzwerk.php [18.6.2010]
130 http://www.cap-lmu.de/cap/fellows/index.php [18.6.2010]
131 Rundbrief der deutschen Vereinigung für politische Wissenschaft Nr. 137, Herbst 2007, S. 147-161.
132 http://www.taz.de/1/archiv/archiv/?dig=2007/10/31/a0023 [18.6.2010]

Deutsche Gesellschaft für Auswärtige Politik (DGAP)
Einer der ältesten privaten Think Tanks in Deutschland. Er verbindet im außenpolitischen Bereich Elitenvernetzung mit Forschung zusammen, nach dem Modell des Council on Foreign Relations in New York und des Royal Institute of International Affairs in London (THUNERT 2008: 37). Der eingetragene Verein hat das Ziel, die außenpolitische Meinungsbildung in Deutschland zu fördern. Er lädt regelmäßig deutsche und ausländische Entscheidungsträger aus Politik, Wirtschaft, Wissenschaft und Medien ein, um über Grundfragen und aktuelle Themen der Außenpolitik zu diskutieren. Die DGAP hat über 2300 Mitglieder, darunter Führungskräfte aus Politik, Wirtschaft, Wissenschaft und Medien. Finanziert wird sie vom Auswärtigen Amt, Unternehmen, Stiftungen und Mitgliedsbeiträgen (Website). Präsident der DGAP ist Dr. Arendt Oetker, Geschäftsführender Gesellschafter der Dr. Arend Oetker Holding GmbH & Co. KG, Vizepräsident des Bundesverbandes der Deutschen Industrie und Präsidiumsmitglied der Bundesvereinigung der Deutschen Arbeitgeberverbände. Dem Exekutivausschuss gehören u. a. an: Dr. Tessen von Heydebreck (Deutsche Bank), Dr. Werner Hoyer (FDP-Bundestagsfraktion; Auswärtiges Amt), Hans-Ulrich Klose (Auswärtiger Ausschuss des Bundestages; Auswärtiges Amt), Philipp Mißfelder (außenpolitischer Sprecher der CDU/CSU-Fraktion im Bundestag).

Nonnenmacher war Mitglied des Gesamtpräsidiums der DGAP.[133] Dort saßen außerdem u. a. Unternehmensberater Roland Berger, Dr. Thomas Enders (Vorstandschef EADS), Jürgen Hogrefe (2003 - 2008 Cheflobbyist von EnBW), Dr. Michael J. Inacker (seit 2009 Cheflobbyist der Metro AG), Günter Verheugen (2004 - 2010 EU-Kommissar für Industrie und Unternehmenspolitik) und Elmar Brok (1999 - 2007 Vorsitzender des Auswärtigen Ausschusses des Europäischen Parlaments). Unter den einfachen Mitgliedern der DGAP waren Politiker wie Reinhard Bütikofer, Prof. Dr. Herta Däubler-Gmelin, Dr. Wolfgang Gerhardt, Dr. Karl-Theodor Freiherr zu Guttenberg, Dr. Peter Ramsauer, Dr. Frank-Walter Steinmeier, Dr. Wolfgang Schäuble sowie Vertreter von Konzernen wie Deutsche Post AG, Deutsche BP AG und Deutsche Bank AG.[134]

---

133 http://www.dgap.org/dgap/ueberuns/gremien [18.6.2010]
134 http://www.dgap.org/dgap/mitgliedschaft [18.6.2010]

International Institute for Strategic Studies (IISS)
Ein Think Tank für internationale Beziehungen und politisch-militärische Konflikte mit Sitz in London. Es wurde 1958 gegründet und beschreibt sich als ein Netzwerk von 2.500 persönlichen Mitgliedern und 450 institutionellen Mitgliedern aus über 90 Ländern. Ziel ist es, »zutreffende und objektive Informationen für Politiker, Diplomaten, Außenpolitik-Analysten, das internationale Business, Wirtschaftswissenschaftler, Militär, Verteidigungskommentatoren, Journalisten, Akademiker und die informierte Öffentlichkeit« zur Verfügung zu stellen (Website).

Nonnenmacher war Mitglied im Beirat[135]. Dieser bestand aus 25 Wissenschaftlern, Journalisten und ehemaligen Außenpolitikern, Turnus der Treffen ist zweimal jährlich, Aufgabe ist es, das zwölfköpfige Führungsgremium des IISS zu beraten, in welchem u. a. der Vorstandsvorsitzende des Private-Equity-Fonds Apax Partners Worldwide LP, der Direktor Londoner Investmentbank N M Rothschild & Sons Ltd. und der Vorstandsvorsitzende der amerikanischen Rüstungs- und Sicherheitsfirma Global Defense Technology & Systems, Inc. saßen.

Internationale Politik (IP)
Die Zeitschrift wird von der Deutschen Gesellschaft für Auswärtige Politik (s. oben) herausgegeben und erscheint alle zwei Monate. Sie nennt sich selbst »Deutschlands führende außenpolitische Zeitschrift« (Website) und versammelt Beiträge von Akteuren aus Politik, Wirtschaft, Wissenschaft und Medien.

Nonnenmacher war Mitglied im Beirat der Zeitschrift[136]. Einer der fünf Herausgeber war der Industrielle Dr. Arendt Oetker (auch Bundesverband der deutschen Industrie und Bundesvereinigung der Deutschen Arbeitgeberverbände), mit im Beirat war Michael J. Inacker von der Metro AG.

---

135 http://www.iiss.org/about-us/iiss-governance-and-advisory-structure/the-council/ [22.6.2010]
136 Impressum *Internationale Politik* April 2008

Universität Frankfurt
Die Johann-Wolfgang-Goethe-Universität Frankfurt am Main ist mit 36.000 Studierenden und 500 Professoren eine der größten deutschen Universitäten.

Nonnenmacher war von 2001 bis 2007 Mitglied des Hochschulrates.[137] In dieser Zeit war der Vorsitzende des siebenköpfigen Gremiums Dr. Rolf-E. Breuer, 2002 - 2006 Aufsichtsratsvorsitzender der Deutschen Bank AG und davor deren Vorstandsvorsitzender; ein weiteres Mitglied war Prof. Axel A. Weber, seit 2004 Präsident der Deutschen Bundesbank.

Universität Leipzig
Die Universität Leipzig (ca. 26.000 Studenten) ist die zweitälteste Universität Deutschlands. 2009 beging sie ihr 600-jähriges Jubiläum. Im Vorfeld wurde ein Beirat mit 13 Personen aus Politik, Wirtschaft, Kultur und Medien gegründet, der das Organisationskomitee unterstützen sollte.

Nonnenmacher, der auch eine Honorarprofessur für Politik- und Kommunikationswissenschaft an der Universität Leipzig innehatte, war Mitglied des Jubiläumsbeirats.[138] Vorsitzender war der sächsische Ministerpräsident Stanislaw Tillich, weitere Mitglieder waren die Staatspräsidentin von Chile, Dr. Michelle Bachelet (die in Leipzig studiert hat), Dr. Arendt Oetker (Bundesverband der Deutschen Industrie), der Vorstandsvorsitzende der Porsche AG, Dr. Wendelin Wiedeking, und der Leipziger Oberbürgermeister.

Valdai Discussion Club
Der Club versammelt Journalisten und Wissenschaftler aus aller Welt (v. a. aus der westlichen Welt), die sich jährlich an wechselnden Orten in Russland treffen, um über Russland und seine Rolle in der Welt zu debattieren. Gegründet wurde Valdai 2004 von der russischen staatlichen Nachrichtenagentur RIA Nowosti, dem russischen Rat für Außen- und Sicherheitspolitik (der Russlands Regierung berät) und weiteren russischen Medien. Das offensichtliche Ziel ist, Russlands Negativ-Image in

---

137 http://web.archive.org/web/20050528222640/www.uni-frankfurt.de/org/ltg/grem/hsrat/mitglieder.uhtml [25.6.2010]
138 http://uni-leipzig.de/2009/team.php#team-0 [25.6.2010]

den westlichen Medien entgegenzuwirken. In des Clubs eigenen Worten: »Der Valdai Club will ein internationales Expertenforum schaffen, in dem internationale Russland-Spezialisten verlässliche Informationen über das Wachstum und die Entwicklung unseres Landes und seiner Gesellschaft von führenden Mitgliedern der russischen Elite erhalten können.« (Website) Treffen mit dem russischen Präsidenten und dem Ministerpräsidenten sind obligatorisch.

Nonnenmacher war 2009 Teilnehmer an der einwöchigen Reise des Valdai-Clubs[139] durch Russland und hat über seine Eindrücke auch geschrieben (»Moskauer Nuancen«, FAZ vom 20.09.2009). Mit dabei war auch der Managing Director der russischen Interros Holding Company, ein Vorstandsmitglied der russischen Fluggesellschaft Aeroflot und ein hochrangiger Duma-Abgeordneter.

Walter-Rathenau-Institut
Das Walther-Rathenau-Institut (Stiftung für internationale Politik) wurde 2008 gegründet und soll an den Außenminister der Weimarer Republik erinnern. Sie will die politische Bildung durch Beiträge und Forschungsvorhaben auf dem Gebiet der Außenpolitik fördern. Nonnenmacher war Mitglied im dreiköpfigen Beirat des Instituts[140], in dem sich neben dem ehemaligen Deutsche-Bahn-Chef Heinz Dürr auch Wolfgang Ischinger findet, Cheflobbyist der Allianz SE. Gründer und Vorstandsvorsitzender des Instituts ist übrigens Dr. Michael A. Gotthelf, der in den 1980er Jahren FAZ-Wirtschaftsredakteur war, später Banker wurde und auch die Ludwig-Börne-Stiftung gründete (s. ZDF, Schächter).
- Schirrmacher, Frank (Mitherausgeber)

Deutsches Museum in München
Das größte naturwissenschaftlich-technische Museum der Welt; es stellt über 28.000 Objekte aus.

Schirrmacher war Mitglied im Kuratorium[141], das über 200 Personen vor allem aus Kultur und Wissenschaft, aber auch aus Politik und Wirtschaft zählte. Aus der Politik fanden sich der Bundespräsident, die

---

139 http://en.rian.ru/docs/valdai/participants.html [25.6.2010]
140 http://www.rathenau-stiftung.de/organisation/ [23.6.2010]
141 http://www.deutsches-museum.de/information/wir-ueber-uns/kuratorium/gewaehlte-mitglieder [19.6.2010]

Bundeskanzlerin, der bayerische Ministerpräsident Horst Seehofer, der Bayerische Staatsminister für Wissenschaft, Forschung und Kunst, der Oberbürgermeister von München, Bundesjustizministerin Sabine Leutheusser-Schnarrenberger, Bundeslandwirtschaftsministerin Ilse Aigner, Brandenburgs Ministerpräsident Matthias Platzeck, die Vizepräsidentin des Deutschen Bundestages Gerda Hasselfeldt und eine Parlamentarische Staatssekretärin des Bundesumweltministeriums. Aus der Welt der Wirtschaft fanden sich Spitzen von BMW AG, Robert Bosch GmbH, McKinsey, Inc., Merck KGaA, BASF SE, Schott AG, Porsche Automobil Holding SE, Linde AG, Allianz SE, Süd-Chemie AG, Bayer AG und Volkswagen AG. Im Verwaltungsrat des Museums fanden sich Spitzen von Linde AG und Siemens AG.

Herbert-Quandt-Stiftung
Ziel der Stiftung ist es, »das Ideal des eigenständigen Bürgers zu fördern: Sie möchte Menschen anregen, ihre individuellen Begabungen zu entfalten und Verantwortung für sich sowie für das Gemeinwesen zu übernehmen.« (Website) Benannt ist sie nach dem Industriellen Herbert Quandt (Varta, BMW, Altana).

Schirrmacher war stellvertretender Vorsitzender des Stiftungsrates.[142] Vorsitzende war Quandt-Tochter Susanne Klatten, Anteilseignerin und Aufsichtsratsmitglied der BMW AG und mit geschätzten 11 Milliarden US-Dollar Vermögen die reichste Frau Deutschlands.[143]

Internationale Journalisten Programme (IJP)
Die IJP sind ein gemeinnütziger Verein, der Stipendien an Journalisten zwischen 18 und 40 Jahren vergibt, damit sie als Korrespondenten auf Zeit im Ausland arbeiten können. »Grundgedanke der IJP-Stipendienprogramme ist der internationale Austausch zwischen Medien und Meinungsmachern. Für jeden deutschen Journalisten, der ein Stipendium im Ausland absolviert, kommt ein ausländischer Kollege nach Deutschland.« (Website) Es gibt Austauschprogramme mit vielen Teilen der Welt, jedoch liegt der Schwerpunkt auf den USA: Das USA-

---

142 http://www.whoswho.de/templ/te_bio.php?PID=2581&RID=1 [22.6.2010]
143 http://www.forbes.com/lists/2010/10/billionaires-2010_The-Worlds-Billionaires_CountryOf-Citizen_7.html [22.6.2010]

Programm ist das älteste des Vereins (es wurde 1988 gegründet, »um das Verständnis deutscher Journalisten von den USA und den transatlantischen Beziehungen zu stärken«), und der Verein hat neben einem deutschen Kuratorium noch ein US-Kuratorium.

Schirrmacher war mindestens im Jahr 2004 Kurator des »Arthur F. Burns Fellowship«, eines deutsch-amerikanischen Journalisten-Austauschprogramms, das der Verein Internationale Journalisten Programme zusammen mit dem International Center for Journalists in Washington, D. C., durchführt.[144] Mit im rund 50-köpfigen deutsch-amerikanischen Kuratorium des Programms waren 2004 u. a. Guido Westerwelle (FDP-Bundesvorsitzender), Kerstin Müller (Auswärtiges Amt), der Sprecher der Bundesregierung Bela Anda, der Deutschland-Chef von Goldman Sachs, der Pressesprecher der Allianz SE und ein Vorstandsmitglied der Deutschen Bank AG. Schirmherr des Programms war Wolfgang Ischinger, damals deutscher Botschafter in den USA, seit 2008 Cheflobbyist der Allianz SE.

M100 Sanssouci-Colloquium
Schirrmacher war Mitglied im Beirat. Näheres und Quelle s. ARD, Deppendorf.

Stiftung Kaiserdom zu Speyer
Zweck der Stiftung ist die Finanzierung von Instandhaltungs- und Restaurierungsmaßnahmen am Kaiserdom zu Speyer, der größten erhaltenen romanischen Kirche der Welt.
Schirrmacher war Mitglied im Kuratorium.[145] Darin waren 56 Personen aus Kirche, Politik, Wirtschaft, Medien und Wissenschaft versammelt, darunter Luxemburgs Premierminister Jean-Claude Juncker, der rheinland-pfälzische Ministerpräsident Kurt Beck, der saarländische Ministerpräsident Peter Müller, Dr. Edmund Stoiber, bis 2007 bayerischer Ministerpräsident und CSU-Vorsitzender, BMW-Miteigentümer und Aufsichtsrat Stefan Quandt, die Vorstandsvorsitzenden der Landesbank Baden-Württemberg, der UniCredit Group, der Hypo Real Estate Holding AG und der Heidelberger Druckmaschinen AG sowie

---

144 www.icfj.org/files/burnssummer04.pdf [22.6.2010]
145 http://www.dom-speyer.de/daten/domspeyer/seiten/stiftungorgane.html [24.6.2010]

die Aufsichtsratsvorsitzenden der Daimler AG, der Allianz SE und der M. M. Warburg & Co KGaA.

Sonstiges
Schirrmacher nahm am Festessen zu Josef Ackermanns 60. Geburtstag im Bundeskanzleramt am 22.4.2008 teil, gemeinsam mit dem Jubilar, der Kanzlerin, Bundesbildungsministerin Annette Schavan, Arendt Oetker vom Bundesverband der Deutschen Industrie, Frankfurts Oberbürgermeisterin Petra Roth und anderen. Ähnliche Geburtstagsessen hatte er zuvor schon beim Bundespräsidenten erlebt, wie er bekannte (SCHIRRMACHER 2009). Außerdem bot er sich gegen Honorar als Redner bei Veranstaltungen an; Vermittler zwischen ihm und den interessierten Firmen bzw. Institutionen war die Econ Referenten Agentur.[146]

Sonstiges FAZ
Die FAZ organisierte selbst Tagungen mit Partnern aus Politik und Wirtschaft, etwa die Konferenz »Impulse 21 – Berliner Forum Sicherheitspolitik« (2003 und 2004) zusammen mit dem Bundesverteidigungsministerium: Mitherausgeber Günter Nonnenmacher führte durchs Programm, Diskutanten waren u. a. Nato-Generalsekretär Lord George Robertson, Verteidigungsminister Peter Struck, Karsten Voigt vom Auswärtigen Amt und der Parlamentarische Staatssekretär im Verteidigungsministerium.[147] Zusammen mit der Alfred-Herrhausen-Gesellschaft der Deutschen Bank AG führte die FAZ im November 2009 die Konferenz »Denk ich an Deutschland« durch, »die sich mit Deutschlands Stärken, Schwächen und Problemen beschäftigt«. Von der FAZ dabei waren Günther Nonnenmacher und Frank Schirrmacher, von der Deutschen Bank Josef Ackermann.[148]

9.3.6 Frankfurter Rundschau (FR)

- Doemens, Karl (Leiter Berliner Büro)

---

146 http://www.econ-referenten.de/redner/schirrmacher-dr-frank-mitherausgeber-und-feuilletonchef-der-faz [14.1.2010]
147 http://www.impulse21.net [15.9.2010]
148 http://www.denkichandeutschland.net [5.7.2010]

Gelbe Karte
Einer der ältesten Berliner Hintergrundkreise. Er wurde 1971 von sozialliberal eingestellten Journalisten gegründet, heute gilt er als rot-grünnah (KRAMP/WEICHERT 2008: 61); der Name des Kreises hat nichts mit einer Nähe zur FDP zu tun, sondern spielt auf den Gründungskongress der SPD-Arbeitsgemeinschaft für Arbeitnehmerfragen 1973 an, auf dem alle Journalisten gelbe Akkreditierungskarten bekamen (ebd.). Die Mitgliederzahl ist streng auf 30 Journalisten begrenzt (KRAMP/WEICHERT 2010: 167). Wie in anderen Kreisen werden Politiker zu vertraulichen Hintergrundgesprächen eingeladen; zusätzlich ist jeden Donnerstag der stellvertretende Sprecher der Bundesregierung zu Gast, um seine Interpretation des politischen Geschehens zu vermitteln (FEUSS 2008: 18).

Doemens war Mitglied der »Gelben Karte«.[149]
- Meng, Dr. Richard (Leiter Berliner Büro)

Gelbe Karte
Meng war Mitglied. Näheres und Quelle s. FR, Doemens.

Wohnzimmerkreis
Meng war bis zu seinem Ausscheiden aus der *Frankfurter Rundschau* Mitglied (Kramp/Weichert 2010: 168). Näheres s. FAZ, Bannas.
- Pappenheim, Burkhard von (Ressortleiter Politik)

Gelbe Karte
Pappenheim war Mitglied. Näheres und Quelle s. FR, Doemens.
Schellenberger, Rouven (Ko-Chefredakteur)

Frankfurter Presseclub
Schellenberger war Vorstandsmitglied. Näheres und Quelle s. FAZ, D'Inka.
- Vorkötter, Dr. Uwe (Chefredakteur)

---

[149] So die Liste der aktuellen und ehemaligen Mitglieder in der Jubiläumsschrift: 35 Jahre »Gelbe Karte« – eine Zwischenbilanz. Berlin 2006, hrsg. vom Vorstand der Journalistenvereinigung Gelbe Karte Bonn/Berlin.

Helmut-Schmidt-Journalistenpreis
Vorkötter war Mitglied der Jury des von der Bank ING-DiBa gestifteten Preises. (Näheres und Quelle s. *Zeit*, Schmidt)

9.3.7   *Spiegel*

- Aust, Stefan (Chefredakteur)

Deutsche Telekom AG
Aust war 1997-2002 Mitglied im Medienbeirat. Näheres und Quelle s. *Focus*, Markwort.

M100 Sanssouci-Colloquium
Aust war Beiratsmitglied. Näheres und Quelle s. ARD, Deppendorf.

Weltwirtschaftsforum
Aust nahm am Jahrestreffen des Weltwirtschaftsforums 2007 in Davos teil. Näheres und Quelle s. *Bild*, Diekmann.
- Blumencron, Mathias Müller von (Ko-Chefredakteur)

Johanna-Quandt-Stiftung
Die Stiftung wurde 1995 von der Witwe des Industriellen Herbert Quandt, Johanna Quandt, gegründet und »fördert den Dialog zwischen Medien und Wirtschaft«. Sie verleiht jährlich den Herbert-Quandt-Medienpreis an Journalisten, »die sich in anspruchsvoller und allgemeinverständlicher Weise mit dem Wirken und der Bedeutung von Unternehmern und Unternehmen in der Marktwirtschaft auseinandersetzen« (Website).

Mathias Müller von Blumencron war bis 2008 Mitglied des damals sechsköpfigen Kuratoriums der Stiftung und legte sein Mandat nieder, nachdem der Ruf von Herbert Quandt durch den NDR-Dokumentarfilm »Das Schweigen der Quandts« beschädigt worden war (JUNGBLUTH 2008). Kuratoriumsvorsitzende war die Stiftungsgründerin Johanna Quandt, Anteilseignerin der BMW AG und ehemaliges Aufsichtsratsmitglied (und Mutter der heutigen BMW-Aufsichtsrätin Susanne Klatten). Weiteres Kuratoriumsmitglied war ihr Sohn Stefan Quandt, ebenfalls BMW-Anteilseigner und stellvertretender Vorsitzender des Aufsichtsrats.

- Fleischhauer, Jan (stellv. Leiter Hauptstadtbüro)

Weltwirtschaftsforum
Fleischhauer nahm an den Jahrestreffen des Weltwirtschaftsforums 2007 und 2008 in Davos teil. Näheres und Quelle s. *Bild*, Diekmann.
- Mahler, Armin (Ressortleiter Wirtschaft)

Club Hamburger Wirtschaftsjournalisten
Mahler ist Mitglied im Club. Näheres und Quelle s. FTD, Warlimont.
- Mascolo, Georg (Ko-Chefredakteur)

Münchner Sicherheitskonferenz
Mascolo nahm 2009 an der Konferenz teil. Näheres und Quelle s. *Focus*, Markwort.

Sonstiges *Spiegel*
Der *Spiegel* schafft durch eigene Feierlichkeiten zuweilen Gelegenheiten zum informellen Austausch mit Eliten: etwa am 8.1.2007, als in Hamburg das Jubiläum »60 Jahre Spiegel« gefeiert wurde (mit 2.000 Gästen, u. a. Franz Müntefering, Kurt Beck, Sigmar Gabriel, Hubertus Heil, Renate Künast, Guido Westerwelle); kurz darauf wurden mit einer Feier im Hauptstadtbüro die Reporter Hartmut Palmer und Jürgen Leinemann in den Ruhestand verabschiedet (23.1.2007, u. a. mit Bundeskanzlerin und Vizekanzler); und Ende Juni 2007 wurde im Berliner Restaurant Borchardt der Wechsel an der Spitze des Spiegel-Hauptstadtbüros begossen, wiederum u. a. mit Angela Merkel und Franz Müntefering.[150]

9.3.8 Stern

- Hoidn-Borchers, Andreas (Leiter Berliner Büro)

Gelbe Karte
Hoidn-Borchers war Mitglied. Näheres und Quelle s. FR, Doemens.
- Jörges, Hans-Ulrich (Mitglied der Chefredaktion)

---

150 *Politik & Kommunikation* Februar 2007: 66, März 2007: 68; Der Spiegel vom 02.07.2007, S. 3 (»Hausmitteilung«)

Berliner Presse Club
Jörges war Mitglied (FISCHER 2007: 202). Näheres s. FTD, Theyssen.

M100 Sanssouci-Colloquium
Jörges war Beiratsmitglied. Näheres und Quelle s. ARD, Deppendorf.

Sonstiges
Jörges war häufiger Gast bei Partys, Veranstaltungen und Diskussionen in Berlin: etwa beim »Kommunikationskongress« des Helios-Verlages am 9./10.10.2008 (u. a. mit Innenminister Wolfgang Schäuble), bei der »Nacht der Süddeutschen Zeitung« am 15.1.2009 im Deutschen Historischen Museum (u. a. mit Angela Merkel und Peer Steinbrück) oder beim »Wahlforum« von Vattenfall Europe am 17.9.2009, u. a. mit dem Vattenfall-Lobbyisten Rainer Knauber und mit Prof. Werner Weidenfeld vom CAP (s. FAZ, Nonnenmacher). Mit Weidenfeld feierte Jörges auch das »Stern-Krisenfest« am 29.9.2009 im eigenen Hauptstadtbüro (außerdem dabei: Innenministeriums-Staatssekretär und Ex-BND-Chef August Hanning).[151]

- Osterkorn, Thomas (Ko-Chefredakteur)

Allgemeiner Hamburger Presseclub
Osterkorn war Vorstandsmitglied. Näheres und Quelle s. *Bild*, Quoos.

Sonstiges
Osterkorn war häufiger Gast auf Partys, etwa bei der »Bertelsmann-Party« am 13.9.2007 in der Berliner Repräsentanz des Konzerns, zu dem auch der Stern gehört (u. a. mit Angela Merkel, Klaus Wowereit, Guido Westerwelle, Ulla Schmidt), am 2.6.2008 bei der »Hamburg Media Night«, veranstaltet vom Hamburger Senat und dem Bauer-Verlag, und bei der jährlichen Verleihung des Henri-Nannen-Preises im Deutschen Schauspielhaus Hamburg (bei der der Verlag Gruner + Jahr, welcher den Stern herausgibt, Ausrichter ist).[152]

---

151 *Politik & Kommunikation* Juli/August 2008: 71, Februar 2009: 62, Oktober 2009: 62, November 2009: 61
152 *Politik & Kommunikation* Oktober 2007: 69, Juli/August 2008: 70, Juni 2009: 62

9.3.9   Süddeutsche Zeitung

- Melanie Ahlemeier (Ressortleiterin Wirtschaft und Finanzen bei sueddeutsche.de)

Club Wirtschaftspresse München
Der Club ist eine Vereinigung Münchner Wirtschaftsjournalisten (ca. 80 Mitglieder) und »veranstaltet in loser Folge Gespräche mit wichtigen und herausragenden Vertretern der Wirtschaft und der Politik. In der Regel hält der Gast einen kurzen Einführungsvortrag, daran schließt sich eine meist sehr lebhafte Diskussion an.« (Website) Während andere Presseclubs wie der Berliner Presse Club Wert auf die strikte Vertraulichkeit legen, sind die Gespräche in diesem Club »soweit nicht anderes vereinbart wurde, zur Veröffentlichung frei.« (ebd.)
Ahlemeier war Mitglied im Club.[153]
- Beise, Dr. Marc (Ko-Ressortleiter Wirtschaft)

Club Wirtschaftspresse München
Beise war Mitglied im Club. Näheres und Quelle s. sz, Ahlemeier.

Münchner Seminare
Die Münchner Seminare sind eine Vortragsreihe, die seit 2001 im ifo-Institut für Wirtschaftsforschung in München läuft und in der hochrangige Vertreter aus Politik und Wirtschaft sowie Wissenschaftler und Journalisten als Referenten zu Wirtschafts-, Finanz- und Politikthemen sprechen. Die Reihe ist eine gemeinsame Initiative des ifo-Instituts und der Süddeutschen Zeitung und wird seit 2007 durch die BMW-Niederlassung München gefördert. Die Organisation liegt beim ifo-Institut, die Süddeutsche Zeitung veröffentlicht Berichte über die Vorträge.

Dr. Marc Beise hatte zusammen mit dem Präsidenten des ifo-Instituts, Prof. Dr. Hans-Werner Sinn, den Vorsitz der Münchner Seminare inne[154], die ihn mit den eingeladenen Wirtschaftseliten zusammenbrachte: In den Jahren 2007 bis 2009 waren u. a. die Vorstandschefs

---

[153] http://www.wirtschaftspresse-muenchen.de/members.php [18.6.2010]
[154] http://www.cesifo-group.de/portal/page/portal/ifoHome/c-event/c3seminar/0010-MunichSeminars [23.6.2010]

der Telekom AG, der E.ON AG, der Aufsichtsratschef des Technologiekonzerns Trumpf GmbH & Co. KG, der Präsident der Europäischen Zentralbank Jean-Claude Trichet und der Präsident der Deutschen Bundesbank Axel Weber.

Prof. Sinn war darüber hinaus neben Bert Rürup der einflussreichste Wirtschaftsexperte in Deutschland[155] und in Politik und Wirtschaft bestens vernetzt: Im Verwaltungsrat und im Kuratorium seines ifo-Instituts fanden sich Eliten der Europäischen Zentralbank, der Deutschen Bundesbank, der Deutschen Bank AG, der Eon AG, der Linde AG, der Daimler AG, der Deutschen Leasing AG, der Deutschen Post AG, des Bundesverbandes der Deutschen Industrie der Bundesvereinigung der Deutschen Arbeitgeberverbände, des Bundeswirtschaftsministeriums, des Bundesfinanzministeriums, des Bundesforschungsministeriums, des bayerischen Finanzministeriums und des bayerischen Landtags.

Prof. Sinn übte offensichtlich Einfluss auf Beises Wirtschaftsverständnis aus: In Beises Buch »Die Ausplünderung der Mittelschicht – Alternativen zur aktuellen Politik« (DVA, München 2009) dankt er Hans-Werner Sinn, »von dessen ökonomischem Scharfsinn ich schon so häufig profitiert habe« (S. 211). Im Gegenzug ist Beise offenbar Ansprechpartner und Beschwerdeinstanz für Sinn, wenn die SZ Kritik an ihm geübt hat. Nachdem das SZ-Magazin am 5.12.2008 eine Polemik gegen Sinn und Hans-Olaf Henkel veröffentlicht hatte, beschwerte sich Sinn in einem Brief bei Magazin-Chefredakteur Dominik Wichmann über vermeintliche inhaltliche Fehler; eine Kopie des Briefes ging an Beise.[156]

Weltwirtschaftsforum
Beise nahm an den Jahrestreffen des Weltwirtschaftsforums 2007 und 2009 in Davos teil. Näheres und Quelle s. *Bild*, Diekmann.
• Fried, Nico (Leiter Berliner Büro)

Gelbe Karte
Fried war Mitglied. Näheres und Quelle s. FR, Doemens.

---

155 Laut einer Umfrage der *Financial Times Deutschland* und des Vereins für Sozialpolitik von 2006: http://www.ftd.de/politik/deutschland/:oekonomen-umfrage-teil-1-was-oekonomen-wirklich-wollen/71723.html [23.6.2010]
156 www.ifo.de/link/Brief-20081208-sz-Magazin_Wichmann.pdf [24.6.2010]

Wohnzimmerkreis
Fried war Mitglied (KRAMP/WEICHERT 2010: 168).
• Kilz, Hans Werner (Chefredakteur)

Internationale Journalisten Programme (IJP)
Näheres zum Verein s. FAZ, Schirrmacher. Kilz war Mitglied im 25-köpfigen deutschen Kuratorium der IJP[157], in dem neben Journalisten und Verlagsmanagern auch Politik- und Wirtschaftseliten zu finden waren: Ulrich Wilhelm, Sprecher der Bundesregierung, Dr. Frank-Walter Steinmeier (2005-09 Bundesaußenminister, seit 2009 Vorsitzender der SPD-Bundestagsfraktion), Kerstin Müller, außenpolitische Sprecherin der Bundestagsfraktion Bündnis 90/Die Grünen, Dr. Werner Hoyer (2002-2009 stellv. Vorsitzender der FDP-Bundestagsfraktion und seit 2009 Staatsminister im Auswärtigen Amt), Prof. Dr. Maria Böhmer (Staatsministerin bei der Bundeskanzlerin und Integrationsbeauftragte der Bundesregierung), der Vorstandschef der Commerzbank AG, ein Vorstandsmitglied der Deutschen Bank AG sowie der Pressesprecher der Allianz SE.

M100 Sanssouci-Colloquium
Kilz war Beiratsmitglied. Näheres und Quelle s. ARD, Deppendorf.

Sonstiges
Kilz war Partygast bei der »CDU Media Night« am 12.6.2007 in Berliner Konrad-Adenauer-Haus (u.a. mit Angela Merkel und Ronald Pofalla).[158]
• Kornelius, Stefan (Ressortleiter Außenpolitik)

American Institute for Contemporary German Studies (AICGS)
Das AICGS mit Sitz in Washington D.C. ist der Johns Hopkins University in Baltimore angegliedert. Laut Eigenbeschreibung ist es »der einzige Think Tank, der sich ausschließlich der Stärkung der Beziehungen zwischen Deutschland und den Vereinigten Staaten verschrieben hat« und »verfügt über weitreichende Kontakte zu den Regierungen in Deutschland und den USA, auf Bundes- wie auf Länderebene, sowie

---

157 http://www.ijp.org/deutsches-kuratorium.html?&L=0. [22.6.2010]
158 *Politik & Kommunikation* Juli/August 2007: 70

zu Wirtschafts- und Industrieeliten«[159]. Im Kuratorium finden sich v. a. Eliten aus der Wirtschaft in USA und Deutschland: u. a. Vertreter von Ernst & Young, Boeing, IBM, Daimler, Alcoa, Allianz, Deutsche Bank (namentlich der Konzernsprecher Stefan Baron, ehem. Chefredakteur der Wirtschaftswoche), Metro (namentlich der Cheflobbyist Dr. Michael J. Inacker, ehem. stellv. Chefredakteur der Wirtschaftswoche) sowie Unternehmensberater Roland Berger.[160]

Kornelius wurde vom AICGS als »frequent contributor to AICGS programs and events« bezeichnet.[161]

Bundesakademie für Sicherheitspolitik
Kornelius war Mitglied im Beirat[162]. Näheres s. FAZ, Frankenberger.

Deutsche Atlantische Gesellschaft
Eine Lobbyorganisation für die NATO: »Sie hat es sich zur Aufgabe gemacht, das Verständnis für die Ziele des Atlantischen Bündnisses zu vertiefen und über die Politik der NATO zu informieren.« (Website) Dazu werden Informationsfahrten, Vorträge, Seminare und Konferenzen organisiert.

Kornelius war bis 2009 Beisitzer im Präsidium der Deutschen Atlantischen Gesellschaft.[163] Weitere Mitglieder waren ein Parlamentarischer Staatssekretär im Bundesarbeitsministerium, der außenpolitische Sprecher der FDP-Fraktion und die Vorsitzende des Bundestagsausschusses für wirtschaftliche Zusammenarbeit und Entwicklung. Präsident der Deutschen Atlantischen Gesellschaft war der Parlamentarische Staatssekretär im Bundesverteidigungsministerium Christian Schmidt; unter den Vizepräsidenten war der Wehrbeauftragte des Bundestages.

---

159 http://www.aicgs.org/de/ueberuns/index.aspx [16.6.2010]
160 http://www.aicgs.org/about/board [16.6.2010]
161 http://www.aicgs.org/analysis/c/korno12006.aspx [16.6.2010]
162 http://www.BAKS.bund.de/cae/servlet/contentblob/879324/publicationFile/58203/Mitglieder_Beirat.pdf [17.6.2010]
163 http://www.deutscheatlantischegesellschaft.de [14.06.2009]

Deutsche Gesellschaft für Auswärtige Politik (DGAP)
Kornelius wurde 2007 Mitglied der DGAP.[164] Näheres s. FAZ, Nonnenmacher.

Internationale Politik
Kornelius war Mitglied im Beirat.[165] Näheres s. FAZ, Nonnenmacher.

Körber-Stiftung
1959 von dem Unternehmer Kurt A. Körber gegründet, engagiert sie sich u. a. im Bereich Internationale Politik: Sie organisiert zu außenpolitischen Themen »vertrauliche Gespräche unter Ausschluss der Öffentlichkeit« (Website) mit Politikern und Experten, v. a. die Bergedorfer Gesprächskreise, und führt zusammen mit der Münchner Sicherheitskonferenz den »Munich Young Leaders Round Table on Security Policy« durch, ein Netzwerk für den außen- und sicherheitspolitischen Führungsnachwuchs. Die Stiftung ist Alleinaktionärin der Körber AG, die Präzisionsmaschinen u. a. für die Tabak- und Papierindustrie herstellt (2009 lag der Umsatz bei 1,6 Mrd. Euro).

Kornelius nahm an zahlreichen Diskussionen und Foren der Stiftung teil, u. a. an den Bergedorfer Gesprächskreisen in Moskau (2008) und Kiew (2009), bei der auch deutsche Außenpolitiker dabei waren.[166] Außerdem wurde sein Buch »Deutschlands Selbstbetrug in Afghanistan« (2009) in der edition Körber-Stiftung verlegt, was auch gemeinsame Maßnahmen zur Buchpromotion (etwa auf der Frankfurter Buchmesse) nach sich zog.

Münchner Sicherheitskonferenz
Kornelius nahm zwischen 2001 und 2009 jedes Jahr an der Konferenz teil.[167] Näheres s. *Focus*, Markwort.

---

164 DGAP-Jahresbericht 2007 (liegt in Buchform vor) sowie http://www.dgap.org/dgap/mitgliedschaft [18.6.2010]
165 Impressum *Internationale Politik* April 2008
166 http://www.koerber-stiftung.de/internationale-politik/bergerdorfer-gespraechskreis/teilnehmer [3.9.2010]
167 http://www.securityconference.de/Teilnehmer.207.0.html?&L=0 [23.6.2010]

Sonstiges

Kornelius war im Januar 2007 sechsmal Vortragener bzw. Moderator bei Veranstaltungen des American Council on Germany (Näheres s. *Zeit*, Joffe) in Deutschland und in den USA, bei denen die *Süddeutsche Zeitung* als Kooperationspartner genannt wird.[168] Zudem hat Kornelius 2003 den »Arthur F. Burns Journalism Award« in der Kategorie »Best Commentary on U.S.-German Relations« gewonnen, für die »beste Kommentierung der deutsch-amerikanischen Beziehungen«. Der Burns Award wird vom International Center for Journalists in Washington, D.C., und dem deutschen Partnerverein Internationale Journalisten Programme (s. *SZ*, Kilz) verliehen. Das Burns-Fellowship-Programm hat viele Förderer und Sponsoren aus Wirtschaft und Politik Deutschlands und der USA; die Burns-Atmosphäre ist staatstragend: Als Sponsor des mit 1.000 Euro dotierten Preises trat Außenminister Joschka Fischer auf, und ein Foto von der Preisverleihung zeigt Kornelius zusammen mit dem damaligen Staatssekretär im Auswärtigen Amt, Jürgen Chrobog.[169]

- Prantl, Dr. Heribert (Ressortleiter Innenpolitik)

Deutsche Nationalstiftung

Gegründet 1993 von Helmut Schmidt, dem Unternehmer Michael Otto und einer Reihe ihrer Freunde, will sie »das Zusammenwachsen Deutschlands fördern« sowie »die nationale Identität der Deutschen bewusst machen und die Idee der deutschen Nation als Teil eines vereinten Europas stärken« (Website). Zu diesem Zweck vergibt sie unter anderem den jährlichen Nationalpreis. Schirmherr ist der Bundespräsident; im Kuratorium sitzen u. a. Bundesfinanzminister Dr. Wolfgang Schäuble und der Aufsichtsratsvorsitzende der Daimler AG.

Heribert Prantl war Mitglied des 36-köpfigen Senats der Stiftung.[170] Weitere Senatsmitglieder waren u. a. Dr. Gerhard Cromme (Aufsichtsrat bei ThyssenKrupp AG, Siemens AG, Allianz SE, Lufthansa AG und Eon AG), Prof. Dr. Norbert Lammert (seit 2005 Präsident des Deutschen Bundestages), Matthias Platzeck (Ministerpräsident Brandenburg), Peer

---

168 http://www.acgusa.org/userfiles/file/AnnualReport2007.pdf [16.6.2010]
169 http://www.icfj.org/files/burnssummer04.pdf
170 http://www.nationalstiftung.de/gremien.php [18.6.2010]

Steinbrück (2005 - 2009 Bundesfinanzminister) und Wolfgang Tiefensee (2005 - 2009 Bundesverkehrsminister).

Stiftung Pro Justitia
Die Stiftung will die Rechtskultur fördern und Missständen im Strafverfahren begegnen, indem sie Fälle von Grundrechtsverletzungen und Schikanen durch die Justiz aufarbeitet und publiziert. Stifter ist der Milliardär Dietmar Hopp, der das Softwareunternehmen SAP AG gegründet hat.
   Prantl, der vor seiner Redakteurstätigkeit als Anwalt, Richter und Staatsanwalt gearbeitet hatte, war Mitglied im Beirat der Stiftung[171]. Unter den vier weiteren Beiräten war auch Bundesjustizministerin Sabine Leutheusser-Schnarrenberger.

Sonstiges
Prantl bekam am 04.12.2007 im Berliner Hotel Adlon den Roman-Herzog-Medienpreis des Konvents für Deutschland – einer Lobbyorganisation von Politik- und Wirtschaftsvertretern, die »Vorschläge zur Verbesserung der Reformfähigkeit in unserem Lande« macht, »damit Deutschland wieder dynamischer und wettbewerbsfähiger wird« (Website). Ausgezeichnet wurde Prantl für einen Artikel über die Reform des deutschen Föderalismus – ein Thema, für das Konvent-Kreis engagiert streitet. Am Tag nach der Gala veranstaltete der Konvent übrigens ein »Journalisten-Symposium« mit Bundeskanzlerin Angela Merkel, dem Ex-Bundespräsidenten und Konvent-Vorsitzenden Roman Herzog, Unternehmensberater Berater Roland Berger und dem Chef der Europäischen Zentralbank, Jean-Claude Trichet.[172]
- Schäfer, Ulrich (Ko-Ressortleiter Wirtschaft)

Club Wirtschaftspresse München
Schäfer war Mitglied. Näheres und Quelle s. sz, Ahlemeier.

---

171 http://www.stiftung-projustitia.de/st_stiftungsbeirat.html [24.6.2010]
172 *Politik & Kommunikation* Februar 2008, S. 68

Weltwirtschaftsforum
Schäfer nahm am Jahrestreffen 2008 in Davos teil. Näheres und Quelle s. *Bild*, Diekmann.
- Schwennicke, Christoph (Leiter Berliner Büro)

Gelbe Karte
Schwennicke war Mitglied. Näheres und Quelle s. FR, Doemens.

Wohnzimmerkreis
Schwennicke war Mitglied (KRAMP/WEICHERT 2010: 168).

Sonstiges SZ
Die SZ organisierte selbst Feierlichkeiten und Konferenzen, die ihr journalistisches Führungspersonal in Kontakt mit Politik- und Wirtschaftseliten brachten. Jedes Jahr im Januar lud sie ein zur »Nacht der Süddeutschen Zeitung« ins Deutsche Historische Museum Berlin (2008 und 2009 u. a. mit Angela Merkel, Frank-Walter Steinmeier, Franz-Josef Jung, Peer Steinbrück, Ulrich Wilhelm, Renate Künast u. a.).[173] Zum »Führungstreffen Wirtschaft« lud die SZ im November 2008 und November 2009 ins Hotel Adlon Berlin. Referenten dieser zweitägigen Kongresse waren u. a. Angela Merkel, Franz Müntefering, Josef Ackermann von der Deutschen Bank und Spitzenpersonal von Siemens, Infineon, Metro, Goldman Sachs, Adidas, Robert Bosch, Air Berlin, Alcoa, Audi, TUI u. a. Die Kongressleitung und Moderation lag jeweils bei Chefredakteur Kilz und den Wirtschafts-Ressortleitern Beise und Schäfer. Zielgruppe der Kongresse war wiederum Führungspersonal von großen Unternehmen, wie die Teilnahmegebühr von 2.600 Euro pro Person illustriert.[174]

9.3.10 taz

- König, Jens (Leiter Berliner Büro)

---

[173] *Politik & Kommunikation Februar* 2008: 68, Februar 2009: 62
[174] http://www.sz-fuehrungstreffen.de [15.9.2010]

Gelbe Karte
König war Mitglied. Näheres und Quelle s. FR, Doemens.
- Kreutzfeldt, Malte (Ressortleiter Wirtschaft und Umwelt)

Die Linke Bundestagsfraktion
Die Linke ist eine Partei, die laut Programm unter anderem die Überwindung des Kapitalismus hin zu einem demokratischen Sozialismus anstrebt. Die Linke-Fraktion im Bundestag hat im 2009 gewählten Bundestag 76 von 622 Sitzen inne und ist die viertstärkste der fünf Parteien. Die Linke entstand 2007 aus der Fusion von Linkspartei.PDS und WASG. Von Mai bis Dezember 2006 war Kreutzfeldt zweiter Pressesprecher der Fraktion der Linkspartei.PDS im Bundestag.[175] Anschließend wechselte er zur *taz*.
- Mika, Bascha (Chefredakteurin)

Berliner Presse Club
Mika war Mitglied (FISCHER 2007: 202). Näheres s. FTD, Theyssen.
Internationale Journalisten Programme
Mika war Mitglied im deutschen Kuratorium. Näheres und Quelle s. FAZ, Schirrmacher.

9.3.11 *Welt*

- Jörg Eigendorf (Ressortleiter Wirtschaft)

Weltwirtschaftsforum
Eigendorf nahm an den Jahrestreffen des Weltwirtschaftsforums 2007, 2008 und 2009 in Davos teil. Näheres und Quelle s. *Bild*, Diekmann.
- Heckel, Margaret (Ressortleiterin Innenpolitik)

---

175 www.politik-kommunikation.de/politikszene/117/0 [19.6.2010]

Atlantik-Brücke
Heckel war mindestens 2002/2003 Mitglied oder Freundin des Vereins.[176]
Näheres s. *Bild*, Diekmann.

Weltwirtschaftsforum
Heckel nahm am Jahrestreffen 2007 in Davos teil. Näheres und Quelle s. *Bild*, Diekmann.

Sonstiges
Heckel pflegte gute Beziehungen zum Bundeskanzleramt, was in ihrem Buch »So regiert die Kanzlerin – Eine Reportage« (Piper, München 2009) zum Ausdruck kommt. In der Danksagung (S. 254) heißt es: »Naturgemäß erzählt die Reportage viele Ereignisse aus der Sicht von Angela Merkel, aber das soll sie ja auch.« »Ganz herzlicher Dank gebührt« also der Kanzlerin, »ohne deren Kooperation diese Arbeit nicht möglich gewesen wäre«, Merkels Büroleiterin Beate Baumann, »die das Projekt in einem sehr frühen Stadium unterstützt hat«, Kanzleramtschef Thomas de Maizière, Regierungssprecher Ulrich Wilhelm, Merkels Wirtschaftsberater Jens Weidmann, Außenpolitikberater Christoph Heusgen sowie der Bildungsministerin und CDU-Vizechefin Annette Schavan. »Finanzstaatssekretär Jörg Asmussen hat mir dankenswerterweise die Rolle des Finanzministeriums während der Krisenmonate erläutert. (...) Aus der Finanzbranche haben mir Dr. Josef Ackermann, der Chef der Deutschen Bank, Martin Blessing, der Vorsitzende des Vorstands der Commerzbank, und der damalige Bankenpräsident und heutige Aufsichtsratsvorsitzende der Commerzbank, Klaus-Peter Müller, ihre Sicht der Dinge geschildert. Vielen Dank dafür.«
- Heithecker, Marcus (Leitender Redakteur)

Weltwirtschaftsforum
Heithecker nahm am Jahrestreffen 2007 in Davos teil. Näheres und Quelle s. *Bild*, Diekmann.
- Keese, Christoph (Vorsitz der Chefredakteursrunde von *Welt*, *Welt am Sonntag* und *Berliner Morgenpost*)

---

176 Zeitungsanzeigen der Atlantik-Brücke in der *Welt* vom 17.4.2002 (S. 6) und in der *New York Times* vom 16.2.2003: http://www.atlantik-bruecke.org/owx_medien/media1/113.pdf [19.6.2010]

Friedrich-August-von-Hayek-Stiftung
Zweck der Stiftung ist »die Festigung und Förderung der Grundlagen einer freiheitlichen Wirtschafts- und Gesellschaftsordnung auf nationaler wie auf internationaler Ebene im Sinne Friedrich August von Hayeks« (Website). Hayek war ein österreichischer Ökonom und zählt zu den wichtigsten Denkern des Liberalismus und Neoliberalismus im 20. Jahrhundert.

Keese war von 2004 bis 2009 Mitglied im Kuratorium der Friedrich-August-von-Hayek-Stiftung.[177] Mit im zwölfköpfigen Kuratorium saßen der Vorstandsvorsitzende des Finanzdienstleisters Wüstenrot & Württembergische AG (denn diese AG ist zugleich die Stifterin) und eine Reihe von Elder Statesmen (Frederick Bolkestein, 1999-2004 EU-Kommissar für Binnenmarkt; Roman Herzog, 1994-1999 Bundespräsident; Hans Tietmeyer, 1993-1999 Präsident der Deutschen Bundesbank).

Johanna-Quandt-Stiftung
Keese war bis 2008 Mitglied des Kuratoriums und legte sein Mandat nieder, nachdem der Ruf des Industriellen Herbert Quandt durch einen NDR-Dokumentarfilm beschädigt worden war. Näheres und Quelle s. *Spiegel*, Blumencron.

Weltwirtschaftsforum
Keese nahm am Jahrestreffen 2008 in Davos teil. Näheres und Quelle s. *Bild*, Diekmann.
- Schmid, Thomas (Chefredakteur)

Quadriga-Hochschule Berlin
Schmid war Mitglied im Kuratorium[178]. Näheres s. FTD, Klusmann.
- Seibel, Andrea (Stellv. Chefredakteurin)

M100 Sanssouci-Colloquium
Seibel war Beiratsmitglied. Näheres und Quelle s. ARD, Deppendorf.
- Stoltenberg, Jochim (Chefkorrespondent)

---

177 http://www.hayek-stiftung.de/115.98.html [12.5.2009]
178 http://www.quadriga.eu/hochschule/kuratorium [24.6.2010]

Berliner Presse Club
Stoltenberg war Mitglied (FISCHER 2007: 202). Näheres s. FTD, Theyssen.
- Stürmer, Prof. Dr. Michael (Chefkorrespondent)

Deutsche Gesellschaft für Auswärtige Politik
Stürmer war Mitglied.[179] Näheres s. FAZ, Nonnenmacher.

European Council on Foreign Relations
Der Council wurde 2007 von 50 europäischen Persönlichkeiten aus Politik, Wirtschaft, Wissenschaft und Medien gegründet und beschreibt sich als »ersten pan-europäischen Think Tank«. Er möchte eine »informierte europaweite Debatte über die Entwicklung einer kohärenten und effektiven Außenpolitik, die auf europäischen Werten basiert«, befördern (Website). Hauptsponsor ist der Milliardär George Soros. Der Council besitzt Büros in sieben europäischen Großstädten (der Pariser Büroleiter ist übrigens Thomas Klau, der zuvor bei der Financial Times Deutschland gearbeitet hatte und auch in seiner neuen Funktion bis 2009 als Kolumnist für die FTD schrieb).

Stürmer war Mitglied des 125-köpfigen Councils[180]. Mit dabei waren ehemalige Premierminister, Präsidenten (wie Martti Ahtisaari), Minister (wie Joschka Fischer und Hans Eichel) und EU-Kommissare (wie Chris Patten), ehemalige und derzeitige Parlamentarier, Wirtschaftsführer, Intellektuelle, Wissenschaftler und Kulturschaffende von EU-Staaten und EU-Kandidatenländern. Unter den im Zeitraum 2007 - 2009 aktiven Politikeliten waren Karl-Theodor zu Guttenberg (Bundesverteidigungsminister), Ruprecht Polenz (Vorsitzender des Auswärtigen Ausschusses des Deutschen Bundestages), Hildegard Müller (2005 bis 2008 Staatsministerin bei der Bundeskanzlerin), Cem Özdemir (Parteivorsitzender Bündnis 90/Die Grünen), die Außenminister von Schweden, Finnland, Bulgarien und der Slowakei, der Sprecher des portugiesischen Parlaments, Daniel Cohn-Bendit (Ko-Fraktionsvorsitzender der Grünen im Europäischen Parlament) und Dominique Strauss-Kahn (Direktor des Internationalen Währungsfonds). Aus der Wirtschaft waren dabei

---

179 http://www.dgap.org/dgap/mitgliedschaft [18.6.2010]
180 http://www.ecfr.eu/content/council [19.6.2010]

Wolfgang Ischinger (Allianz SE), Caio Koch-Weser (Vizevorstandschef Deutsche Bank AG) und Unternehmensberater Roland Berger.

German British Forum
Das German British Forum ist eine Vereinigung, die den Dialog zwischen Deutschland und Großbritannien fördern will. Der Schwerpunkt liegt dabei auf der Wirtschaft: Das Forum »hat ein besonderes Interesse am Dialog in den Bereichen der Wirtschaft und Sozialpolitik sowie an ökonomischen Reformen, die Arbeitsplätze und Investitionen befördern.« (Website) Im Management Board und im Advisory Board des GFB finden sich vor allem Wirtschaftsvertreter, darunter der Präsident der Vermögensverwaltungsgesellschaft Schroders plc, der Europachef der weltweiten PR-Agentur Burson-Marsteller sowie Vertreter von Rhode Group Ltd., Körber AG, Deutsche Bank AG und Robert Bosch Ltd. UK. Das Forum vergibt jährlich einen Preis für besondere Beiträge zum deutsch-britischen Dialog. Stürmer war Mitglied der Jury für diesen Preis.[181] Die Jury war hauptsächlich mit Medienschaffenden besetzt, es fand sich aber auch der Chief Financial Officer von T-Systems Ltd. (britische Tochter der Deutschen Telekom AG).

Münchner Sicherheitskonferenz
Stürmer nahm zwischen 2001 und 2009 jedes Jahr an der Konferenz teil.[182] Näheres s. *Focus*, Markwort.

Valdai Discussion Club
Stürmer war Gründungsmitglied und nahm zuletzt 2008 an dem jährlichen Treffen in Russland teil[183] (Näheres s. FAZ, Nonnenmacher). Die Begegnungen mit Wladimir Putin in diesem Rahmen nutzte er für sein Buch »Putin and the Rise of Russia«, dt. »Russland – Das Land, das aus der Kälte kommt« (Murmann, Hamburg 2008).

---

181 http://www.gbf.com/gbf/people.asp [21.6.2010]
182 http://www.securityconference.de/Teilnehmer.207.0.html?&L=0 [23.6.2010]
183 http://en.valday2008.rian.ru/authors/authors.html [24.6.2010]

Sonstiges

Stürmers Engagement für die deutsch-amerikanische Freundschaft lässt sich an zwei weiteren Fakten ablesen: Mindestens im Jahr 1997 war er Mitglied der Atlantik-Brücke[184] (Näheres s. Bild, Diekmann); und im Jahr 1997 gab er mit dem amerikanischen Diplomaten und Präsidentenberater Robert D. Blackwill den Sammelband »Allies Divided – Transatlantic Policies for the Greater Middle East« (Cambridge, Mass.: The MIT Press) heraus. Dass ihm auch Europa ein Anliegen ist, zeigt seine Anwesenheit beim »Club of Three«, einem vertraulichen Gesprächskreis von deutschen, französischen und britischen Führungskräften aus Politik, Wirtschaft und Medien, die für die Jahre 2002 und 2009 durch eigene Artikel[185] und für die Jahre 2001 und 2007 durch internetöffentliche Tagesordnungen[186] belegt ist.

Weiterhin arbeitete er von 1987 bis 1998 als Direktor der Stiftung Wissenschaft und Politik (SWP)[187], einer Denkfabrik, die den Bundestag und die Bundesregierung in außen- und sicherheitspolitischen Fragen berät und den wesentlichen Teil ihres Budgets aus dem Bundeskanzleramt bezieht. Als SWP-Direktor hatte er regen Kontakt zur Chefetage des Bundesnachrichtendienstes: In seinem Buch »Russland – Das Land, das aus der Kälte kommt« dankt er u. a. dem ehemaligen BND-Chef Hans-Georg Wieck, »der an der Spitze des Bundesnachrichtendienstes in Pullach stets ein kundiger und urteilsfähiger Nachbar für die Stiftung Wissenschaft und Politik in Ebenhausen war« (S. 356). Weiterer Dank geht an andere Personen aus seinem Netzwerk laut Kap. 5.3.2.4, Abb. 18): »Ich erinnere mich an lange Gespräche mit (...) Ambassador (Ret.) Robert Blackwill (früher National Security Council, jetzt RAND Corporation), mit General Klaus Naumann, (...) und mit John Kornblum (früher US-Botschafter in Deutschland und heute Lazard Frères). (...) Guter Rat in Finanzfragen kam von Kurt Viermetz, früher J. P. Morgan und heute AR-Vorsitzender Deutsche Börse AG. (...) Viele Einsichten

---

184 http://www.contramotion.com/updates/materials/ALB-1997.html [17.6.2010]; die zugrunde liegende Originalliste liegt dem Autor vor
185 Die europäischen Verbündeten sorgen sich um das »kranke« Deutschland. In: *Die Welt* vom 12.12.2002; Drei Große unter sich. In: *Die Welt* vom 11.3.2009.
186 http://www.europaeum.org/files/publications/reports/Federalism_Report_Basel2001.pdf [1.11.2010], http://www.strategicdialogue.org/Club of Three Long War Agenda 23 24 March 07.pdf [1.11.2010]
187 http://en.valday2008.rian.ru/authors/stuermer/about_author.html [24.6.2010]

dazu [zum wirtschaftlichen Standing Russlands – U. K.] haben mir Dr. Klaus Mangold und Dr. Oliver Wieck vom Ost-Ausschuss der Deutschen Wirtschaft vermittelt.« (S. 356f.)

9.3.12   ZDF

- Frey, Dr. Peter (Leiter Hauptstadtstudio)

Bundesakademie für Sicherheitspolitik
Frey war Mitglied im Beirat der BAKS[188] (Näheres s. FAZ, Frankenberger). Bereits 2001 trat Frey als Mitautor eines Beitrages für eine BAKS-Publikation in Erscheinung (FREY/RENZ 2001).

Centrum für angewandte Politikforschung (CAP)
Frey wurde 2006 Fellow[189] (Näheres s. FAZ, Nonnenmacher). Mit dem CAP-Direktor Werner Weidenfeld ist Peter Frey seit langem bekannt: Frey hat 1986 bei Weidenfeld promoviert.[190]

Deutsche Orient Stiftung
Zweck der Stiftung ist die Förderung der Beziehungen zwischen Deutschland und den Ländern des Vorderen und Mittleren Orients auf den Gebieten der Wissenschaft, Wirtschaft, Kultur und Politik. Im Vorstand des Vereins finden sich Vertreter der Porsche AG und der Emirate Airlines (der staatlichen Fluggesellschaft der Vereinigten Arabischen Emirate).
Frey war bis 2010 Mitglied im Kuratorium der Stiftung[191], neben Philipp Mißfelder (außenpolitischer Sprecher der CDU/CSU-Fraktion im Bundestag), Max Stadler (stellv. Vorsitzender des Bundestags-Innenausschusses, seit 2009 Parlamentarischer Staatssekretär im Bundesjustizministerium), Hans-Joachim Fuchtel (seit 2009 Parlamentarischer Staatssekretär im Bundesarbeitsministerium), Jürgen Chrobog

---

188 http://www.BAKS.bundeswehr.de/portal/a/baks/kcxml/04 [15.6.2008]
189 http://www.cap-lmu.de/cap/fellows/index.php [18.6.2010]
190 http://www.cap-lmu.de/aktuell/meldungen/2009/frey.php [18.6.2010]
191 http://deutsche-orient-stiftung.de/content/view/3/7/lang,de [19.2.2010]

von der BMW Stiftung Herbert Quandt und dem Cheflobbyisten der Vodafone D2 GmbH.

Körber-Stiftung
Frey war Mitglied im siebenköpfigen Stiftungsrat.[192] Weitere Mitglieder waren etwa Detlev Terboven, stellv. Vorstandsvorsitzender der Körber AG, und Prof. Dr. Fritz Vahrenholt, Vorstandsvorsitzender des RWE-Tochterunternehmens RWE Innogy. Näheres s. SZ, Kornelius.

M100 Sanssouci-Colloquium
Frey war Beiratsmitglied. Näheres und Quelle s. ARD, Deppendorf.
- Kleber, Dr. Claus (Redaktionsleiter *heute-journal*)

Aspen Institute
Das Aspen Institute Deutschland ist einer von weltweit mehreren Ablegern des Aspen Institute in Washington D. C. Aspen bezeichnet sich als eine »internationale, überparteiliche und gemeinnützige Institution, die sich der Förderung moralischer Entscheidungsgrundlagen in der Außen- und Sicherheitspolitik verpflichtet hat« und organisiert »regelmäßig stattfindende Treffen interdisziplinärer Gruppen von Entscheidungsträgern aus Politik, Wirtschaft, Wissenschaft und Kultur, deren Vertreter sich oft kaum treffen würden« (Website).

Kleber war Mitglied im Kuratorium des Aspen Instituts Deutschland in Berlin[193], neben Vertretern der Unternehmen Siemens AG, ThyssenKrupp AG, Lockheed Martin Corp. sowie folgenden Politik-Eliten: Klaus Wowereit (Berlins Regierender Bürgermeister), Karsten D. Voigt (Auswärtiges Amt), Dr. Friedbert Pflüger (2002 - 2005 außenpolitischer Sprecher der CDU/CSU-Fraktion, 2005/06 Parlamentarischer Staatssekretär im Bundesverteidigungsministerium, 2006 - 2008 Chef der CDU-Fraktion im Abgeordnetenhaus von Berlin), Reinhard Bütikofer (2002 - 2008 Bundesvorsitzender von Bündnis 90/Die Grünen).

---

192 http://www.koerber-stiftung.de/stiftung/gremien/stiftungsrat.html [3.9.2010]
193 http://aspeninstitute.de/getfile/934.html [16.6.2010]

Sonstiges
Kleber bezog Nebeneinkünfte als Moderator von privaten bzw. Unternehmens-Veranstaltungen (RUPRECHT/GROSSPIETSCH 2009, MARTIN et al. 2007).
- Schächter, Prof. Dr. Markus (Intendant)

Bewerbungsgesellschaft München 2018 GmbH
München und Garmisch-Partenkirchen bewerben sich als Austragungsort für die Olympischen Winterspiele 2018; die Bewerbungsgesellschaft München 2018 GmbH erarbeitet die Bewerbung und führt sie durch. Markus Schächter war Mitglied des Kuratoriums[194]. Außerdem dabei: Thomas de Maizière (2005-2009 Chef des Bundeskanzleramts, seit 2009 Bundesinnenminister), Claudia Roth (seit 2004 Bundesvorsitzende der Partei Bündnis 90/Die Grünen), Frank-Walter Steinmeier (2005-2009 Bundesaußenminister, seit 2009 Vorsitzender der SPD-Bundestagsfraktion), Guido Westerwelle (seit 2009 Bundesaußenminister, Vorsitzender der FDP-Bundestagsfraktion), der BMW-Vorstandschef Norbert Reithofer und Jürgen Thumann, Präsident des Europäischen Industrie- und Arbeitgeberverbandes Businesseurope.

Christlich-Muslimische Friedensinitiative (CM-FI)
Der Verein will Spannungen zwischen islamischer und westlicher Kultur abbauen und »Integration in Deutschland aktiv voran bringen, gemeinsame Werte suchen und Zeichen setzen für ein friedliches Zusammenleben« (Website). Vorsitzender ist Ruprecht Polenz, seit 2005 Vorsitzender des Auswärtigen Ausschusses des Deutschen Bundestages. Markus Schächter wurde als Unterstützer der Initiative geführt.[195] Weitere Unterstützer: Alois Glück, 2002-2008 Präsident des bayerischen Landtages, Werner Hoyer, 2002-2009 stellv. Vorsitzender der FDP-Bundestagsfraktion und seit 2009 Staatsminister im Auswärtigen Amt, sowie die Oberbürgermeister der Städte München, Frankfurt/Main, Köln, Stuttgart und Nürnberg.

---

194 http://www.muenchen2018.org/ueber+uns/organe+der+gesellschaft/kuratorium/index.html [17.6.2010]
195 http://www.cm-fi.de/prominente-unterstuetzer.html [18.6.2010]

Deutsche Stiftung Denkmalschutz
Ziel der Stiftung ist es, »bedrohte Kulturdenkmale zu bewahren und für den Gedanken des Denkmalschutzes zu werben« (Website). Schirmherr ist der Bundespräsident.

Schächter war Mitglied im Kuratorium[196], u. a. zusammen mit Tessen von Heydebreck (Deutsche Bank AG).

Eugen Biser Stiftung
Benannt nach einem katholischen Theologen aus München, will die Stiftung den Dialog mit anderen Religionen, Weltanschauungen und Kulturen fördern.

Schächter war Mitglied im Kuratorium[197], neben Bundesbildungsministerin Annette Schavan, dem bayerischen Ministerpräsidenten Günther Beckstein, der Vizepräsidentin des Bundestages Katrin Göring-Eckardt, dem Präsidenten des bayerischen Landtags Alois Glück sowie einem Vorstandsmitglied der Eon Ruhrgas AG.

Fachhochschule Mainz
Die staatliche FH ist eine von drei öffentlichen Hochschulen in der rheinland-pfälzischen Landeshauptstadt. Sie hat drei Fachbereiche: Technik, Gestaltung und Wirtschaft.

Schächter war Mitglied im Kuratorium der FH[198]. Unter den 13 Kuratoren befanden sich auch ein Vorstandsmitglied der Schott AG (Technologiekonzern) und der Leiter Unternehmenskommunikation der Fraport AG (Frankfurter Flughafen).

FIFA-Frauen-WM Deutschland 2011
Das Organisationskomitee für die Fußball-Weltmeisterschaft der Frauen 2011 wurde von einem Kuratorium beraten, dem 20 Persönlichkeiten aus Politik, Wirtschaft, Sport, Medien, Kunst und Kultur angehörten.

Schächter war Mitglied in diesem Kuratorium[199]. Weitere Mitglieder waren Bundesinnenminister Dr. Wolfgang Schäuble, Bundesfamilienministerin Ursula von der Leyen, Claudia Roth, Bundesvorsitzende

---

196 http://www.denkmalschutz.de/gremien_stiftung.html?&L= [19.6.2010]
197 http://www.eugen-biser-stiftung.de/stiftung_kuratorium.html [19.6.2010]
198 http://www.fh-mainz.de/fh-mainz/organisation/kuratorium/index.html [21.6.2010]
199 http://de.fifa.com/womensworldcup/organisation/media/newsid=892133.html [21.6.2010]

von Bündnis 90/Die Grünen, Bernd Neumann, der Beauftragte der Bundesregierung für Kultur und Medien, die saarländische Familienministerin und zugleich Vorsitzende der Kultusministerkonferenz, der Vorsitzende des Sportausschusses im Deutschen Bundestag, die Oberbürgermeisterin von Frankfurt/Main, der Aufsichtsratsvorsitzende der Commerzbank AG und der Präsident des Bundesverbandes der deutschen Industrie.

Forum Familie stark machen
Das Forum ist ein Verein, der einen Beitrag dazu leisten will, das Ansehen der Familie in der Gesellschaft stärken, den Druck auf die Familien zu mindern und eine neue Work-Life-Balance in einer Gesellschaft langen Lebens zu verwirklichen. (Website)
Schächter war Mitglied im siebenköpfigen Kuratorium,[200] u. a. zusammen mit Bundesfamilienministerin Ursula von der Leyen.
Internationale Journalisten Programme
Schächter war Mitglied im Deutschen Kuratorium der IJP (Quelle s. SZ, Kilz). Außerdem war Schächter mindestens im Jahr 2004 Kurator des »Arthur F. Burns Fellowship«, eines deutsch-amerikanischen Journalisten-Austauschprogramms, das der Verein Internationale Journalisten Programme zusammen mit dem International Center for Journalists in Washington, D. C., durchführt. Näheres und Quelle s. FAZ, Schirrmacher.

Kulturstiftung Festspielhaus Baden-Baden
Schächter war Vizevorsitzender des Kuratoriums. Näheres und Quelle s. ARD, Boudgoust.

Kuratorium Friedrich300
Die Stiftung Preußische Schlösser und Gärten Berlin-Brandenburg feierte den 300. Geburtstag Friedrichs des Großen im Januar 2012. Zur Vorbereitung bildete sie ein Kuratorium mit 16 Persönlichkeiten aus Kultur, Politik, Wirtschaft und Wissenschaft, die auch als Botschafter des Jubiläums fungieren sollten.

---

200 http://www.familie-stark-machen.de/files/generationenbarometer09_pressemappe.pdf [21.6.2010]

Schächter war Mitglied im Kuratorium Friedrich300.[201] Mit dabei: Tessen von Heydebreck (Deutsche Bank AG) und Jörg Schönbohm (Innenminister von Brandenburg). Der Stiftungsrat der Stiftung Preußische Schlösser und Gärten Berlin-Brandenburg, die das Kuratorium Friedrich300 eingerichtet hat, besteht aus Vertretern des Bundes und der Länder Berlin und Brandenburg, darunter die Wissenschaftsministerin von Brandenburg und ein Staatssekretär des Bundesverkehrsministeriums.

Land der Ideen
»Deutschland – Land der Ideen« ist eine Standortinitiative, die die Attraktivität Deutschlands als Wirtschaftstandort hervorheben will. Angestoßen wurde sie von der Bundesregierung und der deutschen Wirtschaft in Gestalt des Bundesverbandes der Deutschen Industrie (BDI). Schirmherr war bis 2010 Bundespräsident Horst Köhler. Getragen wird die Initiative von einem Verein, in dem sich Bundesministerien, öffentliche Institutionen und private Unternehmen zusammengeschlossen haben. Vorsitzender des Vereins ist Jürgen Thumann, Vize-Präsident des Bundesverbandes der Deutschen Industrie (BDI), unter den weiteren vier Präsidiumsmitgliedern sind Wulf H. Bernotat (bis 2010 Vorstandschef der Eon AG, Aufsichtsrat bei Metro AG, RAG, Allianz, Bertelsmann) und Bundesforschungsministerin Prof. Dr. Annette Schavan. Schächter war Mitglied des 26-köpfigen Kuratoriums[202], in dem außerdem Führungspersonal folgender Unternehmen vertreten waren: Eon AG, Fraport AG, TUI AG, RWE AG, Deutsche Post AG, HDI-Gerling Versicherungen, Bayer AG, Wall AG, Deutsche Kreditbank AG.

Ludwig-Börne-Stiftung
Die Stiftung wurde 1992 gegründet, um an den Schriftsteller und Journalisten Ludwig Börne zu erinnern, und verleiht alljährlich den Ludwig-Börne-Preis an deutschsprachige Autoren für Leistungen im Bereich des Essays, der Kritik und der Reportage.
Schächter war Mitglied im siebenköpfigen Vorstand der Stiftung.[203] Mit dabei: Klaus-Peter Müller (Commerzbank AG) und Frankfurts Oberbürgermeisterin Petra Roth.

---

201 http://www.spsg.de/index_8297_en.html [21.6.2010]
202 http://www.land-der-ideen.de/CDA/kuratorium,4361,0,,de.html [22.6.2010]
203 http://www.boerne-stiftung.de/vorstand-ludwig-borne-stiftung.html [23.6.2010]

Museumsinsel Berlin
Die Berliner Museumsinsel ist einer der wichtigsten Museenkomplexe der Welt. Zu ihr gehören das Bodemuseum, das Pergamonmuseum, das Alte Museum, das Neue Museum, die Alte Nationalgalerie und die James-Simon-Galerie. Die Museumsinsel gehört seit 1999 dem Weltkulturerbe der UNESCO an. Um die Museumsinsel finanziell und ideell zu unterstützen, haben sich im Jahr 2001 große Wirtschaftsunternehmen in einem Kuratorium zusammengeschlossen.

Das ZDF war in Gestalt von Schächter Mitglied in diesem 16-köpfigen Kuratorium.[204] Außerdem dabei: die Spitzen von Allianz SE, Bank of America Merrill Lynch, Daimler Financial Services AG, Deutsche Bahn AG, Deutsche Bank AG, Eon AG, JPMorganChase, KPMG, Linde AG, Metro AG und Siemens AG.

Nibelungen-Festspiele Worms
Ein Theaterfestival, das seit 2002 jährlich im August auf einer Freilichtbühne vor dem Wormser Dom stattfindet.

Schächter war Mitglied im Kuratorium[205], in dem sich 16 Personen aus Politik, Wirtschaft, Wissenschaft, Medien und Kultur zusammengeschlossen haben. Weitere Mitglieder waren Bundesforschungsministerin Annette Schavan, die Bildungsministerin des Landes Rheinland-Pfalz und der Vize-Vorstandsvorsitzende der BASF AG.

Senckenbergische Naturforschende Gesellschaft
Schächter war Mitglied im Kuratorium. Näheres und Quelle s. FAZ, D'Inka.

Stiftung Deutsche Sporthilfe
Die Stiftung fördert Sportlerinnen und Sportler, »die sich auf sportliche Spitzenleistungen vorbereiten, solche erbringen oder erbracht haben und die durch ihr Auftreten und ihre Leistungsbereitschaft (...) als Leitbilder für die Bundesrepublik Deutschland und ihre Gesellschaft

---

204 http://www.gesichter-des-orients.de/smb/service/index.
205 http://www.worms.de/deutsch/kultur/nibelungen/nibelungenfestspiele_kuratorium.php [24.6.2010]

stehen sowie als Motivatoren für die Breitensport-Bewegung« (Website). Schirmherr ist der Bundespräsident.

Schächter war Mitglied des 15-köpfigen Stiftungsrats.[206] Mit dabei: die Vorstandsvorsitzenden der Deutschen Bank AG (Josef Ackermann), der Deutschen Telekom AG (René Obermann), der Daimler AG (Dieter Zetsche), von RWE AG (Jürgen Großmann), der TUI AG (Michael Frenzel) und der Aufsichtsratsvorsitzende der Lufthansa AG (Jürgen Weber). Vorsitzender des Stiftungsrates ist Jürgen Hubbert, bis Ende 2007 Aufsichtsratschef von DaimlerCrysler.

Stiftung Frauenkirche Dresden
Bis 2005 bestand die Aufgabe der Stiftung im Wiederaufbau der im Zweiten Weltkrieg zerstörten Dresdner Frauenkirche. Seit der Vollendung der Rekonstruktion geht es der Stiftung um den Erhalt des Baues und seine gemeinnützige, kirchliche Nutzung.

Schächter war Mitglied im 36-köpfigen Kuratorium.[207] Mit dabei: die Bundeskanzlerin, der sächsische Ministerpräsident, die Dresdner Oberbürgermeisterin, die Vorstandsvorsitzenden der Commerzbank AG und der ThyssenKrupp AG und der Cheflobbyist der Allianz SE.

Stiftung Kaiserdom zu Speyer
Schächter war Mitglied im Kuratorium. Näheres und Quelle s. FAZ, Schirrmacher.

Ursula-Lübbe-Stiftung
Die Stiftung wurde 2003 von Ursula Lübbe (Witwe des Verlegers Gustav Lübbe, Bastei Lübbe Verlag) gegründet und hat sich die Förderung von Bildung, Kunst und Kultur insbesondere für Kinder und Jugendliche zur Aufgabe gemacht. Eines ihrer Projekte ist die Herausgabe des Kinder-Kultur-Magazins »KiKuMa«, dem ein Herausgeberbeirat zur Seite steht. Schächter war Mitglied dieses 27-köpfigen Beirates.[208] Vorsitzender des Beirats war Bernd Neumann, Staatsminister für Kultur und Medien bei der Bundeskanzlerin, weitere Mitglieder waren Dr. Jürgen Rüttgers,

---

206 https://www.sporthilfe.de/Stiftungsrat.dsh?ActiveID=1362 [24.6.2010]
207 http://www.frauenkirche-dresden.de/kuratorium.html [24.6.2010]
208 http://www.ursula-luebbe-stiftung.de/ [25.6.2010]

Ministerpräsident von Nordrhein-Westfalen, Wolfgang Bosbach, 2000 bis 2009 stellvertretender Vorsitzender der CDU/CSU-Bundestagsfraktion und seit 2009 Vorsitzender des Bundestags-Innenausschusses, die Vorsitzende des Bundestagsausschusses für Familie, Senioren, Frauen und Jugend sowie ein Parlamentarischer Staatssekretär des Bundesbildungsministeriums.

Welthungerhilfe
Schächter war Mitglied im Kuratorium. Näheres und Quelle s. ARD, Raff. Siegloch, Klaus-Peter (Stellv. Chefredakteur)

Bertelsmann Stiftung
Die Stiftung mit Sitz in Gütersloh versteht sich laut Eigenbeschreibung »als Förderin des gesellschaftlichen Wandels« und »als ›Motor‹, der notwendige Reformen initiiert und voranbringt«. Dabei folgt sie der Überzeugung, »dass die Prinzipien unternehmerischen Handelns zum Aufbau einer zukunftsfähigen Gesellschaft beitragen können«. Ihr Engagement für Studiengebühren, wirtschaftsfreundliche Arbeitsmarktreformen, die Verschlankung von Kommunalverwaltungen oder die Privatisierung des Gesundheitswesens hat ihr breite Kritik als Fahnenträgerin des Neoliberalismus eingebracht (SCHULER 2010, BAUER 2006, BARTH/SCHÖLLER 2005, BAETZ 2004).

Siegloch war Mitglied des Kuratoriums[209]. Mit dabei: Eliten der Unternehmen Nestlé AG, Eon AG, Siemens AG sowie Liz Mohn als Vorsitzende der Bertelsmann Verwaltungsgesellschaft.

Berliner Salon am Gendarmenmarkt
Der Salon wurde 2000 vom Kommunikationschef der KfW-Bankengruppe gemeinsam mit dem damaligen ZDF-Moderator Michael Jungbluth gegründet und versteht sich als exklusives Debattierforum, bei dem »gestandene Entscheider an einen Tisch« gebracht werden sollen (LIANOS 2003b: 17). Der Salon findet viermal im Jahr statt und hat 170 Teilnehmer, deren Namen nicht herausgegeben werden. Nach einem einstündigen, moderierten Streitgespräch zwischen zwei Meinungs-

---

[209] http://www.bertelsmann-stiftung.de [16.6.2010]

bildnern gibt es ein Get-Together. Veranstaltungsort ist der Historische Kassensaal der KfW Niederlassung Berlin.

Siegloch übernahm im Salon den Platz von Jungbluth als Moderator der Streitgespräche, nachdem jener in Ruhestand gegangen war (ebd.: 24).

Sonstiges ZDF
Das ZDF lud jährlich zum Sommerfest in die Neue Nationalgalerie ein, so am 5.7.2007 auf den Potsdamer Platz (mit Angela Merkel, Roland Koch, Hubertus Heil, Franz Müntefering, Rainer Brüderle) sowie am 23.6.2008 und 29.6.2009 in die Neue Nationalgalerie Berlin mit ähnlich hohem Besuch. Als Sponsoren der Feiern traten BMW, Bombardier, Vattenfall und Deutsche Post in Erscheinung.[210]

9.3.13 Zeit

- Brost, Marc (stellv. Ressortleiter Wirtschaft)

Atlantik-Brücke
Brost wurde 2004 zum »Young Leader« der Atlantik-Brücke (Näheres s. Bild, Diekmann) gekürt.[211] Seit 1973 ernennt der Verein »junge, aufstrebende Persönlichkeiten des öffentlichen Lebens in den USA, Deutschland und anderen europäischen Staaten« zu »Young Leaders« (YL), die dann zur aktuellen, jährlich stattfindenden deutsch-amerikanischen oder europäischen Konferenz eingeladen werden (Website). Die »Young Leaders« haben dann als Alumni auch später Zugang zu entsprechenden Veranstaltungen.

Dass Brost Kontakt hielt, zeigt die Tatsache, dass er 2008 bei einem Young-Leaders-Treffen in Hamburg dabei war und eine Podiumsdiskussion mit anderen Young-Leaders-Alumni moderierte: nämlich Wolfgang Ischinger von der Allianz SE (YL 1978), Peter Friedrich, MdB SPD (YL 2007), Philipp Mißfelder, MdB CDU (YL 2007), Prof. Dr. Hans-Gert Pöttering, Präsident des Europäischen Parlaments, (YL 1973) und dem

---

210 *Politik & Kommunikation* September 2007: 71, September 2008: 70, September 2009: 69
211 www.atlantik-bruecke.org/owx_medien/media8/866.pdf [15.6.2010]

Vorstandschef der Communications & Network Consulting AG, Christoph Walther (YL 1984).
- Hofmann, Dr. Gunter (Chefkorrespondent)

Gelbe Karte
Hofmann war Mitglied. Näheres und Quelle s. FR, Doemens.
- Heuser, Uwe Jean (Ressortleiter Wirtschaft)

Weltwirtschaftsforum
Heuser nahm an den Jahrestreffen 2007 und 2008 in Davos teil. Näheres und Quelle s. *Bild*, Diekmann.
- Joffe, Dr. Josef (Mitherausgeber)

Alfred Herrhausen Gesellschaft
Die Gesellschaft ist das gemeinnützige »Internationale Forum« der Deutschen Bank AG.
Joffe war Mitglied im Kuratorium.[212] Außerdem dabei: Die Deutsche-Bank-Eliten Josef Ackermann (Vorstandsvorsitzender) und Tessen von Heydebreck (Mitglied des Group Executive Committee und bis 2007 Vorstandsmitglied, außerdem Aufsichtsratsmitglied bei BASF, Vattenfall Europe und Deutscher Postbank) sowie Allianz-Cheflobbyist Wolfgang Ischinger.

American Academy in Berlin
Die Academy fördert seit 1994 die Verständigung zwischen den USA und Deutschland, etwa indem sie Wissenschaftlern, Autoren, Politikern und Künstlern aus den USA Aufenthalte in Berlin finanziert und US-Eliten zu Stippvisiten nach Berlin bringt (Website).
Joffe war Mitglied im Kuratorium[213]. Dieses wurde geführt von Henry Kissinger, dem ehemaligen US-Außenminister und heutigen Inhaber der Consulting-Firma Kissinger Associates, und dem ehema-

---

212 Auf der Website der Alfred Herrhausen Gesellschaft taucht Joffe zwar nicht als aktuelles Kuratoriumsmitglied auf, aber die Information findet sich in zwei Kurzbiografien von Joffe (die er vermutlich selbst verfasst hat) und verweist offenbar auf eine frühere Mitgliedschaft: http://www.gbf.com/gbf/speakers.asp?ConfNo=1007&SpeakerNo=305 [15.6.2010] und http://www.aicgs.org/about/board/joffe.aspx [15.6.2010].
213 http://www.americanacademy.de/home/about-us/trustees [15.6.2010]

ligen Pepsi-Cola-Vizevorstandsvorsitzenden Karl M. von der Heyden. Weitere Kuratoren: Klaus Wowereit, Regierender Bürgermeister von Berlin und stellvertretender SPD-Bundesvorsitzender, und Eliten der Unternehmen Daimler AG, Franz Haniel & Cie. GmbH, Metro AG, Robert Bosch GmbH, Lufthansa AG, The Carlyle Group, Siemens AG und Hypo Real Estate Holding AG.

American Council on Germany (ACG)
Eine amerikanische Nonprofit-Organisation, die den Dialog zwischen Führungskräften aus Wirtschaft, Regierung und Medien in den USA und Europa stärken will und 1952 in New York gegründet wurde; damals trat er als Schwesterorganisation der Atlantik-Brücke (s. *Bild*, Diekmann) in Erscheinung (ZETSCHE 2009: 51ff.). Der ACG organisiert politische Diskussionen, Seminare, Studienreisen, die jährlichen American-German Young Leaders Conferences und vergibt Stipendien u. a. an Journalisten. In den Gremien des ACG finden sich Eliten der US-Wirtschaft (u. a. des Bankhauses J. P. Morgan Chase, des Telekommunikationskonzerns AT&T, der Federal Reserve Bank of Dallas, der Private Equity Fonds The Carlyle Group und Perseus LLC) und der deutschen Wirtschaft (Siemens AG, Bayer AG, Hypo Real Estate Holding AG, Deutsche Bank AG).
    Joffe war Mitglied im ACG.[214]

American Institute for Contemporary German Studies
Joffe war Mitglied im Kuratorium.[215] Näheres s. *SZ*, Kornelius.

Aspen Institute
Joffe war Mitglied im deutschen Kuratorium. Näheres und Quelle s. *ZDF*, Kleber.

Atlantik-Brücke
Joffe war Mitglied im Kuratorium.[216] Näheres s. *Bild*, Diekmann.

---

214 Dies erwähnt er in mehreren Kurzbiografien, etwa hier: http://fce.stanford.edu/people/josef-joffe/ [22.6.2010]
215 http://www.aicgs.org/about/board [16.6.2010]
216 http://www.contramotion.com/updates/materials/ALB-1997.html [17.6.2010] und die zugrundeliegende Originalliste, die dem Autor vorliegt. Als Freund oder Mitglied des Vereins hat er eine Anzeige der Atlantik-Brücke in der *New York Times* vom 16.2.2003 mitunterzeichnet (http://www.atlantik-bruecke.org/owx_medien/media1/113.pdf [19.6.2010]). Außerdem nahm

Bilderberg

Die Bilderberg-Konferenzen sind ein vertrauliches europäisch-amerikanisches Elitenforum, das jedes Jahr drei Tage lang in einem Fünf-Sterne-Hotel eines der teilnehmenden Länder stattfindet. Gegründet wurde das Forum 1954 »aus der Sorge heraus (...), dass Westeuropa und Nordamerika bei gemeinsamen Problemen nicht so eng zusammenarbeiten, wie sie sollten«[217]. Auch wenn Bilderberg häufig als Instrument US-amerikanischer Hegemonie angesehen wird (KRYSMANSKI 2004: 59), ist historisch belegt, dass Bilderberg ursprünglich keine amerikanische Idee war: »The Bilderberg Group was exclusively a European initiative, started and financed by Europeans« (GIJSWIJT 2007: 5, vgl. auch AUBOURG 2004, AUBOURG 2009, WILFORD 2003, PIJL 1996: 267f.). Bilderberg hat offensichtlich als Geburtshelfer bedeutender politischer Entwicklungen wie der Europäischen Integration und der deutschen Wiedervereinigung eine wichtige Rolle gespielt, zumindest standen diese Themen jeweils frühzeitig auf der Agenda (KLÖCKNER 2007: 67). Die größte Bedeutung dürfte Bilderberg aber bei der Etablierung eines dichten zwischenmenschlichen Netzwerks, einer transatlantischen politischen Kultur und eines Sinns für »a basic consensus on transatlantic cooperation and the need for Western unity« unter den Eliten Nordamerikas und Westeuropas gehabt haben (GIJSWIJT 2007: 294f.). Gewöhnlich nehmen rund 120 Personen teil, zwei Drittel aus Europa, ein Drittel aus den USA und Kanada. Rund ein Drittel kommt aus Regierungen und Politik, und zwei Drittel aus Industrie, Finanzsektor, Gewerkschaften, Wissenschaft, Medien und Militär. Es gibt einen Inner Circle, den 35-köpfigen Lenkungsausschuss (steering committee), deren Mitglieder garantiert dabei sind und die über die zu besprechenden Themen und die übrigen Teilnehmer der Konferenz entscheiden.

Joffe war 2006 Teilnehmer der Konferenz[218], außerdem dabei u. a.: Timothy Geithner, Präsident der US-Notenbank Federal Reserve, die EU-Kommissare Neelie Kroes und Andris Piebalgs, der Vizeaußenmi-

---

er an einem von der Atlantik-Brücke mitorganisierten »World Young Leaders«-Treffens 2006 in Bayern teil (Jahresbericht der Atlantik-Brücke 2006/07, S. 44: http://www.atlantik-bruecke.org/owx_ medien/media2/285.pdf [1.10.2010].
217 http://www.bilderbergmeetings.org [17.6.2010]
218 http://www.bilderberg.org/2006.htm#list [19.6.2010]. Bereits 1993 hat Joffe, damals noch bei der *Süddeutschen Zeitung* tätig, an einer Bilderberg-Konferenz teilgenommen: http://www.bilderberg.org/1993.htm#1993 [24.6.2010].

nister der USA und spätere Weltbank-Präsident Robert B. Zoellick, die Finanzminister von Griechenland, Finnland und Italien, der Wirtschaftsminister von Österreich, der Außenminister von Spanien sowie die Vorstands- oder Vizevorstandschefs der Versicherungsgesellschaften Swiss Re und AXA, der Mineralölkonzerne BP und Royal Dutch Shell, der Banken Rothschild Europe, Royal Bank of Canada und Goldman Sachs, des Autoherstellers Fiat, des Stahl- und Rüstungsunternehmens ThyssenKrupp AG und der Deutschen Post AG.

Council on Public Policy
Dieser an der Universität Bayreuth angesiedelte amerikanisch-europäischer Think Tank hat es sich zum Ziel gesetzt, »individuelle Freiheit zu stärken, indem es für freiheitliche, marktorientierte Prinzipien in Politik und Gesellschaft eintritt, und die transatlantischen Beziehungen zu pflegen« (Website). Im Vorstand des Council fand sich u. a. FDP-Sprecher Robert von Rimscha.

Joffe war Mitglied im zwölfköpfigen Kuratorium des Council.[219] Weitere Mitglieder: Karl-Theodor zu Guttenberg (Bundesverteidigungsminister), Martin Blessing (Vorstandsvorsitzender der Commerzbank), Wolfgang Ischinger (Cheflobbyist der Allianz), Kurt F. Viermetz (bis 2008 Aufsichtsratsvorsitzender der Hypo Real Estate Holding) und der CDU-Bundestagsabgeordnete Friedrich Merz.

Deutsches Museum in München
Joffe war Mitglied im Kuratorium. Näheres und Quelle s. FAZ, Schirrmacher.

Europe's World
Eine pan-europäische Zeitschrift, die 2005 von der Brüsseler Denkfabrik Friends of Europe ins Leben gerufen wurde. Sie erscheint dreimal im Jahr auf Englisch und Französisch und ist eine Plattform zur Selbstverständigung europäischer Politiker und Meinungsmacher. Als Chefredakteur der Zeitschrift fungiert der Generalsekretär von Friends of Europe.

---

219 http://www.council.uni-bayreuth.de/index.pl?lang=de&id=4225 [18.6.2010]

Joffe war Mitglied im 26-köpfigen Editorial Board der Zeitschrift.[220] Mit dabei: der Staatspräsident von Estland, der schwedische Außenminister, die griechische Bildungsministerin, die Vorsitzende der Grünen-Fraktion im Europäischen Parlament, die Vorsitzende des Kulturausschusses im Europäischen Parlament und der Generaldirektor der Welthandelsorganisation WTO.

Goldman Sachs Foundation
Goldman Sachs ist ein global tätiges Investmentbanking- und Wertpapierhandelsunternehmen mit Sitz in New York und unterhält seit 1999 mit der Goldman Sachs Foundation eine Stiftung, die die Bildung weltweit fördern will.

Joffe war Mitglied im achtköpfigen Kuratorium der Stiftung,[221] neben mehreren Managing Directors von Goldman Sachs und unter der Leitung eines ehemaligen Ko-Vorstandschefs von Goldman Sachs.

HypoVereinsbank
Die HypoVereinsbank (als Marke der Uni Credit AG) mit Sitz in München ist das drittgrößte Kreditinstitut in Deutschland, wenn man die Bilanzsumme als Kriterium nimmt.

Joffe war von 2001 bis 2005 Mitglied des Europäischen Beirats der HypoVereinsbank.[222] Dieser neunköpfige Beraterkreis traf sich zweimal jährlich, und hatte die Aufgabe, »die HypoVereinsbank über die wichtigsten bankwirtschaftlichen, wirtschaftspolitischen und gesellschaftlichen Entwicklungen in den einzelnen Regionen, in denen die HVB Group tätig ist, zu beraten und Beziehungen in diesen Regionen aufzubauen«.[223] Mit im Beirat: der Vorstandschef des Softwareherstellers SAP AG, der Aufsichtsratsvorsitzende des Pharmakonzerns Schering AG sowie Susanne Klatten (Aufsichtsrat bei Autohersteller BMW AG und Chemiekonzern Altana AG) an.

---

220 http://www.europesworld.org/NewEnglish/BottomMenu/EditorialBoard/tabid/784/Default.aspx [24.6.2010]
221 http://www2.goldmansachs.com/citizenship/philanthropy/publications-and-resources/gsf-annual-reports/2006-annual-report.pdf [21.6.2010]
222 http://investors.hypovereinsbank.de/cms/binaries/downloads/en/reports/2001_AR10_110-114.pdf [22.6.2010]
223 http://investors.hypovereinsbank.de/cms/binaries/downloads/de/reports/2001_JB_gremien.pdf [22.6.2010]

International Institute for Strategic Studies
Joffe war Mitglied.[224] Näheres s. FAZ, Nonnenmacher.

Internationale Politik
Joffe war Mitglied im Beirat[225]. Näheres s. FAZ, Nonnenmacher.

Münchner Sicherheitskonferenz
Joffe nahm zwischen 1999 und 2009 jedes Jahr an der Konferenz teil. Näheres und Quelle s. *Focus*, Markwort.

Open University of Israel
Die größte Universität Israels, gegründet 1974 von dem israelischen Politiker Yigal Allon und der Banker- und Industriefamilie Rothschild. Sie hat in Deutschland seit 2006 einen Unterstützerverein, die Freunde der Open University. Vereinsvorsitzender ist Prof. Gert Weisskirchen, 1998-2007 Vorstandsmitglied der SPD-Bundestagsfraktion und 1999-2009 außenpolitischer Sprecher der SPD-Fraktion.
 Joffe ist Mitglied im achtköpfigen Kuratorium dieses Vereins[226].

The American Interest
Eine 2005 gegründete, zweimonatlich erscheinende Zeitschrift mit dem Schwerpunkt Außenpolitik und Weltwirtschaft, die das Selbstverständnis von US-Interessen und US-Politik debattiert.
 Joffe hat die Zeitschrift mitgegründet und war Mitglied im Editorial Board[227]. Dort außerdem dabei: Stephen D. Krasner, 2005 bis 2007 Direktor des Policy Planning Staff im US-Außenministerium, außerdem Intellektuelle und politiknahe Wissenschaftler wie Zbigniew Brzezinski (Berater der Präsidenten Jimmy Carter und Barack Obama, Mitgründer der Trilateralen Kommission), Francis Fukuyama (in den 1980er Jahren leitender Mitarbeiter im Außenministerium) und Walter Russell Mead (Senior Fellow des Council on Foreign Relations).

---

224 http://fce.stanford.edu/people/josefjoffe/ [22.6.2010]
225 Impressum der Ausgabe Juli/August 2009
226 http://www.freunde-open-university.de/index.php?kuratorium [21.6.2010]
227 http://www.the-american-interest.com/mast.cfm [16.6.2010]

Trilaterale Kommission
Joffe war Mitglied.[228] Näheres s. FAZ, Frankenberger.

Weltwirtschaftsforum
Joffe nahm an den Jahrestreffen 2007, 2008 und 2009 in Davos teil. Näheres und Quelle s. *Bild*, Diekmann.

Sonstiges
Joffe war mit weiteren wissenschaftlichen Einrichtungen in den USA assoziiert, die einen Bezug zu Außenpolitik oder zum Judentum aufweisen (Olin Institute for Strategic Studies[229], Leo Baeck Institute[230]), in denen aber kein sichtbares Kontaktpotenzial zu Eliten bestand.
- Lorenzo, Giovanni di (Chefredakteur)

Berliner Presse Club
Di Lorenzo war Mitglied (FISCHER 2007: 202). Näheres s. FTD, Theyssen.

Forum of Young Global Leaders
Eine Stiftung, die 2004 von dem Wirtschaftswissenschaftler Klaus Schwab (dem Vorsitzenden des Weltwirtschaftsforums, s. Bild, Diekmann) gegründet wurde. Ziel ist die Schaffung eines weltweites Netzwerk von jungen Eliten (bis zum Alter von 40 Jahren) aus allen gesellschaftlichen Sektoren. Schwab ist auch Vorsitzender des Forums. Unter den acht Mitgliedern des Foundation Board ist Führungspersonal von Merck-Serono Biopharmaceuticals und der Carlyle Group sowie der ehemalige Premierminister von Singapur. Wer ein Young Global Leader wird, entscheidet ein 30-köpfiges Auswahlkomitee aus Medienmanagern und Journalisten aus aller Welt.

Di Lorenzo war Mitglied dieses Auswahlkomitees[231] (neben Axel-Springer-Vorstandschef Mathias Döpfner und Verleger Hubert Burda).

---

228 http://www.aicgs.org/about/board/joffe.aspx [24.6.2010]. Joffe taucht außerdem im offiziellen Dokumentationsband des Jahrestreffens 1995 auf: http://www.trilateral.org/annmtgs/trialog/trlglist.htm [24.6.2010], auf einer Teilnehmerliste des Jahrestreffens 2002 in Washington: http://www4.dr-rath-foundation.org/open_letters/trilateral_members.htm [24.6.2010]
229 http://www.wcfia.harvard.edu/olin/people/associates.htm [21.6.2010]
230 http://www.lbi.org/StaffDirectory.html [21.6.2010]
231 http://www.weforum.org/en/Communities/Young%20Global%20Leaders/Nominations/SelectionCommittee/index.htm [21.6.2010]

Vorsitzende des Komitees war Königin Rania von Jordanien. Im Jahr 2009 kürte das Komitee aus 5.000 Nominierten etwa 230 Personen zu Young Global Leaders, darunter den damaligen Bundeswirtschaftsminister zu Guttenberg.[232]

Gedenkstätte Berlin-Hohenschönhausen
Sie befindet sich in den Räumen des ehemaligen zentralen Untersuchungsgefängnisses der DDR-Staatssicherheit und erinnert an die Opfer der dort verübten Gewalt. 2003 wurde ein Förderverein gegründet, der die Gedenkstätte finanziell, ideell und praktisch unterstützt; »er möchte zur zentralen Aufgabe der Gedenkstätte beitragen, zur kritischen Auseinandersetzung mit der kommunistischen Diktatur in Ostdeutschland anzuregen.« (Website) Zu den Gründungsmitgliedern des Fördervereins zählen ehemalige Häftlinge, Bürgerrechtler, Politiker und Publizisten.

Di Lorenzo war Gründungsmitglied des Fördervereins[233], neben Bundeswirtschaftsminister Michael Glos, Bundestagsvizepräsident Dr. Hermann Otto Solms und Stephan Hilsberg (Vizevorsitzender der SPD-Bundestagsfraktion).

M100 Sanssouci-Colloquium
Di Lorenzo war Beiratsmitglied. Näheres und Quelle s. ARD, Deppendorf.

Zeit-Stiftung Ebelin und Gerd Bucerius
Die 1971 gegründete Stiftung fördert Wissenschaft und Forschung, Kunst und Kultur sowie Bildung und Erziehung. Unter anderem ist sie Gründerin der Bucerius Law School (einzige privaten Hochschule für Rechtswissenschaft in Deutschland) und Trägerin des Bucerius Kunst Forum in Hamburg.

Di Lorenzo war Mitglied im 14-köpfigen Kuratorium der Stiftung.[234] Außerdem dabei: der Aufsichtsratsvorsitzende der Hamburger Sparkasse AG (der größten Sparkasse Deutschlands) sowie Siegfried Luther (bis 2005 Finanzchef der Bertelsmann AG), Bernd Wrede (1993 - 2001

---

232 »Alle Neune für Davos«, in: *Tagesspiegel* vom 26.2.2009: http://www.tagesspiegel.de/wirtschaft/alle-neune-fuer-davos/1459374.html [21.6.2010].
233 http://www.foerderverein-hsh.de/gruendung.html [21.6.2010]
234 http://www.zeit-stiftung.de/home/index.php?id=23 [25.6.2010]

Vorstandsvorsitzender des Hamburger Transportunternehmens Hapag-Lloyd AG) und Prof. Dr. Manfred Lahnstein (1983 - 2004 bei der Bertelsmann AG Vorstand, Aufsichtsrat und Sonderbeauftragter).
- Naß, Matthias (stellv. Chefredakteur)

Atlantik-Brücke
Naß war mindestens um das Jahr 2002 Mitglied oder Freund der Atlantik-Brücke, denn er hat eine Gratulationsanzeige zum 50. Geburtstag des Vereins (*Welt* vom 17.4.2002, S. 6) mit unterzeichnet. Näheres s. *Bild*, Diekmann.

Bilderberg
Näheres s. *Zeit*, Joffe. Matthias Naß nahm seit 1997 an den Konferenzen teil und war darüber hinaus Mitglied im 35-köpfigen Lenkungsausschuss von Bilderberg (KRÜGER 2007b: 57ff.).[235] Im Lenkungsausschuss sitzen außerdem Alt-Bankier David Rockefeller und Spitzenpersonal der Unternehmen Deutsche Bank, Coca-Cola, Telecom Italia, Airbus, Royal Dutch Shell, Novartis, Syngenta, TD Bank Financial Group, AXA, DONG Energy, Clarium Capital Management, Goldman Sachs International und British Petroleum, außerdem politiknahe Politikwissenschaftler wie Richard Perle vom American Enterprise Institute und Thierry de Montbrial, Leiter des Institut Français des Relations Internationales.[236]

Unter den Konferenzteilnehmern sind neben Größen aus der globalen Wirtschaft auch zahlreiche Spitzenpolitiker, so in den Jahren der Jahre 2007 - 2009 der österreichische Bundeskanzler, der finnische Premierminister, die Außenminister von Schweden, Spanien, Tschechien und der Türkei, die Wirtschaftsminister von Frankreich, Österreich, Griechenland, Spanien, Portugal und der Türkei, die Finanzminister von Schweden und Finnland, die Europaminister von Frankreich und den Niederlanden, der Nato-Generalsekretär Jaap de Hoop Scheffer,

---

235 Naß hat seinen Sitz bei Bilderberg geerbt von früheren leitenden Zeit-Redakteuren: Theo Sommer, Chefredakteur von 1973 bis 1992, war jährlicher Bilderberg-Teilnehmer und saß als einer von zwei Deutschen (zusammen mit Deutsche-Bank-Chef Alfred Herrhausen) im Lenkungsausschuss; von 1993 bis 1996 übernahm Christoph Bertram, diplomatischer Korrespondent und zeitweise Politikchef der Zeit, den Sitz (KRÜGER 2007b: 61).
236 http://www.bilderbergmeetings.org/governance.html [17.6.2010]

EU-Kommissare sowie die Präsidenten der Europäischen Zentralbank, der US-Notenbank Fed und der Weltbank.[237]
- Naumann, Dr. Michael (Mitherausgeber)

SPD Hamburg
Naumann war Spitzenkandidat des Hamburger SPD-Landesverbandes für die Bürgerschaftswahl 2008 und war damit in engem Kontakt mit der Spitze der Landespartei und wohl auch der Bundespartei.

Kuratorium Friedrich300
Naumann war Mitglied. Näheres und Quelle s. ZDF, Schächter.

Sonstiges
Naumann war von 1998 bis 2000 Staatsminister für Kultur und Medien[238], eine Position, die beim Bundeskanzleramt angesiedelt war. Zudem bot er sich öffentlich als Redner gegen Honorar an; Vermittler zwischen ihm und den interessierten Firmen bzw. Institutionen war die Econ Referenten Agentur.[239]
- Schmidt, Dr. Helmut (Mitherausgeber)

Deutsche Nationalstiftung
Schmidt war Vorstand und Ehrenvorsitzender der Stiftung, die er mitgegründet hat. Näheres und Quelle s. SZ, Prantl.

Helmut-Schmidt-Journalistenpreis
Wird seit 1996 für verbraucherfreundliche Berichterstattung über Wirtschafts- und Finanzthemen verliehen und ist von der Direktbank ING-DiBa gestiftet.

Schmidt war regelmäßiger Laudator. In der neunköpfigen Jury fand sich neben Journalisten und einer Medienwissenschaftlerin auch der Pressesprecher der ING-DiBa.[240]

---

[237] Die Teilnehmerlisten wurden auf Anfrage vom Bilderberg-Organisationsbüro in Leiden/Niederlande zugefaxt.
[238] http://www.sueddeutsche.de/politik/portraet-michael-naumann-der-kulturherausgeber-1.802330 [17.6.2010]
[239] http://www.econ-referenten.de/redner/naumann-dr-michael-herausgeber-der-zeit-kulturstaatsminister-ad [3.2.2010]
[240] http://www.helmutschmidtjournalistenpreis.de/jury.html [22.6.2010]

Die ING-DiBa tritt darüber hinaus etwa als Sponsor von Sonderprojekten der Zeit auf, etwa einer Gratis-DVD zum Start der Serie »60 Jahre Bundesrepublik«, die am 19.3.2009 der Zeit beilag.

Zeit-Stiftung Ebelin und Gerd Bucerius
Schmidt war Mitglied im Kuratorium. Näheres und Quelle s. *Zeit*, Lorenzo.

Sonstiges
Schmidt war 13 Jahre lang Mitglied der Bundesregierung: zuerst als Verteidigungsminister (1969-72), dann als Finanzminister (1972-74) und schließlich als Bundeskanzler (1974-82). Von 1968 bis 1984 war er außerdem Vizechef der SPD. Als Verteidigungsminister gründete er die Universität der Bundeswehr Hamburg, um die wissenschaftliche Bildung von Offizieren zu verbessern; 2003 bekam sie den Beinamen Helmut-Schmidt-Universität, und im Zuge des Festaktes zur Umbenennung wurde ihm auch die Ehrendoktorwürde verliehen.

Schmidt hat sich stets für die Partnerschaft mit Amerika engagiert. Von 1967 bis 1971 war er Vorstandsmitglied der Atlantik-Brücke (Näheres s. *Bild*, Diekmann), anschließend noch eine Zeitlang einfaches Mitglied (ZETSCHE 2009: 49). Während seiner aktiven Politiker-Zeit nahm er an Bilderberg-Konferenzen teil (Schmidt 1987: 274; Näheres s. *Zeit*, Nass). Von der American Academy in Berlin (Näheres s. *Zeit*, Joffe) bekam er 2007 den »Henry-A.-Kissinger-Preis«. Zur Begründung hieß es, dass er »als Herausgeber der Zeit den transatlantischen Dialog in zuweilen unbequeme Gefilde getrieben hat, was eine lebhafte Debatte über gemeinsame westliche Werte und Interessen ausgelöst hat.«[241]

Schmidt bot sich gegen Honorar als Redner bei Veranstaltungen an; Vermittler zwischen ihm und den interessierten Firmen bzw. Institutionen war die Econ Referenten Agentur.[242]

---

241 http://www.americanacademy.de/home/about-us/henry-a-kissinger-prize [15.1.2010]
242 http://www.econ-referenten.de/redner/schmidt-dr-helmut-bundeskanzler-ad-zeit-herausgeber [3.2.2010]

Sonstiges *Zeit*
Außer als Veranstalter von Partys (etwa am 25.5.2007 die Launch-Feier des *Zeit-Magazins* auf dem Dach des Zeit-Hauptstadtbüros[243]) tat sich die Zeit als Gastgeber von Konferenzen mit Wirtschafts- und Politikeliten hervor: So fand am 3.9.2009 in Frankfurt/Main die Zeit-Konferenz »Finanzplatz – Neue Architektur der Finanzwirtschaft« statt, mit Jörg Asmussen, Staatssekretär im Bundesfinanzministerium, Thilo Sarrazin, Vorstandsmitglied der Bundesbank, Thomas Mirow, Staatsekretär im Bundesfinanzministerium und Präsident der Europäischen Bank für Wiederaufbau und Entwicklung, Josef Ackermann, Chef der Deutschen Bank AG, Alexander Dibelius von Goldman Sachs, IWF-Direktor Dominique Strauss-Kahn, Martin Blessing, Vorstandschef der Commerzbank AG und Theodor Weimer, Vorstandschef der HypoVereinsbank. Von der *Zeit* waren u. a. Josef Joffe, Helmut Schmidt und Uwe Jean Heuser dabei.[244] Weitere Tagungen mit hochkarätiger Besetzung: »Finanzplatz – Menschen und Entscheidungen« am 8./9.9.2008 in Frankfurt/Main, »Zukunftsgipfel 2008« am 31.10.2008 in München (in Kooperation mit PriceWaterhouseCoopers), »Deutsches Wirtschaftsforum« am 27.11.2009 in Hamburg.

---

243 *Politik & Kommunikation* Juli/August 2007: 71
244 http://www.convent2.de/convent/ressourcen/pdf/090903_ZEIT_Finanz.pdf [3.9.2010]

9.4 Funktionen aller Personen aus den Netzwerkgrafiken

Name	Organisation	höchste Funktion(en) 2007 - 2009
Achleitner, Dr. Paul	Allianz SE	Mitglied des Vorstands
Ackermann, Dr. Josef	Deutsche Bank AG	Vorstandsvorsitzender
Adam, Dr. Rudolf	Bundesakademie für Sicherheitspolitik	Präsident / zuvor Vizepräsident des BND
Asmus, Dr. Ronald D.	German Marshall Fund (USA)	Leiter des Brüsseler Büros
Babacan, Ali	Regierung Türkei	Außenminister
Bach, Dr. Thomas	Internationales Olympisches Komitee; Deutscher Olympischer Sportbund	Vizepräsident; Präsident
Baring, Prof. Dr. Arnulf		Prof emer. für Politikwissenschaft
Barroso, José Manuel	EU-Kommission	Präsident / zuvor Ministerpräsident von Portugal
Basha, Lulzim	Regierung Albanien	Außenminister
Beckenbauer, Franz	FC Bayern München	Präsident und Aufsichtsratsvorsitzender
Berger, Prof. Dr. Roland	Roland Berger Strategy Consultants	Vorstandsvorsitzender
Bernotat, Dr. Wulf H.	Eon AG	Vorstandsvorsitzender
Bildt, Carl	Regierung Schweden	Außenminister
Bischoff, Dr. Manfred	Daimler AG; EADS	Aufsichtsratsvorsitzender; Aufsichtsratsvorsitzender
Blackwill, Prof. Robert D.	RAND Corporation (USA)	Senior Fellow / Botschafter a. D.
Blessing, Martin	Commerzbank AG	Vorstandsvorsitzender
Böhmer, Prof. Dr. Maria	Regierung Deutschland	Migrationsbeauftragte
Bonde, Alexander	Deutscher Bundestag	Abgeordneter (Grüne)
Brok, Elmar	Europäisches Parlament; Bertelsmann AG	Vorsitzender des Auswärtigen Ausschusses; Senior Vice President Media Development
Burda, Prof. Dr. Hubert	Hubert Burda Media Holding KG	Vorstandsvorsitzender
Burt, Richard	IEP Advisors, LLP (USA); Kissinger Associates Inc. (USA)	Vorsitzender; Senior Advisor / Botschafter a.D

Name	Organisation	höchste Funktion(en) 2007 - 2009
Chrobog, Jürgen	BMW Stiftung Herbert Quandt; MAN Ferrostaal AG	Vorstandsvorsitzender; Aufsichtsratsmitglied / Staatssekretär a. D.
Clarke, Charles	Parlament GB	Abgeordneter / Innenminister a. D.
Cohen, Ariel	Heritage Foundation (USA)	Senior Research Fellow
Cohen, William S.	Cohen Group (USA)	Vorstandsvorsitzender / Verteidigungsminister a. D.
Cooper, Robert	Rat der Europäischen Union	Generaldirektor für Außenbeziehungen und politisch-militärische Fragen
Crosby, Jr., Ralph D.	EADS	Vorstandsvorsitzender (USA & Kanada)
Deripaska, Oleg V.	RUSAL (Russland); Basic Element Company (Russland)	Vorstandsvorsitzender; Vorstandsvorsitzender
Döpfner, Dr. Mathias	Axel Springer AG	Vorstandsvorsitzender
Dornisch, Werner	Deutsche Gesellschaft für Wehrtechnik; Diehl Stiftung & Co. KG	Präsident; Mitglied des Vorstands
El-Baradei, Dr. Mohamed	Internationale Atomenergiebehörde (IAEA)	Generaldirektor
Enders, Dr. Thomas	EADS; Airbus S. A. S. (Frankreich)	Vorstandsvorsitzender; Vorstandsvorsitzender
Erdogan, Recep Tayyip	Regierung Türkei	Premierminister
Essen, Jörg van	Deutscher Bundestag	Erster Parlamentarischer Geschäftsführer der FDP-Fraktion
Ferguson, Niall	Harvard University (USA)	Professor für Geschichte
Frankenberger, Klaus-Dieter	Frankfurter Allgemeine Zeitung	Verantwortlicher Redakteur für Außenpolitik
Frenzel, Dr. Michael	TUI AG	Vorstandsvorsitzender
Frey, Dr. Peter	ZDF	Leiter Hauptstadtstudio
Gauchel, Klauswilli	Bundesakademie für Sicherheitspolitik	Vizepräsident
Gedmin, Dr. Jeffrey	Aspen-Institute Deutschland; Radio Free Europe/Radio Liberty	Direktor; Direktor
Genscher, Prof. Dr. Hans-Dietrich		Außenminister a. D.
Gerhardt, Dr. Wolfgang	Deutscher Bundestag; Friedrich-Naumann-Stiftung	Abgeordneter (FDP); Vorstandsvorsitzender
Glück, Alois	Bayerischer Landtag	Präsident

ANHANG

Name	Organisation	höchste Funktion(en) 2007 - 2009
Gottlieb, Prof. Sigmund	Bayerischer Rundfunk	Chefredakteur Fernsehen
Graham, Lindsey O.	Parlament USA	Senator aus South Carolina
Grant, Charles	Centre for European Reform	Direktor
Großmann, Dr. Jürgen	RWE AG	Vorstandsvorsitzender
Guttenberg, Dr. Karl-Theodor zu	Regierung Deutschland; CSU	Wirtschaftsminister, Verteidigungsminister; Generalsekretär
Hacke, Prof. Dr. Christian	Universität Bonn	ehem. Direktor des Seminars für Politische Wissenschaft
Heckel, Margaret	Die Welt	Ressortleiterin Politik
Heydebreck, Dr. Tessen von	Deutsche Bank AG; Deutsche Bank Stiftung	Vorstandsmitglied; Vorstandsvorsitzender
Holbrooke, Richard C.	Regierung USA; Perseus LLC (USA)	Beauftragter für Afghanistan und Pakistan; Vize-Vorstandsvorsitzender
Holtzbrinck, Dr. Stefan von	Verlagsgruppe Georg von Holtzbrinck GmbH	Vorstandsvorsitzender
Homolka, Prof. Dr. Walter	Universität Potsdam	Rektor des Abraham-Geiger-Kollegs
Hoyer, Dr. Werner	Regierung Deutschland; Deutscher Bundestag	Staatsminister im Auswärtigen Amt; Stellv. Vorsitzender der FDP-Fraktion
Ignatius, David	The Washington Post (USA)	Associate Editor und Kolumnist
Inacker, Dr. Michael J.	Metro AG; Wirtschaftswoche	Bereichsleiter Unternehmenskommunika-tion u. Public Affairs; stellv. Chefredakteur
Ischinger, Wolfgang F.	Regierung Deutschland; Allianz SE; Münchner Sicherheitskonferenz	Botschafter; Generalbevollmächtigter für Regierungs-beziehungen; Vorsitzender
Janes, Dr. Jackson	American Institute for Contemporary German Studies (USA)	Direktor
Janning, Dr. Josef	Bertelsmann-Stiftung	Leiter des Themenfeldes »Internationale Verständigung«
Joffe, Dr. Josef	Die Zeit	Mitherausgeber
Jones Jr., James L.	NATO; Regierung USA	Supreme Allied Commander Europe; Nationaler Sicherheitsberater
Jung, Dr. Franz Josef	Regierung Deutschland	Verteidigungsminister

Funktionen aller Personen aus den Netzwerkgrafiken

Name	Organisation	höchste Funktion(en) 2007 - 2009
Juschtschenko, Viktor	Regierung Ukraine	Staatspräsident
Kagan, Robert	Carnegie Endowment for International Peace (USA)	Senior Associate
Kahrs, Johannes	Deutscher Bundestag	Abgeordneter (SPD)
Kaiser, Prof. Dr. Karl	Harvard University (USA)	Direktor des Programms für Transatlantische Beziehungen
Karzai, Hamid	Regierung Afghanistan	Staatspräsident
Kauder, Volker	Deutscher Bundestag	Vorsitzender der CDU/CSU-Fraktion
Kempe, Frederick	Atlantic Council (USA)	Präsident
Kerr of Kinlochard, John Lord	Parlament GB; Royal Dutch Shell plc	Mitglied des Oberhauses; Vize-Vorstandsvorsitzender
Kiep, Dr. Walther Leisler	Atlantik-Brücke	Ehrenvorsitzender / ehem. CDU-Schatzmeister
Kimmitt, Robert M.	Regierung USA	Stellv. Finanzminister / Botschafter a. D.
Kissinger, Dr. Henry A.	Kissinger Associates Inc. (USA)	Vorsitzender; Außenminister a. D.
Klaeden, Eckart von	Deutscher Bundestag; Bundeskanzleramt	Abgeordneter (CDU); Staatsminister bei der Bundeskanzlerin
Kleinfeld, Dr. Klaus	Alcoa Inc. (USA); Siemens AG	Vorstandsvorsitzender; Vorstandsvorsitzender
Klose, Hans-Ulrich	Deutscher Bundestag	Abgeordneter (SPD), stellv. Vorsitzender des Auswärtigen Ausschusses
Kohl, Dr. Helmut		Bundeskanzler a. D.
Kohler, Berthold	Frankfurter Allgemeine Zeitung	Mitherausgeber
Köhler, Horst		Bundespräsident
Kolbow, Walter	Deutscher Bundestag	Stellv. Vorsitzender der SPD-Fraktion
Korn, Prof. Dr. Salomon	Zentralrat der Juden	Vizepräsident
Kornblum, John C.	Lazard Frères & Co. LLC (USA)	Deutschland-Chef / Botschafter a. D.
Kornelius, Stefan	Süddeutsche Zeitung	Ressortleiter Außenpolitik
Kouchner, Bernard	Regierung Frankreich	Außenminister
Krause, Prof. Dr. Joachim	Deutsche Gesellschaft für Auswärtige Politik	Vorsitzender des Wissenschaftlichen Direktoriums
Kroh, Wolfgang	KfW-Bank	Vorstandsmitglied

369

ANHANG

Name	Organisation	höchste Funktion(en) 2007 - 2009
Kupchan, Prof. Dr. Charles A.	Georgetown University (USA)	Professor für internationale Politik
Lajcak, Dr. Miroslav	Regierung Slowakei	Außenminister
Lambsdorff, Alexander Graf	Europäisches Parlament	Stellv. Vorsitzender der FDP-Gruppe
Lambsdorff, Dr. Otto Graf		Wirtschaftsminister a. D.
Lamers, Dr. Karl A.		ehem. außenpolitischer Sprecher der CDU-Bundestagsfraktion
Lamy, Pascal	World Trade Organization (WTO)	Generaldirektor
Langhammer, Fred H.	Estée Lauder Companies Inc. (USA)	Vorsitzender Global Affairs
Lauk, Prof. Dr. Kurt J.	Wirtschaftsrat der CDU; Europäisches Parlament; Globe Capital Partners	Präsident; Abgeordneter (EVP); Vorstandsvorsitzender
Lehmann, Karl Kardinal	Deutsche Bischofskonferenz	Vorsitzender
Lehmann, Prof. Dr. Klaus-Dieter	Goethe-Institut	Präsident
Lellouche, Pierre	Parlament Frankreich	Abgeordneter
Leyen, Dr. Ursula von der	Regierung Deutschland	Familienministerin, Arbeitsministerin
Lindemann, Dr. Beate	Atlantik-Brücke	Geschäftsführerin
Löscher, Peter	Siemens AG	Vorstandsvorsitzender
Mandelson, Peter	EU-Kommission; Regierung GB	Handelskommissar; Wirtschaftsminister
Mangold, Prof. Dr. Klaus	Ost-Ausschuss der Deutschen Wirtschaft	Vorsitzender
Maschmeyer, Carsten	AWD Holding AG	Ko-Vorstandsvorsitzender
May, Dr. Bernhard	Trilaterale Kommission	Generalsekretär der Deutschen Gruppe
McCain, John	Parlament USA	Senator aus Arizona
Merkel, Dr. Angela	Regierung Deutschland	Bundeskanzlerin
Merz, Dr. Friedrich	Deutscher Bundestag; Mayer Brown LLP (USA)	Abgeordneter (CDU); Partner
Middelhoff, Thomas	Arcandor AG	Vorstandsvorsitzender
Miliband, David	Regierung GB	Außenminister
Montbrial, Prof. Thierry de	Institut Francais des Relations Internationales; Capgemini (Frankreich)	Gründer und Präsident; Vorstandsmitglied
Monti, Mario	Università Luigi Bocconi (Italien)	Präsident; EU-Kommissar a. D.

Funktionen aller Personen aus den Netzwerkgrafiken

Name	Organisation	höchste Funktion(en) 2007 - 2009
Müller, Dr. Klaus-Peter	Commerzbank AG; Bundesverband Deutscher Banken	Vorstandsvorsitzender, dann Aufsichtsratsvorsitzender; Präsident
Müller, Kerstin	Deutscher Bundestag	Abgeordnete (Grüne) / Staatsministerin a. D.
Mutter, Anne-Sophie		Violinistin
Nalbandian, Edward	Regierung Armenien	Außenminister
Naß, Matthias	Die Zeit	stellv. Chefredakteur
Naumann, Dr. Klaus	ICXT (USA)	Vorsitzender des International Advisory Board / General a. D.
Neumann, Bernd	Regierung Deutschland	Beauftragter für Kultur und Medien
Nonnenmacher, Dr. Günther	FAZ	Mitherausgeber
Nordenskjöld, Fritjof von	Deutsche Gesellschaft für Auswärtige Politik	Geschäftsführender stellv. Präsident / Botschafter a. D.
Nye, Jr., Prof. Dr. Joseph S.	Harvard University (USA)	Professor / Vizeverteidigungsminister a.D.
Oetker, Dr. Arend	Dr. Arend Oetker Holding GmbH & Co. KG; Bundesverband der Deutschen Industrie	Geschäftsführender Gesellschafter; Vizepräsident
Özdemir, Cem	Die Grünen; Europäisches Parlament	Bundesvorsitzender; Abgeordneter (Grüne)
Palacio, Ana Isabel de	AREVA (Spanien)	Vorstandsmitglied / Außenministerin a.D.
Patten, Chris	International Crisis Group (Belgien); Parlament GB; University of Oxford (GB)	Ko-Vorsitzender; Mitglied des Oberhauses; Kanzler / EU-Kommissar a. D.
Perthes, Prof. Dr. Volker	Stiftung Wissenschaft und Politik	Direktor
Pflüger, Dr. Friedbert	Abgeordnetenhaus Berlin	Abgeordneter (CDU) / Staatssekretär a. D.
Polenz, Ruprecht	Deutscher Bundestag	Abgeordneter (CDU), Vorsitzender des Auswärtigen Ausschusses
Pöttering, Prof. Dr. Hans-Gert	Europäisches Parlament	Präsident
Putin, Wladimir	Regierung Russland	Staatspräsident, Premierminister
Rahr, Alexander	Deutsche Gesellschaft für Auswärtige Politik	Programmdirektor Russland und GUS
Ralston, Joseph W.	Cohen Group (USA)	Vizevorstandsvorsitzender / General a. D.

ANHANG

Name	Organisation	höchste Funktion(en) 2007 - 2009
Rampl, Dieter	UniCredit Group (Italien); Börse München	Vorsitzender des Verwaltungsrates; Aufsichtsratsvorsitzender
Ramsauer, Dr. Peter	Regierung Deutschland; Deutscher Bundestag	Verkehrsminister; Vorsitzender der CSU-Landesgruppe
Reitzle, Dr. Wolfgang	Linde AG	Vorstandsvorsitzender
Robbe, Reinhold	Deutscher Bundestag	Wehrbeauftragter
Roth, Claudia	Die Grünen	Bundesvorsitzende
Roth, Dr. Petra	Stadt Frankfurt/Main	Oberbürgermeisterin
Roth, Kenneth	Human Rights Watch	Vorsitzender
Rubenstein, David M.	Carlyle Group (USA)	Mitgründer und Managing Director
Sandschneider, Prof. Dr. Eberhard	Deutsche Gesellschaft für Auswärtige Politik	Direktor des Forschungsinstituts
Sargsyan, Serzh	Regierung Armenien	Staatspräsident
Schäuble, Dr. Wolfgang	Regierung Deutschland	Innenminister / Finanzminister
Schavan, Prof. Dr. Annette	Regierung Deutschland	Forschungsministerin
Schirrmacher, Dr. Frank	Frankfurter Allgemeine Zeitung	Mitherausgeber
Schmidt, Christian	Regierung Deutschland	Parlamentarischer Staatssekretär im Verteidigungsministerium
Schröder, Gerhard	Nord Stream AG	Aufsichtsratsvorsitzender / Bundeskanzler a. D.
Schulte-Noelle, Dr. Henning	Allianz SE	Aufsichtsratsvorsitzender
Schulz, Dr. Ekkehard	Thyssen Krupp AG	Vorstandsvorsitzender
Schwager, Dr. Harald	BASF SE	Vorstandsmitglied
Schwarzenberg, Karel Fürst zu	Regierung Tschechien	Außenminister
Sikorski, Radoslaw	Regierung Polen	Außenminister
Simsek, Mehmet	Regierung Türkei	Wirtschaftsminister
Smith, Prof. Dr. Gary	American Academy in Berlin	Direktor
Solana Madariaga, Dr. Javier	EU-Kommission	Hoher Vertreter für die Gemeinsame Außen- und Sicherheitspolitik

Name	Organisation	höchste Funktion(en) 2007 - 2009
Sommer, Dr. Theo	Die Zeit	Editor-at-large
Spiltmann, Markus	Neue Zürcher Zeitung (Schweiz)	Chefredakteur
Stadler, Rupert	Audi AG	Vorstandsvorsitzender
Steinberg, Prof. James B.	Regierung USA	Vize-Außenminister
Steinmeier, Dr. Frank-Walter	Regierung Deutschland; Deutscher Bundestag	Außenminister; Vorsitzender der SPD-Fraktion
Stinner, Dr. Rainer	Deutscher Bundestag	Abgeordneter (FDP)
Stolte, Prof. Dr. Dieter	Die Welt und Berliner Morgenpost	Herausgeber / ehem. ZDF-Intendant
Stubb, Dr. Alexander	Regierung Finnland	Außenminister
Stürmer, Prof. Dr. Michael	Die Welt	Chefkorrespondent
Summers, Lawrence H.	Harvard University (USA)	Professor für Wirtschaftswissenschaft / Finanzminister a. D.
Sutherland, Peter D.	BP p.l.c. (GB); Goldman Sachs International (GB)	Vorstandsvorsitzender; non-executive Chairman
Talbott, Strobe	Brookings Institution (USA)	Präsident
Teltschik, Prof. Dr. Horst	Münchner Sicherheitskonferenz	Vorsitzender
Thumann, Jürgen R.	Bundesverband der Deutschen Industrie	Präsident
Tiido, Harri	Regierung Estland	Staatssekretär im Außenministerium
Tusk, Donald F.	Regierung Polen	Premierminister
Vernet, Daniel	Le Monde (Frankreich)	außenpolitischer Direktor
Viermetz, Kurt F.	Hypo Real Estate Holding AG; Deutsche Börse AG	Aufsichtsratsvorsitzender; Aufsichtsratsvorsitzender
Vogel, Prof. Dr. Bernhard		Ministerpräsident a. D.
Voigt, Karsten D.	Regierung Deutschland	Koordinator für die deutsch-amerikanische Zusammenarbeit im Auswärtigen Amt
Volcker, Paul A.	Regierung USA	Vorsitzender des Economic Recovery Advisory Board / Ex-Notenbankchef
Vondra, Dr. Alexandr	Regierung Tschechien	Vize-Europaminister
Vries, Gijs M. de	EU-Kommission	Anti-Terror-Koordinator

Name	Organisation	höchste Funktion(en) 2007 - 2009
Waigel, Dr. Theo		Finanzminister a. D.
Wallenberg, Marcus	Skandinaviska Enskilda Banken (Schweden)	Vorstandsvorsitzender
Wehmeier, Dr. Klaus	Körber-Stiftung	Stellv. Vorstandsvorsitzender
Weizsäcker, Dr. Richard von		Bundespräsident a. D.
Wenning, Werner	Bayer AG	Vorstandsvorsitzender
Westerwelle, Dr. Guido	Regierung Deutschland; FDP; Deutscher Bundestag	Außenminister; Bundesvorsitzender; Vorsitzender der FDP-Fraktion
Winterkorn, Prof. Dr. Martin	Volkswagen AG; Porsche Automobil Holding SE	Vorstandsvorsitzender; Vorstandsvorsitzender
Wolfowitz, Paul	Weltbank; American Enterprise Institute (USA)	Präsident; Visiting Scholar
Zoellick, Robert B.	Weltbank; Goldman Sachs (USA)	Präsident; Stellv. Vorsitzender / Vizeaußenminister a. D.

Kommunikationswissenschaft

Franzisca Schmidt

Populistische Kommunikation und die Rolle der Medien. Der Umgang der Presse mit Parteien- und Medienpopulismus im Europawahlkampf 2014

2019, Broschur, 213 x 142 mm, dt.

ISBN (Print) 978-3-86962-424-2
ISBN (PDF) 978-3-86962-425-9

Wie gehen Medien in Wahlkampfsituationen mit Populismus um? Dieses Buch untersucht, wie sich die europäische Presse im Vorfeld der Europawahlen 2014 gegenüber populistischer Kommunikation verhalten hat und welche Faktoren die mediale Verbreitung von Populismus begünstigen. Eine quantitative Inhaltsanalyse untersucht dazu die Parteien- und Medienkommunikation in vier EU-Ländern. Wie sich zeigt, wirken die Medien korrigierend bei der Verbreitung von Parteienpopulismus und greifen auch selbst kaum auf populistische Kommunikation zurück. In bestimmten Ländern allerdings wird die Presse zu einem versteckten Helfer der Populisten, weil sie populistisch kommunizierenden Parteien überproportionale Medienpräsenz gewährt.

Diese Arbeit wurde mit dem Herbert von Halem Nachwuchspreis 2018 ausgezeichnet.

 HERBERT VON HALEM VERLAG
Schanzenstr. 22 · 51063 Köln
http://www.halem-verlag.de
info@halem-verlag.de

Journalismus

MICHAEL HALLER (Hrsg.)
Öffentliches Vertrauen in der Mediengesellschaft

2017, 260 S., 24 Abb., 12 Tab., Broschur, 213 x 142 mm, dt.

ISBN (Print) 978-3-86962-099-2
ISBN (PDF)   978-3-86962-225-5

Polarisierung der politischen Meinungen, Misstrauen gegenüber den Informationsmedien, Angst vor sozialen Konflikten, Rückzug in die Community: Den Umfragen zufolge schwindet Vertrauen und Verunsicherung breitet sich aus. Ist öffentliches Vertrauen ein notwendiges Ferment für den gesellschaftlichen Zusammenhalt? Zerfällt dieses Vertrauen in der digitalisierten Mediengesellschaft? Oder geht es doch nur um persönliches Vertrauen, wie es derzeit in den Kommunikationsräumen der sozialen Medien neu entsteht?

Die Autoren dieses Buches untersuchen das Konstrukt ›öffentliches Vertrauen‹ und beschreiben die Bedingungen für Vertrauen in der digitalen Gesellschaft. Kommunikations- und Medienwissenschaftler, Informatiker und Marktforscher befassen sich mit den Einflussgrößen und fragen nach der Messbarkeit des öffentlichen Vertrauens. Sie diskutieren aber auch die Bedingungen, die in den Zeiten des Web 2.0 für den Prozess der Vertrauensbildung ausschlaggebend sind.

 HERBERT VON HALEM VERLAG

Schanzenstr. 22 · 51063 Köln
http://www.halem-verlag.de
info@halem-verlag.de

Journalismus

BRIGITTE ALFTER

Grenzüberschreitender
Journalismus.
Handbuch zum Cross-Border-
Journalismus

Praktischer Journalismus, 105
2017, 204 S., Broschur, 240 x 170 mm, dt.

ISBN (Print) 978-3-86962-232-3
ISBN (PDF) 978-3-86962-233-0

Steueroasen, Finanzkrisen, Flüchtlingsströme aber auch internationale Abkommen und wachsende soziale Ungleichheit: Die drängenden gesellschaftlichen Fragen dieser Jahre sind international, die journalistische und mediale Tradition sowie die Erwartung des Publikums jedoch noch weitgehend national. Journalisten versuchen diese Herausforderung durch Zusammenarbeit in internationalen Teams zu lösen, dem sogenannten ›Cross-Border-Journalismus‹. Aber wie geht das? Der journalistische Arbeitsprozess der Cross-Border-Recherche ist das Schwungrad des Buches und der praktischen Einführung in diese neue journalistische Arbeitsmethode.

HERBERT VON HALEM VERLAG

Schanzenstr. 22 · 51063 Köln
http://www.halem-verlag.de
info@halem-verlag.de

MENSCHEN MACHEN MEDIEN

Probeheft und Abonnement:
service@verlag-weinmann.com
https://mmm.verdi.de/mediadaten

**DAS MEDIENPOLITISCHE VER.DI-MAGAZIN
ONLINE UND ALS THEMENHEFT**

„M MENSCHEN MACHEN MEDIEN"
ist die medienpolitische Publikation der
Vereinigten Dienstleistungsgewerkschaft ver.di.

Informativ, kritisch, analytisch richtet sich M an alle
in der Medienbranche Tätigen und an Studentinnen
und Studenten der verschiedenen Kommunikations-
richtungen.

M Online wartet täglich mit neuen Meldungen,
Berichten und Meinungsbeiträgen auf!
https://mmm.verdi.de
Zweimal monatlich erscheint der M Online Newsletter
mit den neuesten Artikeln. Abonnieren lohnt sich!

M Print kommt viermal im Jahr mit einem Heft
heraus, das ein Thema hintergründig, analytisch und
im Überblick darstellt. Auflage 50 000 Exemplare.
Das Jahresabo kostet 36 Euro. Ausgaben können auch
einzeln für 9 Euro erworben werden.

Für Mitglieder der ver.di-Medien-Fachgruppen ist der
ABO-Preis im Mitgliedsbeitrag enthalten.